ПЕРЕДМОВА
КНИГИ ЗОГАР

з коментарем «Сулам»

Під редакцією док-ра М. Лайтмана

ЗОГАР

ДЛЯ ВСІХ

УДК 130.122
ББК 87.3(0)

«ЗОГАР ДЛЯ ВСІХ»
Передмова Книги Зогар з коментарем «Сулам» / Під ред. М. Лайтмана – Laitman Kabbalah Publishers, 2017. – 496 с. Надруковано в Ізраїлі.

Introduction to the Book of Zohar / Edited by Dr. M. Laitman – Laitman Kabbalah Publishers, 2017. – 496 pages. Printed in Israel.

ISBN 978-1-77228-021-0

**Редакторский колектив
під керівництвом док-ра Міхаеля Лайтмана:**
Гаді Каплан, Міхаель Палатник, Олег Іцексон, Пінхас Календарєв, Олександр Іцексон.
Переклад українською мовою та редагування книги здійснені редакцією сайту «Зоар для всех», редактор М. Полудьонний.

Книга Зогар, написана ще в середині ІІ століття н.е., – один з найбільш таємничих творів, коли-небудь створених людством.
До середини двадцятого століття зрозуміти або навіть просто прочитати Книгу Зогар могли лише одиниці, оскільки ця древня книга від початку була призначена для нашого покоління.
Найбільший кабаліст ХХ століття Єгуда Ашлаг (Бааль Сулам) створив для нас ключ до розуміння Книги Зогар – написав коментар «Сулам» (сходи) і, одночасно, зробив переклад тексту з арамейської мови на іврит.
Редакторський колектив під керівництвом док-ра М. Лайтмана провів грандіозну роботу – вперше вся Книга Зогар була опрацьована і перекладена на українську мову відповідно до правил сучасної української мови.
Перед вами перша книга нової серії: «ЗОГАР ДЛЯ ВСІХ» – «Передмова Книги Зогар».

Copyright © 2016 by Laitman Kabbalah Publishers
1057 Steeles Avenue West, Suite 532
Toronto, ON M2R 3X1, Canada
All rights reserved

Зміст

Вступ 4
Троянда 6
Огляд Сулам 15
Паростки 23
Хто створив їх 32
«Хто створив їх» за Еліягу 45
Мати позичає свої шати дочці 55
Букви рабі Амнона Саби 72
Мудрість, на якій тримається світ 118
Манула і міфтеха (замок та ключ) 122
При створенні їх – при Аврааму 133
Видіння рабі Хія 140
Зі Мною ти у співпраці 156
Погонич ослів 176
Дві точки 243
Ніч нареченої 252
Небо й земля 302
Серед всіх мудреців народів немає таких,
хто є подібним до Тебе 327
Хто вона 337
Той, хто радіє в свята,
але не подає бідним 345
Тора і молитва 355
Вихід рабі Шимона з печери 365
Заповіді Тори 368
Загальне з'ясування всіх чотирнадцяти заповідей
і як вони співвідносяться з сімома днями
початку творіння 465
З'ясування розподілу чотирнадцяти заповідей
в десяти реченнях 486

Вступ

Це було близько двох тисяч років тому. Рим тоді правив світом, диктуючи йому свої цінності: влада, слава, гроші – ось головне, до чого повинна прагнути людина. Стародавній світ палав у війнах і вогні. А в цей час в невеликій печері, на півночі Ізраїлю, десять кабалістів на чолі зі своїм великим Учителем РАШБІ писали книгу про мету творіння, про те, до чого повинна прагнути людина – до Єдності і Любові. Книга була покликана захистити світ від свавілля, зупинити війни, ненависть, роз'єднання.

Книга Зогар означає – Книга Світіння. Вона йшла до нас через століття, зникаючи та з'являючись. Перед нею схиляли голови і розкривали серця великі кабалісти всіх поколінь, але по-справжньому вона розкривається тільки в наш час.

Великий кабаліст XX століття Бааль Сулам, пройшовши всі 125 ступенів духовного піднесення, досяг рівня тих, хто написав Книгу Зогар. Це дозволило йому написати повний коментар до неї, зро-бивши її доступною всьому світові.

У наш час Книга Зогар є актуальною, як ніколи.

Вона і була надіслана саме в сьогоднішній день – в ту епоху, коли небачений егоїстичний стрибок вводить світ в останню стадію свого розвитку. Перша і друга світові війни, створення ядерної зброї, шалене споживання, криза в усіх сферах нашого життя – все це веде людство до питання про поряту-нок світу.

Саме про це Книга Зогар. Прийшов її час навчити нас цьому. Ця книга – інструкція. Вона про те, як усьому світу й кожному з нас стати щасливими, розкрити вищий світ ще за життя.

Вступ

У ваших руках «Передмова Книги Зогар». Цю передмову називають короною всієї книги, найголов-нішою її частиною. Вона містить в собі всю силу Книги Зогар.

Читаючи її, спробуйте відчути, що ви перебуваєте на Галілейських пагорбах, в маленькій печері. Ви сидите серед великих кабалістів минулого і, затамувавши подих, чуєте, як вони розкривають таємниці світу, записують їх, як народжується ця велика книга...

Ваші очі широко відкриті, ваші почуття загострені. Ви бажаєте аби кожне слово увійшло в ваше серце, і в ньому проявився вищий світ. І тоді ви відчуєте, як це світіння, Зогар, входить до вашого серця і, торкаючись струн вашої душі, виконує величну мелодію Життя.

М. Лайтман

Троянда

1) Першим мовив рабі Хізкія: «Написано: «Мов троянда серед колючок»[1]. Що таке «троянда»? Це Кнесет Ісраель», – Малхут. «Але ж, є троянда, і є – троянда. Як у троянді серед колючок є червоне й біле, так само й у Кнесет Ісраель – є суд (дін) та милосердя (рахамім). Як у троянди є тринадцять пелюсток, так само й у Кнесет Ісраель є тринадцять властивостей милосердя, що охоплюють її з усіх боків. І так само Всесильний (Елокім) в уривку «Спочатку створив Всесильний (Елокім)», – з того моменту як Він згаданий, – вивів тринадцять слів, аби охопити Кнесет Ісраель та оберігати її». І це слова: «Небо і землю. А земля була пустинною та хаотичною, й пітьма над безоднею, і дух (ет га-шамаїм ве-ет га-арец ве-га-арец аіта тоу ва-воу ве-хошех аль пней теом ве-руах)»[2]. До слів «Всесильний витав над водою».

Пояснення мовленого. Існує десять сфірот: Кетер Хохма, Біна, Хесед, Ґвура, Тіферет, Нецах, Год, Єсод та Малхут. Але лише п'ять з них є основними: Кетер-Хохма-Біна-Тіферет-Малхут, бо сфіра Тіферет включає в себе шість сфірот: Хесед-Ґвура-Тіферет (ХАҐАТ) Нецах-Год-Єсод (НЕГІ). І вони стали п'ятьма парцуфами: Аріх Анпін, Аба ве-Іма, Зеір Анпін та Нуква (ЗОН). Кетер має ім'я Аріх Анпін. Хохма і Біна звуться Аба ве-Іма. Тіферет і Малхут – «Зеір Анпін та Нуква (ЗОН)»[3].

«Сім днів творіння» – це два парцуфи, – Зеір Анпін і Нуква світу Ацилут. Вони включають в себе сім сфірот – ХАҐАТ НЕГІ та Малхут. І в опису дії початку творіння стає зрозумілим, як Аба ве-Іма, – тобто Хохма і Біна, – створювали їх від початку формування і до завершення їхнього великого стану (ґадлут), що відбувається протягом шести тисяч років.

---

1 Писання, Пісня пісень, 2:2. «Як троянда серед колючок, так подруга моя – серед дів».
2 Тора, Берешит, 1:1-2. «Спочатку створив Всесильний небо й землю. Земля була пустинною та хаотичною, над безоднею, і дух Всесильного витав над водою».
3 З'ясування десяти сфірот, – див. «Вступ до науки Кабала», починаючи з п.5.

Рабі Хізкія розпочав з'ясування, що саме являє собою Нуква Зеір Анпіна, задля того, аби вияснити, – у якому порядку Іма, тобто Біна, звана Елокім, створює її. І тому він розпочав зі з'ясування поняття «троянда», і це – Нуква Зеір Анпіну. А під час великого стану (ґадлут) Нуква Зеір Анпіну зветься «Кнесет Ісраель». І тому мовлено: «Що таке «троянда»? Це Кнесет Ісраель».

У цієї троянди є два стани:

– катнут (малий стан) – початок її утворення, коли в неї є лише сфіра Кетер, в яку вдягнуте її світло Нефеш, і вважається, що дев'ять нижніх її сфірот впали зі світу Ацилут у світ Брія;

– ґадлут (великий стан) – коли дев'ять нижніх сфірот піднімаються зі світу Брія в світ Ацилут, і вона утворює разом з ними цілісний парцуф з десяти сфірот; і тоді вона підніметься разом з чоловіком своїм, Зеір Анпіном, і вони зрівнюються за ступенем з парцуфом Аба ве-Іма світу Ацилут та облачають їх; і тоді Зеір Анпін зветься «Ісраель (ישראל)», – букви «лі рош (לי ראש – мені верховенство)», – а Нуква зветься Кнесет Ісраель (зібрання Ісраеля), бо вона поєднує у собі всі світіння чоловіка свого, Ісраеля, та передає їх нижнім.

Катнут зветься «троянда серед колючок», оскільки в такому стані дев'ять нижніх її сфірот спустошилися від світла світу Ацилут, і стали немов колючки. А ґадлут зветься просто «троянда», або «Кнесет Ісраель». І тому сказано, що «є троянда, і є – троянда».

Червоний колір вказує, що там присмоктуються до неї зовнішні властивості і кліпот, які кормляться від неї. І це в катнуті, коли дев'ять нижніх її сфірот знаходяться в світі Брія. І є там також білий колір в її клі[4] де-Кетер, з яким у зовнішніх властивостей немає зв'язку. І сказано: «Як у троянді серед колючок є червоне й біле, так само й у Кнесет Ісраель – є суд (дін) та милосердя (рахамім)». Мається на увазі, що і в ґадлуті, коли вона зветься Кнесет Ісраель, – хоча вона в цей час і підіймається в Біну,

---

4 Клі – сфіра, яка здатна прийняти відповідний вид світла.

вдягаючись на неї, – все ж залишається в неї властивість суду, оскільки їй потрібен екран, що встановлюється для вчинення зівуґу де-акаа (ударного злиття). І з тієї причини, що в цьому екрані наявні сили суду, екран відбиває вище світло, повертаючи його назад. Таким чином, він підіймає десять сфірот відбитого світла, який називається світлом суду, і притягує в середину них десять сфірот прямого світла, який зветься світлом милосердя. І тому в Кнесет Ісраель є суд і милосердя[5], що відповідає червоному й білому кольорам троянди серед колючок.

І це «море, яке зроблене Шломо (Соломоном), котре стоїть на дванадцяти биках»[6], – бо дев'ять нижніх її сфірот, що впали в світ Брія, установилися там в категорії «дванадцяти биків», а точка Кетера, що залишилася в Ацилуті, – це море, яке стоїть на них зверху, а всі вони разом звуться тринадцятьма пелюстками троянди.

Мохін великого стану (ґадлут) Нукви, в яких є світло Хохма, сходить від тринадцяти імен, що звуться «тринадцять властивостей милосердя». Тому сказано: «так само і у Кнесет Ісраель є тринадцять властивостей милосердя». І головне, чого хоче навчити нас рабі Хізкія за допомогою цього порівняння троянди серед колючок з Кнесет Ісраель, це наступне: відповідно до всього, що є в Нукві у великому стані (ґадлут), в ній повинні бути підготовка й готування ще на початку її утворення, – в малому стані (катнут). І тому сказано, що відповідно до білого й червоного кольорів в малому стані, у неї виявляються «суд» і «милосердя» у великому стані. А відповідно до тринадцяти пелюстків у малому стані у неї виявляються тринадцять властивостей милосердя у великому стані.

«І так само Всесильний (Елокім) в уривку «Спочатку створив Всесильний», – тобто Біна, що породжує Нукву Зеір Анпіна, – «вивів тринадцять слів: «Небо і землю. Земля ж була пустинною

---

5   Див. «Вступ до науки Кабала», п.14.
6   Писання, Діврей га-ямім 2, 4:4. «Стояло воно на дванадцяти биках: три звернуті на північ, і три звернуті на захід, і три звернуті на південь, і три звернуті на схід, а море на них зверху; і задні сторони їх усіх звернуті всередину».

та хаотичною, й пітьма над безоднею і дух²». Іншими словами, – до другої згадки слова «Всесильний». І ці тринадцять слів вказують на тринадцять пелюсток троянди серед колючок, що складають категорію «море, яке стоїть на дванадцяти биках», і являють собою підготовку й готування Кнесет Ісраель, аби вона могла отримати тринадцять властивостей милосердя. «Щоби огорнути Кнесет Ісраель та оберігати її», – бо вважається, що тринадцять властивостей милосердя, – тобто завершені мохін Нукви, – огортають її і світять їй з усіх боків, – куди не повернись. І завдяки ним вона оберігається від дотикання із зовнішніми властивостями, бо до тієї пори, доки в ній немає мохін великого стану (ґадлут) зі світлом Хохма від тринадцяти властивостей (милосердя), в ній відбувається вигодовування зовнішніх властивостей.

2) І затим ім'я «Всесильний (Елокім)» згадується ще раз: «(дух) Всесильного витав»². І чому? Аби створити п'ять жорстких листків[7], що огортають троянду. Ці п'ять листків звуться «спасіння». І це п'ять воріт. Про це написано: «Чашу спасіння підійму»[8]. Це чаша благословення. Чаша благословення повинна підтримуватись п'ятьма пальцями, і не більше, – подібно до троянди, яка спочиває на п'яти жорстких листках, що є відповідними п'яти пальцям. І троянда ця – чаша Благословення.

Від другої згадки імені «Всесильний (Елокім)» до третьої – п'ять слів: «...витав над водою, і сказав (мерахефет аль пней га-маім ва-йомер)»[9], що є відповідним п'яти листкам. Звідси й надалі, – тобто після слів: «...(мовив) Всесильний: «Нехай буде світло»[9], – це світло, що було створене й укрите, та включене до союзу, який входить в троянду і вводить до неї сім'я. І це

---

7   Чашолистки.
8   Писання, Псалми, 116:13. «Чашу спасіння підійму та ім'я Творця призову».
9   Тора, Берешит, 1:1-2. «Земля була пустинною та хаотичною, і пітьма над безоднею, и дух Всесильного витав над водою. И сказав Всесильний: «Нехай буде світло». І з'явилося світло».

зветься: «Дерево, котре дає плід, в якому сім'я його»[10]. І сім'я це знаходиться саме у познаці союзу.

Пояснення сказаного. П'ять жорстких листків – це п'ять ґурот Нукви, що являють собою десять сфірот відбитого світла, які Нуква підіймає за допомогою ударного злиття (зівуґ де-акаа) з вищим світлом, і воно (відбите світло) зветься світлом суду (дін)[11]. Адже десять сфірот прямого світла звуться п'ятьма хасадім – Хесед-Ґвура-Тіферет (ХАҐАТ) Нецах-Год, і вони вдягаються в п'ять ґурот – ХАҐАТ Нецах-Год відбитого світла. І ці п'ять жорстких листків є силою суду в екрані, що стримує вище світло, аби воно не могло вдягнутися від екрану й нижче. Тому вони зараз і звуться лише п'ятьма жорсткими листками, бо вона (Нуква) ще нездатна здійснити на них зівуґ. А під час ґадлуту, коли екран входить в зівуґ з вищим світлом, вони називаються п'ятьма ґурот.

І ці п'ять жорстких листків – це п'ять слів між другою і третьою згадками імені Елокім: «…витав над водою, і сказав». «І потім воно згадане ще раз», – це означає, що тут є нова дія: «І сказав», – аби породити з Нукви ці п'ять жорстких листків, що є підготовкою до зівуґу під час ґадлуту.

Десять сфірот відбитого світла звуться п'ятьма ґурот Хесед-Ґвура-Тіферет (ХАҐАТ) Нецах-Год та не іменуються Кетер-Хохма-Біна (КАХАБ) Тіферет-Малхут (ТУМ), оскільки вони притягують лише світло хасадім, і тому КАХАБ спустилися зі свого рівня і звуться ХАҐАТ, а Тіферет та Малхут називаються Нецах і Год.

У ґадлуті, коли п'ять жорстких листків стають п'ятьма ґурот, вони вважаються п'ятьма воротами, які відкриті для отримання п'яти хасадім прямого світла. І вони називаються спасіннями. А Нуква зветься тоді чашею спасінь, або чашею благословення,

---

[10] Тора, Берешит, 1:12. «І вивела земля з себе порость, траву сім'яносну по виду її, и дерево, що дає плід, в якому сім'я його, по виду його. І побачив Всесильний, що це – добре».

[11] Див. п.1, зі слів: «Червоний колір вказує…».

адже завдяки ним Нуква стає судиною (клі), яка утримує це благословення, тобто п'ять хасадім.

І число сфірот у двох цих станах або десять, п'ять з яких є основними, або тринадцять, згідно тринадцяти властивостями милосердя. «Десять» вказує на сфірот ЗОН, в яких міститься лише світло хасадім. «Тринадцять» вказує на мохін світіння Хохми, яке приймається в ЗОН.

«Чаша благословення», – та, що вказує на притягання п'яти хасадім в п'ять її ґвурот, – «повинна підтримуватися п'ятьма пальцями», – тобто відповідати лише числу «десять», що включає (п'ять основних властивостей) ХАҐАТ Нецах-Год, «але не більше», – тобто виключається число «тринадцять». Справа в тому, що Нуква може отримати Хохму від «тринадцяти» лише шляхом одягання Хохми у властивість хасадім, і тому слід спочатку притягнути благословення, зване «п'ять хасадім», саме за допомогою п'яти пальців, які називаються «п'ять ґвурот», і тоді вона зможе отримувати, також, і від «тринадцяти».

І звідси видно, що маються на увазі п'ять пальців лівої руки, які символізують п'ять ґвурот, тому що п'ять пальців правої руки – це п'ять хасадім. Тому слід піднімати чашу благословення двома руками, тобто, також, й п'ятьма пальцями лівої руки, що символізують, як уже сказано, п'ять ґвурот. Однак після цього, на початку благословення, слід залишити цю чашу лише на п'яти пальцях правої руки, оскільки не можна будити зв'язок з сітра ахра (іншою стороною), яка отримує живлення від лівої (лінії).

Звідси й далі, тобто після третьої згадки імені «Всесильний (Елокім)», сказано: «Хай буде світло», – аби породити великий стан Нукви, яка набуває п'ять хасадім і тринадцять властивостей милосердя. І п'ять хасадім – це слово «світло», яке п'ять разів зустрічається в цьому уривку: «Хай буде світло»[9], «І з'явилося світло»⁹, «світло, що хороше», «між світлом»¹², «світло днем»¹². А на тринадцять властивостей милосердя вказують слова: «І був вечір і був ранок: день один»¹², – оскільки цей «один» включає в себе всі «тринадцять», і слово «один (ехад אחד)» має також і числове значення «тринадцять»¹³.

І на ці п'ять світел вказують слова мудреців: «У світлі, яке Творець створив у перший день, Адам бачив від одного краю світу до іншого. Але коли подивився Творець на покоління потопу й покоління розбрату і побачив, що зіпсовані справи їхні, підвівся Він та вкрив його від них»¹⁴. Як сказано: «Це світло, яке було створене й укрите, і включене до союзу, що входить у троянду», – тобто п'ять хасадім спочатку включилися в Єсод Зеір Анпіну і не прийшли в Нукву безпосередньо з Біни, званої Елокім. А «союз» – це Єсод Зеір Анпіну, який увійшов в троянду та передав їх їй.

П'ять хасадім, які виходять на п'ять ґурот, називаються «сім'я». І головна сила суду та ґурот в екрані, завдяки яким він вдаряє по вищому світлу та відбиває його назад, знаходиться лише у вінці (атерет) Єсоду Зеір Анпіну, який притягує їх від властивостей «везіння (мазаль)» «та очистить (ве-наке)»¹⁵, що містяться в дікні (бороді). А Нуква приймає від нього лише світіння й віту. Тому основний зівуґ на екран, що підіймає п'ять ґурот, які притягують і вдягають п'ять хасадім, тобто п'ять цих світел, відбувається в Єсоді Зеір Анпіну, і саме він передає їх Нукві. Тому сказано: «І сім'я це», – тобто п'ять хасадім і п'ять ґурот, – «знаходиться саме в познаці союзу». Адже у познаці союзу, тобто в атерет Єсоду Зеір Анпіну, знаходяться основні ґурот, які притягують п'ять хасадім, званих «сім'я». Однак Єсод Нукви приймає лише форму своїх власних ґурот. І тому Єсод Нукви називається тільки «форма союзу».

---

12 Тора, Берешит, 1: 4-5. «І побачив Всесильний світло, що хороше, і розділив Всесильний між світлом й пітьмою. І назвав Всесильний світло днем, а тьму назвав Він ніччю. І був вечір і був ранок, день один».
13 Один – на івриті «ехад»: алеф (1) – хет (8) – далет (4).
14 Вавилонський Талмуд, трактат Хаґіґа, арк. 12:1.
15 Тора, Шмот, 34:7.

3) І, подібно до того, як форма союзу була зачата в сорока двох зівуґах від цього сімені, висічене та проявлене ім'я теж було зачате сорока двома буквами дії початку творіння.

Пояснення сказаного. Сорокадвохбуквене ім'я – це просте ім'я АВАЯ, ім'я АВАЯ з наповненням та ім'я АВАЯ з наповненням наповнення, і всі вони разом містять сорок дві букви. А сім'я, що знаходиться в познаці союзу, – тобто в п'яти хасадім і п'яти ґвурот, походить від сорокадвохбуквеного імені.

І тому сказано: «І подібно до того, як форма союзу», – тобто Єсод Нукви, – «була зачата в сорока двох зівуґах від цього сімені», – сімені знаку союзу, – «висічене і проявлене ім'я теж було зачате сорока двома буквами дії початку творіння».

В Нукві розрізняються дві властивості:

– будова її парцуфа, яку вона набуває при формуванні її Біною;

– її злиття з Зеір Анпіним, яке зветься "зівуґом".

«І подібно до того, як форма союзу», – тобто Єсод Нукви, – «була зачата в сорока двох зівуґах від цього сімені», – сімені знаку союзу, і ця особливість називається злиттям, тобто зівуґом, – аналогічним був і порядок утворення Біною будови Нукви, який зветься дією початку творіння, буквами якого було зачате сорокадвохбуквене ім'я. І в будові Нукви існує два стани: малий стан (катнут) та великий стан (ґадлут). І малий стан називається «висічення», що означає: висічення місця для отримання світел, які приходять під час великого стану. Адже для того, щоб отримати все під час великого стану, Нукві потрібні підготовка й приготування з часу малого стану. Великий стан (ґадлут) називається «проявлене ім'я», оскільки все, що приховане під час малого стану, проявляється й осягається під час великого.

І тому сказано: «Висічене і проявлене ім'я теж було зачате». Нуква називається «ім'я»: «висічене (ім'я)» – це її малий стан, «проявлене (ім'я)» – великий стан. І вони теж були зачаті та утворилися сорока двома буквами, подібно до сорока двох зівуґів в познаці союзу. А сорок дві букви дії початку творіння – це сорок дві букви від слова «Берешит (спочатку)» до літери «бет ב» слова «ва-воу (ובהו і хаотична)».

Огляд Сулам

1) «Висічене та проявлене ім'я було зачате сорока двома буквами дії початку творіння». Існує багато чисел у ліченні сфірот:
    – число «десять», – КАХАБ ХАҐАТ НЕГІМ (Кетер-Хохма-Біна Хесед-Ґвура-Тіферет Нецах-Год-Єсод-Малхут);
    – число «сім», – ХАҐАТ НЕГІМ;
    – число «шість», яке зветься шістьма кінцями (ВАК[16]), – ХАҐАТ НЕГІ (Хесед-Ґвура-Тіферет Нецах-Год-Єсод);
    – число «п'ять», п'ять хасадім чи п'ять ґвурот, – ХАҐАТ Нецах-Год;
    – число «тринадцять», – тринадцять властивостей милосердя, або КАХАБ, вищі ХАҐАТ, нижні ХАҐАТ, та НЕГІМ.

І це потрібно зрозуміти, адже в «книзі Єцира» сказано: «Десять, а не дев'ять, десять, а не одинадцять». Тобто, не можна ні відняти, ані додати до числа десять. Однак слід знати, що десять сфірот КАХАБ ХАҐАТ НЕГІМ, в основі своїй, є лише п'ятьма сфірот КАХАБ ТУМ, але сфіра Тіферет включає в себе шість сфірот ХАҐАТ НЕГІ, і тому у нас виходить число десять. Однак всі ці шість окремих сфірот ХАҐАТ НЕГІ – всього лише особливі властивості однієї сфіри, Тіферет.

І те, що ми називаємо лише в Тіферет її особливі властивості, а не в ҐАР[17], говорить не про достойність Тіферет, а про її ваду по відношенню до ҐАР. Адже особливі властивості вказують на включення п'яти сфірот одна в одну. І в кожній з них є п'ять сфірот. Виходить, що є п'ять сфірот КАХАБ ТУМ (Кетер-Хохма-Біна, Тіферет і Малхут) в Кетері, і п'ять сфірот КАХАБ ТУМ у Хохмі, і п'ять сфірот КАХАБ ТУМ у Біні. І має бути п'ять сфірот КАХАБ ТУМ також і в Тіферет. Однак через те, що основою Тіферет є лише світло хасадім, а не світло Хохми, і п'ять включених до неї сфірот обов'язково являють собою лише п'ять різновидів

---
16 Абревіатура слів «вав кцавот (шість кінців)».
17 Абревіатура слів «ґімел рішонот (три перших сфіри)».

хасадім, – імена п'яти сфірот в ній змінилися, бо КАХАБ в ньому опустилися до властивості ХАҐАТ, а Тіферет і Малхут (ТУМ) опустилися в ній до властивості Нецах та Ґод. І тому п'ять сфірот, які включені до Тіферет, називаються лише ХАҐАТ Нецах-Ґод. І до них додається ще властивість, яка включає всі п'ять хасадім та зветься Єсод. Тому в Тіферет є шість сфірот ХАҐАТ НЕҐІ.

Чому ж тоді при рахуванні сфірот не включають п'ять сфірот, що містяться в кожній зі сфірот КАХАБ, а лише окремі сфірот Тіферет входять у лічення сфірот? Тому, що включення сфірот одної в іншу насправді нічого не додає до основного числа п'яти сфірот, щоби їх варто було відзначати особливо. Іншою є справа з включенням п'яти сфірот в Тіферет, оскільки п'ять сфірот стали в ній оновленими властивостями – п'ятьма хасадім. І тому їх відзначають як особливі п'ять властивостей серед сфірот, і вони входять у лічення сфірот. І те, що Тіферет вважається шістьма сфірот ХАҐАТ НЕҐІ, відбувається тому, що вона є нижчою, ніж ҐАР, бо являє собою всього лише світло хасадім.

І в усіх числах, що приводяться при рахуванні сфірот, нічого не зменшене від числа десять, основу якого становлять лише п'ять сфірот. Адже під десятьма сфірот маються на увазі також і шість окремих сфірот, що утворюються в Тіферет. І коли ми говоримо про п'ять сфірот, – то не беремо до уваги шість кінців (ВАК), наявних в Тіферет. А в лічення шести кінців (ВАК) входять п'ять сфірот, включених до Тіферет, разом з її загальною властивістю, яка зветься Єсод. А в лічення семи сфірот входить ще й Малхут, коли ми рахуємо її разом з Тіферет.

2) З'ясуємо число «тринадцять». Це число вперше утворилося і проявилося в світі виправлення при виправленні парцуфу. Адже в будь-якому парцуфі, що відноситься до світів АБЄА, є лише три клі (досл. судини) – Біна, Зеір Анпін та Малхут, і бракує їм келім Кетеру та Хохми. А світіння Кетеру й Хохми вдяглися у клі Біни. Але у вигляді часток три ці клі містяться в кожній сфірі і, навіть, в Кетері та Хохмі; тобто три клі Біна і ЗОН містяться в Кетері, і є, також, Біна й ЗОН в Хохмі, і є, також, Біна й ЗОН в Біні – так, що

в кожній сфірі бракує келім Кетеру й Хохми, а Біна, Зеір Анпін і Нуква є в кожній сфірі.

Три судини (клі) Біна, Зеір Анпін, Малхут діляться на десять сфірот. Адже в кожній з них є три лінії – права, ліва й середня. Три лінії в Біні стали ХАБАД (Хохма-Біна-Даат), три лінії в Зеір Анпіні стали ХАҐАТ (Хесед-Ґвура-Тіферет), а три лінії в Малхут стали НЕГІ (Нецах-Год-Єсод), і, разом з Малхут, яка їх включає, – це десять сфірот. І аналогічно, – в кожному парцуфі є десять сфірот ХАБАД ХАҐАТ НЕГІМ.

Відомо, що в рош Аріх Анпіну світу Ацилут є лише дві сфіри – Кетер й Хохма, які звуться Кітра і Хохма стімаа (прихована Хохма). А його Біна вийшла з рош Аріх Анпіну і стала властивістю ґуф, тобто – тільки ВАК, яким бракує мохін де-рош. Про це сказано: «Батько (аба) виводить мати (іма) назовні». І з цієї причини Біна розділилася на ҐАР та ЗАТ.

Нестача мохін де-рош не завдає жодної шкоди ҐАР Біни, оскільки за своєю суттю в десяти сфірот прямого світла вона являє собою тільки світло хасадім[18]. І для цього світла немає ніякої різниці, – чи знаходиться воно в рош, чи в ґуф, адже воно світить завжди однаково. І тому навіть її вихід з рош назовні не зменшує її відносно ҐАР і мохін де-рош. І тому ҐАР Біни виділилися у самостійну властивість та стали парцуфом вищі Аба ве-Іма (Аба ве-Іма Ілаїн), які, незважаючи на те, що вони стоять від пе й нижче Аріх Анпіну, – вважаються властивістю ҐАР. Однак ЗАТ Біни, які не є суттю Біни, а походять від включення ЗОН у Біну, теж потребують світіння Хохми аби передавати її в ЗОН. І тому саме вони страждають від цієї втрати, – від виходу Біни з рош Аріх Анпіну, оскільки з цієї причини їм стало бракувати Хохми. І тому вони вважаються ВАК і ґуф, яким бракує мохін де-рош. І через цю втрату вони відокремилися від ҐАР Біни та стали окремим парцуфом, який зветься ІШСУТ.

Отже, ми бачимо, що внаслідок виходу Біни з рош Аріх Анпіну в ній виникли дві окремих властивості: ҐАР і ЗАТ. І виходить

---

18 Див. «Вступ до науки Кабала», п. 5.

через це, що в парцуфі додалися три сфіри. Адже тепер три лінії в ҐАР Біни стали вважатися ХАБАД, три лінії в ЗАТ Біни стали вважатися вищими ХАҐАТ, три лінії в Зеір Анпіні стали вважатися нижніми ХАҐАТ, а три лінії в Малхут – НЕГІ, і разом з Малхут, що їх включає, – це тринадцять сфірот. Таким чином, вихід Біни з рош призводить до того, що в парцуфі стає тринадцять сфірот, бо в ньому виникли подвійні ХАҐАТ.

Однак це не постійний стан, оскільки завдяки підйому МАН від нижніх притягується світіння АБ-САҐ де-АК, і це світіння повертає Біну в рош Аріх Анпіну[19]. І тоді ЗАТ Біни можуть отримати Хохму від Аріх Анпіну та передати її синам, – тобто ЗОН.

І вважається, що головним у виході Біни з рош Аріх Анпіну спочатку було лише передати світіння Хохми до ЗОН. Адже, якби не було цього виходу, неможливо було б продовжити світіння Хохми в ЗОН. І три сфіри, які додалися через вихід Біни назовні, це лише підготовка й приготування до залучення мохін Хохми в ЗОН, які представляють собою сім днів творіння. І тому число «тринадцять» всюди вважається притягненням Хохми в ЗОН.

Отже, з'ясувалася різниця між п'ятьма сфірот і тринадцятьма сфірот. Адже п'ять сфірот вказують на те, що в них міститься лише п'ять хасадім. Але тринадцять сфірот вказують на притягання світіння Хохми за допомогою трьох сфірот вищих ХАҐАТ, які додалися через вихід Біни назовні.

3) Тепер з'ясуємо сорокадвохбуквене ім'я та сорок два зіуґи. Біна, через свій вихід назовні, розділилася на ҐАР та ЗАТ. ҐАР Біни встановилися як парцуф вищі Аба ве-Іма, який вдягає Аріх Анпін від його пе до хазе, а світло в них називається «чисте повітря» (авіра дахья). А ЗАТ Біни встановилися як парцуф ІШСУТ, який вдягає Аріх Анпін від хазе до табура, а світло в них називається просто «повітрям (авіра)».

«Повітря» означає світло руах, в якому є лише світло хасадім і бракує Хохми. Тому Біна, яка вийшла з рош Аріх Анпіну,

---

19 Див. «Вступ до науки Кабала», п. 84.

вважається властивістю «повітря (авіра)», оскільки через її вихід з рош Аріх Анпіну, який являє собою Хохму, в ній міститься лише світло хасадім без Хохми, що зветься повітрям (авіра).

Однак є різниця між вищими Аба ве-Іма та ІШСУТ, оскільки вищі Аба ве-Іма – це ҐАР Біни, і їм не завдає шкоди їхній вихід з Хохми, адже їхня основна властивість – це хасадім без Хохми. І, навіть коли нижні піднімають МАН, і Біна повертається в рош Аріх Анпіну, отримують при цьому Хохму не вищі Аба ве-Іма, а тільки ІШСУТ, оскільки природа ҐАР Біни ніколи не змінюється; і тому їм не завдає жодної шкоди їхній вихід з рош, і вважається, ніби вони не виходили з рош Аріх Анпіну та є властивістю завершених ҐАР, і тому вважаються властивістю «чисте повітря (авіра дахья)». І з цієї причини вони також є властивістю «непізнаване повітря». Це означає, що їхній Даат не притягує Хохму, і їхнє «повітря (авір אויר)» не стає «світлом (ор אור)», тобто Хохмою.

Але ІШСУТ, тобто ЗАТ Біни, які потребують світла Хохми, аби передавати його в ЗОН, терплять втрату через вихід з рош Аріх Анпіну, оскільки нестача Хохми через їхнє перебування в ґуф Аріх Анпіну дійсно відчувається ними як нестаток. Тому їхнє «повітря (авіра)» не вважається властивістю «чисте повітря (авіра дахья)», а називається просто повітрям або пізнаваним повітрям, тобто йому належить стати осягнутим й притягнути Хохму за допомогою МАН, званих Даат. Оскільки, коли нижні піднімають МАН Біна повністю повертається в рош Аріх Анпіну, і тоді ІШСУТ отримують Хохму від Аріх Анпіну та передають її ЗОН. І вважається тоді, що з властивості «повітря (авір אויר)» виходить «йуд י» і воно стає властивістю «світло (ор אור)», – тобто світлом Хохми. Таким чином, «повітря (авір אויר)» парцуфа ІШСУТ стає пізнаним. Однак вищі Аба ве-Іма, навіть у той час, коли вони повертаються в рош Аріх Анпіну, залишаються властивістю «чисте повітря (авіра дахья)», і «йуд י» не виходить з їхнього «повітря (авір אויר)», бо вони ніколи не змінюють свого способу дій. І тому вони називаються «непізнане повітря».

І межа, котра утворилася у внутрішній частині Аріх Анпіну, в місці його хазе, зветься парсою. І це «небосхил»[20], що відокремлює верхні води, якими є рош Аріх Анпіну, та вищі Аба ве-Іма, що вдягають його від пе до хазе, оскільки до цього місця простягається властивість рош Аріх Анпіну. І тому парса стоїть під ними та відокремлює їх від ІШСУТ та ЗОН, – тобто «від нижніх вод», котрі відчувають нестачу через відсутність світіння рош Аріх Анпіну. І тому сказано, що плачуть нижні води: «Ми бажаємо постати перед Царем» – тому, що вони хочуть піднятися і отримати світіння Хохми від рош Аріх Анпіну.

4) Існує два види сорокадвохбуквеного імені.

1. Сорокадвохбуквене ім'я Ацилуту, що зветься «ім'я істинної форми», від якого викарбувалися всі імена. І це чотири літери імені АВАЯ в простому вигляді, десять букв АВАЯ з наповненням та двадцять вісім букв з наповненням наповнення, разом – сорок дві літери.

2. Сорокадвохбуквене ім'я дії початку творіння. І це – сім днів початку творіння, тобто ЗОН світу Ацилут, в яких містяться тридцять два імені Елокім та десять речень, які становлять разом число сорок два.

Пояснення сказаного. Світла, одержувані вище парси, – до Єсодів вищих Аба ве-Іми, які розташовані над хазе, де знаходиться рош Аріх Анпіну, тобто Кетер й вищі Аба ве-Іма, себто Хохма і Біна, – називаються «сорокадвохбуквене ім'я Ацилут», оскільки всі сорокадвохбуквені імена відбиті з нього. І тому на них вказують проста АВАЯ, – тобто Кетер, – і АВАЯ зі своїм наповненням, – тобто Хохма, – і АВАЯ з наповненням наповнення, – себто Біна. Таким чином, властивість «чисте повітря (авіра дахья)» в Аба ве-Імі являє собою сорокадвохбуквене ім'я.

Однак ЗОН, які звуться сімома днями початку творіння, нічого не можуть отримати від сорокадвохбуквеного імені, оскільки

---

20 Тора, Берешит, 1:7. «І створив Всесильний небосхил, і відділив води під небосхилом від вод, які над ним».

вони знаходяться нижче від парси, що розташована в хазе Аріх Анпіну, маючи властивість «нижні води, які позбавлені ҐАР». І вони отримують наповнення від ІШСУТ, «повітря» яких не є «чистим повітрям». А від вищих Аба ве-Іми, які є сорокадвохбуквеним ім'ям, вони не можуть отримувати наповнення, адже їх розділяє парса.

Однак, коли нижні піднімають МАН та від АБ-САҐ де-АК притягується МАД, і це світіння повертає Біну в рош Аріх Анпіну, – тоді ІШСУТ отримують світіння Хохми й передають його в ЗОН; при цьому ЗОН стають такими, як і властивість, що вище від парси, розташованої в хазе Аріх Анпіну, і тепер теж отримують «чисте повітря» від вищих Аба ве-Іми; і тоді ЗОН теж стають властивістю сорокадвохбуквеного імені.

І тому на сорокадвохбуквене ім'я, яке відноситься до ЗОН, вказують тридцять два імені Елокім та десять речень, що разом складають в гематрії «сорок два». Адже тридцять два імені Елокім – це ІШСУТ, коли вони піднімаються в рош і отримують світіння Хохми від тридцяти двох шляхів Хохми, бо тридцять два шляхи Хохми створюють в ІШСУТ тридцять два імені Елокім. І це – ім'я Елокім, яке згадується тридцять два рази в дії початку творіння. А десять речень в основі своїй є п'ятьма хасадім. Однак, коли ЗОН вже отримали світіння Хохми від тридцяти двох імен Елокім, то п'ять одержуваних ними хасадім приходять від вищих Аба ве-Іми у вигляді «чистого повітря», що відноситься до сорокадвохбуквеного імені і до властивості вищих вод. Таким чином, п'ять хасадім, що є в ЗОН, не стають сорокадвохбуквеним ім'ям, перш ніж отримають наповнення від тридцяти двох імен Елокім. І тому зазначено, що тридцять два імені Елокім разом з десятьма реченнями складають в гематрії сорок два.

Тому мовлено[21]: «І подібно до того, як форма союзу була зачата в сорока двох зівуґах від цього сімені», – Єсоду Зеір Анпіну, – «висічене і проявлене ім'я теж було зачате сорока двома буквами дії початку творіння». Адже п'ять світел речення «нехай буде світло» – це п'ять хасадім, які Єсод Зеір Анпіну

---
21 Див. вище, статтю «Троянда», п.3.

передає Нукві, та які звуться «сім'я». І це сім'я відноситься до властивості сорокадвохбуквеного імені, адже незважаючи на те, що це п'ять хасадім, все ж, оскільки в них є світіння Хохми від тридцяти двох імен Елокім парцуфа ІШСУТ, вони вважаються сорокадвохбуквеним ім'ям. І він (рабі Хізкія) порівнює тут будову парцуфа Нукви сорокадвохбуквеного імені з сіменем Єсоду Зеір Анпіну. Однак висічення сорокадвохбуквеного імені – це сорок дві букви, від слова «Берешит (спочатку)» до літери «бет ב» слова «ва-воу (ובהו і хаотичною)».

Паростки

4) «Спочатку». Рабі Шимон заговорив першим: «Паростки показалися на землі, час обрізання гілок настав, і голос горлиці чутний на землі нашій»[22]. «Паростки» – це дія початку творіння. «Показалися на землі, – коли?» В третій день, як написано: «І вивела земля з себе порость»[23], і тоді показалися на землі. «Час обрізання (замір) гілок настав», – це четвертий день, в який відбувалося «повалення (змір) тиранів»[24], і тому про нього написано: «Щоби були світила (меорот מארת)»[25] без букви «вав і», що означає «прокляття». А «голос горлиці» – це п'ятий день, про який написано: «Нехай закишать води»[26], – аби зробити породження. «Чутний» – це шостий день, про який написано: «Сотворімо людину»[27] – яка повинна буде упередити почуте дією. «На нашій землі» – це день суботній, який подібний до землі життя, тобто майбутньому світові.

Пояснення мовленого. Паростки – це шість днів початку творіння, тобто шість кінців (ВАК), ХАҐАТ НЕГІ Зеір Анпіну, з яких утворюються десять сфірот парцуфа Нукви Зеір Анпіну. Адже в Нукви немає нічого свого, і вся її будова утворюється з того, що дає їй Зеір Анпін.

І він тут пояснює, як Нуква утворюється з ВАК Зеір Анпіну, кажучи: «"Показалися на землі" – в третій день». Адже Нуква

---

22 Писання, Пісня пісень, 2:12.
23 Тора, Берешит, 1:12.
24 Пророки, Єшаягу, 25: 5. «Як спекоту в місці безводному, Ти приборкаєш гул ворогів, як спеку під тінню хмар, повалиш тиранів».
25 Тора, Берешит, 1:14. «І сказав Всесильний: "Нехай будуть світила на тверді небесній аби відокремлювати день від ночі; і будуть вони для знамен, і для часів (призначених), і для днів й років"».
26 Тора, Берешит, 1:20. «І сказав Всесильний: "Нехай закишать води істотою живою, і птах полетить над землею під твердю небесною!"».
27 Тора, Берешит, 1:26. «І сказав Всесильний: "Сотворімо людину в образі Нашому за подобою Нашою! І панувати будуть вони над рибою морською і над птахом небесним, і над худобою, і над усією землею, і над усім плазуючим, що повзає по землі"».

називається «земля». І «паростки», тобто сфірот Зеір Анпіну, прийнялися та показалися в Нукві, яка зветься «земля», на третій день дії початку творіння. «Показалися» – означає, що спершу вони показалися в одному виді, а тепер виглядають інакше. І це сталося на третій день, тобто у властивості Тіферет. Адже спочатку вона була створена у властивості «два великих світила» і була рівною сфірі Тіферет Зеір Анпіну, яка називається третім днем початку творіння.

Тому він говорить: «І тоді показалися на землі». Інакше кажучи, оскільки цей стан не був реалізований в Нукві, – вони «показалися на землі», – спершу вони показалися в одному виді, а потім «"час обрізання (замір) гілок настав"».

«Це четвертий день, в який відбулося "повалення (змір) тиранів"». Адже в четвертий день зменшився Місяць, тобто Нуква Зеір Анпіну, як написано: «Поскаржився Місяць, мовивши: "Не можуть два царя користуватися однією короною". Сказав їй (Місяцю, Нукві Зеір Анпіну*) Творець: "Іди та зменш себе"»[28]. І тоді вона опустилася у властивість точки під Єсодом Зеір Анпіну, а її дев'ять нижніх сфірот впали у світ Брія. А в світі Ацилут у неї залишилася лише точка її Кетеру, що знаходилася під Єсодом. І, починаючи з цього моменту, вона будується за допомогою сфірот Нецах і Год Зеір Анпіну.

І це називається «поваленням (змір) тиранів», оскільки зменшення стало підготовкою та місцем (клі) для отримання мохін де-хая, які зрізують всі кліпот, що тримаються за Нукву. І «повалення (змір)» означає зрізання, а «тиранів» – зовнішні властивості та кліпот, які оточують троянду. Тому сказано: «А "голос горлиці "– це п'ятий день». «Горлиця» – це Нецах Зеір Анпіну.

---

28 * В івриті слово "левана", - "місяць", як і в російській мові "луна", – має жіночій рід. Кабала використовує цей образ як визначення жіночої основи створіння, Нукви Зеір Анпіну, зокрема і в концепції взаємодії "двох великих світил", – чоловічої та жіночої основ створіння. Нажаль, немає адекватного українського перекладу цього образу, а російське слово "луна" не може бути використане, оскільки в українській мові має зовсім інше значення. Тому при читанні тексту, де зустрічаються образи "місяця" й "сонця" в контексті їхньої "взаємодії" треба враховувати цю обставину. *(Примітка перекладача українського тексту)* Вавилонський Талмуд, трактат Хулін, арк. 60:2.

«Голос горлиці» – це Год Зеір Анпіну. І оскільки вона (Нуква) отримує від сфіри Год, включеної до Нецаха Зеір Анпіну, отримання нею зветься «голос горлиці».

«"Чутний" – це шостий день». Адже «голос горлиці» приймається Нуквою лише за допомогою шостого дня, тобто Єсода Зеір Анпіну, який включає в себе Нецах і Год та передає їх Нукві. І він «чутний» Нукві лише на шостий день, оскільки існує правило, що Нуква отримує тільки від середньої лінії Зеір Анпіну, тобто Даат-Тіферет-Єсод: або від Даат, або від Тіферет, або від Єсоду. Як сказано: «"Сотворімо людину", – яка повинна буде упередити почуте дією». Здатність чути відноситься до властивості Біни, адже зір і слух – це Хохма і Біна. Дія – це Малхут. Під час другого скорочення (цимцум бет) нижня «гей» піднялася в «ніквей ейнаїм» для поєднання її з властивістю милосердя, – тобто з вищою Біною. І ось, Аба вивів Іму назовні, і сам Аба встановився у вигляді чоловічої властивості (захар) та жіночої властивості (нуква). Адже властивість «ейнаїм» відноситься до ступеню Аба, і, завдяки підйому нижньої «гей» до нього, встановився зівуґ де-рош в нижній «гей», що зветься «ніквей ейнаїм». І з цієї причини Іма, тобто Біна, вийшла з рош ґуф. І в рош Аріх Анпіну є лише Кетер та Хохма, а Біна вийшла в ґуф. І виходить, що «дія», тобто нижня «гей», Малхут, випереджає «почуте», тобто Біну. Адже Аба встановився в Нукві, яка зветься «я», а Нуква стала, як Аба, другою сфірою після Кетеру.

Завдяки підйому в ніквей ейнаїм, Малхут «підсолодилася» там і стала здатною піднятися та вдягнути вищі Аба ве-Іму та отримати мохін де-хая, як вища Іма. І це – властивість «повного місяця». І тому при даруванні Тори Ізраїль сказали «зробимо» перед «почуємо» і випередили почуте дією, удостоївшись завдяки цьому отримання Тори. Адже дія, тобто Малхут, піднялася та вдягла вищі Аба ве-Іму, і розкрилася властивість «йовель»[29] (ювілей)», або п'ятдесяті ворота.

Тому здатність чути була на шостий день, оскільки в ньому відбулося виправлення «випередити почуте дією», як при

---

[29] П'ятдесятий рік, який настає після семи семиліть.

даруванні Тори. І тому в першу суботу початку творіння Малхут придбала властивість «земля життя», що відноситься до вищої Іми.

«"На землі нашій"– це день суботній, який є подібним до землі життя». Вища Іма називається землею життя. І, завдяки впливу шостого дня, Нуква піднялася в суботній день дії початку творіння до вищої Іми і теж стала подібною до землі життя. Адже піднявшись до вищого, нижній стає абсолютно подібним йому.

5) Інше пояснення. «Паростки» – це праотці, які увійшли в задум та увійшли в майбутній світ, Біну, і знаходилися там у прихованні. І звідти вони вийшли в прихованні та були утаєні в істинних пророках. Народився Йосеф, і вони були утаєні в ньому. Увійшов Йосеф в святу землю та відтворив їх там. І тоді вони «показалися на землі» й розкрилися там. А коли вони показалися? В час, коли райдуга показалася в світі розкриваються вони. І в той же час «час обрізання гілок настав», – час усунення грішників зі світу. Чому ж вони врятувалися? Тому, що «паростки показалися на землі». А якби вони не показалися на той час, то не могли би залишитися в світі, і світ не міг би існувати.

Пояснення сказаного. Зогар з'ясовує осягнення мохін де-хая самим Зеїр Анпіним. «Паростки» вказують на ХАҐАТ Зеїр Анпіну, які називаються «праотці», НЕГІ Зеїр Анпіну звуться «будова». І це два парцуфа, які розділені в місці хазе Зеїр Анпіну. Адже ХАҐАТ називаються «великі ЗОН», а НЕГІ – «малі ЗОН». І тому тут наводиться уточнення, яке допомагає нам зрозуміти, що це відноситься до великого Зеїр Анпіну, і тому сказано «праотці». І вони називаються «паростки», що означає «пагони», оскільки вони ростуть подібно до пагонів. Адже спочатку вони були у властивості НЕГІ, а потім, в період вигодовування (єніка), вони стали властивістю ХАҐАТ, а потім, в першому великому стані (ґадлут алеф), вони стали властивістю ХАБАД де-нешама, а потім, у другому великому стані (ґадлут бет), – властивістю ХАБАД де-хая.

Тому сказано, що «це праотці, які увійшли в задум та увійшли в майбутній світ, в Біну». Мається на увазі зародження (ібур) Зеір Анпіну, адже під час зародження він піднімається в Аба ве-Іму, які звуться «задум» і «майбутній світ». Аба називається задумом, а Іма називається майбутнім світом. І там – початок створення Зеір Анпіну у властивості «три в трьох», що означає вдягання ХАҐАТ в НЕГІ. І про це сказано: «Пагони були подібними до вусів сарани. Узяв Він їх звідти та посадив в інше місце, і виросли вони»[30]. «Пагони» – це праотці, які в корені своєму є ХАҐАТ. Завдяки їхньому підйому для зародження (ібур) в Хохму та Біну, що і означає: «посадив їх в інше місце», де вони отримали підсолоджену Малхут, яка здатна прийняти мохін під час ґадлуту. Завдяки цьому вони поступово виросли, – спочатку за допомогою зародження (ібур), а потім за допомогою виговування (єніка), а потім за допомогою першого ґадлуту, і, нарешті, за допомогою другого ґадлуту. «І звідти вони вийшли в утаєнні». Адже після того, як ХАҐАТ отримали всі мохін ібуру, вони народжуються і виходять від Аба ве-Іми на своє місце внизу. І вони «вийшли в утаєнні», – оскільки і після виходу від Аба ве-Іми на своє місце вони все ще залишалися в прихованні, – тобто в малому світлі.

«І були утаєні в істинних пророках», – тому що після осягнення мохін де-єніка було притягнуте особливе світло до сфірот НЕГІ Зеір Анпіну, котрі називаються «справжні пророки», і тоді розповсюджуються ХАҐАТ із НЕГІ, і він досягає ВАК (шість кінців). І, разом з тим, вони (сфірот) все ще перебувають в прихованні, оскільки від них ще утаєні мохін де-рош, і у них є лише нефеш, руах.

Тому сказано: «І були утаєні в істинних пророках». «Істинні пророки» – це Нецах, Ґод, яких вони осягли за допомогою виговування (єніка), проте вони «утаєні» в них, бо їхнє світло ще приховане й не розкрилося. І знай, що завжди є зворотне співвідношення світел і келім. Адже якщо ми розглянемо з боку світел, то в результаті єніка осягається світло ХАҐАТ, – тобто руах. А якщо ми будемо розглядати з боку келім, то в єніка пізнаються

---

30 Зогар, глава Берешит, частина 1, п.431.

келім Нецах та Год, і світло нефеш, яке було в ХАҐАТ, опускається в них. І те ж саме – з мохін ґадлуту: з точки зору світел вважається, що вони осягають світло ХАБАД, а з боку келім вважається, що вони пізнали клі Єсод великого стану (ґадлут).

«Народився Йосеф, і вони були утаєні в ньому». Після остаточного формування мохін де-єніка, Зеір Анпін піднімається в другій ібур для отримання мохін першого великого стану, і за допомогою цих мохін його ХАҐАТ стають властивістю ХАБАД та рош. А НЕГІ, які він придбав у стані єніка, стали у нього ХАҐАТ, і у нього народжуються нові НЕГІ, які називаються НЕГІ мохін де-ґадлут. І ці НЕГІ звуться ім'ям «Йосеф», і це Єсод де-ґадлут, який включає в себе Нецах і Год де-ґадлут. Тому сказано: «Народився Йосеф» – тобто Єсод де-ґадлут.

«І вони були утаєні в ньому», – тобто у них все ще немає ХАҐАТ світел великого стану в повній мірі, і вони все ще у прихованні. Адже в першому великому стані (ґадлут алеф) він осягає лише мохін де-нешама, які все ще вважаються властивістю «ахораїм (зворотна сторона)» у Зеір Анпіна. І тому мовиться, що «вони були утаєні в ньому», – тобто вони все ще знаходяться у прихованні.

«Увійшов Йосеф у святу землю та відтворив їх там», – тому що після отримання мохін першого великого стану, Зеір Анпін починає отримувати мохін другого великого стану (ґадлут бет), тобто мохін де-хая. При цьому Нуква відокремлюється від нього та вибудовується як повний парцуф в мохін де-хая. І тоді Нуква називається святою землею, оскільки мохін де-хая називаються святістю.

«Увійшов Йосеф», – тобто Єсод де-ґадлут Зеір Анпіну, «у святу землю» – це Нуква в стані «панім бе-панім (ликом до лика)» із Зеір Анпіним, на рівному з ним ступені.

Тому сказано: «І відтворив їх там» – в святій землі. Оскільки мохін де-хая, тобто світло хохма, притягуються лише під час зівуґу (злиття), коли ЗОН стають єдиним цілим, і вони (ці мохін) залишаються в розпорядженні однієї лише Нукви, бо тільки завдяки їй вони були притягнуті під час зівуґу.

«І відтворив їх там» – в домівці її. Адже Зеір Анпін співвідноситься з Нуквою так само, як вищі Аба ве-Іма співвідносяться з ІШСУТ. І тому мохін де-хая, тобто Хохма, розкриваються лише в Нукві, яка відноситься до властивості ІШСУТ.

«І тоді вони "показалися на землі" й розкрилися там», – тобто зараз вони повністю розкрилися у великому стані, як і належить, але до цього моменту вони вважаються утаєними й прихованими.

І, крім цього, задане питання: «А коли вони показалися?». Адже вже пояснювалося, що вони розкрилися, коли «увійшов Йосеф у святу землю», – іншими словами, в момент зівуґу, – і місцем розкриття є Нуква. Чому ж, у такому разі, ще раз задається питання: «А коли вони показалися?».

Справа в тому, що і під час зівуґу розрізняються дві особливості:

– включення лівої (лінії) в праву, тобто в п'ять хасадім, наявних у властивості «захар»;

– включення правої (лінії) в ліву, тобто в п'ять ґурот, наявних в «нукві».

Тому він запитує: «А коли вони показалися?», – під час включення правої (лінії) в ліву чи лівої в праву?

І відповідає: «В час, коли райдуга показалася в світі». «Райдуга» – це Єсод Зеір Анпіну, «в світі», – тобто в Нукві. І це включення правої (лінії) в ліву в момент зівуґу, як написано: «І коли буде райдуга у хмарі». Адже лише за допомогою цього притягуються вищі мохін. «І тоді розкриваються вони», – тобто тільки за допомогою включення правої (лінії) в ліву.

Тому сказано: «І в той же час "час обрізання гілок настав", – час усунення грішників зі світу». Тобто в той час, коли в світі збільшуються грішники, через яких відбувається приєднання великої кількості кліпот та сітри ахра, як це було під час покоління потопу, внаслідок чого був знищений увесь всесвіт, – у жителів світу немає іншого засобу, окрім розкриття вищих мохін, – тобто мохін де-хая.

«Чому ж вони були врятовані? Тому, що "паростки показалися"», – тобто чому люди були врятовані від знищення, – такого, яке було під час потопу? Тому, що «паростки показалися на землі». Адже розкриття мохін де-хая виганяє кліпот з землі, Малхут, і вони більше не можуть утримуватися в ній. Як написано: «Я побачу її, аби згадати вічний союз»[31].

І сказано: «А якби вони не показалися до цього часу, то не могли б залишитися в світі». Справа в тому, що Нуква спочатку була створена у властивості «два великих світила», і перебувала на рівному ступені з Зеір Анпіним, проте перебувала в ахораїм (зворотній стороні) Зеір Анпіну, і через це поскаржився місяць, що не можуть два царя користуватися однією короною. І тому ці мохін вважаються мохін зворотної сторони, та називаються вони мохін де-ВАК Нукви, – тобто мохін її малого стану, на початку її створення. І тоді ЗОН вважаються «малим ликом», і вони називаються «діти, отроки, юнаки». Однак, коли вона досягає повноти цих мохін, вона повторно входить в стан зародження (ібур бет) у вищих Аба ве-Імі, і, завдяки мохін стану «панім бе-панім» із Зеір Анпіним, вона стає великою будовою. І тоді ЗОН звуться «великим ликом».

Але відомо, що в духовному немає зміни чи зникнення, і ці мохін зворотної сторони, «малий лик», залишаються в ній також і в момент виходу мохін великого стану. І більш того, – притягання мохін де-хая здійснюється, головним чином, в келім де-мохін зворотної сторони, в «малому лику».

---

31 Тора, Берешит, 9:13. «І коли буде райдуга у хмарі, я побачу її, аби згадати вічний союз між Всесильним та між всякою живою істотою в усякій плоті, що на землі».

І, як сказано: «А якби вони не показалися до цього, то не могли б залишитися в світі». Іншими словами, якби ці паростки не показалися в Нукві вже раніше, під час катнуту, – тобто в будові її ахораїм, – не залишилися б в ній мохін де-хая й під час ґадлуту, адже у неї не було б келім, щоби прийняти їх.

6) І хто ж це підтримує існування світу та викликає розкриття праотців? Це голос дітей, що займаються Торою. І завдяки цим дітям рятується світ. Щодо них сказано: «Підвіски золоті зробимо тобі»[32]. Це діти, отроки, юнаки, як сказано: «І зроби двох херувимів із золота»[33].

Пояснення мовленого. «Діти світу» – це мохін зворотної сторони, які називаються «малий лик», а також – «діти світу», і, також, – «діти, отроки, юнаки». І їхній зівуґ в цьому стані зветься: «Голос дітей, що займаються Торою». І це ж називається «золоті підвіски», і «двоє херувимів», або «малий лик». І ті мохін де-хая, які притягуються завдяки включенню правої (лінії) в ліву, взагалі не були б прийняті Нуквою, якби не вони.

«І хто ж це підтримує існування світу?» – під час збільшення кліпот, які мають силу зруйнувати світ, як за часів потопу. Таким чином, немає іншого засобу, крім притягання мохін де-хая у властивості «райдуга в хмарі», і завдяки цьому рятується світ. Хто ж це підтримує існування та рятує світ в цей момент, «і викликає розкриття праотців», – викликає розкриття ХАҐАТ в мохін де-рош, коли ХАҐАТ стають ХАБАД де-хая? І причиною всього цього є «голос дітей, що займаються Торою», – тобто мохін зворотної сторони, які називаються «голос дітей» та «золоті підвіски».

---

32 Писання, Пісня пісень, 1:11. «Золоті підвіски зробимо тобі разом зі срібними блискітками».
33 Тора, Шмот, 25:18. «І зроби двох херувимів із золота; карбованими зробиш їх з обох кінців покриття».

Хто створив їх

7) «Спочатку». Рабі Ельазар проголосив: «Підніміть очі ваші вгору і подивіться: хто створив їх?»[34]. «Підніміть очі ваші вгору». Куди? До того місця, куди спрямовані всі очі. І що воно собою являє? Це «розкриття очей», тобто Малхут де-рош Аріх Анпіну. І там ви дізнаєтеся, що утаєний Атік, до якого відноситься це запитання, «створив їх». І хто він? Той, кого звуть «МІ (хто)», – тобто ЗАТ Біни, – хто зветься «від верхнього краю небес, і все знаходиться у владі його». І оскільки до нього ставиться запитання, а він знаходиться в утаєнні, – тобто не розкритий явно, – то зветься ім'ям «МІ (хто)», в якому міститься питання. Адже про те, що вище від нього, взагалі не питають. І цей «край небес», до якого відноситься запитання, називається «МІ (хто)».

Пояснення сказаного. Рабі Ельазар збирається з'ясувати сенс створення неба і землі, про який йдеться в описанні дії початку творіння. Адже небо і земля – це сукупність семи днів початку творіння, тобто ЗОН світу Ацилут. У такому випадкові, чому ж написано «бара (створив)», що вказує на світ Брія, а не Ацилут, – варто було б сказати «єєциль[35] (спричинив)»? І каже: «І хто він? Це розкриття очей» – Малхут де-рош парцуфу Аріх Анпіна світу Ацилут, звана розкриттям очей. Адже сфіра Хохма, що відноситься до десяти сфірот рош, називається «ейнаїм». І нам відомо, що в рош Аріх Анпіну є тільки Кетер й Хохма, і тому його Малхут називається розкриттям очей, бо при її розкритті мохін Хохми передаються з рош парцуфу Аріх Анпіна всім парцуфам світу Ацилут. І тому сказано: «До того місця, куди спрямовані всі очі», – оскільки мохін Хохми називаються «ейнаїм (очі)», і ці мохін Хохми можуть проявитися у всіх парцуфах Ацилуту лише завдяки розкриттю Малхут де-рош Аріх Анпіну.

---

34 Пророки, Єшаягу, 40:26. «Підніміть очі ваші вгору і подивіться, Хто створив їх. Той, Хто виводить за числом воїнства їхні, всіх їх по імені називає Він; від Великого могутністю і Могутнього силою ніхто не вкриється».
35 Від слова Ацилут.

«І там ви дізнаєтеся», – тобто в цьому розкритті очей, в Малхут де-рош Аріх Анпіну, «ви дізнаєтеся» цю таємницю – як Біна створила ЗОН. Слово «створив (бара)» означає – поза (бар) рівнем Ацилут. І оскільки сама Біна вийшла назовні щодо ступеню рош Аріх Анпіну, вона стала властивістю Брія (בריאה) по відношенню до рош Аріх Анпіну, і це зумовило те, що вона так само створила (бара ברא) ЗОН.

І Зеір Анпін став властивістю Єцира, бо те, що виходить з рівня Брія, називається Єцира. А Нуква стала властивістю Асія, оскільки все, що виходить з Єцира, зветься Асія.

Проте, не можна уподібнювати їх справжнім світам БЄА (Брія, Єцира, Асія), що знаходяться за парсою світу Ацилут. Адже ці Біна та ЗОН стоять вище від парси, тобто в світі Ацилут, і («зовні») мається на увазі тільки по відношенню до рош Аріх Анпіну. І тому є два види БЄА:

1. світи БЄА розділення, які були відокремлені від Ацилуту парсою, тобто підвалиною світу Ацилут, що розташована над ними;

2. БЄА самого світу Ацилут, тобто його Біна, Зеір Анпін і Нуква, які знаходяться лише за межами рош Аріх Анпіну, але все ще є Ацилутом; однак парса у внутрішній частині Аріх Анпіну, що розташована в місці його хазе, знаходиться вище від них, і тому вони є відокремленими від рош Аріх Анпіну та вважаються властивістю «ґуф без рош», інакше кажучи, – позбавленими мохін Хохми, які називаються «рош» відносно світу Ацилут; адже зазвичай світ Ацилут вважається властивістю Хохми у сукупності всіх чотирьох світів АБЄА. І тому той, хто позбавлений Хохми, вважається там властивістю «ґуф без рош».

І тому сказано, «що утаєний Атік, до якого відноситься це запитання,"створив їх"», – тобто Біна, яка вийшла з рош Аріх Анпіну через Нукву, що піднялася в Хохму Аріх Анпіну та встановила там закінчення (сіюм) рош Аріх Анпіну, вийшла внаслідок цього у властивість Брія та ґуф Аріх Анпіну, і розділилася тому на дві властивості: ҐАР і ЗАТ.

Адже Біні, згідно з її корінною властивістю в десяти сфірот прямого світла, взагалі не властиве отримання Хохми, – лише отримання світла хасадім. Як сказано: «Бо бажає милості (хафец хесед) Він»[36], – але не мудрості (хохма). І тому вихід до ґуф не завдає їй ніякої шкоди. Адже навіть коли знаходиться в рош Аріх Анпіну, вона не отримує від нього Хохму. І тому її ніяк не применшує те, що вона стоїть нижче від Малхут де-рош Аріх Анпіну. І навіть зараз вона повністю вважається властивістю рош, як нібито взагалі не виходила з рош Аріх Анпіну. І вона встановлюється у властивості вищі Аба ве-Іма, що одягають Аріх Анпін від пе до хазе.

А друга властивість, ЗАТ Біні, відноситься до включення ЗОН в Біну, і це – коріння ЗОН, які знаходяться в Біні. І тому вони потребують світіння Хохми для ЗОН. Тож вони потерпають від перебування у властивості ґуф Аріх Анпіну, втративши Хохму. І вони вважаються властивістю Брія та ВАК без рош. І сказано про них: «Аба вивів Іму назовні», – тобто за межі рош Аріх Анпіну. І вони називаються ІШСУТ та вдягають Аріх Анпін від хазе до табура.

А їхні сини, тобто ЗОН, одягають Аріх Анпін від табуру й нижче, до закінчення (сіюм) світу Ацилут.

І це роздільна парса у внутрішній частині Аріх Анпіну, яка стоїть в його хазе, оскільки вона являє собою силу Малхут, що в рош Аріх Анпіну, та яка виводить ЗАТ Біни з рош й перешкоджає отриманню ними хохми. І хоча сам екран стоїть в пе де-рош Аріх Анпіну, проте, він там жодним чином не діє, оскільки там знаходяться вищі Аба ве-Іма, що являють собою ҐАР Біни, і які все ще вважаються властивістю рош Аріх Анпіну. Таким чином,

---

36 Пророки, Міха, 7:18. «Хто Творець, подібний до Тебе, (який) прощає гріх і проходить повз (не ставить в провину) злочини залишку спадщини Своєї, не тримає вічно гніву Свого, бо бажає милості Він».

лише в місці хазе панує сила цього екрану, над ЗАТ Біни, виводячи ці ЗАТ Біни, що знаходяться під ним, за межі рош Аріх Анпіну.

І тому ҐАР Біни називаються утаєним Атіком. Адже рош Аріх Анпіну зветься Атік. А оскільки вважається, що ҐАР Біни, – хоча вони і знаходяться нижче від пе Аріх Анпіну, – ніби все ще стоять в рош Аріх Анпіну, вони теж звуться Атіком, як і рош Аріх Анпіну. Однак через те, що знаходяться у властивості ґуф Аріх Анпіну, вони називаються утаєним Атіком.

І сказано, «що утаєний Атік, до якого належить це запитання, "створив їх"». Інакше кажучи, – тільки в ЗАТ цього прихованого Атіка, званих ІШСУТ, існує питання про отримання в них ЗОН внаслідок підйому МАН. Адже питання – означає підйом МАН, від вислову «просять про дощ»[37]. І він каже, що лише ЗАТ цього утаєного Атіка, що йменуються ІШСУТ, існують для цього питання, – тобто для отримання МАН, аби притягнути світло Хохми, бо вони позбавлені Хохми, адже до цього вони вважаються властивістю Брія.

І тому «створив їх (ЕЛЄ)», – тобто ЗОН, що звуться «ЕЛЄ (ці)». І вони теж були створені за силою своєю такими, що позбавлені рош, як і він (парцуф ІШСУТ). Слово «створив (бара)» вказує на відсутність властивості рош стосовно Ацилуту.

«А "хто"– це МІ», – тобто ЗАТ Біни, до яких звертаються з питанням, називаються МІ. І на них вказує слово «створив» тому, що вони самі стали властивістю Брія через парсу, що в хазе Аріх Анпіну, яка відділяє їх від світіння рош Аріх Анпіну.

І сказано: «Від верхнього краю небес, і все знаходиться у владі його». ЗАТ Біни, звані ІШСУТ та які звуться МІ, – це властивість «верхній край небес». «Небеса» – це Зеір Анпін, і він отримує тільки від ІШСУТ, які звуться МІ. І тому МІ називається «верхнім краєм небес, і все знаходиться у владі його». Адже небо і земля, тобто ЗОН, а також троє нижніх світів БЄА, – всі

---

37 Мішна, розділ Моед, трактат Тааніт, глава 1, мішна (закон) 1.

вони отримують від ІШСУТ, які звуться МІ. І тому «все перебуває у владі його».

«Адже про те, що вище за нього, взагалі не питають. І цей "край небес", до якого відноситься запитання, називається "МІ (хто)"». Інакше кажучи, вище від ҐАР Біни, тобто вищих Аба ве-Іми, питання немає, бо вони не отримують МАН для притягання Хохми, адже самі вони є світлом хасадім і не відчувають нестачі Хохми. І тому вони не звуться МІ. І вони також не є властивістю «край небес» тому, що не потребують ЗОН, які вимагають світіння Хохми. І лише ЗАТ, які називаються ІШСУТ та існують для питання, – тобто для отримання МАН від ЗОН і підйому в рош Аріх Анпіну, аби отримати для них світіння хохма, – вважаються верхнім краєм небес саме тому, що Зеір Анпін, званий «небеса», отримує від них.

8) І є ще один внизу, і він називається МА (що). Який зв'язок між тим й іншим? Перший, утаєний, що зветься МІ, – до нього відноситься запитання. Оскільки людина питала й вивчала аби споглядати й осягати, (просуваючись) від одного ступеню до іншого, до кінця всіх ступенів, – тобто до Малхут, – то коли вона прийшла туди, вона – МА (що). І це означає: «Що (МА) пізнав ти, що бачив ти, що вивчив ти – адже все утаєне, як і спочатку?».

Пояснення сказаного. Коли Нуква Зеір Анпіну знаходиться в стані «панім бе-панім (ликом до лика)» із Зеір Анпіним, вона теж називається іменем МА, як і Зеір Анпін. І вона вважається «нижнім краєм небес», бо є кінцем всіх ступенів та завершує Ацилут. Таким чином, Зеір Анпін, званий «небеса», знаходиться між парцуфом ІШСУТ, що зветься «верхній край небес», і Нуквою, яка називається «нижній край небес».

І сказано: «Оскільки людина питала і вивчала аби споглядати». «Споглядати» означає зівуґ Аба ве-Іми, який зветься спогляданням (істаклут) Аби й Іми одне одного способом їхнього підйому в рош Аріх Анпіну, коли Біна знову починає отримувати світіння Хохми для ЗОН. Адже навіть ІШСУТ, тобто ЗАТ Біни, не потребують світіння Хохми для самих себе, оскільки самі ЗАТ

Біни є подібними до своїх ҐАР і не потребують отримання Хохми. Однак у той момент, коли ЗОН підіймаються в ІШСУТ в якості МАН, ІШСУТ пробуджуються аби піднятися заради них в рош Аріх Анпіну для отримання Хохми. Однак і самі ЗОН теж піднімаються в ІШСУТ як МАН лише завдяки підйому МАН до ЗОН від людей, що знаходяться нижче від ЗОН. Таким чином, душі людей піднімаються в якості МАН до ЗОН, і тоді ЗОН підіймаються в якості МАН в ІШСУТ, і тоді ІШСУТ підіймаються в Аріх Анпін та стають там одним парцуфом з вищими Аба ве-Іма, і тоді Аба й Іма споглядають одне одного та притягують Хохму для ЗОН.

«Оскільки людина питала», – тобто вона піднімає МАН, «і вивчала», – тобто вивчає свої діяння задля підняття ЗОН до зівуґу Аба ве-Іми, «аби споглядати», – щоб Аба ве-Іма споглядали один одного і притягували Хохму, «і осягати, (просуваючись) від одного ступеню до іншого, до кінця всіх ступенів, тобто до Малхут», – бо світіння хохма, яке притягується за допомогою підйому МАН і зівуґу, зветься пізнанням, або називається мудрістю (хохма), яка осягається знанням (даат). Тобто ЗОН, які піднімаються в якості МАН, вважаються там властивістю Даат (знання) для Аба ве-Іма, бо є причиною їхнього зівуґу. І цей зівуґ зветься «пізнанням» від вислову: «І познав Адам Хаву, дружину свою»[38].

«Пізнавати» – означає передавати мохін за допомогою сфіри Даат, «від одного ступеню до іншого» – від Даат ступеню Аба ве-Іма до мохін ступеню Зеір Анпін. «До кінця всіх ступенів», – від Зеір Анпіну до Нукви, яка називається «кінець усіх ступенів». Бо Біна знаходиться в стані «ахор бе-ахор (досл. спиною до спини)» з Хохмою, оскільки є лише властивістю хасадім, та повертається в стан «панім бе-панім» з Хохмою лише заради ЗОН.

«Після того, як він прийшов туди, він – МА (що)», – коли мохін прийшли туди, до Нукви Зеір Анпіну, – Нуква зветься іменем МА. Нижній[39] ступінь, або нижній світ, Малхут, називається МА. Ска-

---
38 Тора, Берешит, 4: 1. «І пізнав Адам Хаву, свою дружину; і вона зачала і народила Каїна. І сказала вона: "Знайшла я людину з Творцем"».
39 Звідси й до кінця абзацу – цитата з книги Зогар, глави Трума, п.15.

зано: «Що (МА) Творець, Всесильний твій, просить в тебе?»[40]. Читай не "що (МА)», а «сто (меа)»[41]. Усі вищі ступені в довершеності своїй, – а їх п'ятдесят, – знаходяться тут в Малхут, і тому вона називається «сто».

Бо п'ятдесят її, і це – КАХАБ ТУМ (Кетер-Хохма-Біна-Тіферет-Малхут), де кожна сфіра містить десять, та п'ятдесят сфірот Біни, разом, – сто. І тому Біна називається МІ (מי), тобто п'ятдесят (по числовому значенню), а Малхут, – МА, – тобто сто, оскільки вона включає в себе, також, і п'ятдесят Біни. І тому вона називається МА, щоби показати, що вся велика довершеність цих мохін з'являється лише після того, як вони приходять в Нукву.

І сказано: «Що (МА) пізнав ти, що (МА) бачив ти, що (МА) вивчив ти, – адже все утаєно, як і спочатку?». Малхут[42] називається МА, оскільки, незважаючи на те, що спуск Хохми проходить через вищі ступені, тобто Біну й Зеір Анпін, – вона не розкривається, доки не досягне завершення в Малхут, – яка є місцем закінчення всіх ступенів, закінчення притягання всього, – і не встановиться там явно у вигляді світіння Хохми. І хоча вона розкрилася більш, ніж всі, є в ній питання: «Що (МА) бачив ти, що (МА) пізнав ти?». Як сказано: «Бо не бачили ви жодного образу»[43].

І, незважаючи на те, що вже зійшли до неї вищі мохін завдяки підйому МАН, і вже досягла в них довершеності, все ж вона ще чекає на звернення з питанням, – як це було з ІШСУТ до підйому МАН. Тому сказано: «Що пізнав ти, що бачив ти, що вивчив ти – адже все утаєне, як і спочатку?», – бо навіть після підйому МАН й притягання мохін, все в Нукві поки що приховане, як

---

40 Тора, Дварім, 10:12. «І нині, Ізраїль, що Творець, Бог твій, просить в тебе? Лише боятися Творця, Всесильного твого, ходити всіма Його шляхами й любити Його, та служити Творцеві, Всесильному твоєму, усім серцем твоїм і всією душею твоєю».
41 Вавилонський Талмуд, трактат Мінхот, арк. 43:2.
42 Звідси й до кінця абзацу – цитата з книги Зогар, глави Трума, п.16.
43 Тора, Дварім, 4:15.

і до підйому МАН, коли вона ще чекає на звернення з питанням, – тобто підйому МАН.

В такому випадкові, навіщо потрібні нижні при підйомі МАН? І навіщо сходять до неї мохін, якщо вони ніяк не розкриваються? «Іменуй Нукву не МА (що), а МЕА (сто)», – сто благословень, які Нуква передає нижнім. Якщо так, то чому ж вона все ще чекає на звернення з питанням, і «все утаєне, як і спочатку»?

Справа в тому, що в Нукви є два види мохін у великому стані, які звуться перший великий стан (ґадлут алеф) і другий великий стан (ґадлут бет).

У першому великому стані в рош Аріх Анпіну піднімаються лише вищі Аба ве-Іма, але не ІШСУТ. І хоча вони стали одним парцуфом, ІШСУТ все ж залишилися в ґуф Аріх Анпіну, бо лише піднялися на попереднє місце Аба ве-Іми та вдягають Аріх Анпін від пе до хазе. Таким чином, з одного боку, ІШСУТ стали властивістю рош Аріх Анпіну, адже вони стали одним парцуфом з вищими Аба ве-Іма, які зараз знаходяться в рош Аріх Анпіну. І вони, також, піднялися вище від парси, яка розташована в хазе Аріх Анпіну, туди, де світить рош Аріх Анпіну, – як це було з'ясовано раніше, щодо самих Аба ве-Іми, котрі знаходилися там до підйому МАН.

І тому вони передають Зеір Анпіну досконалі мохін де-ҐАР, а Зеір Анпін – Нукві, і Нуква стає властивістю «сто благословень». Адже, завдяки цим мохін ЗОН підносяться, підіймаючись на місце ІШСУТ до підйому МАН, – від хазе до табуру Аріх Анпіну. А Нуква знаходиться на місці Іми. І тому Нуква стає тепер властивістю «сто», як й Іма, – оскільки сфірот Іми обчислюються в «сотнях», сфірот Аби – в «тисячах», – а нижній, який піднявся до вищого, стає таким самим, як і він.

З одного боку, Нуква є подібною лише до властивості МІ, до якої відноситься питання, – як в ІШСУТ до підйому МАН й притягання мохін, – внаслідок того, що вона огорнула місце, де ІШСУТ перебуває в малому стані (катнут), від хазе до табура

Аріх Анпіну. І виходить, що вона знаходиться нижче від парси внутрішньої частини Аріх Анпіну, а світіння рош Аріх Анпіну припиняється над цією парсою. І в цьому сенсі Нуква не набула мохін та рош Аріх Анпіну, заради яких відбувався весь підйом МАН, – і «все утаєне, як і спочатку», – як і до підйому МАН.

Разом з тим, з іншої точки зору, Нуква придбала властивість Іми, адже вона піднялася на місце парцуфа ІШСУТ, званого Іма, – тобто стала властивістю «сто благословень». І тому ці мохін вважаються тільки ВАК де-ґадлут, адже вона не може отримати властивість рош де-ґадлут, перебуваючи нижче від парси де-хазе Аріх Анпіну. Однак її нинішній ступінь дорівнює ступеню парцуфа ІШСУТ у властивості ВАК, до підйому МАН, коли він перебував від хазе до табуру Аріх Анпіну, і це є чималою величчю для Нукви, хоча це лише ВАК де-ґадлут. Однак, бракує ще ҐАР де-ґадлут. І досягнення ҐАР де-ґадлут називається другим великим станом (ґадлут бет) Нукви.

Тепер ми зможемо зрозуміти (дві вищевказані причини), – чому Нуква зветься іменем МА. У першому випадку з'ясовуються вищі мохін, яких досягла Нуква, звана «сто благословень», як сказано: «Читай не «що»(МА), а "сто"(меа)». І це відбувається шляхом її підйому за допомогою цих мохін в місце ІШСУТ. А в другому випадку підкреслюється, що хоча вона і піднялася лише в місце катнуту властивості ІШСУТ, де вона ще чекає на звернення з питанням, – тобто від хазе до табуру Аріх Анпіну, – то її мохін є цілком подібними до нього (ІШСУТ). І Нуква теж стає такою, що очікує на звернення з питанням, що означає ВАК без ҐАР. Разом з тим, її виграш, все ж, є дуже великим, – адже це ВАК вищих Аба ве-Іми, тобто ВАК де-ґадлут.

І також тут, – коли мовиться: «Що (МА) пізнав ти, що (МА) бачив ти, що (МА) вивчив ти, – адже все утаєне, як і спочатку?». «Як і спочатку» не означає, – якою була Нуква до підйому МАН, а означає – якими були ІШСУТ до підйому МАН. Але Нуква багато виграла завдяки підйому МАН, адже тепер вона отримала властивість Іми, тобто «сто благословень», однак це – ВАК де-ґадлут, і вона все ще чекає на звернення з питанням, як і ІШСУТ до підйому МАН.

9) Сказано про це: «Що наведу тобі в свідоцтво і що уподібню тобі, дочка Єрушалаїму?»⁴⁴. Коли був зруйнований Храм, пролунав голос, який вимовив: «Що (МА) наведу тобі в свідоцтво і що уподібню тобі?». Іншими словами: «цим МА буду свідчити Я». Бо кожен день з давнішніх днів тобою свідчив Я, як написано: «У свідки закликаю на вас сьогодні небо й землю»⁴⁵.

«Що (МА) уподібню тобі?». Так само: «Я увінчав і тебе святими коронами та поставив тебе правити усім світом». Як написано: «Чи це місто, про яке говорили, є досконалістю краси?»⁴⁶. Я назвав тебе: «Єрушалаїм, відбудований як місто, що з'єднане воєдино»⁴⁷.

«З чим тебе порівняю, аби втішити тебе?»⁴⁴. Так само, як ти сидиш, – так це, нібито, й нагорі, у вищому Єрушалаїмі. Як зараз не входить в тебе святий народ у святих устроях, клянуся Я тобі, що так само не увійду Я нагорі, поки не увійдуть до тебе воїнства твої внизу. І це втіха твоя, адже Я в усьому порівнюю тебе з цим ступенем, – тобто з вищим Єрушалаїмом, або Малхут. А зараз, коли ти тут, – «як море, великим є руйнування твоє»⁴⁴. А якщо скажеш ти, що немає тобі існування та зцілення, – «хто (МІ) зцілить тебе»⁴⁴; тобто найвищий прихований ступінь, який зветься МІ, завдяки якому все існує, – тобто Біна, – зцілить й оживить тебе.

Пояснення сказаного. Руйнування Храму відбулося через те, що Ісраель вчинили гріх ідолопоклонства і не хотіли піднімати

---

44 Писання, Ейха, 2:13. «Що наведу тобі в свідоцтво і що уподібню тобі, дочка Єрушалаїму? З чим тебе порівняю, аби втішити тебе, дівчино, дочко Циону? Бо, як море, велике руйнування твоє. Хто зцілить тебе?».

45 Тора, Дварім, 30:19. «У свідки закликаю на вас сьогодні небо й землю, – життя і смерть запропонував я тобі, благословення і прокляття, – тож вибери життя, щоби жив ти й нащадки твої».

46 Писання, Ейха, 2:15. «Сплескують руками через тебе все подорожні на дорозі, присвистують і хитають головами з приводу дочки Єрушалаїму: "Чи це місто, про яке говорили, є досконалістю краси, радістю всієї землі?"».

47 Писання, Псалми, 122:3.

МАН для зівуґу ЗОН, а хотіли притягати благо для сітри ахра, яка зветься «чужі божки». І з цієї причини припинився зівуґ ЗОН, і «сто благословень» відсторонилися від Нукви, і зруйнувався Храм. І про це мовиться: «Пролунав голос, який вимовив: "Що (МА) наведу тобі в свідоцтво? ...Бо кожен день з давнішніх днів тобою свідчив Я"». ВАК де-ґадлут, які Нуква отримує у властивості МА, називаються «давнішні дні», як сказано: «Запитай же про перші дні». «І від краю небес й до краю небес»[48]. Називаються вони так тому, що є властивістю ВАК Аба ве-Іми, адже ІШСУТ – це ЗАТ Аба ве-Іми. І сім днів Аба ве-Іми передують семи дням ЗОН, як написано: «У свідки закликаю на вас сьогодні небо й землю»[45]. Мається на увазі зівуґ ЗОН, які називаються «небо і земля», і Писання застерігає, що потрібно оберігати та підтримувати цей зівуґ. А в іншому випадкові, – застерігає Писання: «Ви скоро повністю зникнете з країни»[49]. І, як сказано: «МА (що) наведу в свідоцтво», – про ці сто благословень попереджав Я тебе, що потрібно дотримуватися та виконувати їх, а ти переступив їх, тому здійснилося в вас сказане: «Ви скоро повністю зникнете з країни».

І сказано: «"Що (МА) уподібню тобі". Так само, Я увінчав і тебе святими коронами та поставив тебе правити усім світом». «Я назвав тебе:"Єрушалаїм відбудований як місто, що з'єднане воєдино"». І це «сто благословень», які Нуква отримує від Зеір Анпіну під час зівуґу де-МА, тобто під час підйому в ІШСУТ[50], коли Зеір Анпін стає властивістю Ісраель Саба, а Нуква стає властивістю Твуна. І тоді її світла стають властивістю «сто благословень», подібно до світел Твуни. Саме про це сказано: «Як місто, що з'єднане воєдино». Адже Нуква, звана «місто», з'єдналася воєдино з Твуною, і стала властивістю Твуна та отримує звідти її мохін, які називаються «святі корони». І тоді вона називається «досконалість краси, радість всієї землі»[46] та отримує владу над усім світом.

---

48 Тора, Дварім, 4:32. «Бо спитай про перші дні, які були до тебе, від дня, коли створив Всесильний людину на землі, і від краю небес й до краю небес, – чи бувало щось подібне до такої великої справи, або чи чуване щось подібне?».
49 Тора, Дварім, 4:26.
50 Парцуф ІШСУТ складається з двох парцуфів: Ісраель Саба і Твуна.

І сказано: «"З чим тебе порівняю, аби втішити тебе?", – так само, як ти сидиш, – так це, нібито, й нагорі». Інакше кажучи, через гріхи Ісраеля, коли був зруйнований Храм і вони були вигнані зі своєї землі, вони викликали цим ще й відокремлення Нукви, адже дев'ять її нижніх сфірот впали у кліпот, а вона знову стала точкою під Єсодом. І це означає сказане: «Хто (МІ) зцілить тебе». Іншими словами, якщо сини Ісраеля розкаються і виправлять діяння свої та піднімуть МАН в ЗОН, то вищі мохін знову притягнуться до ЗОН, і Нуква знову підніметься в ІШСУТ, що звуться МІ, і тоді буде тобі зцілення.

10) «Від (МІ) краю небес нагорі». МІ означає «верхній край небес», ІШСУТ. МА означає «нижній край небес», Малхут. І це успадкував Яаков, тобто Зеір Анпін, «що проходить від краю до краю»[51] – від першого краю, МІ, до другого краю, МА. Адже він стоїть посередині між ІШСУТ та Малхут. І тому сказано: «Хто (МІ) створив їх (ЕЛЄ)»[52]. ІШСУТ, тобто МІ, створив Зеір Анпіна та Малхут, – тобто ЕЛЄ.

Пояснення сказаного. Здавалося б, він повинен був написати: «Від початку небес до кінця небес». Чому ж він каже: «Від краю до краю», – що означає: від кінця до кінця? І тому сказано: «Від (МІ) краю небес нагорі», – тобто мається на увазі ІШСУТ, які очікують на питання, і котрі вдягають Аріх Анпін від хазе до табура. А МА – це Нуква до підйому МАН, що є кінцем всіх ступенів від хазе Зеір Анпіну й нижче. А між ними знаходиться Яаков, тобто Зеір Анпін, облачення якого починається від місця табуру Аріх Анпіну та досягає Нукви.

І тоді він «проходить» від краю, що відноситься до МІ, до краю, що відноситься до МА. Адже МІ закінчується в місці табуру Аріх Анпіну, і там починається Яаков. А Нуква, тобто МА, знаходиться в його закінченні (сіюм). Однак в цьому уривку йдеться про стан, коли мохін вже розповсюдилися в ЗОН. Як сказано: «Бо спитай про перші дні», – про той час, коли ЗОН піднімаються

---

51 Тора, Шмот, 26:28. «А середній засув, всередині брусів, проходить від краю до краю».
52 Пророки, Єшаягу, 40:26.

і отримують мохін де-ІШСУТ, звані «перші дні». І виходить, що тоді нижній край небес, МА, тобто Нуква, піднялася та облачилася на верхній край небес, на МІ, – тобто ІШСУТ, – і обидва вони знаходяться в одному й тому ж самому місці.

І тому написано: «Від краю до краю», – адже зараз вони обидва стали властивістю одного краю небес. Зеір Анпін отримує «перші дні», тобто ВАК, від Ісраель Саба, і це ХАҐАТ НЕГІ, а Нукву бере Твуна, тобто Малхут Біни, яка знаходиться зараз на краю Зеір Анпіна, званого небесами. Однак, відносно стану до отримання мохін, вона називається вершиною (рош) небес.

І є інше пояснення. «Верхні небеса» – це Ісраель Саба, який включає шість перших днів – ХАҐАТ НЕГІ Біни. А край верхніх небес[53] – це Твуна, тобто Малхут Біни. І тоді значення цієї фрази буде: від краю Ісраель Саба до краю Зеір Анпіну, званого нижніми небесами.

І про ці мохін написано: «Хто (МІ) створив їх», оскільки МІ – це ІШСУТ, які знаходяться в місці Брія Аріх Анпіну, тобто від хазе до табура, нижче від парси внутрішньої частини Аріх Анпіну, куди вже не доходить світіння рош Аріх Анпіну. І тому воно вважається Брія, – зовні (бар) від рош Аріх Анпіну. І тому існує для звернення з питанням. Виходить, що коли ЗОН осягають ці мохін, піднявшись й вдягнувши цей МІ, та зайнявши його місце від хазе до табуру Аріх Анпіну, їхні мохін в цей момент теж знаходяться лише у властивості Брія Аріх Анпіну. І тому сказано, що «МІ створив їх», – тобто ЗОН. Інакше кажучи, ЗОН взяли мохін де-Брія від МІ.

---

53 Зогар вживає вислів «край небес, що нагорі», яке можна читати як «верхній край небес» або як «край верхніх небес». Аналогічно – «край небес, що внизу».

«Хто створив їх» за Еліягу

11) Промовив рабі Шимон: «Ельазар, син мій, почекай, не говори, і відкриється покрив, що огортає вищу таємницю, про яку не знають жителі світу». Замовк рабі Ельазар. Заплакав рабі Шимон, але відразу ж припинив. Сказав рабі Шимон: «Ельазар, що таке ЕЛЄ?[54] Якщо скажеш, що це зірки й сузір'я, то хіба ж не завжди їх видно? І за допомоги МА, – тобто Малхут, – вони створені». «Сказано про це: "Словом Творця небеса створені"[55], – тобто за допомогою Малхут, яка називається "словом Творця", створені небеса. Але якщо слово ЕЛЄ вказує на приховані речі, не треба було його й писати – адже зірки і сузір'я видні?!».

Пояснення сказаного. Рабі Ельазар розкрив тут всього лише мохін першого великого стану (ґадлут алеф), а рабі Шимон хотів розкрити мохін другого великого стану (ґадлут бет), – вищі мохін де-хая. І тому повелів йому перервати свої слова аби розкрити йому вищу таємницю, яку жителі світу не знали, оскільки ці мохін ще не були розкриті в світі. І рабі Шимон розкрив їх тут.

І тому сказав: «Що таке ЕЛЄ?», – що нового ми можемо побачити в словах: «МІ бара ЕЛЄ (хто створив їх)», тобто ЗОН? «Якщо скажеш, що це зірки й сузір'я», – тобто, якщо мова йде про мохін де-ВАК, – ґадлут, який досягнутий ними, і саме на це вказують слова «хто (МІ) створив їх (ЕЛЄ)», – що ж в цьому нового? «Хіба не завжди їх видно?», – адже це звичайні мохін, що відносяться до ЗОН, які можна притягнути завжди, навіть в будні дні. І вони не є чимось настільки новим, щоб на них вказували слова «хто створив їх (ЕЛЄ)».

І неправильно стверджувати, що ці мохін є присутніми завжди, такими, що не припиняються, оскільки постійним у Зеір Анпіна є лише стан ВАК без рош, і тільки за допомогою підйому МАН

---

54 Івр. אלה – букв. «їх». Див. Пророки, Єшаягу, 40:26. «Підніміть очі ваші у висоту і подивіться: хто створив їх?».
55 Писання, Псалми, 33:6.

та молитви притягуються ці мохін. І правильне пояснення, – їх можна притягнути завжди, тобто навіть в будні дні. Адже саме так вони притягуються кожен день під час ранкової молитви (шахаріт).

І, крім того, каже йому (рабі Ельазару), що «за допомогою МА вони створені». Бо ці мохін відносяться не до Біни, а до ЗОН світу Ацилут, що звуться МА, від яких вони походять. Як сказано: «словом Творця», – і це Зеір Анпін та Нуква (ЗОН). Зеір Анпін – Творець (АВАЯ), а Нуква – слово.

12) «А розкрилася ця таємниця в той день, коли я був на березі моря. Постав переді мною Еліягу і запитав: "Рабі, чи знаєш ти, що означають слова: "Хто створив їх (ЕЛЄ)"?". Відповів я йому: "Це небеса та воїнство їхнє – діяння Творця". Людям слід дивитися на них й благословляти їх, як сказано: "Коли бачу я небеса Твої, діяння пальців Твоїх"[56], "Творець, Владика наш, яким величним є ім'я Твоє на всій землі"[57]».

13) «Сказав він мені: "Рабі, таємниче слово було перед Творцем, і розкрив Він його у вищому зібранні. В час, коли той, хто є утаєним більш за всіх утаєних, побажав розкритися, він зробив спочатку одну точку", Малхут, "і вона піднялася, ставши думкою", Біною, – тобто Малхут піднялася і включилася в Біну, – "і він створив нею всі образи та затвердив всі закони"».

Пояснення сказаного. Атік, перший рош світу Ацилут, зветься тим, хто є утаєним більш за всіх утаєних. Сказано про нього: «Якщо правитель народу не виправляється першим, то не виправляється й народ». Де ми це вивчаємо? У парцуфі Атік Йомін: поки він не зробить свої виправлення, – не будуть виправлені всі ті, хто повинен виправитися; і все світи будуть зруйновані. В час, коли святий Атік, що є утаєним більш за всіх утаєних, побажав зробити виправлення, він встановив все у вигляді захара й нукви (чоловічої та жіночої властивостей). Він підняв Малхут в Біну, і стала Малхут нуквою в усіх сфірот, і кожна сфіра стала включати

---

56 Писання, Псалми, 8:4.
57 Писання, Псалми, 8:10.

захара й нукву. І сама Хохма є сукупністю всього, Хохмою тридцяти двох шляхів. І коли вона вийшла, почавши світити, зі святого Атіка, вона почала світити у властивості «захар» й «нуква». Іншими словами, Хохма розповсюджується та виводить Біну за свої межі, і вони стають захаром й нуквою. І це називається виправленням у другому скороченні.

«В час, коли той, хто є утаєним більш за всіх утаєних, побажав розкритися, він зробив спочатку одну точку», – тобто коли святий Атік побажав розкритися світам за допомогою виправлення, встановленого при другому скороченні, він зробив в рош Аріх Анпіну, в своїй Хохмі, одну точку, – тобто підняв Малхут, звану точкою, в рош Аріх Анпіну. І там встановилася Нуква, що піднімає відбите світло, щоби вдягнути десять сфірот рош Аріх Анпіну; і рош Аріх Анпіну закінчується у сфірі Хохма стімаа (вкрита). І Хохма встановлюється у вигляді захара й нукви, а Біна та ЗОН де-рош Аріх Анпіну виходять за межі рош, на ступень ґуф Аріх Анпіну. Про це і сказано, що Хохма розповсюджується та виводить Біну назовні, у властивість ґуф.

Сказано: «І піднялася вона, ставши думкою», – тобто Біною. Інакше кажучи, точка Малхут, – яка піднялася до Хохми, і Хохма в результаті її (підйому) встановилася у вигляді захара й нукви, – сама піднімається внаслідок цього і стає думкою, Біною. Адже оскільки вона знаходиться у зівузі з Хохмою, – вона отримує від Хохми, а той, хто отримує від Хохми, – є Біною, а не Малхут. Таким чином, хоча в корені своєму вона – Малхут, котра представляє собою точку, – внаслідок підйому вона стала Біною. І тому сказано, що вона піднялася, ставши думкою. Іншими словами, це призвело до того, що точка стає Біною, яка зветься думкою.

І знай, що іноді в Зогар думкою називається Хохма, а іноді – Біна. Бо думка – це Нуква Хохми. І тому слід називати її Хохмою, – адже вона Нуква Хохми. Однак по суті своїй вона – Біна, а не Хохма. І тому Біна називається думкою лише коли має властивість рош разом з Хохмою.

І сказано: «Він створив нею всі образи та затвердив всі закони», – тому що цією точкою, яка піднялася, ставши думкою, він створив і затвердив всі п'ять парцуфів Ацилуту: Аріх Анпін, Аба ве-Іма та ЗОН. «Створив нею та затвердив нею», – під цим мається на увазі багато що.

«Створив нею» – означає, що за допомогою неї були створені всі образи, тобто п'ять парцуфім Ацилуту. Іншими словами, за допомогою зівуґу, зробленого на екран в точці, що піднялася до думки, вийшов ступень ВАК відбитого світла та прямого світла в келім Кетеру й Хохми кожного парцуфу. Однак слова «затвердив нею всі закони» означають, що з'явилася нестача, – тобто з підйомом точки, що стала думкою, виникли нестачі та закони, які готують місце для отримання світел в усіх парцуфах Ацилуту. І оскільки це є основою всіх мохін Ацилуту, ми повинні як слід в цьому розібратися.

Підйом точки до думки, тобто до Біни, обумовлений виникненням нового закінчення (сіюм) в десяти сфірот кожного ступеня. Бо точка, – тобто Малхут з екраном в ній, яка здійснювала зівуґ в місці Малхут десяти сфірот рош, тобто в пе, і завершувала там рош, – піднялася тепер в місце Біни де-рош, яке зветься «ніквей ейнаїм (досл. зіниці очей)», тобто до Нукви Хохми – до Біни. І був зроблений зівуґ на її екран в місці «ніквей ейнаїм», і вона завершила там рош. А три сфіри рош – Біна, Зеір Анпін та Малхут, звані АХАП, – опустилися нижче місця закінчення рош, на ступень ґуф.

Те ж саме, безумовно, відбувається і в десяти сфірот ґуф. Малхут, що завершує ґуф парцуфу і котра стояла раніше в місці центральної точки, – тобто Малхут десяти сфірот ґуф, яка зветься «сіюм раглін (закінчення ніг)», – піднялася тепер в місце Біни властивості ґуф, – тобто в Тіферет, оскільки ХАҐАТ (Хесед-Ґвура-Тіферет) властивості ґуф являють собою КАХАБ (Кетер-Хохму-Біну), – і завершила ґуф в Тіферет, в місці хазе. А три сфіри властивості ґуф, – Біна й ЗОН, що називаються ТАНҐІМ (Тіферет-Нецах-Год-Єсод-Малхут), вийшли зі світу Ацилут і впали у властивість відокремлених світів БЄА.

Таким чином, в результаті підйому точки, що стала думкою, розділився кожний ступінь на дві половини. Кетер й Хохма, її верхня половина, залишаються на ступені, а Біна, Зеір Анпін та Нуква стають прихованими на кожному ступені і опускаються на ступень під ним.

І це – внутрішній зміст поділу імені Елокім (אלהים) на літери МІ (מי) й ЕЛЄ (אלה). Бо повний ступінь, що містить десять сфірот КАХАБ ЗОН, називається святим ім'ям Елокім (אלהים). П'ять його букв відповідають п'яти сфірот КАХАБ ЗОН: ЕЛЄ (אלה) – це КАХАБ, а «йуд-мем ים» – ЗОН. І тепер, після того, як кожен ступінь розділився на дві половини, – причому Кетер й Хохма залишилися, а Біна та ЗОН впали з неї, – виходить, що на кожному ступені залишилися лише дві літери МІ (מי), а три букви ЕЛЄ (אלה) впали з кожного ступеню на ступінь, що під ним.

Але у такому разі на ступені повинні були б залишитися дві літери: «алеф-ламед אל», а літери «гей-йуд-мем הים» повинні були впасти з неї на ступінь, що під ним? Однак справа в тому, що завжди є зворотне співвідношення келім й світел. У келім спочатку йдуть вищі: спочатку клі Кетер, потім клі Хохми, – й до клі Малхут в кінці. А світла, навпаки, починаються з нижніх: спочатку світло Малхут, потім світло Зеір Анпіну, потім світло Біни, і лише в кінці світло Кетеру. А тому, якщо є два клі, Кетер й Хохма, то в них є два світла: світло Малхут і світло Зеір Анпіну, звані ВАК. Тому ми бачимо, що в імені Елокім (אלהים) на ступеню залишилися тільки дві літери МІ (מי), тобто світло Малхут і світло Зеір Анпіну, а три букви ЕЛЄ (אלה) впали, відокремившись від них. І тому кожен ступінь позбувся своїх ҐАР.

Сказано: «Він створив нею всі образи та затвердив нею всі закони», – тут йдеться про поділ кожного ступеня на дві половини внаслідок того, що точка піднялася, щоб стати думкою.

«Він створив нею всі образи» – над двома буквами МІ, що залишилися на кожному ступені, створив образ прямого світла.

«І затвердив нею всі закони» – це три букви ЕЛЄ, що впали з кожного ступеня і не вистачають йому. Адже через їхню відсутність на ступені залишилися лише світло Малхут та світло Зеір Анпіну, а трьох світел КАХАБ їй бракує, оскільки немає світла без клі. Таким чином, якщо вони знову набудуть келім Біни й ЗОН, то відразу ж набудуть і ҐАР світел, бо одне залежить від іншого.

14) «І затвердив в цій святій прихованій свічі», – тобто в Малхут, яка включилася в Біну, – «печатку одного утаєного образу, святая святих – глибинну будову, що виходить з думки», тобто ҐАР, «і зветься МІ, і це початок цієї будови. Воно стоїть і не стоїть, воно знаходиться глибоко та утаєне в імені» Елокім, «і поки називається лише МІ (מי)» імені Елокім (אלהים), – тобто бракує літер ЕЛЄ (אלה) імені Елокім. «Побажавши розкритися і назватися цим ім'ям», – Елокім, – «він облачився у величне світне вбрання», в світло хасадім, «і створив ЕЛЄ». «І піднялися букви ЕЛЄ (אלה) в ім'я» Елокім (אלהים). «Тоді з'єдналися букви одне з одним», – букви МІ (מי) з буквами ЕЛЄ (אלה), – «і доповнилося ім'я Елокім (אלהים)». «А поки він не створив ЕЛЄ, не піднімався до імені Елокім. І ті, хто вчинили гріх, відливши золотого тільця, сказали про цей (стан): "Це (ЕЛЄ) – божество твоє, Ісраель"[58]».

Пояснення сказаного. Внаслідок підйому МАН від нижніх, сходить нове світло від парцуфів АБ-САҐ світу Адам Кадмон. І оскільки це нове світло виходить від парцуфів АБ-САҐ світу Адам Кадмон, які знаходяться вище від другого скорочення, що поділяє кожний ступінь надвоє, це світло при сходженні в рош Аріх Анпіну знову опускає цю точку з думки, з місця Біни, на своє місце, на місце малхут де-рош, як це було до другого скорочення. І тоді три сфіри, Біна, Зеір Анпін та Малхут, що впали з рош, стають знову властивістю рош, бо зівуґ здійснюється в місці Малхут, котра знаходиться нижче від них. Таким чином, ім'я Елокім знову розкривається. Адже три букви ЕЛЄ знову приєдналися до МІ на одному ступені, і доповнилося ім'я Елокім на даному ступені. А оскільки повернулися Біна й ЗОН, котрі являють собою келім, – повернулися також і ҐАР світел; і вдяглися КАХАБ ЗОН світел в п'ять

---

58 Тора, Шмот, 32:4.

букв імені Елокім (אלהים): світла КАХАБ – в ЕЛЄ (אלה), а світла ЗОН – в «йуд-мем ים». І запам'ятай як слід, що ЕЛЄ, які впали, – це келім Біни й ЗОН, яких бракує даному ступеню, але коли ЕЛЄ з'єднуються з ім'ям Елокім, вони стають світлами КАХАБ, з причини зворотного співвідношення келім та світел.

Сказано: «І затвердив в цій святій прихованій свічі», – тобто в Малхут, яка включилася в Біну. Іншими словами, заново встановився екран та місце зівуґу в Малхут де-рош Аріх Анпіну, яка зветься святою прихованою свічею. І це «печатка одного утаєного образу, святая святих». І ця нова печатка здобуває один образ, тобто ступінь у десять сфірот, святая святих, – ступінь ҐАР, що зветься «святая святих».

І це тому, що вона виходить з думки, – тобто завдяки тому, що точка, яка піднялася, щоб стати думкою, тепер знову виходить з думки і досягає свого справжнього місця, місця Малхут де-рош. І тому три келім, Біна, Зеір Анпін й Нуква, тобто ЕЛЄ, повернулися тепер на ступінь рош та доповнили ім'я Елокім. І цей ступінь ҐАР називається «укритий образ».

І сказано, що вони називаються МІ та являють собою початок будови. Тобто, хоча літери ЕЛЄ вже з'єдналися з МІ і утворилося ім'я Елокім, – все одно вони називаються поки тільки МІ, і це – початок будови, тобто початок будови імені Елокім, бо будова ще не завершена.

Сказано, що «воно стоїть і не стоїть». З одного боку, будова вже стоїть в усій довершеності, – адже місце зівуґу повернулося на своє місце в пе де рош, і Біна та ЗОН повернулися на ступінь, як і ҐАР світел, й доповнили ім'я Елокім. Однак з другого боку, ще не стоїть будова імені, бо воно «знаходиться глибоко та вкрите в імені» Елокім. Адже світла імені Елокім все ще глибокі й приховані та не світять в буквах ЕЛЄ, – тобто в Біні та ЗОН, які піднялися в місце рош. І це тому, що внаслідок їхнього підйому в рош Аріх Анпіну, де світить тільки Хохма, на цьому ступені є лише світло Хохми. І оскільки вони представляють собою ЗАТ, а ЗАТ, що піднялися, не можуть отримувати Хохму без облачання в хасадім, яких у них там немає, – тому вони не можуть отримувати також і Хохму.

І тому мовиться, що це ім'я знаходиться глибоко та вкрите, і не поширюється більше в трьох буквах ЕЛЄ. І тому сказано, що будова цього ступеню все ще знаходиться у властивості «не стоїть», і букви ЕЛЄ ще не розкриті в ній. Тому і сказано, що до тих пір воно називається лише МІ, – адже літери ЕЛЄ все ще ховаються в імені Елокім, і там є лише МІ.

І сказано, що побажав розкритися та назватися ім'ям Елокім, – оскільки ім'я це вже доповнилося, бо ЕЛЄ вже піднялися в рош, але, разом з тим, не світять зовсім. Тому, «побажавши розкритися та назватися ім'ям Елокім, він облачився у величне світне вбрання», в світло хасадім, «і створив ЕЛЄ».

Пояснення. Оскільки все приховування цього імені, яке не може світити в буквах ЕЛЄ, викликано відсутністю облачення хасадім, бо ЗАТ не можуть отримувати світло хохма без хасадім, він знову зробив зівуґ малого стану (катнут), як і під час перебування в ґуф Аріх Анпіну, й видобув ступінь хасадім. Тоді ступінь Хохми вбрався в світло хасадім, яке було притягнуте, і це світло стало для цього ступеню величним світним вбранням. І завдяки цьому вбранню хасадім він може світити світлом Хохми в ЗАТ, – тобто в буквах ЕЛЄ.

«І створив ЕЛЄ, і піднялися букви ЕЛЄ в ім'я» Елокім. Завдяки величному вбранню, ступеню хасадім, що отриманий від зівуґу в місці ґуф нижче від хазе, званому Брія, «створив (бара) ЕЛЄ», – тобто дав світло буквам ЕЛЄ. І завдяки цьому піднялися букви ЕЛЄ в ім'я Елокім, – бо коли у них вже є величне вбрання з хасадім, вони можуть отримати в нього також і Хохму.

«І тоді розкрилися букви ЕЛЄ в імені Елокім», – оскільки тепер Біна й ЗОН світять в ньому в своїй повній досконалості. Таким чином, тепер доповнилося й розкрилося ім'я Елокім. «І тоді з'єдналися букви одна з одною», – букви МІ з буквами ЕЛЄ, – «і доповнилося ім'я Елокім», адже тепер ЕЛЄ отримують ступінь

Хохми, бо набули вбрання хасадім, і всі п'ять букв імені Елокім світять у своїй досконалості.

І сказано: «Поки він не створив ЕЛЄ, не піднімався до імені Елокім», – поки МІ не дали їм світло хасадім для вбрання, ЕЛЄ не могли отримувати від МІ нічого, і в імені Елокім світили лише букви МІ.

І сказано: «Ті, хто вчинили гріх, відливши золотого тільця, сказали про цей (стан): "Це (ЕЛЄ) – божество твоє, Ісраель"», – тому що вони зіпсували величне світне вбрання, в результаті чого МІ відокремилися від ЕЛЄ. І тому сказали: «Це (ЕЛЄ) – божество твоє», і наповнення пішло до інших богів.

15) «І так само, як з'єдналися МІ з ЕЛЄ і стали ім'ям Елокім за допомогою величного світного вбрання», тобто світла хасадім, «так це ім'я з'єднується завжди», – за допомогою величного світного вбрання. І на цій таємниці тримається світ, як сказано: «Мир милістю (хесед) влаштований»[59]. «І Еліягу вознісся, і перестав я його бачити. І від нього я довідався про це, і ґрунтувався на цій таємниці та її утаєнні». Підійшов рабі Ельазар і всі товариші, і впали перед ним на коліна. Заплакали і сказали: «Якби ми прийшли в світ лише для того, щоб почути це, то нам було би досить».

Пояснення. Так само, як з'ясувалося, що «він не піднімався до імені Елокім», доки ступень світла Хохми не облачилася у величне світне вбрання, і тоді з'єдналися МІ з ЕЛЄ і стали ім'ям Елокім, «так з'єднується це ім'я завжди», – так воно існує у віки віків. І воно не підіймається до імені Елокім без величного світного вбрання. «І на цьому тримається світ», – також й нижній світ, тобто Нуква, МА, отримує мохін шляхом цього поєднання МІ та ЕЛЄ, і остаточно доповнюється, подібно до вищого світу, як роз'яснює рабі Шимон. У цьому він розходиться з рабі Ельазаром, який сказав про нижній світ: «Після того, як прийшов туди, він – МА». Тобто – «що (МА) пізнав ти, адже все утаєне

---

[59] Писання, Псалми, 89:3.

так само, як і спочатку?». За його словами виходить, що нижній світ влаштований не так, як вищий.

Але сказано, що «на цій таємниці тримається світ», — точно так само, як і вищий світ. І тому перервав рабі Шимон слова його (рабі Ельазара). Адже Еліягу роз'яснив лише порядок мохін і побудову імені Елокім в парцуфі Аба ве-Іма, але не роз'яснив, який порядок побудови Елокім в Нукві. (І це те, що сам рабі Шимон роз'яснює в даній статті.)

Мати позичає свої шати дочці

16) Сказав рабі Шимон: «Тому небеса та воїнства їхні були створені МА, Малхут, бо сказано: "Коли бачу я небеса Твої, діяння перстів Твоїх"[60]. А до цього сказано: "Як (МА) величне ім'я Твоє по всій землі"[61]. "Який помістив над небесами пишноту Свою". Адже небеса створені ім'ям МА, Малхут, але слова "над небесами" вказують на Біну, звану МІ, що знаходиться над Зеір Анпіним, який зветься "небеса", і це значить, що Малхут піднімається в ім'я Елокім».

МА, Малхут, піднімається та включається у Біну, Елокім, після того, як Він створив світло хасадім для величного облачення світла Хохми, яке міститься в імені МІ. І тоді вони облачилися один в одного, і Малхут піднялася до вищого імені Елокім, імені Біни, в яку включається Малхут. І тому: "Спочатку створив Всесильний (Елокім)"[62], мається на увазі вище ім'я Елокім, тобто Біна, а не Малхут. Бо МА, Малхут, не створена у властивостях МІ-ЕЛЄ.

Пояснення. Оскільки нижній світ, МА, притягує мохін за допомогою імені Елокім вищого світу, з'являється можливість створити «небеса та воїнства їхні» за допомогою МА, оскільки немає породжень без вищих мохін – мохін де-хая. І це означає сказане рабі Шимоном: «Тому», – оскільки нижній світ, МА, існує завдяки імені Елокім вищого світу, – «небеса та воїнства їхні створені МА, Малхут», – у МА були сили створити ці породження, «небеса та воїнства їхні».

Тому сказане: «Який помістив над небесами пишноту Свою» дає нам зрозуміти, що ці мохін виходять від імені Елокім парцуфу ІШСУТ, завдяки включенню в ЕЛЄ властивостей МІ, що знаходяться над небесами, Зеір Анпіним. Тому сказано: «Над

---

60 Писання, Псалми, 8:4.
61 Писання, Псалми, 8:2.
62 Тора, Берешит, 1:1.

небесами», оскільки Малхут піднімається в ім'я Елокім. Тобто пишнота, яка є властивістю мохін, знаходиться «над небесами», над Зеір Анпіним. І це ІШСУТ, в якому (вона) піднімається до ім'я Елокім. І це означає – «МІ бара (створив) ЕЛЄ». Але в самих небесах, Зеір Анпіні, немає імені МІ, а лише МА.

І після того, як розповсюдився ступінь Хохми, внаслідок того, що точка знову вийшла з думки, (Він) знову зробив зівуґ де-ВАК для притягання світла хасадім, і світло Хохми вбралося в світло хасадім, і тоді МІ почав світити в ЕЛЄ. І про це сказано: «Після того, як створив світло хасадім для світла Хохми, вони облачилися один в одного, і Малхут піднялася тоді до вищого імені». І вбралося світло Хохми в світло хасадім, і тому прийшли мохін з МІ до ЕЛЄ. І з'єдналися одні літери з іншими, і Малхут піднялася в ім'я Елокім. І це означає: «до вищого імені», – тобто вище небес, (починаючи) з ІШСУТ, в яких знаходяться властивості МІ, але не в небеса, – тобто властивості МА.

І сказано: «МА, Малхут, не створена у властивостях МІ-ЕЛЄ». Бо МІ – це Біна, в якій з часу першого скорочення взагалі не відбувалося жодного скорочення, тому що скорочення було там лише на центральну точку, себто Малхут, яка скоротилася, щоб не отримувати в себе світло. І вона встановилася для здійснення ударного зівуґу, щоб піднімати відбите світло, але дев'ять перших сфірот були вільними від будь-якого скорочення і були здатні отримувати світло Хохми. І лише в другому скороченні, для того, щоб підсолодити Малхут властивістю милосердя, піднімається Малхут в Аба, і Аба встановлюється з цієї причини у вигляді захара й нукви. І Малхут отримує місце Біни, і (тоді) точка, Малхут, піднімається, щоб стати думкою, Біною. І з цього моменту скорочується, також, і Біна, і встановлює екран, щоб не отримувати в себе світло Хохми, і бути готовою до ударного зівуґу та підйому відбитого світла. Адже Біна, по суті своїй, здатна отримати Хохму без усякого скорочення, і вона бере на себе скорочення та створює екран лише для того, щоби підсолодити Малхут.

Тому за допомогою підйому МАН від нижніх притягується нове світло від парцуфів АБ САҐ де-АК, яке опускає цю точку з місця Біни знову на своє місце, в Малхут, як це було у першому скороченні, і виходить ця точка з думки. І, внаслідок цього, Біна очищується від будь-якого скорочення та знову отримує світло Хохми. І після того, як ступінь Хохми вдягається в хасадім, МІ світить в ЕЛЄ та розкривається там ім'я Елокім. І вся ця будова імені Елокім взагалі є нездійсненною в МА, бо МА – це нижній край небес, тобто сама Малхут, на яку відбулося скорочення в самій її суті при першому скороченні, і вона нездатна прийняти в себе жодного світіння Хохми. І тому сказано: «МА, Малхут, не має будови МІ-ЕЛЄ», – тому що вся будова імені Елокім відноситься лише до імені МІ, а не до МА, завдяки тому, що воно знову виходить з думки.

17) Але в час, коли літери ЕЛЄ сходять зверху, з Біни, вниз, до Малхут, бо «мати позичає свої шати дочці та вінчає її своїми прикрасами», сходить ім'я Елокім від Біни, матері, до Малхут, дочки. Та коли саме вона «вінчає її своїми прикрасами» як належить? В час, коли перед нею «постане всякий чоловік»[63]. І тоді сказано про неї: «Перед лицем Владики, Творця»[63] – бо Малхут називається тоді Владикою, чоловічим ім'ям. Як сказано: «Ось ковчег заповіту Владики всієї землі»[64], – тобто Писання називає Малхут, яка йменується «ковчегом», – чоловічим іменем «Владика всієї землі». Оскільки вона отримала келім, звані вбрання та мохін, що звуться прикраси, від матері, Біни, – бо «гей ה» виходить тоді з МА (מה), і входить замість неї «йуд י», і Малхут зветься МІ (מי), як і Біна. І тоді вона прикрашається вбраннями захара, тобто вбраннями Біни, відповідно до всього Ісраеля.

Пояснення мовленого. Коли (Атік) створив в рош Аріх Анпіну одну точку, вона піднялася, щоби стати думкою[65]. І Хохма встановилася в ній у вигляді «захар й нуква». І тоді відтворив нею всі образи так, що всі ступені п'яти парцуфів Ацилуту були утворені нею таким чином, що немає більш, ніж Кетер й Хохма на кож-

---

63 Тора, Шмот, 23:17. «Три рази на рік нехай постане всякий чоловік з вас перед лицем Владики, Творця».
64 Пророки, Єгошуа, 3:11.
65 Див. вище, п.13.

ному ступені, – в Аріх Анпіні, в Аба ве-Імі та в ЗОН. І встановив нею всі печаті, – тобто під її впливом відділилися три сфіри, – Біна, Зеір Анпін й Малхут кожного ступеня, – опустившись на ступінь, що розташований нижче. Біна, Зеір Анпін та Малхут Аріх Анпіну впали в Аба ве-Іму, а Біна, Зеір Анпін і Малхут Аба ве-Іми впали в ЗОН, а Біна, Зеір Анпін та Малхут де-ЗОН впали в БЄА. І дві сфіри, які залишилися на ступені, Кетер й Хохма, називаються МІ. А три сфіри, що відокремилися від кожного ступеня, називаються трьома буквами ЕЛЄ.

Тому сказано: «В час, коли ці літери ЕЛЄ сходять зверху, від Біни, вниз, до Малхут», – тобто коли точка піднялася, щоб стати думкою, відокремилися три букви ЕЛЄ від Аба ве-Іми і впали на ступінь, що під ними, ЗОН. І тоді вважається, що ЕЛЄ Аба ве-Іми, що знаходяться в ЗОН, опустилися зверху вниз і вдяглися в ЗОН, оскільки Ісраель Саба, тобто ЕЛЄ Аби, опустився в Зеір Анпін, а Твуна, тобто ЕЛЄ Іми, опустилася в Нукву.

І це означає: «Мати (іма) позичає свої шати дочці та вінчає її своїми прикрасами», – тобто під час виходу мохін ґадлут, коли сходить «печатка одного утаєного образу, святая святих – глибинна будова, що виходить з думки»⁶⁶. Іншими словами, ця точка знову виходить з думки на своє місце, в Малхут, і, завдяки цьому, повертаються три келім Біна й ЗОН на (свій) ступень, та виходять три світла – Кетера, Хохми й Біни, звані «святая святих». І знай, що в той момент, коли повернулися келім Біна й ЗОН з ґуф в рош Аріх Анпіну, піднялися разом з ними також Аба ве-Іма, які вдягаються на них. І вони теж піднялися в рош Аріх Анпіну, отримавши там ті ж самі мохін святая святих, що містяться в рош Аріх Анпіну. Бо таке правило: вищий, що опускається до нижнього, стає як він, і, також, нижній, що піднімається до вищого стає як і він.

Тому в стані катнуту, коли Біна й ЗОН відокремлюються від рош Аріх Анпіну і падають в його ґуф, де вони вдягаються в Аба ве-Іму від пе й нижче, стають Біна та ЗОН Аріх Анпіну такими само, як і властивість Аба ве-Іма. Тому в стані ґадлуту, при

---

66 Див. вище, п.14

поверненні Біни й ЗОН Аріх Анпіну на ступінь його рош, тепер вони беруть з собою також Аба ве-Іму, оскільки вони вже стали одним ступенем під час катнуту. Таким чином, і під час ґадлуту, коли Аба ве-Іма піднімаються тепер разом з ними в рош Аріх Анпіну, вони теж стають рівними йому й отримують ті ж самі мохін, що в рош Аріх Анпіну, які звуться «святая святих».

І так само піднялися ЗОН в Аба ве-Іму, адже коли Аба ве-Іма отримали мохін, що наявні в рош Аріх Анпіну, точка в них теж вийшла з думки, (повернувшись) на місце Малхут, і завдяки цьому повернулися їхні Біна й ЗОН на ступінь Аба ве-Іми. І тепер, в той момент, коли келім Біни та ЗОН знову піднялися в Аба ве-Іму, вони взяли з собою також і ЗОН, які вдягалися на них. І піднялися також ЗОН в Аба ве-Іму, отримавши мохін святая святих, що розкрилися там.

Тому сказано: «І мати позичає свої шати дочці та вінчає її своїми прикрасами». Іншими словами, коли три букви ЕЛЄ Іми опускаються в Нукву в стані катнуту, це називається, що «мати позичає свої шати дочці». Бо, завдяки тому, що три келім, Біна й ЗОН, тобто ЕЛЄ, відокремилися від Іми і впали в Нукву, стають тепер вони такою самою властивістю, як і Нуква, адже «вищий, що опускається в нижнього, стає як він».

І вважається, що Іма позичила свої келім ЕЛЄ Нукві, дочці, оскільки тепер ними користується Нуква. І, разом з цим, виходить також, що вона «вінчає її своїми прикрасами». Тобто, під час ґадлуту, коли три келім ЕЛЄ, – Біна і ЗОН Іми, – повертаються в Іму, піднімається тепер разом з ними також і Нуква в Іму. І тоді Нуква отримує мохін святая святих, які наявні в Імі, бо «нижній, що піднімається до вищого, стає як і він». Таким чином, тепер, оскільки «мати (іма) позичає свої шати», ЕЛЄ, «дочці» під час катнуту, вона «вінчає її своїми прикрасами», – тобто мохін, – під час ґадлуту, і тоді (дочка) вдягається в прикраси Іми.

Коли ж саме вона вінчає її прикрасами як належить? Є два види прикрас, тобто мохін де-ҐАР, (які переходять) від Іми до Нукви:

1. Від нижньої Іми, Твуни, що стоїть від хазе Аріх Анпіну й нижче;

2. Від вищої Іми, що стоїть від хазе Аріх Анпіну й вище.

І коли Нуква піднімається в Твуну, і Твуна «вінчає її своїми прикрасами», вважається, що ці прикраси не такі, як належить, оскільки Нуква знаходиться тоді у властивості «така, що чекає на питання», – як і Твуна до підйому МАН, – і тому вони не такі, як слід. Але в той час, коли Нуква піднімається в місце вищої Іми, від хазе Аріх Анпіну й вище, і вища Іма вінчає Нукву своїми прикрасами, то вважається, що тепер ці прикраси – в належному вигляді.

«В час, коли перед нею "постане всякий чоловік перед лицем Владики, Творця", – бо Малхут називається тоді Владикою, чоловічим ім'ям». У той час, коли Нуква піднімається в Твуну і отримує від неї мохін, – прикраси її ще не такі, як слід, бо вона ще «чекає на питання», тобто вона ще потребує підйому МАН від нижніх для того, щоб доповнитися остаточно. І тоді вважається, що зхарім (чоловіки) в Ісраель отримують від Зеір Анпіну, який піднявся в Ісраель Саба. Однак в той час, коли Нуква піднімається до вищої Іми, вона повністю доповнюється і більше не чекає на питання, тобто отримання МАН, і тоді вважається властивістю «захар». І зхарім в Ісраель отримують від неї.

Тому сказано: «В час, коли перед нею "постане всякий чоловік"», – тобто всі чоловіки (зхарім) в Ісраель постануть перед нею і отримують від неї, оскільки Малхут називається тоді Владикою (Адон), – тобто не називається іменем некеви – Адні, а ім'ям захара – Адон. І це тому, що вона більше не чекає на питання, оскільки більше не потребує підйому МАН, і тоді вона вважається захаром.

І про це сказано: «Ось ковчег завіту Владики всієї землі». Нуква називається ковчегом тому, що Єсод Зеір Анпіну, який зветься «завіт», увійшов до неї. І тому Нуква в цьому уривку називається ім'ям «Владика всієї землі», чоловічим ім'ям.

І сказано: «Оскільки "гей ה" виходить тоді з МА (מה), і входить замість неї "йуд י", – Малхут зветься МІ (מי), як і Біна». «Гей ה» де-МА (מה) виходить з неї тому, що ця «гей ה» де-МА (מה) вказує на те, що вона чекає на питання: «Що (МА) пізнав ти, що бачив ти, що вивчив ти – адже все утаєне, як і спочатку?»[67]. Отже, «гей ה» де-МА (מה) вказує на те, що вона чекає на питання, і мовиться, що ця «гей ה» властивості МА (מה) виходить з нього, і входить «йуд י» замість «гей ה», і (Малхут) називається МІ (מי), як і Іма. І тоді встановлюється у вигляді імені Елокім (אלהים), як Іма.

18) А інші літери, ЕЛЄ (אלה), Ісраель притягують до себе з небес, з Біни, до цього місця, до Малхут, яка називається зараз ім'ям МІ (מי), як і Біна. Як сказано: «Їх (ЕЛЄ) згадую я, бажаючи вилити душу мою, як ходив я в зібраннях багатолюдних, супроводжував їх до самого Храму Творця, (наповнюваний) голосом радості й подяки святкового збіговища»[68].

«Їх (ЕЛЄ) згадую я» – означає: ось я згадую букви ЕЛЄ (אלה), які на вустах моїх, і я проливаю сльози, бажаючи всією душею притягнути букви ЕЛЄ (אלה) з Біни. І тоді «супроводжував їх» згори, від Біни, до Храму Творця (Елокім), Малхут, – для того, щоби Малхут називалася Елокім так само, як і Біна зветься Елокім. І чим притягнути їх? «Голосом радості й подяки святкового збіговища».

Сказав рабі Ельазар: «Мовчання моє звело вищий Храм, Біну, і нижній Храм, Малхут». І це, без сумніву, так, адже сказано: «Слово – золото, але мовчання – вдвічі дорожче»[69]. «Слово – золото», – тобто сказав, висловивши власну думку про

---

67 Див. вище, п.8.
68 Писання, Псалми, 42:5.
69 Вавилонський Талмуд, трактат Мегіла, арк. 18:1.

нього, «але мовчання – вдвічі дорожче», – але те, що припинив говорити, коштує вдвічі дорожче тому, що були створені і зведені два світи разом – Біна й Малхут. Адже, якби я не перестав говорити⁷⁰, то не осягнув би єдність двох цих світів.

Пояснення. Після того, як виходить «гей ה» з МА (מה), і «йуд י» входить до «мем מ», то називається вона МІ (מי), і тоді Ісраель за допомогою підйому МАН притягують до неї інші літери, ЕЛЄ (אלה), в це місце, – тобто в МІ (מי), – і Нуква удостоюється імені Елокім (אלהים). І ми вже з'ясували, що ЕЛЄ вищого падають до нижнього під час катнуту, і тому вони сходять до нижнього під час ґадлуту.

Адже, коли Біна й ТУМ вищого, літери ЕЛЄ, повертаються в рош вищого, вони беруть з собою також і нижнього. І нижній набуває букв ЕЛЄ і містяться в них мохін, оскільки знаходиться разом з ними в рош вищого, бо нижній, який піднімається до вищого, стає як і він⁷¹.

І тому сказано: «А інші літери, ЕЛЄ, Ісраель притягують з небес в це місце. Як сказано: "Їх (ЕЛЄ) згадую я"», – щоби притягнути ці букви ЕЛЄ. Йдеться про підйом МАН, коли Ісраель піднімають МАН, аби притягнути мохін ґадлуту за допомогою притягання букв ЕЛЄ вищої Іми до Нукви. Тому сказано: «Їх (ЕЛЄ) згадую я», – щоб притягнути їх. Тому «ось я згадую букви ЕЛЄ, які на вустах моїх, і я проливаю сльози, бажаючи всією душею», – молитва у воротах сліз, котрі не проливаються даремно, залишившись без відповіді. І після того, як піднятий цей МАН, і "супроводжував я їх" згори», притягаючи букви ЕЛЄ зверху, від Аба ве-Іми, «до самого Храму Творця (Елокім)», – до Нукви, званої Храм Творця (Елокім). І після сходження букв ЕЛЄ (אלה), вона сама називається Елокім (אלהים). І тому сказано, що Малхут буде називатися Елокім так само, як і Іма.

І сказано: «Слово – золото, але мовчання – вдвічі дорожче», бо сказане рабі Ельазаром підняло Нукву до Твуни, що знаходиться

---

70   Див. вище, п.11.
71   Див. п.17, зі слів «Тому сказано: "І мати позичає..."».

нижче від хазе Аріх Анпіну. І тоді вона ще називається «такою, що чекає на питання», і зветься «села». І тому сказано: «Слово – золото». Але, завдяки мовчанню рабі Ельазара, який надав місце рабі Шимону, щоб він розкрив мохін де-хая за допомогою підйому Нукви у вищу Іму, були зведені два світи разом. Адже нижній світ, Нуква, став єдиним цілим з вищим світом. І це означає: «Але мовчання – вдвічі дорожче», – тому що були створені і зведені два світи разом, оскільки Нуква піднялася в Іму і стала властивістю «захар», як і вища Іма.

19) Сказав рабі Шимон: «Відтепер й надалі довершеність того, що наводиться в Писанні виражається словами: "той, хто виводить за числом воїнства їхні"[72]. Оскільки це два ступеня, – МА й МІ, – кожен з яких повинен бути записаний, тобто позначений. Про один мовиться: "Що (МА)", про інший: "Хто (МІ)". МІ – вищий, а МА – нижній. Вищий ступінь здійснює запис та мовить: "той, хто виводить за числом воїнства їхні", де визначальна "гей ה"[73] в слові "виводить (га-моци הוציא)" вказує на той (ступінь), що пізнається, і немає подібного до нього, тобто МІ. І подібне до цього: "той, хто видобуває (га-моци המוציא) хліб з землі"[74]. Визначальна "гей ה" слова "видобуває (га-моци המוציא)" вказує на того, котрий пізнаваний, – нижній ступінь, МА (מה). І все це – одне ціле. Тобто обидва вони перебувають на одному ступені – Малхут. Але вищий – це МІ де-Малхут, а нижній – це МА де-Малхут. "Які виведуть за числом" означає, що число шістдесят рібо (десятків тисяч) – це ті зірки, які знаходяться разом, і вони виводять воїнства за видами їх, які не злічити».

Пояснення сказаного. Після того, як в уривку: «підніміть вгору очі, та гляньте, хто (МІ) створив їх (ЕЛЄ)»[66] побічно вказується, що йдеться про будову Нукви, званої Елокім, яку вона отримує від вищих Аба ве-Іми, завдяки чому вища Іма «вінчає її своїми прикрасами», це пояснення доповнюється і довершується в продовженні уривка: «хто виводить за числом воїнства їхні,

---

72 Пророки, Єшаягу, 40:26.
73 Буква «гей» на початку слова – показник визначеності, подібно до визначального артикля.
74 Благословення, яке промовляється на хліб перед трапезою: «Благословен Ти, Владика Всесильний наш, Цар світу, який видобуває хліб із землі».

всіх їх по імені називає Він; від Великого могутністю і Могутнього силою ніхто не вкриється»⁶⁶.

І тому сказано, що «це два ступеня, кожен з яких повинен бути записаний». «Записаний» означає – позначений визначальною «гей ה». Тобто, в Нукві повинні бути позначені два ступеня – МІ й МА:

1. мохін де-ҐАР, які вона отримує в результаті підйому та облачення на вищий світ, внаслідок чого сама Нуква стає як вищий світ, – називається МІ (מי); бо виходить «гей ה» де-МА (מה) та «йуд י» входить на її місце, і Нуква теж називається МІ (מי), як і вищий світ, коли вона прикрашається вбраннями захара⁷⁵;

2. але, разом з тим, вона не позбавляється попереднього ступеня, тобто МА, оскільки ступінь МА теж повинен знаходитися в ній, як і раніше, тому що ступінь МІ є необхідним, щоби передати майбутнім поколінням досконалість та якість «святая святих»; однак «народження синів», «родючість» й «розмноження» залежать лише від імені МА. І тому, якщо Нукві бракуватиме одного з цих ступенів, вона не буде здатною народжувати.

Тому сказано: «Вищий ступінь здійснює запис і мовить: "Той, хто виводить за числом воїнства їхні"» – це ступінь МІ, який Нуква успадковує від вищого світу. І про неї говориться: «Той, хто виводить за числом воїнства їхні», – оскільки визначальна «гей ה» в слові «виводить (га-моци המוציא)» вказує на довершені мохін, які вона одержує від вищих Аба ве-Імі та які звуться прикрашанням її в убрання захару, – коли виходить «гей ה» та входить «йуд י».

І сказано: «"Той, хто виводить (га-моци המוציא) по числу воїнства їхні", – де визначальна "гей ה" в слові "виводить (га-моци המוציא)" вказує на той (ступінь), що пізнається, і немає подібного до нього» – тому, що це найбільш піднесені мохін, одержувані Нуквою протягом шести тисяч років.

---

75 Див. п.17.

І сказано: «"Той, хто видобуває (га-моці המוציא) хліб" – це нижній ступінь, МА. І все це – одне ціле». Тобто, також визначальна «гей ה» і в уривку «той, хто видобуває хліб» вказує на мохін де-ҐАР, які пізнавані, хоча це – мохін ІШСУТ, що одержувані Нуквою, і вона пізнавана в них, тобто – ступінь МА. Оскільки і цей ступінь повинен бути записаний в Нукві. Тому сказано: «І все це – одне ціле» – бо обидва вони, МІ і МА, включені разом до Нукви, у властивість одного парцуфу, один – вищий, а інший – нижній.

І це не суперечить сказаному в Зогарі[76], що в будь-якому місці, де написана визначальна «гей», це означає, що ступінь відноситься до нижнього світу, Малхут, яка розкрилася в більшій мірі. І хоча тут йдеться, що це ступінь вищого світу, все ж таки мається на увазі розкритий світ, Нуква Зеір Анпіну, і вищою вона називається тому, що це вказує на ступінь МІ цієї Нукви, яка отримує його лише в той час, коли піднімається та облачає вищий світ, вищу Іму. І тому вона називається вищим, а ступінь МА розкритого світу зветься нижнім.

І мовиться там: «У всьому, що відноситься до вищого прихованого світу, Біни, зникає ця "гей" звідти». Мається на увазі, – в той час, коли розкритий світ не піднімається, вдягаючи вищий світ, тоді вищий світ є вкритим, і не світить нижнім, і тому не пишеться з визначальною «гей», оскільки він прихований.

І сказано: «Бо за кількістю шістдесят рібо (десятків тисяч) – це зірки, що знаходяться разом, і вони виводять воїнства за видами їхніми, які не злічити (досл. яким немає числа)». «Число» означає – повна довершеність. Тобто «число» вказує на світіння повної досконалості. А незавершене світіння визначається як «без числа», або ж, у якого «немає числа», – щоби вказати на те, що їм бракує досконалості, званої «число».

І знай, що уривок: «Небеса сповіщають славу Творця»[77] вказує на мохін вищих Аба ве-Іми, які Зеір Анпін передає Нукві.

---
76 Див. Зогар, главу Трума, п.771.
77 Писання, Псалми, 19:2

Бо «небеса» – це Зеір Анпін, «славу Творця» – Нукву Зеір Анпіну, «сповіщають» – (передають) наповнення мохін вищих Аба ве-Іми. І ці мохін називаються «шістдесят рібо (десятків тисяч)», оскільки ступені Нукви обчислюються в «одиницях», Зеір Анпіну – в «десятках», ступені ІШСУТ – в «сотнях», вищих Аба ве-Іми – в «тисячах», а Аріх Анпіну – в «десятках тисяч».

І у вищих Аба ве-Іми є дві особливості:

1. в їхній власній властивості вони обчислюються в «тисячах»;

2. в мохін Хохми, які вони отримують з рош Аріх Анпіну, вони обчислюються в «десятках тисяч», так само як і він, але лише як властивість ВАК Аріх Анпіну, оскільки облачають Аріх Анпін від його пе й нижче; і в цьому відношенні, вони – лише властивість ВАК Аріх Анпіну, що обчислюється в «десятках тисяч», а ВАК – це шістдесят, і тому «60 рібо (десятків тисяч)».

І тому, коли Нуква піднімається, вдягаючи вищі Аба ве-Іму, вона отримує повне число, тобто «шістдесят рібо (десятків тисяч)». «Шістдесят» – означає ВАК, бо їй ще бракує властивості рош Аріх Анпіну. А «рібо (десятки тисяч)» – вказує на ступені Аріх Анпіну, що світять в Аба ве-Імі, – тобто в його ВАК, які вдягаються в парцуф Аба ве-Іма. І тому у Нукви є число «шістдесят рібо (десятків тисяч)».

І сказано: «Бо за кількістю шістдесят рібо (десятків тисяч) – це ті зірки, які знаходяться разом, і вони виводять воїнства за видами їхніми, які не злічити». Адже вже з'ясувалося, що два ступеня МІ та МА записані в Нукві:

1. МІ в Нукві – це вищі Аба ве-Іма, які вдягаються в Нукву, і вона стає внаслідок цього властивістю вищого світу; і тоді є в неї від цієї властивості число «шістдесят рібо»;

2. МА в Нукві – це ІШСУТ, які вдягаються в Нукву в якості такої, що «чекає на питання» МА (що?); і в цій якості вона є нижнім світом.

І ці два ступеня, що розглядаються, – МІ і МА, – стають в ній властивістю одного парцуфа. Від її хазе й вище вона вдягає вищі Аба ве-Іму, а від хазе й нижче в ній вона вдягає ІШСУТ. І в ній вони являють собою один парцуф. І тому також і в породженнях цієї Нукви розрізняються ці два ступеня. З боку вищого світу МІ в ній – це «той, хто виводить за числом воїнства їхні», за числом «шістдесят рібо (десятків тисяч)». А з боку нижнього світу, МА в ній, вважаються ці породження такими, що знаходяться у властивості «без числа», як сказано: «І вони виводять воїнства за видами їхніми, яких не злічити»[78]. Тобто, виводить породження «за видами їхніми, які не злічити (досл. без числа)», – означає: в яких немає мохін цього «числа» від вищих Аба ве-Іми, а тільки від ІШСУТ, і вони – «без числа».

Але ж, у такому випадкові її породження виявляються такими, що позбавлені досконалості, оскільки їм бракує цього «числа». Тому говорить: «За кількістю шістдесят рібо (десятків тисяч) – це зірки, що знаходяться разом, і вони виводять воїнства», – інакше кажучи, ці два ступеня в ній, «число» і «без числа», знаходяться в ній разом, – тобто вони з'єднані в ній немов один ступінь. Тому і в породженнях її ці два ступені теж знаходяться разом: з одного боку, вважаються її породження «по числу шістдесят рібо (десятків тисяч)», а з іншого боку, вони – «без числа». І в силу цього вважаються в них ці (мохін) «без числа» лише добавкою у досконалості, і зовсім не являють собою недолік.

Причина цього в тому, що «благословення», «родючість» і «розмноження сімені» повністю залежать від властивості нижнього світу МА, званого «без числа». І це – «благословення сімені», про яке йдеться в уривку: «"Глянь-но на небо і порахуй зірки, – зумієш ти їх полічити?". Сказав Він йому: "Настільки численним буде потомство твоє"»[79]. Таким чином, благословення сімені приходить лише з властивістю «без числа», – тобто від імені МА. І тому після всієї досконалості мохін «числа», яких вона сягає від вищих Аба ве-Іми, МІ, є в ній додаткове благословення від МА, від мохін «без числа», як сказано: «Які не злі-

---

78 Див. вище п.19, перший абзац.
79 Тора, Берешит, 15:5.

чити», і є у неї також благословення. І обидва вони включені в душі та в породження.

20) «Всіх їх», – тобто як ці «шістдесят рібо», так і «всі воїнства їхні, яких не злічити», «по імені називає Він». Що означає – «по імені називає Він»? Він не називає їх іменами, бо, в такому випадкові, слід було б сказати: «Ім'ям своїм називає він». Але в той час, коли цей ступінь ще не удостоївся імені Елокім, а називається МІ[80], – він не породжує і не виводить тих, що укриті в ньому, по виду їх, хоча всі вони були приховані в ньому, – тобто хоча і піднялися вже букви ЕЛЄ, але їм ще бракує величного облачення хасадім. І тоді вони приховуються та не удостоюються імені Елокім. Після того, як створив букви ЕЛЄ, і вони удостоїлися імені Його, – тобто вдягнися у величне вбрання хасадім, з'єднуються ЕЛЄ (אלה) з МІ (מי), і Він називається Елокім (אלהים). І тоді за допомогою цього імені Він виводить їх в досконалості. Це означає сказане: «По імені називає Він», – тобто ім'ям Своїм називає і виводить кожен з видів, аби втілився у довершеності своїй. І тоді сказано: «Виводить по числу воїнства їхні, всіх по імені називає Він», – тобто досконалим ім'ям Елокім. І сказано також: «Дивись, Я призвав по імені Бецалеля, сина Урі, сина Хура, з коліна Єгуди»[81], – тобто Я згадую ім'я Моє, аби Бецалель міг втілити його в повній мірі.

Пояснення мовленого. Ми вже з'ясували[82], що велика досконалість мохін, які відносяться до імені Елокім, проявляється над душами і породженнями її (Нукви) на двох ступенях разом, – як на ступені «шістдесят рібо» в ній, так і на ступені «усі воїнства їхні, яких не злічити», – над ними обома проявляється це ім'я. Як сказано: «Всіх їх по імені назве Він». Тому сказано: «МІ не породжує», але «після того, як створив букви ЕЛЄ», тоді з'єднуються ЕЛЄ з МІ, і Він називається Елокім. І тоді за допомогою цього імені Він вивів їх у досконалості, оскільки благословення сімені повністю залежить від МА, у яких немає числа.

---

80 Див. п.14.
81 Тора, Шмот, 31:2.
82 Див. п.19.

Мохін «числа» – це світіння Хохми, що розкриває досконалість імені. І всі властивості його знаходяться у повній досконалості. А мохін, у яких немає числа, приходять саме від імені МА, і це – мохін лише властивості хасадім. І світіння хохма не може бути отримане без величного облачення хасадім. А до цього, хоча літери ЕЛЄ і піднялися до МІ, все ж, воно не сходило до імені Елокім. І це – сенс мовленого «Хто (МІ) створив їх (ЕЛЄ)?», – тобто після того, як Він створив світло хасадім у вигляді величного облачення для світла Хохми, яке міститься в імені МІ, вони вдяглися одне в одного, і Малхут піднялася до вищого імені Елокім.

І це те, що сказано: «МІ не породжує і не виводить тих, що укриті в ній, за видами їхніми», – хоча всі вони були приховані в ній. Тобто, хоча вже вийшла точка з думки в своє місце в Малхут, і утвердилася печатка одного з прихованих образів «святая святих», оскільки повернулися до неї (до Нукви) Біна й ЗОН де-келім та ҐАР світел, разом з тим, – всі вони приховані в ній, і залишаються ще ЕЛЄ в глибині та утаєнні імені Елокім тому, що світіння Хохми вони не можуть отримати без хасадім.

Але після того, як створив ЕЛЄ, – тобто після того, як зробив додатковий зівуґ на екран де-МА, (екран) нижнього світу, і вивів на нього ступень мохін де-хасадім, званих «без числа», та передав їх ЕЛЄ, що і означає: «Створив їх (ЕЛЄ)», – тобто передав їм вбрання хасадім, зване «створив», – підіймається (Малхут) до імені і називається Елокім. Адже тепер, після досягнення ними ступеню хасадім, вони можуть отримати світіння Хохми, – тобто мохін числа «шістдесят рібо». І тоді букви з'єднуються одна з одною, і Малхут удостоюється вищого імені Елокім. І тоді за допомогою цього імені Він виводить їх у довершеності. Тому також і в душах та породженнях, які вийшли від імені Елокім, знаходиться досконалість цього імені, – тобто облачання Хохми в хасадім. І це означає: «Всіх їх по імені назве Він», – тобто це ім'я проголошується над породженнями, як сказано: «Цим ім'ям Своїм називає і виводить кожен з видів, аби втілився в досконалості своїй». І цим ім'ям виводить породження як у вигляді «шістдесят рібо», так і у вигляді «в якого немає числа», щоби втілилися вони у досконалості цього імені, – тобто одяглися один в одного так, як вони вдягнені в цьому імені. І, як сказано: «Дивись, Я призвав по імені», – свідчення того, що слова «заклик по імені» вказують на втілення й досконалість.

21) Сказано: «Від Великого могутністю й Могутнього силою ніхто не вкриється». Що значить: «Від Великого могутністю»? Це рош цих ступенів, в який піднімаються всі бажання, сходячи до нього таємним шляхом. «Могутнього силою» – це вищий світ, МІ, що піднявся в ім'я Елокім. «Ніхто не вкриється», – з тих «шістдесяти рібо», які Він вивів силою цього Імені. І оскільки ніхто не вкриється з числа «шістдесяти рібо», тому в будь-якому місці, де (йдеться про те, що) померли Ісраель, будучи покараними за свої гріхи, – вони обчислюються потім, і жоден з цих «шістдесяти рібо» не пропадає, аби все знаходилося в єдиній подібності, – як нагорі, так і внизу. І так само, як нагорі ніхто не пропаде з числа «шістдесят рібо», – не пропаде ніхто з цього числа внизу.

Пояснення сказаного. «Від Великого могутністю» – вказує на Кетер вищих Аба ве-Іми, рош ступенів цих мохін, тобто Біну Аріх Анпіну, що стала Кетером для Аба ве-Іми. І туди підіймаються всі бажання, – тобто всі ступені отримують від неї. І, разом з тим, піднімаються до нього (рош) таємним шляхом, оскільки він є властивістю «непізнаване повітря», і «йуд 'י'» не виходить з його повітря (авір אויר), як сказано: «Бо бажає милості (хафец хесед) Він»[83]. І тому він знаходиться у повній досконалості та зветься «авіра дахья (чисте повітря)».

І хоча ступінь хасадім, званий «авір (повітря)», виходить від нижнього світу МА, все ж він знаходиться в завершеній досконалості, оскільки це світло сходить від властивості ҐАР Біни Аріх Анпіну, яка є властивістю рош всіх ступенів Ацилуту: Аба ве-Іма, ІШСУТ та ЗОН. І тому вважається також і ступінь хасадім в ній властивістю «чисте повітря (авіра дахья)», – як і в ҐАР Біни Аріх Анпіну.

---

83 Пророки, Міха, 7:18.

Як сказано: «І Могутнього силою» – це вищий світ, властивість МІ, яка є наявною в Нукві, і звідти виходить число «60 рібо», бо вона вдягається на вищий світ, – тобто на вищі Аба ве-Іму. І тому сказано: «"Ніхто не вкриється"– з тих "60 рібо", які Він вивів за допомогою цього імені», – тому що від цього імені вона осягає мохін числа «шістдесят рібо». І сказано: «Так само, як нагорі ніхто не пропаде з числа "шістдесят рибо", – не пропаде ніхто з цього числа внизу». Після того, як Нуква облачила вищі Аба ве-Іму, – «мати позичає свої шати дочці та вінчає її своїми прикрасами», і тому вона стає – повністю як і вищі Аба ве-Іма. І, так само, як мохін вищих Аба ве-Іми стають досконалими, досягнувши числа «шістдесят рібо», – «ніхто з них не пропаде», – так само й Нуква є досконалою завдяки цьому числу, – «ніхто з них не пропаде».

Букви рабі Амнона Саби

22) «Спочатку». Рабі Амнон Саба сказав: «Ми знаходимо в словах: "Спочатку сотворив Всесильний ет" зворотний порядок букв: перше слово починається з "бет ב", і за ним – теж з "бет ב", тобто "Берешит (בראשית спочатку) бара (ברא створив)». А потім – з "алеф א" і знову з "алеф א", тобто "Елокім (אלהים Всесильний) ет (את)"». І пояснив: «коли захотів Творець створити світ, всі букви були ще в утаєнні. І дві тисячі років до створення світу Творець розглядав букви та насолоджувався ними».

Пояснення мовленого. Тут він піднімає два питання:

1. Чому на початку Тори літери «алеф א» та «бет ב» слідують в зворотному порядку: спочатку «бет ב» і потім «алеф א»?

2. Чому подвоюються ті ж букви: спочатку – дві літери «бет ב» в двох словах «Берешит (בראשית спочатку) бара (ברא створив)», а потім – дві літери «алеф א» в двох словах «Елокім (אלהים Всесильний) ет (את)»?

І відповідає на них: «Коли захотів Творець», Біна, «створити світ», – породити ЗОН, звані «світ», – «всі букви», келім ЗОН, «були ще в утаєнні», – були включені в ҐАР, тобто в Аба ве-Іму, і були непізнані. Хохма з Біною називаються «дві тисячі років», і «до створення світу» були літери ЗОН включені в Хохму та Біну. Тому про включення ЗОН в Хохму й Біну мовиться, що «дві тисячі років до створення світу Творець розглядав букви й насолоджувався ними», – оскільки ЗОН тоді були властивістю МАН в цих «двох тисячах років», в Хохмі й Біні, а МАН завжди завдають насолоди вищому. І тому сказано, що в той час, коли вони були властивістю МАН в Хохмі й Біні, «Творець розглядав букви та насолоджувався ними».

23) І коли Він побажав створити світ, з'явилися перед Ним усі букви, починаючи з останньої та закінчуючи першою. Першою з

усіх увійшла буква «тав ת». Сказала: «Владика світів, нехай буде до вподоби Тобі створити мною світ. Адже я – печатка на персні Твоєму, що є істиною (емет אמת)», – тобто остання буква в слові «істина (емет אמת)». «Ти звешся ім'ям "істина", – тож личить Царю почати зі знака істини і мною створити світ».

Сказав їй Творець: «Прекрасна і пряма ти, але не варта того, щоб створити тобою світ. Бо будеш ти записом на чолі людей віри, які виконали Тору з початку до кінця (досл. від "алеф א" до "тав ת"), і з записом твоїм помруть»[84]. І ще: «Ти ж печатка смерті», – тобто «тав ת» є останньою буквою також і в слові «смерть (мавет מות)», «а оскільки ти є такою, то не є достойною того, щоби створювати тобою світ». Тут же вийшла вона.

Пояснення мовленого. В час, коли Він почав виявляти ЗОН, що зветься «світ», для того щоб створити їх, з'явилися всі букви ЗОН перед Творцем, починаючи з «тав ת», останньої з усіх букв, та закінчуючи «алеф א», першою з усіх букв. І причина їхньої появи «починаючи з останньої та закінчуючи першою», а не в алфавітному порядку, полягає в тому, що вони з'явилися в порядку підйому МАН, де вони шикуються в послідовності «тав-шин-рейш-куф תשרק», а послідовність «алеф-бет-ґімель אבג» зберігається при сходженні МАД, тобто зверху вниз. Однак при підйомі МАН їхній порядок завжди є протилежним сходженню МАД, бо вони йдуть знизу нагору.

Пояснення цих букв вимагає найглибшого розуміння, і для того, щоби прийти до нього, навіть у самій незначній мірі, потрібна коротка передмова для цього всеосяжного пояснення. Бо «створення світу» означає його вдосконалення й втілення у такий спосіб, щоби світ міг існувати та досягти тієї мети, заради якої він створений. Відомо, що «одне проти іншого створив Творець», – тобто проти кожної сили в святості створив Творець відповідну силу в сітра ахра, яка протидіє цієї святості. І, так само як є чотири світи АБЄА святості, є, на противагу ним, чотири світи АБЄА нечистоти.

---

84 Вавилонський Талмуд, трактат Шабат, арк. 55:1.

Тому в світі Асія неможливо відрізнити «того, хто служить Творцю від того, хто не служить Йому»[85], – тобто не виявляється відмінність між святістю і нечистотою. Але як же тоді відбудеться становлення світу, якщо ми не вміємо відрізняти добро від зла, святість від кліпи?! Однак є одна дуже важлива перевірка, – як сказано: «Інший бог оскопить себе та стане безплідним», і тому у тих, хто помиляються в ній та йдуть шляхами нечистих світів АБЄА, – висихає їхнє джерело, і немає в них ніяких духовних плодів для благословення, і сили їхні виснажуються, поки не закінчуються зовсім. І повна їхня протилежність – ті, хто прилинули до святості, котрі удостоюються благословення справи рук своїх, як сказано: «Немов дерево, над водним потоком посаджене, що дає плід у строк свій та лист якого не в'яне. І в усьому, що робить, – він досягне успіху»[86].

І це єдина перевірка, яка існує в світі Асія, аби знати, – святість це, чи навпаки. Як сказано: «І тим Мене випробуйте, – сказав Володар воїнств, – чи не відкрию вам вікна небесні та чи не виллю вам благословення понад мірою»[87]. А потім сказано: «І знову розрізняти будете між праведником та грішником, між тими, хто служить Творцю, й тими, хто не служить Йому». Адже пояснено, що взагалі неможливо відрізнити «того, хто служить Творцю від того, хто не служить Йому», але тільки лише за допомогою благословення.

Це є головною суттю всієї статті про букви. Бо з'явилися всі букви разом щоби створити світ, згідно з вимогою ступеню святості, який поставлений над кожною з цих букв. Адже двадцять дві букви – це складові частини всіх рош ступенів, які перебувають в чотирьох світах АБЄА. І кожна з букв звеличувала достойність свого ступеню, аби показати, що за допомогою досягнення її ступеню зможуть жителі світу встановити святість над кліпот, для того, щоби досягти бажаного кінця виправлення. А Творець відповів кожній з них, що є, на противагу їй, така ж сила і

---

85 Пророки, Малахі, 3:18.
86 Писання, Псалми, 1:3.
87 Пророки, Малахі, 3:10.

в кліпот, і тому за допомогою неї жителі світу не здійснять жодного з'ясування.

Поки не приходить «бет ב». Суть її ступеню – це благословення. І немає для неї жодної протилежності в кліпот тому, що «інший бог оскопить себе та стане безплідним». І тоді сказав їй Творець: «Звичайно ж, тобою Я створю світ». Бо лише нею можна з'ясувати й визначити, якою є відмінність «між тими, хто служить Творцю й тими, хто не служить Йому», – оскільки немає протилежності щодо неї в сітра ахра. І тому за допомогою неї, звичайно ж, буде втілений світ, – з'ясуванням і встановленням святості над будовами (меркавот) нечистоти, поки не «знищить Він смерть навіки»[88], і тоді прийдуть вони до кінця виправлення.

Необхідно також знати розподіл двадцяти двох букв на три ступеня: Біна, Зеір Анпін й Малхут. Оскільки вище від Біни немає келім, тобто букв. І двадцять дві букви в Біні звуться «великими літерами», двадцять дві букви в Зеір Анпіні – це «звичайні літери», а двадцять дві букви в Малхут – це «малі літери». І таким же чином вони діляться в кожному окремому випадкові на три ступеня: Біна, Зеір Анпін й Малхут. Бо в двадцяти двох буквах Біни є Біна, Зеір Анпін й Малхут, а також – в двадцяти двох буквах Зеір Анпіну, і, так само, – в двадцяти двох буквах Малхут. І тому самі двадцять дві букви діляться на три ступеня: «одиниці», «десятки» й «сотні». «Одиниці», від «алеф» до «тет», – це дев'ять сфірот Біни. «Десятки», від «йуд» до «цаді», – це дев'ять сфірот Зеір Анпіну. А «сотні» відносяться до Нукви. І тому в Малхут є лише чотири літери, «куф-рейш-шин-тав», оскільки вона вдягає тільки чотири сфіри Зеір Анпіну, від хазе його й нижче, НЕГІМ (Нецах-Год-Єсод-Малхут). «Куф-рейш» – це Нецах і Год, «шин-тав» – Єсод та Малхут.

І немає протиріччя в тому, що «одиниці» – в Нукві, «десятки» – в Зеір Анпіні, а «сотні» – в Імі. Вся справа в тому, що завжди існує зворотне співвідношення келім й світел, адже в келім спочатку з'являються вищі, і навпаки – в світлі: нижні

---

88 Пророки, Єшаягу, 25: 8. «Знищить Він смерть навіки, й витре Творець сльозу з кожного обличчя».

з'являються першими. І якщо там є лише «одиниці» де-келім, від «алеф א» до «йуд י», – є тільки Малхут світел, а якщо додаються також «десятки» де-келім, то з'являється також світло Зеір Анпіну світел. А якщо заповнюються також «сотні» де-келім, «куф-рейш-шин-тав», то входять світла Біни, які обчислюються в «сотнях». І тому вважаються «сотні» Біною, «десятки» – Зеір Анпіним, а «одиниці» – Малхут. Але що стосується тільки келім, то все навпаки: «одиниці» – в Імі, «десятки» – в Зеір Анпіні, а «сотні» – в Нукві.

Буква «тав ת»

Першою з усіх увійшла буква «тав ת». Під владою кожної з букв алфавіту є певний ступінь. І тому буква «тав ת» стверджувала, що вона здатна поліпшити світ більш, ніж всі букви, разом узяті. Адже в ній панує істина, і вона є печаткою на персні царя.

Відомо, що сітра ахра може існувати лише за рахунок того, що святість світить їй тонким свіченням, як сказано: «Ноги її сходять у смерть»[89]. І мовлено: «Царство Його над усім панує»[90]. І це – «ніжка куф ק», яка спускається під лінію букв та вказує на тонке світіння, котре Малхут дає сітра ахра. І тому в жодній з усіх двадцяти двох букв не опускається ніжка вниз, а лише в «куф ק», яка відноситься до букв Малхут, бо «куф-рейш-шин-тав קרשת» знаходяться в Малхут.

Та спочатку ліва ніжка «тав ת» стала спускатися під лінію букв. І побачив Творець, що утримання сітра ахра буде занадто сильним. Тому зупинив її Творець, повернувши її ніжку так, щоби вона закінчувалася на одному рівні з лінією святості. І тому стала товстішою її ліва ніжка, оскільки та частина, яка спускалася назовні та була повернута, склалася у неї вдвічі. І внаслідок цього не приходить від неї жодне світіння до кліпот й сітра ахра.

І, крім того, встановилася вона, щоб бути печаткою персня, яка береже від кліпот, щоб не могли вони, наблизившись, витягати

---

89 Писання, Притчі, 5:5.
90 Писання, Псалми, 103:19.

звідти (сили) у святості. І все, що торкнулося її, загине. І підтримання «тонкого світіння», котре необхідне для існування кліпот, здійснюється буквою «куф ק». Адже в Малхут вона є буквою найвищою та віддаленою від кліпот і сітра ахра, і тому немає остраху щодо занадто сильного утримання кліпот. І тому називається «куф ק», аби вказати, що від неї виходить початкова сила до сітра ахра і кліпот, звана «людина нікчемна», щоб уподібнити її парцуфам святості, як сказано: «Одне відповідно до іншого зробив Творець»[91], – подібно до того, як мавпу (коф) можна порівняти з людиною. І люди, що утягнуті ними, збиваються зі шляху, а ті брешуть від імені Творця.

Саме це стверджує «тав ת»: «Адже я – печатка на персні Твоєму», – тобто я, мовляв, стою в закінченні кожного парцуфа і не даю кліпот наблизитися, щоби витягати (сили) зі святості та брехати від імені Твого; і тому личить мною створити світ, і мною здійсниться все з'ясування відмінностей між сітра ахра й святістю, і тоді жителям світу буде гарантоване досягнення їхнього призначення. І тому сказала: «Ти звешся ім'ям "істина", – личить Царю почати зі знаку істини та мною створити світ».

Пояснення. Оскільки «Ти звешся ім'ям "істина"», що вказує на неможливість злитися з Тобою інакше як досягненням ступеню «істини», тому «личить Царю почати зі знаку істини та мною створити світ», – бо за допомогою моєї властивості ті, хто живуть у світі, усунуть сітра ахра (зворотну сторону) й кліпот та пріліпляться до Тебе, і тоді жителям світу буде гарантоване остаточне виправлення.

Як сказано: «Близький Творець до всіх, хто волає до Нього»[92]. До кого Він близький? Повторно вказується в уривку: «До всіх, хто волає до Нього в істині». Але хіба є ті, хто волає до Нього у брехні? Так. Це той, хто волає, не знаючи, до Кого він звертається. Як сказано: «До всіх, хто волає до Нього в істині». Що значить «в істині»? Це означає – з печаткою царського персня. Середня

---

91 Писання, Коелет, 7:14.
92 Писання, Псалми, 145:18.

лінія – печать мохін з Малхут, званою царським перснем, який є довершеністю всього⁹³.

І відповів їй Творець, що не гідна вона того, щоби створювати нею світ, оскільки силою її будуть діяти занадто суворі суди. Адже навіть завершені праведники, які вже удостоїлися збереження в пам'яті її печаті й виконали Тору від початку до кінця (досл. від «алеф א» до «тав ת»), все ж караються її суворою силою за те, що не знищили грішників. І, крім того, вона – ще й печать смерті, в силу якої виникла смерть в світі. Адже смерть забирає всіх, хто живе в світі лише тому, що змій підробив її печатку, змусивши Адама Рішона порушити заборону Древа пізнання. І тому світ не зміг би існувати, якби був створений нею.

Буква «шин ש»

24) З'явилася перед Ним буква «шин ש». Звернулася до Нього: «Владика світів, нехай буде Твоїм бажанням створити мною світ, бо завдяки мені ти звешся ім'ям Шадай, і світ личить створити святим ім'ям». Відповів їй: «Красива ти і гарна ти, й правдива ти. Але оскільки літери слова "брехня (шекер שקר)" взяли тебе до себе, не хочу Я створювати тобою світ, адже брехня не зможе існувати, якщо літери "куф-рейш קר" не візьмуть тебе».

Пояснення сказаного. Два закінчення є у Нукви:
1. закінчення, зване Малхут де-Малхут, і це «тав ת»;
2. друге закінчення, зване Єсод де-Малхут, і це «шин ש».

І справа в тому, що коли у неї немає форми будови від Аба ве-Іми, вважається «тав ת» її закінченням, яке являє собою суворий суд. Але коли її парцуф будується за допомогою вищих Аба ве-Іми, в її закінченні утворюється буква «шин ש», і три голови «шин ש» вказують на світіння ХАГ'АТ Іми, котре отримується Малхут через Зеір Анпін в точці її закінчення. Як сказано: «Колодязь, викопаний главами»⁹⁴.

---

93 Зогар, глава Аазіну, п.210.
94 Тора, Бемідбар, 21:18.

І за допомогою цього світіння вона стає клі для отримання ста благословень від Зеір Анпіну. Як сказано: «Жінка укладає союз лише з тим, хто створює в ній місце (клі)», тому що стає внаслідок цього місцем отримання, куди зможе отримати сто благословень від Єсоду Зеір Анпіну; і тому це закінчення називається «центральна точка поселення», оскільки все заселення світу виходить від неї. І називається також Єсодом Нукви.

Тому називається буква «шин ש» знаком істини, як і буква «тав ת», і, так само, як і вона, називається царською печаткою. І поняття «печать» є багатозначним:

1. вказує на закінчення парцуфа, так само як і царська печатка, що поставлена в кінці листа, написаного від імені Царя;

2. царська печать є подобою присутності самого Царя; адже людина, впізнавши накреслення царської печатки, відчуває трепіт, немовби побачивши самого Царя.

І з цієї причини називається ця печатка знаком істини тому, що вся істинність розпізнається по цій печатці. Але «шин ש» по своїх достоїнствах перевершує «тав ת», бо вона називається «шин ש» від імені Шадай (שדי), що означає: «Який сказав (шеамар שאמר) світові Своєму: "Досить (дай די), не розповсюджуйся більше"»[95]. Це вказує на побудову світу в якості поселення, оскільки він закінчується поки що тільки в «шин ש», в котрій Він «сказав світу Своєму: "Досить (дай די), не розповсюджуйся більше"», — у властивість «тав ת», — і тому називається точка закінчення в букві «шин ש» центральною точкою поселення.

Тому «шин ש» і виступає з проханням: «Нехай буде Твоїм бажанням створити мною світ, бо завдяки мені ти звешся ім'ям Шадай». Адже після того, як вона побачила, що Він відкинув «тав ת» через вагар міри суду в ній, подумала про себе «шин ש», що її властивість обере Творець для створення Ним світу, позяк в ній є всі достоїнства «тав ת», оскільки й вона є царським перснем і вона є також знаком істини. І, крім того, є у неї

---

95 Вавилонський Талмуд, трактат Хаґіґа, арк. 12:1.

додаткова достойність, – завдяки їй Він зветься ім'ям Шадай, тому що бути закінченням Нукви для «заселення світу» обрана вона, а не «тав ת». Власне тому й набралася сміливості особисто постати перед Творцем, аби Він створив світ її властивістю.

Відповів Творець букві «шин ש»: «Не дивлячись на те, що достойності твої є дуже великими, все ж саме тому властивість, котра є супротивною тобі у кліпі дуже посилюється. Адже брехня в світі не зможе існувати, якщо не візьмуть тебе букви фальші й брехні, що належать кліпот», – тобто «куф-рейш קר».

Пояснення. Існує два джерела у сітри ахра та всіх кліпот. Першим джерелом є тонке світіння, яким святість сама світить їм, аби вони існували та не скасовувалися весь той час, поки вони потрібні для покарання грішників. І з цього боку їхня будова не є великою, оскільки це дуже маленьке світіння, котре є достатнім лише для підтримання їхнього життя, коли захар кліпи – у властивості ВАК без рош, а нуква кліпи знаходиться тільки у властивості точки, яка взагалі не розповсюджується. І це тонке світіння притягується до них за допомогою букви «куф ק», і звідси у них беруться сили уподібнитися людині світів БЄА святості, – подібно до того, як мавпа (коф) удає людину. Як сказано: «Одне проти іншого створив Творець».

Друге джерело виникає через ущербність нижніх, які своїми поганими діяннями призводять до виходу світел святості в кліпот. І перша шкода була нанесена порушенням заборони Древа пізнання, внаслідок чого у них (кліпот) утворилася велика будова в п'яти парцуфах і в АБЄА, – як і у святості.

І цим другим джерелом є буква «рейш ר». І це вказує на те, що вони (кліпот) піднімаються та утримуються, аж до Біни в Малхут, яка позначається буквою «далет ד». Бо двадцять дві букви Малхут діляться в ній на: Біну, Зеір Анпін й Малхут. «Одиниці» – Біна, «десятки» – Зеір Анпін, «сотні» – Малхут. І виходить, що четверта з двадцяти двох букв Малхут стоїть на початку ЗАТ її Біни, тому що літери «алеф-бет-ґімель אבג» – це ҐАР, а від букви «далет ד» й далі, до «тет ט», – це ВАК Біни в Малхут.

І ця «далет ד» вказує на властивості бідності й нестачі, що відносяться до всієї Малхут. Адже в самій Малхут немає нічого, але тільки те, що дає їй чоловік, Зеір Анпін. І ця властивість записалося в її букві «далет ד», яка разом з наповненням записується у вигляді «далет-ламед-тав דלת», від слів «бідність й убогість». У «далет ד» є виступаючий кут у верхній її частині (ґаґ), що вказує на надлишок в ній хасадім, які «далет ד» бере від «ґімель ג», що стоїть перед нею. А буква «ґімель ג» відноситься до ҐАР її Біни, і вона отримує від відповідної їй властивості в Зеір Анпіні, котра походить від властивості, яка відповідна їй в Біні, де хасадім знаходяться у великій кількості. І тому називається «ґімель ג» – від слів «гомель хасадім (який поводиться милостиво)», бо поводиться милостиво з «далет ד», у якої немає нічого свого, та обдаровує її милостями (хасадім) у надлишку. І цей достаток хасадім символізується кутом верхньої частини (ґаґ) «далет ד».

Однак протилежністю цієї Малхут святості є властивість, про яку сказано: «Той, хто ремствує, – заперечує Володаря»[96]. І тоді вона (далет) називається «гонористий бідняк», – тобто не бажає бути такою, що одержує від «ґімель ג» та перебувати у підпорядкуванні в неї, але в своєму великому гонорі претендує на верховенство. І через цю ваду зникає кут в «далет ד», – тобто достаток хасадім в ній, – і вона стає бідною й убогою. Бо згладжування кута «далет ד» робить її подібною до «рейш ר», – «убогої (раш)». Як сказано: «Навіть царюючи, народжений убогим (раш)»[97].

І єдність Зеір Анпіну й Нукви святості проявляється в буквах «алеф-хет-далет אחד» слова «ехад (אחד єдиний)». Оскільки «алеф-хет אח» – це дев'ять сфірот Зеір Анпіну, і він передає наповнення від «ґімель ג» Біни до «ґімель ג» Малхут, завдяки цьому Малхут стає буквою «далет ד» з виступаючим кутом, що вказує на достаток хасадім. І внаслідок цього ЗОН стають однією плоттю (басар) в

---

96 Писання, Притчі, 16:28. «Підступна людина поширює розбрат, а той, хто ремствує – відкидає Володаря».
97 Писання, Коелет, 4:14. «Бо один з в'язниці вийде панувати, а інший, навіть царюючи, народжений убогим».

повному єднанні. Таким чином, коли нижні викривляють свої діяння, вони дають силу властивості Малхут сітри ахра утримуватися в «далет ד», – тобто в самій Малхут, – стерти кут, що багатий на хасадім, і зробити її властивістю «рейш ר». І тоді «ехад (אחד єдиний)» перетворюється в «ахер (אחר інший)» та «інші божества» утримуються в ЗОН святості. І це внутрішній зміст фрази: «Той, хто ремствує, – заперечує Володаря»[96].

І тоді вважається, що літери «куф-рейш קר» сітри ахра забирають собі печатку літери «шин ש», котра є знаком істини і Єсодом Нукви, – тобто місцем отримання від Єсоду Зеір Анпіну. А зараз все це потрапляє до іншого бога властивості сітра ахра, оскільки за допомогою цієї «шин ש» будується єсод для нукви властивості сітра ахра. І тому збільшується сітра ахра до десяти повних сфірот з рош. А «шин ש», яку вона забрала собі, стає у неї точкою розтрощення, бо на трощенні святості будується сітра ахра. І звідси збудувалися світи АБЄА властивості «людина нікчемна».

Отже, з'ясувалося, яким чином «куф-рейш קר» стають двома джерелами сітра ахра, і тому вони називаються «буквами фальші», оскільки сітра ахра підставила їх, аби, розтрощивши будову та єдність святості, відбудуватися на її трощенні. І робить вона це, в основному, за допомогою залучення до себе, у свої межі та володіння, літери «шин ש», яка є формою Єсоду Нукви, шляхом підміни літери «далет ד» на «рейш ר». Іншими словами, вони підмінили властивість «ехад (אחד єдиний)» властивістю «ахер (אחר інший)», і утворилося будова парцуфів «інших богів». Таким чином, не існувало б брехні й фальші в такій великій будові, якби «куф-рейш קר» сітри ахра не забрали б собі «шин ש».

І тому Творець відповів «шин ש»: «Красива ти і гарна ти, й правдива ти. Але оскільки букви слова «брехня (шекер שקר)» взяли тебе до себе, не хочу Я створювати тобою світ, адже брехня не зможе існувати, якщо літери «куф-рейш קר» не візьмуть тебе», – тобто не було б будови у фальші й брехні сітри ахра, якби вони не забрали собі «шин ש». І тому не можна створити світ її властивістю, оскільки їй відповідає протилежна властивість, і з її допомогою не може бути гарантоване остаточне виправлення.

Букви «куф ק», «рейш ר»

25) Звідси випливає, що кожен, хто хоче збрехати, повинен взяти спочатку істинну основу, а потім вже здійснити задуманий ним обман. Бо «шин ש» – це знак істини, яким були об'єднані праотці, оскільки три лінії в «шин ש» вказують на трьох праотців, ХАҐАТ, а «куф ק» і «рейш ר» – це букви, які проявляються на стороні зла. Адже сітра ахра – це холод, і немає в ній тепла, – тобто життя, – тому що вона годується від Малхут, коли та стає застиглим морем. І для того щоб їм існувати, вони беруть букву «шин ש» до себе, і утворюється сполучення «кешер (קשר зв'язок)», що означає зміцнення й підтримку. І, як тільки дізналася про це «шин ש», – вийшла від Нього.

Пояснення. Світіння сфірот ХАҐАТ Біни, які передаються Нукві за допомогою Єсоду Зеір Анпіну, вибудувало точку закінчення Нукви в якості клі та місця отримання ста благословень від Зеір Анпіну. ХАҐАТ називаються праотцями, і тому мовиться, що в ній «об'єдналися праотці», і тому вона зветься знаком істини.

«Куф ק» та «рейш ר» – це букви, які проявляються на стороні зла, і це два джерела сітра ахра. І сказано, що вони беруть букву «шин ש» до себе, і утворюється сполучення «кешер (קשר зв'язок)». Бо тим, що вони стирають кут «далет ד» слова «ехад (אחד єдиний)», вони забирають собі Єсод Нукви святості, тобто «шин ש», і вибудовується єсод нукви кліпи буквою «шин ש». І внаслідок цього утворюється найбільше утримання в святості, зване «кешер (קשר зв'язок)», оскільки зв'язок вказує на дуже сильне утримання, яке важко розірвати.

Буква «цаді צ»

26) Увійшла буква «цаді צ», звернувшись до Нього: «Владика світу! Нехай буде Твоїм бажанням створити мною світ. Адже мною відзначаються праведники, і Ти, званий Праведним, теж відзначений мною. Як сказано: "Бо праведний Творець, праведність любить Він"[98]. І личить мною створити світ».

Відповів їй: «Цаді! Цаді – ти, і праведник (цадік צדיק) – ти. Але тобі необхідно бути прихованою. Ти не повинна розкриватися настільки», щоб починати тобою створення світу, «аби не дати світові привід для докору». І прихованою вона повинна бути тому, що була у формі «нун נ», та з'явилася буква «йуд י» імені, що є союзом святості, і, сівши на неї верхи, об'єдналася з нею. І вона стала «цаді צ».

І в цьому причина того, що Творець, створюючи Адама Рішона, котрий відноситься до властивості Зеір Анпіну, створив його у вигляді двох парцуфів: парцуф захар та парцуф некева, котрі зліті один з одним своїми ахораїм (зворотними сторонами). І тому лицьова сторона «йуд י» повернута у протилежний бік від «нун נ», – у вигляді «цаді צ», де «йуд י» звернена лицьовою стороною в одну сторону, а «нун נ» – в іншу сторону, і вони не повернуті один до одного «панім бе-панім (лицьовими сторонами)».

«І ще, – сказав їй Творець, – Я в майбутньому розділю тебе, перервавши з'єднання "ахор бе-ахор (зворотними сторонами)" в тобі, і зроблю тебе поєднаною "панім бе-панім (лицьовими сторонами)". І в іншому місці піднесешся ти, аби стати такою, але не відразу», – тобто на початку створення світу вона повинна бути в стані «ахор бе-ахор», що вказує на укриття її світіння, і тому неможливо створити нею світ. Вийшла буква «цаді צ» від Нього й пішла.

Пояснення сказаного. Після того, як побачила «цаді צ», що буква «тав ת» відкинута через суворі суди, що в ній, а «шин ש» відкинута через утримання в ній сітри ахра, вона наважилася думати, що, безумовно, є гідною створення нею світу, – адже на

---

[98] Писання, Псалми, 11:7

ній та ж печатка, що й на них, і до того ж, у порівнянні з ними, немає в ній ніякого утримання сітри ахра.

І сказала: «Мною відзначаються праведники», – печаткою святого союзу, за допомогою обрізання та підгортання, що відштовхує всіх зовнішніх. «І Ти, званий Праведним, теж відзначений мною», – бо також Творець, тобто Біна, встановилася в вигляді «праведник та праведність», як і Зеір Анпін. І це ҐАР Біни, які встановилися в Аба ве-Імі, у вигляді: сходиться шлях Аби з дорогою Імі. «Як двоє закоханих, які обіймають один одного»[99], котрі постійно перебувають у зівузі (злитті), який ніколи не припиняється. Як сказано: «Праведний Творець, праведність любить Він».

«Праведник (цадік צדיק)» – вказує на Єсод Аби, «праведність (цидкут צדקות)» – вказує на Єсод Імі, і це – сфірот Нецах й Год, звані «праведність Творця». Та оскільки «праведник (цадік צדיק)» любить «праведність (цидкут צדקות)», зівуґ (злиття) їхнє не припиняється ніколи. І тому сказала: «Я гідна того, щоб створити мною світ. І за допомогою моєї властивості світ зможе існувати, йдучи вірним шляхом до остаточного виправлення».

І відповів їй: «Цаді! Цаді – ти, і праведник (цадік) – ти», тому що буква «цаді צ» – це Єсод Зеір Анпіну, і коли цей Єсод поєднаний з Нуквою разом, він називається праведником (цадік צדיק). Оскільки дев'ять сфірот Зеір Анпіну розташовані від букви «йуд י» до «цаді צ», а «куф ק» – це початок нукви, і коли Нуква злита з Єсодом, то «куф ק» злита з «цаді צ», і Єсод тоді називається праведником (цадік צדיק).

І це внутрішній зміст звеличування її Творцем: «Цаді – ти» – на твоєму місці в Єсоді Зеір Анпіну, і «Цаді – ти» – на Моєму місці, бо ти записана в Мені, в зівузі, який не припиняється; а також «праведник (цадік צדיק) – ти», – оскільки й Нуква включена в тебе, в «куф ק», що слідує після «цаді צ ». «І, разом з тим, не підходиш ти для створення тобою світу».

---

99 Зогар, глава Трума, розділ "Сіфра де-цнюта", п.11.

Тому сказано: «Але тобі необхідно бути укритою. Ти не повинна розкриватися настільки, аби не дати світові привід для докору». І прихованою вона повинна бути тому, що була у формі «нун נ». Адже Єсод Зеір Анпіну включає в себе Нукву, тобто «куф ק» у слові «праведник (цадік צדיק)», про що й натякнув їй Творець: «Праведник (цадік צדיק) – ти». І коли Нуква включена до нього у вигляді «цаді צ», вона набуває в ньому форму літери «нун נ», бо «нун נ» – це Ґвура Зеір Анпіну, оскільки (букви) «йуд י» «каф כ» «ламед ל» – це ҐАР, Кетер-Хохма-Біна, а (букви) «мем מ» «нун נ» – це Хесед та Ґвура.

І про цю «нун נ» сказано: «Я – розум (біна), мені – сила (ґвура)»¹⁰⁰, бо у великому стані (ґадлут), коли ХАҐАТ стають ХАБАД, – Ґвура стає Біною. А під час малого стану (катнут), коли Аба виводить Іму назовні, Біна стає Ґвурою, тобто «нун נ». І тому падіння вказує на неї, оскільки вона падає з властивості ҐАР у ВАК внаслідок того, що Аба вивів Біну й ЗОН за межі рош.

І про це сказано: «Не повинна ти розкриватися настільки, аби не дати привід світові для докору». І прихованою вона повинна бути тому, що була у формі «нун נ», і з'явилася буква «йуд י» імені, яка є союзом святості, та сівши на неї верхи, об'єдналася з нею. Іншими словами, Нуква, яка включена до «цаді צ», є формою літери «нун נ» в ній, і це Ґвура у властивості Біни, що падає. А «йуд י» в ній – це Єсод самого Зеір Анпіну, званий «ім'я святого союзу». І вони знаходяться у стані «ахор бе-ахор», коли їхні ахораїм (зворотні сторони) зліті один з одним, а панім (лицьові сторони) видні зовні. Бо лицьова сторона «йуд י» обернена назовні, а не в бік «нун נ», і, так само, – лицьова сторона «нун נ» обернена назовні, а не в бік «йуд י». І це вказує на те, що є утримання (зовнішніх властивостей) в їхніх ахораїм, і тому повинні бути їхні ахораїм укритими. Як сказано: «А задньою частиною – звернені всередину»¹⁰¹, – щоби не утримувалися в них зовнішні властивості.

---

100 Писання, Притчі, 8:14.
101 Пророки, Мелахім 1, 7:25. «Стояло море на дванадцяти биках: три дивилися на північ, і три дивилися на захід, і три дивилися на південь, і три дивилися на схід. І море розташовувалося на них зверху, а задньою частиною вони були звернені всередину».

І це означає сказане: «Не повинна ти розкриватися настільки, аби не дати світові привід для докору» – через те, що є нестача в твоїх ахораїм, ти повинна знаходитися в прихованні, щоб не давати привід зовнішнім властивостям утримуватися там, між тими, що перебувають в злитті. І тому ти непридатна для створення тобою світу, – адже і в тобі утворюється утримання кліпот». І в силу того, що у «цаді צ» Єсод та Малхут знаходяться в стані «ахор бе-ахор», вийшов також Адам Рішон «ахор бе-ахор», у властивості двох парцуфів. Тому сказано: «І в цьому причина того, що Творець, створюючи Адама Рішона, який відноситься до властивості Зеір Анпіну, створив його у вигляді двох парцуфів».

І ще сказав їй Творець: «Я в майбутньому розділю тебе, перервавши з'єднання "ахор бе-ахор (зворотними сторонами)" в тобі, і зроблю тебе поєднаною "панім бе-панім (лицьовими сторонами)". І в іншому місці піднесешся ти». Пояснення. «Якщо ти скажеш, що Я міг би створити тобою світ в стані "панім бе-панім", подібно до того як в майбутньому Я розділю тебе, щоб привести до стану "панім бе-панім", – це не є доказом, оскільки в той час, коли Я встановлю тебе "панім бе-панім" з Нуквою, то і тоді це не буде на твоєму місці внизу, а лише завдяки підйому на Моє місце, – на місце вищих Аба ве-Іми. І через те, що стан "панім бе-панім" на твоєму місці не буде виправлений, то і тоді буде утримання кліпот на твоєму ступені. І тому непридатна ти для створення тобою світу».

Тому сказано: «І ще, – сказав їй Творець», – тобто, ще більш того, – «Я в майбутньому розділю тебе, роз'єднавши злиття "ахор бе-ахор" в тобі, і зроблю тебе поєднаною "панім бе-панім". Однак це не буде на твоєму місці, а піднімешся ти в інше місце аби стати такою, – в місце Аба ве-Іми, – оскільки ти в цей час піднімешся й вдягнешся на Аба ве-Іму. Але на твоєму власному місці це не буде виправлено до завершення виправлення. Як же Я можу створити тобою світ, якщо і в тебе є утримання зовнішніх?!».

Буква «пэй פ»

27) Увійшла буква «пей פ», звернулася до Нього: «Владика світів! Нехай буде до вподоби Тобі створити мною світ. Адже визволення, яке Тобі належить зробити в світі, записано в мені, бо це – порятунок (пдут פדות)». Інакше кажучи, це визволення є позбавленням від наших бід, і воно починається з букви «пей פ». «І тому мною личить створити світ».

Сказав їй: «Красива ти! Однак в тобі утаєний запис прогріху (пеша פשע), і це є подібним до змія, котрий нападає, ховаючи потім свою голову в тіло. Так само й той, хто грішить, – пригинає голову», ховаючись від чужих очей, «але руки його тягнуться до гріха». І така ж форма у літери «пей פ», голова якої нахилена й захована всередині неї. І те ж саме сказав Творець букві «айн ע», в якій відбитий гріх (авон עוון). І, незважаючи на те, що сказала вона: «Адже є в мені скромність (анава ענוה)», відповів їй Творець: «Не сотворю Я тобою світ!». І вийшла вона від Нього.

Пояснення сказаного. Сказала «пей פ», що визволення, яке в майбутньому буде послано світові, записане в ній, і тому нею личить створити світ, – оскільки вигнання і визволення, що відбуваються в світі, залежать від Нукви. Бо в той час, коли Нукві бракує будови ҐАР, званих «мохін», Ісраель виганяються зі своєї землі, з землі Ісраеля тому, що нижня земля Ісраеля відповідає вищій землі Ісраеля, Нукві Зеір Анпіну. І якщо нагорі відбувається роз'єднання між Зеір Анпіним, Ісраелем, та Нуквою, його землею, то й внизу Ісраель виганяються зі своєї землі. А коли сини Ісраеля покращують свої діяння, вони призводять до того, що Ісраель нагорі наповнює достатком свою Нукву, тобто землю його, і буде її з мохін (досл. з розумом) та об'єднується з нею «панім бе-панім». Тоді й сини Ісраеля внизу удостоюються визволення, і вони теж повертаються в свою землю.

І ці мохін де-ҐАР Нукви, котрими Зеір Анпін будує її, приходять до неї вдягненими в Нецах та Год Зеір Анпіну, при цьому моах Хохми вдягнений у Нукви в Нецах, а моах Біни одягнений в Год. А букви «айн ע» «пей פ» – це Нецах і Год Зеір Анпіну. І в цьому полягає твердження «пей פ», – сфіри Год Зеір Анпіну, – що «визволення, яке Тобі належить зробити в світі, записано в мені», – тобто мохін Нукви, що приносять визволення світові, вдягнені в мене. І тому, якщо Ти створиш світ у моїй властивості, то, поза всяким сумнівом, у них буде можливість досягти кінця виправлення.

Чому ж «пей פ» вважала себе такою, що володіє більшими можливостями, ніж «айн ע», аби ними створити світ, – адже мохін Нукви вдягаються в них обох, в Нецах й Год, – тобто в «айн ע» «пей פ», – і їхня основа знаходиться в Нецах, в «айн ע»? І тому сказано: «Оскільки це – порятунок (пдут פדות)» – тому, що визволення відбувається лише властивістю Год, «пей פ». І порятунок полягає в тому, що Іма спочатку позбавляє Нукву від судів, і тоді Нуква готова до визволення.

І це внутрішній сенс сказаного: «Як орел стереже своє гніздо, розпростершись над пташенятами»[102]. Пояснюють нам мудреці, що орел цей є милосердним до своїх пташенят, і каже: «Краще нехай потрапить стріла в мене, але не потрапить в моїх дітей». Пояснення. Ми вже з'ясували, що МА удостоюється мохін лише внаслідок виправлення, що зване «мати (Іма) позичає свої шати дочці», бо Нуква, будучи скороченою в основі своїй, щоб не отримувати світло, з моменту першого скорочення не могла отримати ніяких мохін. Але оскільки Іма вийшла за межі рош Аріх Анпіну і стала ВАК без рош, то зійшли її букви ЕЛЄ в Нукву, і Нуква теж будується за допомогою імені Елокім. Іма називається «орел, який є милосердним до своїх синів», ЗОН, і тому вийшла назовні, і зрізується її ступень, ставши ВАК без рош, – тобто як стрілою. Як сказано: «Краще нехай потрапить стріла в мене», – за допомогою цього вона позбавляє своїх синів від судів, і вони стають гідними отримати мохін в її вбрання ЕЛЄ.

І це – «порятунок (пдут פדות)» та «визволення (підьон פדיון)», тобто Іма позбавляє Нукву від судів її, без чого та не стала б гідною мохін. І це визволення поширюється в основному на ліву лінію Нукви, в якій знаходяться суди, і, також, на сфіру Год Зеір Анпіну, букву «пей פ». І тому думала «пей פ», що вона є більш достойною, ніж «айн ע», оскільки визволення Іми вдягається

---

102 Тора, Дварім, 32:11.

лише в неї, а не в «айн у». Адже суди знаходяться в лівій лінії, а не в правій.

І тому сказано: «Красива ти! Однак в тобі утаєний запис прогріху». Адже всі визволення, що відбуваються протягом шести тисяч років, відбуваються за допомогою ВАК мохін де-хая, тому що ҐАР цих мохін, – внутрішні Аба ве-Іма, котрі діяли в Некудім, – були вкриті та не розкриються раніше кінця виправлення, – перш ніж буде виправлене порушення заборони Древа пізнання, яке скоїв Адам Рішон, притягнувши вищі мохін в місце відокремлених світів БЄА, що знаходяться нижче від парси, де немає облачення Іми, а лише – скорочена Малхут. І тому під світом Ацилут простяглася парса, і там знаходиться зараз нижня «гей ה» першого скорочення, і вона (парса) завершує світла Ацилуту, не дозволяючи їм розповсюдитись нижче від неї.

І, внаслідок того, що він притягнув наповнення під парсу Ацилуту, записався прогріх в Нукві, і про це сказано, що увійшов змій до Хави та привніс до неї скверну[103]. І ця скверна може бути виправлена лише в кінці виправлення. Як сказано: «Знищить Він смерть навіки, і витре Творець сльозу з кожного обличчя»[88], – бо нестача мохін внутрішніх Аба ве-Іми, які були приховані, називається «сльози». І це «дві сльози, які роняє Творець у велике море»[104]. І вони відповідають властивостям двох «очей (ейнаїм)», тобто внутрішнім Хохмі й Біні, які були утаєні та їх не видно.

«Очі» – це сфірот Хохма й Біна, а «сльози» – це нестача, що утворилася в них через скверну, яка в результаті порушення заборони Древа пізнання домішується та викликає сльози. І це призвело до руйнування двох Храмів[105]. І ці сльози не можна втерти з обличчя (панім) Нукви, перш ніж «знищить Він смерть навіки», – коли буде остаточно виправлене порушення заборони Древа пізнання, оскільки буде виправлений гріх, що приносить світові смерть. І тоді почнуть світити ҐАР, мохін де-хая,

---

103 Вавилонський Талмуд, трактат Шабат, арк. 146:1.
104 Зогар, глава Бешалах, п.273.
105 Зогар, глава Берешит, частина 1, п.254.

тобто внутрішні мохін Хохми й Біни, і таким чином «втре Творець сльозу»[88].

І тому сказав їй Творець: «Красива ти! Однак в тобі утаєний запис проґріху». Адже хоча і є в тобі визволення, що приходить за допомогою Іми, завдяки чому ти несеш порятунок світові, – тобто мохін де-хая, – і всі визволення пов'язані з нею, все ж ці визволення позбавлені досконалості, оскільки Ісраель знову виганяються зі своєї землі, і руйнування повторюється в двох Храмах, тому що «в тобі утаєний запис проґріху». Адже порятунок Іми ще не може остаточно усунути порушення заборони Древа пізнання, і тому є в тобі ще утримання кліпот, і тому мохін приходять лише у властивості ВАК де-хая та бракує їм рош де-мохін де-хая. «І оскільки є в тобі утримання кліпот, ти не гідна того, щоб тобою був створений світ».

І сказано: «Однак в тобі утаєний запис проґріху, і це є подібним до змія, котрий нападає, ховаючи потім свою голову в тіло», – тому що в цьому проґріху, оскільки він прихований, міститься сила змія, який уражає тих, що перебувають в світі, та приносить смерть світові, і коли він сповнений сил, неможливо позбутися від нього. І це є подібним до змія, який кусає людину і негайно ховає голову в тіло, і тоді неможливо вбити його, бо змія можна вбити, лише вразивши його в голову.

І це він привів до того, що Адам порушив заборону Древа пізнання, а потомство його «пригинає голову та простягає руки (до гріха)». Іншими словами, також і мохін, які притягуються завдяки визволенню, що виходить від Іми, знаходяться у властивості «пригинання голови», і лише руки його, тобто ХАҐАТ, виявляються завдяки цим мохін. Таким чином, утримання змія ще присутнє в «пей פ», і тому не підходить вона для створення нею світу, оскільки не буде готовою до остаточного виправлення.

Буква «айн ע»

І так само сказав Творець букві «айн ע», в якій записаний гріх. І хоча сказала вона, що «є в мені скромність (анава ענוה)», все ж сказав їй Творець: «Не сотворю Я тобою світ!»

Вища Іма зветься «скромність (анава ענוה)». Коли Нецах Зеір Анпіну, тобто «айн ע», одягається разом з мохін в Нукву, вона піднімається, вдягаючись на вищу Іму, і Іма вінчає її своїми прикрасами. І тому вона сказала: «Є в мені скромність», – маючи на увазі, що Іма, іменована скромністю (анава ענוה), вдягається в мене. Однак через прогріхи, що містяться в цих Нецах та Год у прихованні, сказав Творець букві «айн ע»: «Не сотворю Я тобою світ!».

І порушення тут називається «гріх (авон עון)», а не «гріх (пеша פשע)», – як у випадку з «пей פ», – тому, що суть порушення (пеша פשע) записується в Год, тобто в «пей פ». Адже у сфірі Год Зеір Анпіну міститься включення до нього Малхут, в якій утримуються кліпот через порушення заборони Древа пізнання. Однак Нецах Зеір Анпіну вже є властивістю самого Зеір Анпіну, у первісній властивості якого немає утримання кліпот. Але, так само як у сказаному: «Іноді, коли приходить час вирвати будяк, що зростає поруч з капустою, – виривають разом з ним і капусту, і виходить, що капуста постраждала через нього»[106] – утримуються кліпот і в Нецаху. І ця недосконалість в ньому називається тому «гріхом (авон עון)», щоб вказати, що насправді йому властива прямота, але він був втягнутий у гріхи в силу з'єднання його з Год.

І про букву «айн ע» не мовиться: «Предстала буква" айн ע "», як всі інші літери, – але вона з'єднана з «пей פ», бо Нецах та Год є двома частинами тіла. І тому в дійсності обидві вони постали як одна, хоча Зогар з'ясовує зміст кожної з них окремо, – одну за одною.

Буква «самех ס»

---

106 Вавилонський Талмуд, трактат Бава Кама, арк. 92:1.

28) Увійшла буква «самех ס». Звернулася до Нього: «Владика світів! Нехай буде до вподоби Тобі створити мною світ. Бо є в мені підтримка для падаючих, як сказано: "Підтримує (сомех סומך) Творець всіх падаючих"»[107]. Відповів їй: «Саме тому ти потрібна на своєму місці, й не сходи з нього. Адже якщо ти підеш зі свого місця в слові "підтримує (сомех סומך)", – що буде з тими падаючими, які спираються на тебе?». Відразу ж вийшла вона від Нього.

Пояснення сказаного. Буква «самех ס» – це Тіферет Зеір Анпіну, і вона є Біною властивості ґуф, тому що КАХАБ (Кетер-Хохма-Біна), що стали в Зеір Анпіні властивістю хасадім, іменуються там ХАҐАТ (Хесед-Ґвура-Тіферет). І Біна, таким чином, розділилася на дві властивості – ҐАР і ЗАТ. ҐАР в ній стали вищими Аба ве-Іма, і вони одягають Аріх Анпін від хазе й вище та вважаються ще властивістю рош Аріх Анпіну, хоча і знаходяться в його ґуф, оскільки є світлом хасадім, як сказано: «Бо бажає милості (хафец хесед) Він»[108]. Та оскільки вони не отримують світло Хохми, – навіть перебуваючи в рош Аріх Анпіну, – вихід з рош їх зовсім не зменшує, і вони ще вважаються властивістю рош Аріх Анпіну. І називаються вони «самех ס» тому, що ці ҐАР Біни встановилися в вигляді парцуфу Аба ве-Іма і в них поширюється шість сфірот ХАБАД (Хохма-Біна-Даат) ХАҐАТ (Хесед-Ґвура-Тіферет) до хазе.

Однак ЗАТ Біни, що представляють собою включення ЗОН у Біну та не є сутністю Біни, відокремилися від Біни і стали парцуфом ІШСУТ, котрі вдягають чотири сфіри ТАНГІ (Тіферет-Нецах-Год-Єсод) Аба ве-Іми, що розташовані від хазе Аба ве-Іми й нижче. І вони потребують світіння Хохми для передачі його до ЗОН. І оскільки вийшли з рош Аріх Анпіну у властивість ґуф та позбавлені Хохми, – вони постраждали внаслідок свого виходу і стали властивістю ВАК, якому бракує рош. І називаються вони «закрита мем ם», оскільки охоплюють лише чотири сфіри ТАНГІ Аба ве-Іми, які вдягають там[109].

---
107 Писання, Псалми, 145:14.
108 Пророки, Міха, 7:18.
109 Див. статтю «Троянда», огляд Сулам, п. 2.

І цей поділ Біни на «самех ס» і «мем ם» відбувся в Біні Аріх Анпіну, яка вийшла назовні з рош Аріх Анпіну та поширилася в його ХАҐАТ до нижньої третини Тіферет в ньому. І вони є такими, що передають усі мохін Зеір Анпіну та Нукві (ЗОН).

Але не всі часи є рівнозначними. Адже в той час, коли нижні покращують свої діяння і підіймають МАН в ЗОН, а ЗОН – в Аба ве-Іму, стають Аба ве-Іма та ІШСУТ одним парцуфом і піднімаються в Аріх Анпін. І мохін, що сповнені досконалістю світіння Хохми, вони передають від Аріх Анпіну до Зеір Анпіну, а Зеір Анпін передає їх Нукві у вигляді ста благословень. Бо «самех 60) «о), тобто вищі Аба ве-Іма, стала одним цілим з «мем «ם 40)), тобто ІШСУТ, і разом вони піднімаються до числа «сто».

Однак в той час, коли нижні знову погіршують свої діяння, мохін виходять з ЗОН, і вони повертаються до стану «ВАК (шість закінчень) й точка». І також Аба ве-Іма та ІШСУТ відокремлюються одна від одної. Вищі Аба ве-Іма стають знову властивістю «самех о», – тобто шістьма сфірот ХАБАД ХАҐАТ, кожна з яких складається з десяти, а ІШСУТ знову стає «закритою мем ם», тобто – лише ТАНГІ Аба ве-Іми.

А в той час, коли ЗОН знаходяться в цьому стані катнуту, – ВАК і точки, – є небезпека домішування кліпот, оскільки в такому випадкові вони будуть змушені впасти з Ацилуту в світи БЄА розділення. Тому вищі Аба ве-Іма передають їм (світла) від своєї властивості «самех о», і хоча ці світла є всього лише світлом хасадім, все ж вони вважаються властивістю «чисте повітря (авіра дахья)» та властивістю рош. І тому будь-яка кліпа не може примішатися до ЗОН також і в стані катнуту, – адже світла, що приходять від «самех о», захищають їх. І тому світла ці називаються по імені «самех о», оскільки вони підтримують (сомхім) ЗОН, щоб ті не впали з Ацилуту, коли знаходяться в стані катнуту, – ВАК без рош.

І тому сказано, що буква «самех о» звернулася до Нього: «Бо є в мені підтримка для падаючих, як сказано: "Підтримує Творець усіх падаючих"», – оскільки вона вважала себе найдостойнішою від всіх букв, що передували їй. Адже світла «самех ס» можуть світити ЗОН також і під час їхнього катнуту, будучи всього лише світлом хасадім, і в цьому світлі хасадім у кліпот немає навіть найменшої можливості примішатися, оскільки зовнішні властивості тікають при появі світел ҐАР Біни.

Тому вона вважала свою властивість найбільш гідною для створення нею світу, оскільки вона може захистити мешканців світу навіть коли вони викривляють свої дії, і при цьому не буде домішування кліпот.

Відповів їй Творець: «Саме тому ти й потрібна на своєму місці, і не сходи з нього», – тобто оскільки твоє місце необхідне для підтримки падаючих, щоб захистити їх в той час, коли мешканці поневічені, ти повинна бути тільки на цьому місці і не сходити з нього. Бо якщо світ буде створений тобою, і твоя властивість буде постійно мати достатню владу, то ці падаючі, тобто ЗОН, залишаться назавжди в малому стані (катнут), і нижні не пробудяться для підйому МАН, та не розкриються всі великі мохін, що покликані принести остаточне виправлення. Але ти повинна знаходитися тільки на своєму місці, будучи лише місцем виправлення в той час, коли нижні не є гідними; але коли вони удостояться, – вони зможуть притягнути великі мохін від усього ступеня у вигляді «ста благословень».

І відповів їй Творець: «Бо якщо ти підеш зі свого місця в слові "підтримує (сомех סומך) "», – що буде з тими падаючими, які спираються на тебе?», – адже тоді вони назавжди залишаться у властивості «падаючі», котрі потребують твоєї підтримки. І через те, що вони всього лише спираються на тебе, у ЗОН не буде досконалості для їхнього власного становлення. Тому не є достойною ти для створення тобою світу.

Буква «нун נ»

29) Увійшла буква «нун נ». Звернулася до Нього: «Владика світу! Нехай буде бажанням Твоїм створити мною світ. Адже з

мене починається сказане: "Величний (нора נורא) у вихваляннях"¹¹⁰ і, також, вихваляння праведників: "Личить (наве נאוה) вихваляння"¹¹¹». Відповів їй: «"Нун נ", повернися на своє місце, – бо для тебе повернулася буква "самех ס" на місце своє, – та спирайся на неї». «Нун נ» записана в слові «падіння (нефіла נפילה)», тоді як «самех ס», що є властивістю «підтримує Творець всіх падаючих», повернулася заради них на своє місце аби підтримувати їх. Негайно повернулася буква «нун נ» на своє місце, вийшовши від Нього.

Пояснення. Після того, як побачила «нун נ», що букві «самех ס» було відмовлено з тієї причини, що вона застосовується лише в стані катнуту, – тобто тільки для підтримки, – подумала «нун נ» про себе, що вона, безсумнівно, заслуговує на створення нею світу, оскільки в ній є всі достоїнства «самех ס» і, на додаток, вона ще призначена для мохін стану ґадлуту, і тому немає в ній недоліку, через який відмовлено «самех ס».

І саме це означають слова: «Адже з мене починається сказане: "Величний (нора נורא) у вихваляннях"». Справа в тому, що Ґвура Зеір Анпіну називається «нун נ», оскільки вся вона підсолоджена мірою милосердя Біни, званої «п'ятдесят (нун) воріт Біни». І в силу цієї Ґвури називається Зеір Анпін «величний у вихваляннях». Бо вища Іма зветься «вихваляння», і оскільки його Ґвура сходить від Біни, він називається «величний у вихваляннях». І ця «нун נ» Зеір Анпіну використовується в Єсоді стану ґадлут Зеір Анпіну, в момент його зівуґу (злиття) зі своєю Нуквою, – при цьому і сама Нуква завдяки йому називається вихванянням, як і вища Іма. Таким чином, Зеір Анпін включає в себе вище й нижнє вихваляння як одне ціле.

Увійшла буква «нун נ» і звернулася до Нього: «З мене починається сказане: "Величний (нора נורא) у вихваляннях", – оскільки перебуваючи в Зеір Анпіні як властивість Ґвури та лівої лінії, я тим самим притягую хасадім, які виходять від букви "самех ס", а це – вище вихваляння. Таким чином, я є причиною того, що

---

110 Тора, Шмот, 15:11.
111 Писання, Псалми, 33:1.

Зеір Анпін називається "величний у вихваляннях". І тому є в мені всі достойності "самех о"», – бо хасадім, що притягуються з її допомогою, – це ҐАР, і вони остаточно віддаляють зовнішні властивості від будь-якого виду утримання, – тобто всі ті ж переваги, що й у «самех о». «Але у мене є ще додаткова достойність та вихваляння праведників, про які сказано: "Личить вихваляння", адже я застосовуюся, також, у властивості Єсод Зеір Анпіну в стані ґадлуту».

І сказано вище[112], що вона «була у формі "нун ג"», і з'явилася буква "йуд י"», що є союзом святості, та сівши на неї верхи, об'єдналася з нею. І вона стала "цаді צ"». Тобто ця «нун ג» вважається «вихвалянням праведників», бо навіть в момент ґадлуту, коли ЗОН піднімаються в Аба ве-Іму, ця «нун ג» і тоді застосовується у властивості Єсод Зеір Анпіну в стані ахор бе-ахор, але притягує лише «чисте повітря» від вищих Аба ве-Іми, званих «самех о». І тоді називається «нун ג» «вихваляння праведників», тому що «йуд י», звана «праведник – основа (Єсод) світу», розташувалася зверху неї. І тоді вона називається «личить вихваляння», оскільки притягує мохін де-ґадлут в Малхут. Таким чином, вся краса Малхут отримана від цієї «нун ג», що знаходиться в Єсоді Зеір Анпіну. І тому стверджувала «нун ג», що вона є гідною створення нею світу, оскільки завдяки її світінню додалися також мохін де-ґадлут, що дають ЗОН можливість їхнього власного становлення та існування, а не лише підтримку, як у «самех о».

Відповів їй Творець: «"Нун ג", повернися на своє місце, бо для тебе повернулася буква "самех о" на місце своє». Інакше кажучи, сказав їй: «Тобі здається, що твоєї властивості достатньо для повного виправлення тому, що в кліпот немає можливості пристати до неї. Але це не так, адже і твоя властивість потребує підтримки від "самех о", – саме тому ти ще перебуваєш у властивості ахор бе-ахор, і світла "самех о" видні зовні аби уберегти тебе від зовнішніх властивостей. Таким чином, також і заради тебе буква "самех о" повернулася на своє місце, щоби підтримувати тебе, – і це ще не є повним виправленням.

---

112 Див. п.26.

І тому, не створю Я тобою світ». Тому сказано: «І спирайся на неї (на самех)», – тобто і твоя властивість є всього лише опорою (сміха).

Букви «мем מ», «ламед ל»

30) Увійшла буква «мем מ». Звернулася до Нього: «Владика світу! Нехай буде до вподоби Тобі створити мною світ. Бо завдяки мені Ти був названий Царем (мелех מלך)». Відповів їй: «Все це так, звичайно. Але Я не створю тобою світ, оскільки світові потрібен Цар. Вернись на своє місце, ти й "ламед ל", і "каф כ", бо негоже світові залишатися без Царя».

Пояснення. «Мем מ» – це Хесед Зеір Анпіну, який одержує від властивості, відповідній йому, – Хеседа Біни. Як сказано: «Вдень явить Творець милість (хесед) Свою»[113] – це день, що минає разом з усіма днями. І в момент досягнення Зеір Анпіним стану мохін, його ХАГАТ стають властивістю ХАБАД. І тоді Хесед Зеір Анпіну піднімається і стає Хохмою. І відкривається при цьому світло лику Царя життя, яке йде від Зеір Анпіну.

І це є доводом «мем מ» про створення нею світу, – «бо завдяки мені Ти був названий Царем». І після того, як розкриється світло лику Царя в світі, безумовно, у зовнішніх властивостей не буде більше можливості утримуватися в ньому, і світові буде гарантовано кінцеве виправлення.

«Але Я не створю тобою світ, оскільки світові потрібен Цар», – тобто неможливо розкрити це світло в світі, оскільки світові потрібно аби це велике світло було вдягнене саме в три цих літери слова «Цар (мелех מלך)». І було сказано їй: «Вернися на своє місце, ти й "ламед ל", і "каф כ", бо негоже світу залишатися без Царя», – тобто повернися на своє місце і з'єднайся з буквами «ламед ל» та «каф כ», і тоді з'явиться можливість розкриття цього великого світла в світі. І це тому, що «негоже

---

113 Писання, Псалми, 42:9.

світові залишатися без Царя», – тобто, світ не може існувати без облачення, одержуваного у послідовності трьох літер «мем-ламед-каф מלך».

Пояснення сказаного. «Мем מ» слова «Цар (мелех מלך)» – це «велика милість (хесед)»[114]. Як сказано: «Вдень явить Творець милість (хесед) Свою»[113] – це день, що минає разом з усіма днями. «Мем מ» є широко розкритою. «Ламед ל» слова «мелех מלך» – це «вежа, яка парить у повітрі», – Біна, яка стає Хохмою в рош Аріх Анпіну й поширюється в Зеір Анпіні. А «каф כ» слова «мелех מלך» – це Малхут, Нуква Зеір Анпіну, бо «не буває царя (мелех) без царства (малхут)». Більш того, вся велич цих піднесених мохін розкривається лише за допомогою Малхут, і вони знаходяться в її розпорядженні. І в цей момент вважається Малхут такою, що світить Зеір Анпіну на трьох рівнях:

1. вона стає троном Йому, як сказано: «Цар сидить на троні високому й піднесеному»[115]; бо про цю властивість сказано: «Зробив Він тьму покровом собі»[116]; і «трон (кісе כיסה)» – від слів «покрив (кісуй כיסוי)», «укриття»; і тому називається зігнутою «кав כ»;

2. вона стає вбранням Йому, бо мохін стану ґадлут проявляються лише над Ісраелєм; і тому Малхут стає для Нього облаченням пітьми, і під час розкриття Його царства Він звільняється від облачення пітьми та накидає його на народи, що поклоняються ідолам, і світло лику Його поширюється та розкривається над Ісраелєм; і про цей час мовлено[117]: «В майбутньому Творець збере в коло праведників, і кожен з них зможе вказати пальцем і сказати: "Ось наш Творець"[118]»; і звільнення від цього облачення тьми символізується буквою «каф ך», котра розігнута й довга;

---

114 Пророки, Мелахім 1, 3: 6. «Ти зберіг йому цю велику милість й дав йому сина, який сидить на престолі його в цей день».
115 Пророки, Єшаягу, 6:1.
116 Писання, Псалми, 18:12.
117 Вавилонський Талмуд, трактат Тааніт, арк. 31:1.
118 Пророки, Єшаягу, 25:9.

3. Малхут стає вінцем на голові (рош) Його, як сказано: «Виходьте й подивіться, дочки Циона, на царя Шломо, на вінець, яким прикрасила його мати в день весілля його, в день радості серця його»[119]. І «каф כ» – це властивість Кетер (כתר корона).

Буква «каф כ»

31) У той час постала перед Ним буква «каф כ», зійшовши з трону величі Його. Здригнувшись, звернулася до Нього: «Владика світу! Нехай буде до вподоби Тобі створити мною світ, адже я – велич Твоя». А коли спускалася буква «каф כ» з трону величі Його, здригнулися двісті тисяч світів і здригнувся трон. І всі ці світи здригнулися, боячись звергнутися.

Сказав їй Творець: «"Каф כ", а "каф כ", що ти тут робиш? Не сотворю Я тобою світ! Повернися на своє місце, бо в тобі – знищення (клая כליה), і тобою розноситься звістка про "вирішене наперед винищення"[120]. Повернися на свій трон і будь там». Негайно вийшла вона від Нього і повернулася на своє місце.

Пояснення. Коли «мем מ» намагалася переконати Творця в необхідності створити нею світ, – адже завдяки їй відкривається світло лику Царя в світі, – це призвело до того, що «каф כ» тим часом спустилася з трону величі, – тобто зі світу Брія. Здригнувшись, звернулася до Нього: «Адже я – велич Твоя». І тоді «здригнулися двісті тисяч світів», – що походять від Хохми й Біни світу Брія, – тобто від властивості КАХАБ світу Брія. «І здригнувся трон. І всі ці світи», – звідти й нижче, – «здригнулися, боячись звергнутися».

Пояснення сказаного. Всі ці звернення букв до Творця з проханням створити ними світ є подібними до підйому МАН з метою отримати від Творця МАД для ступеню, що відноситься до властивості цієї літери. І тоді проявиться управління ЗОН, які передають світу ступінь МАД, який призначений для цієї літери. І

---

[119] Писання, Пісня пісень, 3:11.
[120] Пророки, Єшаягу, 10:23. «Бо Творець, Владика воїнств, здійснює вирішене наперед винищення в усій країні».

відповідь Творця кожній з двадцяти двох букв ЗОН є сходженням МАД і виходом в належний час ступеню світла, що відповідає величині МАН, який піднятий кожною літерою.

І коли цей ступінь світла починає проявляти своє управління в світі, лунає відповідь Творця цій букві, тому що розкривається її нездатність управляти світом через присутність кліпи в її властивості, як сказано: «Одне проти іншого створив Творець»[121]. І в результаті кожна буква відходила, вирушаючи на своє місце. І це – внутрішній зміст насолод Творця з кожною з двадцяти двох букв, – кожній з них надати місце аби виявити свої права згідно Його волі, доки не з'ясують вони самостійно, виходячи із власного бажання, – яка з них є гідною того, аби світ управлявся нею. І тому сказано, що «дві тисячі років до створення світу Творець розглядав букви й насолоджувався ними».

І в момент, коли «мем מ» почала проявляти своє велике світло в світі, вона стала причиною сходження «каф כ» з трону величі, бо трон має дві властивості:

1. він приховує Царя, як сказано: «Зробив Він тьму покровом собі»[116]; і тому він називається троном (кісе כיסה) – від слова «покрив (кісуй כיסוי)»;

2. він розкриває велич Малхут в світах, як сказано: «А над образом цього престолу – образ, подібний до людини на ньому»[122], – тобто за допомогою поєднання трьох букв слова «Цар (мелех מלך)», коли ця Малхут стає троном Царя й укриває Його, – як сказано: «Зробив Він пітьму покровом Себе»[116], – вона піднімається нагору та стає розігнутою «каф ך», тобто вбранням самого Царя; адже сам Цар, Зеір Анпін, розкривається за допомогою неї; і вона також стає вінцем на голові Царя.

Але в той момент, коли «мем מ» почала розкривати світло лику Царя в світах без облачення «каф כ», зійшла також і «каф כ» з трону величі, – тобто перестала бути такою, що приховує

---
121 Писання, Коелет, 7:14.
122 Пророки, Єхезкель, 1:26.

Царя. І вона теж звернулася до Царя: «Нехай буде до вподоби Тобі створити мною світ, адже я – велич Твоя», – тобто управляти розкриттям величі Царя можна буде лише через неї, без усякого приховання, як того бажає «мем מ».

Тому не мовиться, що «каф כ» увійшла та звернулася до Нього: «Нехай буде до вподоби Тобі створити мною світ», як інші літери, – оскільки вона прокинулася не сама, а перебувала під владою «мем מ», і влада «мем מ» в цей час змусила зійти також і «каф כ» з трону величі, що знаходиться в світі Брія.

І мовиться: «Здригнувшись, звернулася до Нього: "Нехай буде до вподоби Тобі створити мною світ"», – оскільки в той момент, коли вона сходила з трону, здригнулася вона і, також, двісті тисяч світів, що виходять від Хохми й Біни світу Брія. «І всі ці світи здригнулися, боячись звергнутися», – тому що увесь зв'язок між вищим та нижнім, з самого початку до кінця всіх ступенів, здійснюється за допомогою Малхут вищого, яка стає Кетером для нижнього. А буква «каф כ» символізує вдягання Малхут вищого (парцуфа) у нижній.

Трон має три властивості:

1. як сказано: «Шість сходин в троні»[123], – тобто ВАК нижнього, звані ХАҐАТ (Хесед-Ґвура-Тіферет) НЕГІ (Нецах-Год-Єсод);

2. чотири основи трону, – тобто мохін КАХБАД (Кетер-Хохма-Біна-Даат) нижнього;

3. Малхут вищого, що опускається від вищого до нижнього та вдягається в нього; і через цю Малхут приходять все світла від вищого та світять нижньому.

Тому під час сходження «каф כ» з трону величі припиняється зв'язок Ацилуту з троном величі, тобто зі світом Брія. Бо «каф

---

123 Пророки, Мелахім 1, 10:19.

כ» – це Малхут світу Ацилут, яка вдягнена в сфірот КАХБАД (Кетер-Хохма-Біна-Даат) світу Брія та передає всі свої світла світу Брія, званому «трон величі». І оскільки «каф כ» зійшла звідти, припинився зв'язок з Ацилутом, і здригнулася «каф כ» тому, що припинилося надходження сили її, яка дозволяє наповнювати світ Брія. І здригнулися двісті тисяч світів, – тобто Хохма й Біна, що включають сфірот КАХБАД світу Брія. І також «всі ці світи здригнулися, боячись звергнутися», – оскільки зникла вся їхня життєва сила й наповнення від світу Ацилут.

І таким же чином пояснюється зв'язок Творця, тобто Біни, з ЗОН світу Ацилут. Тому, що Малхут Біни, яка вдягається в Зеір Анпін, – це «каф כ». Таким чином, ця «каф כ», що є троном Творця, знаходиться над Зеір Анпіним, оскільки Творець – це Біна, яка є найвищою властивістю по відношенню до Зеір Анпіну, і Зеір Анпін стає троном для Біни.

І тому в момент сходження «каф כ» припиняється зв'язок Біни з Зеір Анпіним, тому що «каф כ» – це Малхут Біни, яка вдягається у Зеір Анпін та передає йому всі свої світла. Тому здригнулася також і вона сама, оскільки зникла в неї здатність віддавати Зеір Анпіну.

І також «здригнулися двісті тисяч світів», – тобто мохін Зеір Анпіну, звані Хохма й Біна, і звані, також, КАХБАД (Кетер-Хохма-Біна-Даат), – і це чотири основи трону, – бо все наповнення їхнє припинилося. І також «всі ці світи здригнулися, боячись звергнутися», – тобто ВАК Зеір Анпіну, ХАГАТ НЕГІ, котрі включають усі світи, які знаходиться під ним, бо пішло від них все наповнення Біни. І оскільки втратили світла Ацилуту, вони здригнулися, боячись звергнутися в світи БЄА розділення та розбитися.

І тому сказав їй Творець: «Бо в тобі – знищення (клая כליה), і тобою розноситься звістка про "вирішене наперед винищення"[120]. Повернися на свій трон і будь там», – тобто, як вже з'ясувалося, через сходження «каф כ»з трону величі здригнулися ҐАР Зеір Анпіну, і всі світи здригнулися, боячись звергнутися та зруйнуватися. Іншими словами, «тобою розноситься звістка про "вирішене наперед винищення"» – про остаточне знищення, яке вже є незворотнім. І тому ти зобов'язана повернутися до властивості «трон».

І сказано: «Негайно вийшла від Нього», – спеціально підкреслює це, кажучи «негайно», щоб показати, що повернення її на своє місце, до властивості «трон», приходить разом з відповіддю Творця букві «мем מ»: «Бо негоже світу залишатися без Царя». Тобто обидві ці дії відбуваються одночасно, – і потрясіння, які відкрилися в «каф כ» під час її сходження з трону величі, коли «всі ці світи здригнулися, боячись звергнутися», і відповідь Творця букві «мем מ»: «Бо негоже світу залишатися без Царя».

Буква «йуд י»

32) Увійшла буква «йуд י», звернулася до Нього: «Владика світу! Нехай буде твоїм бажанням створити мною світ. Адже я – початок Твого святого імені, і Тобі належить створити мною світ». Відповів їй: «Досить тобі того, що ти викарбувана в Мені, і ти записана в Мені, і все Моє бажання – до тебе. Піднімися, – не пристало тобі бути відділеною від імені Мого».

Пояснення. Оскільки «йуд י» є першою буквою імені АВАЯ (הויה), початком розкриття і вищою властивістю світла, який є святим, тому звернулася з проханням, щоб світ був створений її властивістю, і тоді напевне станеться остаточне виправлення.

Відповів їй Творець: «Досить тобі того, що ти викарбувана в Мені, і ти записана в Мені». Ми вже з'ясували, що питання, які виникають у цих букв, і відповіді на них є втіхою Творця буквами. Питання – це МАН, а відповідь – це МАД зі сторони вищого світла. Слова: «Досить тобі» – це встановлення межі, коли каже їй: «Досить тобі, і не розповсюджуйся більше»[124], як було пояснене у зв'язку зі святим ім'ям Шадай[125].

---

124 Вавилонський Талмуд, трактат Хаґіґа, арк. 12:1.
125 Див. вище, п.24, зі слів: «І з цієї причини…»

Бо після того, як «йуд י» почала розповсюджуватися в цьому великому світлі святості, зупинив її Творець і не дав їй розповсюдитися до букви «тав ת», а лише до букви «шин ש», сказавши їй: «Досить тобі, і не розповсюджуйся більше ». І сказано: «Піднімися, не пристало тобі бути відділеною від імені Мого», – адже якщо ти розповсюдишся далі, ти вже не зможеш перебувати постійно в імені АВАЯ (היו"ה).

Пояснення сказаного. Кажуть мудреці: «Називаюся Я не так, як пишусь, – адже записаний Я ім'ям АВАЯ, а називаюся ім'ям Адні»[126]. Справа в тому, що на ім'я АВАЯ не діють ніякі зміни в світі, як сказано: «Я, Творець (АВАЯ), не змінююся»[127]. Але оскільки з плином днів в світі відбуваються псування й виправлення, там відбувається зміна. Тому, до кінця виправлення Він називається іменем Адні, і в цьому імені може бути зміна, але тільки не в імені АВАЯ, в якому зміни бути не може.

Але в майбутньому, коли відбудеться остаточне виправлення, Він буде називатися так само, як і пишеться. Як сказано: «І ім'ям міста з того дня буде: "Творець (АВАЯ) там"»[128]. І тому сказав їй: «"Піднімись, не пристало тобі бути відділеною від імені Мого", – адже якщо виявиться в тобі якась зіпсутість, ти опинишся відділеною від Мого імені, оскільки в Моєму імені АВАЯ немає місця псуванню й виправленню. І тому не варта ти того, щоби створювати тобою світ».

І сказав їй: «Досить тобі того, що ти викарбувана в Мені, і ти записана в Мені, бо все Моє бажання – до тебе», – це вказує на три ступені, що наявні в «йуд י» імені АВАЯ (היו"ה). «Викарбувана» – в Хохмі Зеір Анпіну. «Записана» – в Хохмі вищих Аба ве-Іми. «Все Моє бажання – до тебе» – в Хохмі Аріх Анпіну, тобто – в укритій Хохмі.

Букви «тет ט», «хет ח»

---

126 Вавилонський Талмуд, трактат Псахім, арк.. 50:1.
127 Пророки, Малахі, 3:6. «Я, Творец, не змінююся».
128 Пророки, Єхезкель, 48:35.

33) Увійшла буква «тет ט». Звернулася до Нього: «Владика світу! Нехай буде Тобі до вподоби створити мною світ. Адже завдяки мені Ти звешся добрим і справедливим»[129]. Відповів їй: «Не створю Я тобою світ, бо доброта твоя закрита й захована в тобі самій, як сказано: "Як велика доброта Твоя, яку зберігаєш Ти для тих, хто боїться Тебе"[130]. І оскільки доброта захована в тобі, то немає у неї частки в цьому світі, який Я хочу створити, а тільки лише – в майбутньому світі. І, крім того, оскільки доброта твоя захована в тобі, поринуть (в землю) врата Храму, як сказано: "Занурилися в землю врата її"[131]. А, крім цього, буква "хет ח" є протилежною тобі, і коли ви з'єднаєтеся разом, утворюється сполучення "хет-тет חט"», – тобто гріх. І тому ці літери не були записані в іменах святих колін. Відразу ж вийшла вона від Нього.

Пояснення сказаного. «Тет ט» – це Єсод Зеір Анпіну, який відноситься до внутрішньої його властивості. Бо «цаді צ» – це дев'ята з букв, що відносяться до властивості самого Зеір Анпіну, в котрій він здійснює зівуґ з Нуквою, і тоді зветься «праведник (цадик צדיק)». Однак «тет ט» – це дев'ята з букв, що відносяться до Біни Зеір Анпіну, і вона є внутрішньою властивістю Єсоду Зеір Анпіну. І він називається добром, як сказано: «Кажіть про праведника добре»[132]. І оскільки він є властивістю нешама цього Єсоду, в якому у кліпот немає жодної можливості утриматися, тому просила «тет ט» про створення нею світу.

І тому відповів їй: «Бо доброта твоя закрита і захована в тобі самій». «У світлі, який створив Творець в перший день, Адам бачив і спостерігав від одного краю світу й до іншого. Коли подивився Творець на покоління потопу та на покоління розбрату і побачив, що їхні вчинки зіпсовані, зупинився та приховав його для праведників на прийдешнє майбутнє»[133]. Як сказано:

---

129 Писання, Псалми, 25:8. «Добрий та справедливий Творець, тому вказує Він грішникам шлях».
130 Писання, Псалми, 31:20.
131 Писання, Ейха, 2:9.
132 Пророки, Єшаягу, 3:10.
133 Вавилонський Талмуд, трактат Хаґіґа, арк. 12:1.

«І побачив Творець, що світлу притаманне добро»[134]. А добрим зветься лише праведник, як сказано: «Кажіть про праведника добре».

Пояснення. Оскільки бачив Творець, що грішники викривлять діяння свої і дозволять кліпот утримуватися в цьому світі, сховав Він його (світло) у вищих «праведнику (цадик צדיק) й праведності (цедек צדק)», – Аба ве-Іми, – і від «праведника та праведності (цадик ве-цедек)», Аба ве-Іми, поширюється це світло в утаєнні у внутрішню властивість Єсоду Зеір Анпіну, тобто в «тет ט».

І про це виправлення говорив Творець у Своїй відповіді букві «тет ט»: «Бо доброта твоя закрита й захована в тобі самій. І оскільки доброта захована в тобі, то немає у неї частки в цьому світі, який Я хочу створити, а тільки лише в майбутньому світі». Іншими словами, оскільки Я повинен приховати тебе від грішників, то не призначена ти нікому, крім праведників, гідних отримувати наповнення майбутнього світу. Таким чином, немає в тебе частки у виправленні цього світу, – тобто ЗОН, – оскільки зовнішні властивості можуть утримуватися в тобі.

Тому сказано: «І, крім того, оскільки доброта твоя захована в тобі, поринуть (в землю) врата Храму». Оскільки це світло світить лише у внутрішній властивості Єсоду в утаєнні, то Нуква зможе отримувати від цього світла у врата свої лише шляхом укриття його в своїй внутрішній властивості. Тому врата Нукви занурюються у внутрішню властивість її Єсоду, і завдяки цьому вони захищені від дотику зовнішніх властивостей, і вона може бути впевнена, що ці зовнішні властивості не будуть панувати у вратах її. І про це сказано: «Під час руйнування вороги не змогли захопити владу над вратами Храму, бо ті занурилися в землю»[135]. «І оскільки ти потребуєш такого надійного укриття, – не підходиш ти для створення тобою світу».

І сказано: «А, крім цього, буква "хет ח" є протилежною тобі, і коли ви з'єднаєтеся разом, утворюється сполучення "хет-тет

---
134 Тора, Берешит, 1:4.
135 Вавилонський Талмуд, трактат Сота, арк. 9:1, коментар Раші.

טח"», – тому що «хет ח» – це властивість Год, – тобто Малхут, що міститься в Зеір Анпіні. І це – лівий проток в Єсоді Зеір Анпіну. Бо є два протоки в Єсоді Зеір Анпіну:
1. правий, «тет ט», для породження душ;
2. лівий, «хет ח», для викидання відходів до зовнішніх.

Справа в тому, що він (лівий проток) відноситься до властивості літери «куф ק», що включена до Єсоду[136], від якої виходить тонке світіння до зовнішніх, і внаслідок цього зовнішні отримують сили наслідувати людині святості, як мавпа (коф) удає людину. Як сказано: «Одне проти іншого створив Творець».

Ці два протоки розташовані близько один до одного і розділені відстанню не більше ніж «часникова лушпайка». І тому є сила в лівого протоку запанувати над правим, і тоді народжується «хет (טח гріх)». А слово «хет (טח гріх)» має таке ж числове значення, як і слово «тов (טוב добре)», тобто 17, що й означає «одне проти одного». Якщо візьме гору права сторона, «тет ט», то це – гематрія слова «тов (טוב добре)», як сказано: «Кажіть про праведника добре». А якщо, не дай Боже, запанує лівий проток, тобто «хет ח» над «тет ט», то це – гематрія слова «хет (טח гріх)».

І сказано: «Буква "хет ח" є протилежною тобі», – бо є сила в лівого протоку, тобто «хет ח», узяти гору над тобою, «і коли ви з'єднаєтеся разом, утворюється сполучення "хет-тет טח"», – і зможуть кліпот витягати до себе наповнення святості. І звідти всі гріхи отримують владу. «І тому не були записані ці букви в іменах святих колін», – саме тому немає букв "хет ח» і «тет ט» в іменах колін, що вказує на їхню піднесеність та відділення від властивості «хет ח», яка є коренем протилежної сили. І про це сказано: «Досконалим було ложе Яакова, від якого не вийшло нічого невгодного до зовнішніх властивостей, як від Авраама та Іцхака»[137].

Буква «зайн ז»

---

136 Див. вище, п.24, зі слів: «Відповів Творець…».
137 Вавилонський Талмуд, трактат Псахім, арк. 56:1.

34) Увійшла буква «зайн ז». Звернулася до Нього: «Владика світу! Нехай буде бажанням Твоїм створити мною світ. Адже завдяки мені будуть дотримуватися сини Твої суботи. Як сказано: "Пам'ятай день суботній, щоб освячувати його"»¹³⁸. Відповів їй: «Не створю Я тобою світ тому, що є в тобі війна, – тобто гострий меч і спис, якими б'ються на війні, звані бойовою зброєю (клі зайн). І ти є подібною до букви "нун נ", якою не було створено світ, оскільки їй властиве падіння»¹³⁹. Відразу ж вийшла від Нього.

Пояснення сказаного. Буква «зайн ז» пишеться у вигляді «йуд י» над «вав ו», і це вказує на ґадлут мохін Нукви. Як сказано: «Цнотлива дружина – вінець чоловікові своєму»¹⁴⁰, – тому що вона включається в світ захара (זכר), тобто «вав ו». І тоді вона стає вінцем на голові його. І це символізує «йуд י», що розташована над «вав ו», і чоловік її прикрашається нею. І про це сказано: «Пам'ятай (захор זכור) день суботній, щоб освячувати його», – тобто завдяки тому, що Нукву, звану день суботній, підносять наверх, роблячи її вінцем над Зеір Анпіним, і при цьому вона включається до властивості «пам'ятай (захор זכור)», – Нуква називається святістю.

І стверджувала «зайн ז», що «оскільки цей світ великий та, перебуваючи в стані абсолютного спокою, сповнений святості, і там припиняють діяти всі кліпот, – гідна я того, щоби властивістю моєю був створений світ».

І тому відповів їй: «Не створю Я тобою світ». Справа в тому, що «зайн ז» – це Нецах Зеір Анпіну, а «зайн ז» «хет ח» «тет ט» – це НЕГІ Зеір Анпіну, і коли Нуква включається в «зайн ז», в Нецах, вона набуває сили піднятися із Зеір Анпіним до вищих Аба ве-Іми. І там вона стає вінцем на його голові (рош), і чоловік її вінчається станом «субота». Однак, оскільки все це виправлення відбувається лише завдяки включенню у властивість захар та підйому в Аба ве-Іму, а не на своєму місці внизу, – в

---

138 Тора, Шмот, 20:8.
139 Див. п. 29.
140 Писання, Притчі, 12:4.

постійному місцезнаходженні її з Зеір Анпіним, — виправлення її протягом шести тисяч років є неповним. Тому що в будні дні, коли вона повертається на своє місце, вважається її включення в «зайн ז» властивістю «бойова зброя (клі зайн)», — аж до того, що від неї виходять всі війни з сітрою ахра. І про ці дні сказано: «Будні дні, що готують суботу».

«І тому, хто перемагає на війні, дають дочку Царя», — тобто в будні дні кожен повинен перемогти в битві з сітрою ахра та зовнішніми властивостями, і тоді він удостоюється дочки Царя, — суботи. Але ж світіння суботи, яке сходить протягом шести тисяч років, ще недостатнє аби повністю припинити дію кліпот. І саме тому повертається до неї стан будніх днів до остаточного виправлення в прийдешньому майбутньому. І тоді настає «день, який весь — субота і спокій для Того, хто дає життя світам».

Відповів їй: «Не створю Я тобою світ тому, що є в тобі війна, і гострий меч та спис, якими б'ються на війні, звані бойовою зброєю (клі зайн)», — тобто світіння твоє не є повним, бо внизу, на місці своєму, ти є недосконалою. І удостоїтися тебе можна лише шляхом воєн з сітрою ахра. «Війна» — означає війни нижніх з сітрою ахра.

«Гострий меч» — вказує на властивість Малхут в момент включення її в Нецах в будні дні, і тоді вона стає гострим мечем проти кліпот, що бажають вчепитися в неї. «Спис, яким б'ються на війні» — вказує на сам Зеір Анпін, званий «спис». І він позначається буквою «вав ו», котра за формою своєю нагадує спис, властивістю якого пронизують сітру ахра. Тому сказано: «І ти є подібною до букви "нун נ"», — оскільки ґурот захара виходять від Біни, яка позначається буквою «нун נ».

Букви «вав ו» та «хэй ה»

35) Увійшла буква «вав ו». Звернулася до Нього: «Владика світу! Нехай буде до вподоби Тобі створити мною світ. Адже я — буква Твого імені АВАЯ (היוה)». Відповів їй: «"Вав וו", — ти і "гей

ה", – досить з вас й того, що ви – букви Мого імені АВАЯ (היוה), що ви включені до імені Мого, записані й відбиті в імені Моєму. Вами Я не створю світ».

Пояснення. Хоча буква «йуд י» вже просила про це, та їй було відмовлено, «вав ו» все ж думала, що букві «йуд י» було відмовлено з тієї причини, що ступінь її є занадто високим. І буква «вав ו» звернулася з проханням, щоби Він створив світ її властивістю, – тобто за допомогою ступеню «вав-гей וה» імені, що представляє собою мохін Іми.

Відповів їй: «"Вав ואו", – ти і "гей ה", – досить з вас й того, що ви – букви Мого імені АВАЯ (היוה)». Він дав їм ту саму відповідь, що і «йуд י», адже і її він обмежив, сказавши їй: «Досить тобі, і не розповсюджуйся більше, – лише до "шин ש", – щоби не утримувалися в вас кліпот»[141]. «І тому ви ("вав" та "гей") не придатні для створення вами світу, – адже і вам потрібен захист від кліпот».

Букви «далет ד» та «ґімель ג»

36) Увійшли буква «далет ד» та буква «ґімель ג». І вони сказали те ж саме. І їм теж відповів Творець: «Досить вам того, аби бути одна з одною, "тому, що не переведуться нужденні на землі"[142], і необхідно проявляти до них милість (хесед). "Далет ד" – вона злиденна, адже зветься ім'ям "далет דלת" від слова "далут (דלות злидні)". А буква "ґімель ג" проявляє милість (гомелет хесед) до "далет ד". І тому не розлучайтеся одна з одною, і достатньо вам того, аби давати споживок один одному».

Пояснення сказаного. Хоча «далет ד» і отримує наповнення від «ґімель ג», і кут у верхній частині її виділяється властивістю хасадім, все ж є сила у сітри ахра утримуватися в ній, відділяючи

---

141 Див. п.32
142 Тора, Дварім, 15:11. «Бо не переведуться нужденні на землі, тому Я наказую тобі, говорячи: "Розкривай руку свою для брата свого, біднякам твоїм і вбогим твоїм в країні твоєї"».

та підміняючи її буквою «рейш ר ש». І знову вона стає «незаможною (раш ר ש) та бідною».

«І їм теж відповів Творець: "Досить вам того, аби бути одна з одною"», – тобто ви повинні особливо піклуватися про те, щоби бути одна з одною, і щоб «ґімель» наповнювала «далет ד». «Бо не переведуться нужденні на землі», – оскільки є сила у протилежної їй властивості відділити їх одну від одної та повернути Малхут, яка зветься світ, до властивості «незаможний й бідний».

«І необхідно проявляти до них милість (хесед)», тобто їм тоді необхідно пробудження знизу – давати пожертву жебракам для того, аби «далет ד» могла знову отримувати від «ґімель ג». І тому сказав: «Достатньо вам того, аби давати споживок один одному» – досить вам того, що ви зможете утримуватися в злитті, щоби давати споживок одна одній, і не будуть панувати в вас кліпот. Тому вами Я не створю світ.

Буква «бет ב»

37) Увійшла буква «бет ב». Звернулася до Нього: «Владика світу! Нехай буде бажанням Твоїм створити мною світ. Адже мною благословляють Тебе нагорі й внизу. Бо "бет ב" – це благословення (браха ברכה)». Відповів їй Творець: «Саме тобою Я створю світ, і ти будеш тією основою, якою Я створю світ».

Пояснення. Буква «бет ב» являє собою властивість Хохми, а точніше, Хеседа Хохми, – точку в чертозі її. Тому, що світло хасадім – це чертог для світла Хохми, і він називається благословенням, як сказано: «Та чи не виллю на вас благословення»[143]. І це світло не зменшується зовсім, коли воно проходить й поширюється через ці ступені. І так само, як на початку всіх цих ступенів воно отримує наповнення від Нескінченності, – так само воно отримує наповнення у всій величі й красі в сві-

---

143 Пророки, Малахі, 3:10. «І випробуйте Мене тим, – сказав Володар воїнств, – чи не відкрию вам вікна небесні та чи не проллю на вас благословення понад міру».

ті Ацилут, і так – до кінця світу Асія, анітрохи не огрублюючись при проходженні ним усіх цих екранів.

І саме тому стверджувала буква «бет ב»: «Нехай буде бажанням Твоїм створити Мною світ. Адже мною благословляють Тебе нагорі й внизу». Іншими словами: «Адже моє світло благословення перебуває в однаковій мірі як нагорі, так і внизу, без будь-якої різниці. І жоден екран та авіют не можуть привнести жодного недоліку в мої світіння. Тому, моя властивість є придатною для створення світу, адже в кліпот не буде ніякої можливості втриматися при мені, бо кліпот утримуються лише в тому місці, де є якийсь недолік. І оскільки немає в мене жодного недоліку, вони ніяк не зможуть втриматися в мені».

Відповів їй Творець: «Саме тобою Я створю світ, і ти будеш тією основою, якою Я створю світ», – тому що Він погодився з нею, що властивість її є гідною створення світу. Як сказано: «Бо думав я: світ милістю (хесед) буде влаштований»[144]. І слово «влаштований (ібане יבנה)» походить від слів «будова (бінья בניין)» та «розуміння (авана הבנה)», тому що встановив Він її як з'ясування, яке є достатнім для того, аби розрізняти між тими, хто приліплений до святості й тими, хто перестав слідувати Творцю, щоби пристати до іншого бога. Як сказано: «І випробуйте Мене тим, – сказав Творець воїнств, – чи не відкрию вам вікна небесні та чи не виллю на вас благословення понад міру»[143].

Але до тих пір, поки тягнуться до іншого бога, – вони позбавлені благословення, бо «інший бог є оскопленим та не принесе плодів». І це те, що говорить пророк на завершення своєї промови: «І знову станете розрізняти між праведником та грішником, між служителями Творця й тими, хто не служить Йому»[145], оскільки «світ милістю (хесед) буде влаштований».

Відповів їй Творець: «І ти будеш тією основою, якою Я створю світ», – вказує цим, що Він встановив світло благословення не як досконалість світу, а лише як гарну й достатню основу

---

144 Писання, Псалми, 89:3.
145 Пророки, Малахі, 3:18.

аби привести світ до загальної довершеності. І причина цього в тому, що світло хасадім – це ВАК без рош, який поки що є недостатнім для породження душ, готових плодитися й розмножуватися, тому що жоден парцуф не може породити, перш ніж він осягне ҐАР, звані рош. І тому йому, поки що, бракує досконалості. І Він визначив букву «бет ב» й благословення як властивість для створення Ним світу і як основу будь-якого парцуфа для того, щоби не було нестачі в цьому в жодного з парцуфів святості. А доповнення ҐАР, що є необхідним для мохін породження, вже не є головним в парцуфі і вважається лише тільки добавкою, що залежить від добрих діянь нижніх. Але ніколи не буде відсутньою властивість ВАК.

Буква «алеф א»

38) Стояла буква «алеф א» і не входила. Сказав їй Творець: «"алеф א", "алеф א", чому ж ти не входиш до Мене, як всі інші літери?». Відповіла Йому: «Владика світу! Тому, що бачила я, як всі букви вийшли від Тебе, не отримавши бажаного. Що ж там робити мені? І, крім того, Ти вже вручив букві "бет ב" цей великий дар. І не личить вищому Цареві забирати подарунок, який Він дав слузі, та передавати його іншому». Відповів їй Творець: «"алеф א", "алеф א", хоча і буде створений світ буквою "бет ב", ти будеш на чолі всіх букв, і не буде в Мені єдності, як лише через тебе. Тобою будуть починатися всі розрахунки і всі діяння мешканців світу, і вся єдність осягається лише завдяки букві "алеф א"».

Пояснення. Ми вже з'ясували, що всі запитання букв – це підйом МАН буквами, а всі відповіді – це сходження МАД. І велика досконалість, яка наявна в букві «алеф א», не може прийти до неї в результаті пробудження знизу, а лише за допомогою сили пробудження згори. І тому сказане: «Пала, не встане знову діва Ісраелєва»[146] означає: «Не сама встане знову, а Творець підніме її»[147].

---

146 Пророки, Амос, 5:2.
147 Див. Зогар, главу Ваікра, п.89.

Тому, як на початку створення мохін де-Ґар, коли вони ще були насолодою в чертозі Аба ве-Іми, про що і розповідається в цій статті Зогару, так і в кінці виправлення, – не пробуджується буква «алеф א» в підйомі МАН знизу догори, як властиво виходу мохін де-Ґар протягом шести тисяч років, але все відбувається лише завдяки пробудженню згори, і тому пояснюється: «Не сама встане знову, а Творець підніме її».

І тому сказано тут: «Стояла буква "алеф א" і не входила». Сказав їй Творець: «"алеф א", "алеф א", чому ж ти не входиш?"». Це вказує на те, що «алеф א» взагалі не пробудилася до підйому МАН, як всі інші літери, поки Творець не звернувся до неї, і це означає, що «Творець підніме її». А подвійне звернення: «"алеф א", "алеф א"» вказує на два стани:

1. коли літери ще перебували у властивості «насолоди»;

2. в кінці виправлення, оскільки й тоді сам Творець підніме її.

Тому відповіла Йому: «Тому, що бачила я, як всі букви вийшли від Тебе, не отримавши бажаного». «Алеф א» не посміла сама підняти МАН з тієї причини, що бачила, як всі букви вийшли, не отримавши бажаного, оскільки з'ясувалося, що на всіх ступенях є властивість «одне проти одного». Тому думала, що і вона не краща за них, і що в неї теж є протилежна властивість. І тому сказала: «Що мені робити там, – адже бачила я, що я нічим не краща за них?»

«І, крім того, Ти вже вручив букві "бет ב" цей великий дар. І не личить вищому Цареві забирати подарунок, який Він дав слузі, та передавати його іншому». Іншими словами: «Другою причиною, – чому я не посміла підняти МАН, – є те, що бачила я, як Ти встановив основу будови всього парцуфа властивістю літери "бет ב". Адже сказано: "Мир милістю (хесед) буде влаштований". Тому не було у мене сумнівів, що змінити це немає ніякої можливості, оскільки не пристало вищому Царю забирати подарунок, який Він дав слузі, та передавати його іншому».

Відповів їй Творець: «"алеф א", "алеф א", хоча і буде створений світ буквою "бет ב", ти будеш на чолі всіх букв».

Пояснення. Вірно й те, що світ вже створено буквою «бет ב», і те, що Він не віддасть врученого їй дарунка в розпорядження іншої. Але властивістю її Він створив лише стан ВАК без рош, і в такому випадкові буквам ще бракує властивості рош, тому що не будуть вони готові плодитися і розмножуватися без нього. «Тому ти будеш служити встановленню в усіх буквах властивості рош», – тобто мохін де-ҐАР, – і це – мохін де-панім бе-панім та (мохін) породження.

«І не буде в Мені єдності, як тільки через тебе. Тобою будуть починатися всі розрахунки і всі діяння мешканців світу, і вся Моє єдність осягається в світі лише завдяки твоїй властивості. І ще, на додаток до цього, – весь сенс нагороди, покарання й повернення, на основі яких здійсниться кінцеве виправлення, розкриється не інакше, як завдяки тобі. Адже властивість літери "бет ב" Я встановив лише для основи парцуфа, аби вона зовсім не залежала від діянь нижніх. І навіть якщо вони погіршать діяння свої, не виникне внаслідок цього ніякої зміни в мохін. Однак мохін в тобі повністю залежать від дії нижніх: якщо погіршать діяння свої, – підуть мохін де-ҐАР, що наявні в тобі, а якщо прийдуть до повернення, – знову зійдуть мохін де-ҐАР».

Сказано: «Тобою будуть починатися всі розрахунки і всі діяння мешканців світу». «Розрахунки» – вказують на стан, коли вони погіршують свої діяння. Про це сказано: «Творець утворив людину прямою, проте вони потребували численних розрахунків»[148], оскільки виходять тоді мохін де-ҐАР. «І всі діяння мешканців світу» – вказує на підйом МАН завдяки хорошим діянням, бо тим самим вони знову притягнуть мохін де-ҐАР. І вся ця єдність залежить лише від букви «алеф א». Це вказує на велику єдність остаточного виправлення, яке теж відбудеться завдяки букві «алеф א».

---

148 Писання, Коелет, 7:29.

39) І створив Творець великі вищі літери, що вказують на сфірот Біни, і маленькі нижні літери, що вказують на сфірот Малхут, і тому написані початкові літери «бет ב», «бет ב»: «Берешит (בראשית спочатку) бара (ברא створив)», і, також, «алеф א», «алеф א»: «Елокім (אלהים Творець) ет (את)». Де перші «алеф א» та «бет ב» – це верхні літери, від Біни. А другі «алеф א» й «бет ב» – це нижні букви, від Малхут. А всі вони разом, – від вищого світу, Біни, та від нижнього світу, Малхут, для того, щоби взаємно впливати один на одного.

Пояснення сказаного. Вищі великі літери – від властивості Біни. Нижні малі літери – в ЗОН. І коли вищий бажає наповнити нижнього, він повинен вдягатися в нижнього. І тому є дві літери «бет ב» в словах «Берешит (בראשית спочатку) бара (ברא створив)» та дві букви «алеф א» в «Елокім (אלהים Творець) ет (את)». Бо перша «бет ב» відноситься до вищого, Біни. А друга «бет ב» – до нижнього, Зеір Анпіну, в який вдяглася перша буква «бет ב». І, також, перша «алеф א» відноситься до Біни, і вона вдяглася в другу «алеф א», що відноситься до Зеір Анпіну, аби наповнювати його.

І сказано: «А всі вони разом, – від вищого світу, Біни, та від нижнього світу, Малхут», – тобто дві літери «бет ב» є одним цілим і, також, дві літери «алеф א» є одним цілим, тільки перші відносяться до вищого світу, Біни, а другі – до нижнього світу, Малхут. І вони – одне ціле, оскільки вдягаються одна в одну, як це робить вищий, бажаючи наповнити нижнього. І «бет ב» вищого світу вбралася в «бет ב» нижнього світу. А також «алеф א» вищого світу вбралася в «алеф א» нижнього світу.

Мудрість, на якій тримається світ

40) «"Берешит (בראשית спочатку)" означає – в мудрості, на якій стоїть світ», тобто Зеір Анпін, «аби увійти до вищих прихованих таємниць», – в світла Біни. «І тут були встановлені шість вищих великих кінців» – ВАК Біни, «з яких виходить все, і з них утворилися шість витоків й річок» – ВАК Зеір Анпіну, «щоби нести їх у велике море» – Малхут. Іншими словами, «створив шість (бара шит ברא שית) – на це міститься побічний натяк в буквах «берешит (בראשית спочатку)», бо звідси утворилися шість кінців. «Хто ж їх створив? Той, хто не згадується. Той утаєний, котрий є невідомим», – тобто Аріх Анпін.

Пояснення сказаного. Є в світі Ацилут два види Хохми:

1. первісна Хохма – Хохма Аріх Анпіну, звана укрита Хохма;

2. Хохма тридцяти двох шляхів; це Біна, що підіймається в рош Аріх Анпіну та стає там Хохмою для того, аби наповнювати Зеір Анпін.

І сказано: «"берешит (בראשית спочатку)" означає – в мудрості», тому що «початок (решит ראשית)» – це назва Хохми, але не первісної Хохми Аріх Анпіну, а «мудрості (хохми), на якій стоїть світ», тобто Хохми тридцяти двох шляхів. І «світ», тобто ЗОН, «стоїть на ній», – тобто від неї він отримує наповнення і завдяки їй існує. Тоді як отримати від неї Хохму самого Аріх Анпіну Зеір Анпін не може зовсім, і світ нею не створений. І тому «берешит бара (ברא בראשית спочатку створив)» – мається на увазі Хохма тридцяти двох шляхів, тобто Біна, яка знову стає Хохмою завдяки її підйому в рош Аріх Анпіну.

Тому сказано: «Аби увійти до вищих прихованих таємниць», – коли ЗОН, звані «світ», отримують наповнення від Хохми тридцяти двох шляхів, вони піднімаються до вищих Аба ве-Іми, а Аба ве-Іма називаються вищими прихованими таємницями. І тому сказано: «В мудрості, на якій стоїть світ», тобто Зеір Анпін, «аби увійти до вищих прихованих таємниць». «Стоїть» – означає осягнення мохін. Завдяки цим мохін, що одержувані від Хохми, існують ЗОН та, піднімаючись з її допомогою до вищих прихованих таємниць, тобто – в Аба ве-Іму, вдягають їх, – тобто стають такими ж, як і вони (Аба ве-Іма). «Тому, що нижній, який піднімається до вищого, стає таким самим, як і він».

Сказано: «І тут були встановлені шість вищих великих кінців» – ВАК вищої Біни. Тобто «створив шість (бара шит ברא שית)», бо «берешит (בראשית спочатку)» – це букви «бара шит (ברא שית створив шість)». А «шість кінців» – це ВАК. І мовиться, що цією Хохмою «були встановлені шість вищих великих кінців», – якими все створюється, і з них усе виходить. Як сказано: «Усіх їх в мудрості (хохма) створив Ти»[149]. Адже Хохма тут – це Біна, яка вийшла з рош Аріх Анпіну.

І про це сказано: «Батько (аба) виводить мати (іма) назовні заради синів». І Аба сам встановлюється у вигляді захара й нукви, тобто Хохма Аріх Анпіну та Аба світу Ацилут самі встановилися в вигляді захара й нукви через Малхут, яка піднялася до них в місце Біни. І виходить, що Біна сама вийшла з рош Аріх Анпіну та з Аби, і стала властивістю ґуф Аріх Анпіну, якому бракує рош. Адже, перебуваючи в ґуф Аріх Анпіну, вона не може отримувати від ҐАР Аріх Анпіну та стає ВАК, які позбавлені ҐАР[150].

Таким чином, Біна була встановлена у вигляді шести кінців без рош. І про це сказано: «І тут були встановлені шість вищих великих кінців, з яких виходить усе», – тому що в Хохмі тридцяти двох шляхів, тобто в Біні, вони утвердилися в вигляді ВАК, які позбавлені ҐАР через вихід її з рош Аріх Анпіну. А потім, за допомогою МАН від нижніх, вона повертається в рош Аріх Анпіну та отримує ҐАР Хохми від Аріх Анпіну. І вона передає їх ЗОН, які дають наповнення всім світам. Таким чином, від цих шести кінців, що затвердилися в Біні, виходять всі світи. І те,

---
149 Писання, Псалми, 104:24.
150 Див. вище, статтю «Троянда», огляд Сулам, п.2, зі слів «Відомо, що...».

що вони називаються «вищі великі» ВАК, – це тому, що вони – від Біни, як і у випадку з літерами Біни, що називаються «великими літерами».

«З них утворилися шість витоків й річок, щоб нести їх в велике море» – Малхут. Бо встановлення шести кінців під час перебування Біни поза рош Аріх Анпіну називається «шістьма витоками». Оскільки вони є лише витоками мохін Зеір Анпіну. А потім, під час повернення її в рош Аріх Анпіну, вони стають мохін де-Ґар, які називаються річками для Зеір Анпіну. І тоді вони стають шістьма річками, як сказано: «З річки буде пити в дорозі, тому підніме голову (рош)»[151]. І тоді Зеір Анпін наповнює ними «велике море» – свою Нукву.

Тому сказано: «З них» – з ВАК, з «шести великих вищих кінців» Біни, «утворилися шість витоків» – тобто ВАК Зеір Анпіну в малому стані (катнут), «і річок» – це мохін Зеір Анпіну, «щоб нести їх в велике море», – тобто наповнювати ними Нукву. І ВАК малого стану Біни називаються джерелами мохін через те, що Біна вийшла назовні, у властивість ВАК малого стану, лише для того, щоб стати джерелом наповнення цими мохін ЗОН. І якби Біна не вийшла назовні, вони б не могли отримати жодних мохін.

І сказано: «Створив шість (бара шит ברא שית)». «Створив (бара ברא)» – вказує на шість кінців (ВАК) без рош. Бо слово «створив (бара ברא)» означає «укриття». Тому слово «берешит (בראשית спочатку)» тут вказує на два поняття:

1. на Хохму, бо «початок (решит ראשית)» означає Хохма;

2. «Створив шість (бара шит ברא שית)» – вказує, що з Хохми були створені й встановлені шість кінців без рош, які є витоками мохін для ЗОН (Зеір Анпіна та Нукви), котрі називаються «світ», і це – сім днів початку творіння (берешит).

І сказано: «Хто ж їх створив? Той, який не згадується. Той утаєний, який є невідомим», – тобто Аріх Анпін. Якщо слово

---

151 Писання, Псалми, 110:7.

«створив (бара ברא)» знаходиться в самому слові «берешит (בראשית спочатку)», то хто ж Він, у такому випадку, який створив це? Тому каже, що це «той утаєний, який є невідомим», – тобто прихована Хохма Аріх Анпіну. Бо Він вивів Біну зі своєї рош і зробив її ВАК, тобто створив (бара ברא) ці шість (шит שית) вищих великих кінців, побічно зазначених в слові «берешит (בראשית спочатку)».

Манула і міфтеха (замок та ключ)

41) Рабі Хія та рабі Йосі йшли по дорозі. Коли вони підійшли до одного поля, сказав рабі Хія рабі Йосі: «Коли йдеться про те, що слово "спочатку (берешит בראשית)" побічно вказує на "створив шість (бара шит שית ברא)", – це дійсно так. Оскільки шість вищих днів», – тобто тільки ВАК Біни, – «наповнюють світлом Тору», Зеір Анпін, «але не більше», «а решта», – ҐАР Біни, – «є прихованими».

Пояснення сказаного. «Тора» – це Зеір Анпін. «Шість вищих днів» – ВАК Біни, що знаходяться вище від Зеір Анпіну. І тому він каже, що в слові «спочатку (берешит בראשית)» міститься побічна вказівка на «створив шість (бара шит שית ברא)», тому що слово «спочатку (берешит בראשית)» вказує на Біну, яка знову стала Хохмою, аби наповнювати Зеір Анпін. Однак Зеір Анпін не отримує від неї ҐАР Хохми, а лише ВАК. І на цю Хохму в слові «спочатку (берешит בראשית)» опосередковано вказують букви «створив шість (бара шит שית ברא)», що означають, що Зеір Анпін отримує від неї лише ВАК Хохми. «А решта – є прихованими» – тому, що ҐАР цієї Хохми залишаються утаєними для Зеір Анпіну, і він не осягає їх.

І ми вже знаємо, що Атік встановився у другому скороченні, – тобто підняв нижню «гей ה» в свої ніквей ейнаїм, щоби створити парцуф Аріх Анпін. І тому Кетер поділився на дві половини так, що ґальґальта-ейнаїм (ҐЕ) та ніквей ейнаїм залишилися в Нукві Атіка, а нижня половина Кетеру, озен-хотем-пе (АХАП), встановилася як парцуф Аріх Анпін.

І вважається, що нижня «гей ה» використовується в ніквей ейнаїм Атіка, а «йуд-гей-вав יהו» – в АХАП, які відносяться до Аріх Анпіну. Адже нижня «гей ה» імені АВАЯ відсутня в Аріх Анпіні, і тому в ньому є лише дев'ять перших сфірот та бракує Малхут. І тільки атерет Єсоду Аріх Анпіну доповнює його до десяти сфірот, а

Манула і міфтеха (замок та ключ)

Малхут укрита в ніквей ейнаїм Атіка. І від них викарбувалися всі парцуфи Ацилуту.

І всі ці парцуфи самі розділилися на дві половини: окремо – ґальґальта-ейнаїм (ҐЕ) і ніквей ейнаїм, і окремо – озен-хотем-пе (АХАП). І це тому, що Біна розділилася на два парцуфи: ґальґальта-ейнаїм (ҐЕ) і ніквей ейнаїм в ній встановилися як вищі Аба ве-Іма, а озен-хотем-пе (АХАП) в ній – як ІШСУТ. Нижня «гей ה» знаходиться в ніквей ейнаїм Аба ве-Іми, а «йуд-гей-вав יה״ו» без нижньої «гей ה» – в ІШСУТ. І їм бракує Малхут тому, що їхня Малхут залишилася в ніквей ейнаїм вищих Аба ве-Іми, так само як в Атіку та Аріх Анпіні.

І також – в ЗОН: ґальґальта-ейнаїм (ҐЕ) встановилися у властивості великих ЗОН, а АХАП – у властивості малих ЗОН. І Малхут залишилася в ніквей ейнаїм великих ЗОН, а в малих ЗОН є лише дев'ять перших сфірот, яким бракує Малхут. І тільки атерет Єсоду доповнює їхню Малхут, – так само як в Атіку та Аріх Анпіні.

І так само, як Кетер розділився на дві половини, ҐАР і ЗАТ, розділилася й Біна, і, також, ЗОН: нижня «гей ה» залишилася в ҐАР кожного, а в ЗАТ є лише «йуд-гей-вав יה״ו» без нижньої «гей ה», і лише атерет Єсод Малхут доповнює їх замість Малхут.

Тому залишилася верхня половина кожного ступеня у властивості «непізнавана», як і в парцуфі Атік. Тобто, нижня «гей ה» не опускається з ґальґальти-ейнаїм (ҐЕ) навіть в їхньому стані ґадлут. Адже хоча у великому стані (ґадлут) вони і повертають собі АХАП де-келім, яких їм не вистачає, але, все ж не притягають ҐАР світел тому, що нижня «гей ה» прихована в них, оскільки на неї було зроблене перше скорочення, аби не отримувати Хохму. І тому вони завжди залишаються зі світлом хасадім, яке зветься «чисте повітря (авіра дахья)». І лише нижня половина притягує в стані ґадлут ҐАР світел, коли ця «йуд י» виходить з їхньої властивості «повітря (авір אויר)», і вони знову стають світлом (ор אור) Хохма та властивістю ҐАР.

Внаслідок цього вважається, що всі парцуфи ҐАР, що виходять в п'яти парцуфах Ацилуту, є лише властивістю ВАК хохма, і вони залишаються позбавленими ҐАР Хохми. Тому, що ҐАР кожного парцуфа не отримують Хохми, але лише ВАК кожного парцуфа. І тому в цих мохін є лише ВАК Хохми.

І сказано, що «шість вищих днів наповнюють світлом Тору, але не більше». Тобто в Зеір Анпіна від вищих мохін є тільки шість днів, – ВАК де-мохін, – «а інші – приховані», – ҐАР де-мохін знаходяться в утаєнні. І навіть в парцуфах, що розташовані вище від нього, вони знаходяться в утаєнні, тому що мохін є лише у властивості ВАК вищих парцуфом.

42) Однак, в роз'ясненні уривку «спочатку (берешит)» сказано так: «Той утаєний, котрий свят, встановив печатки всередині», в Біні, «одного вкритого», Нукви Атіка, «поміченого включеною до нього точкою», – точкою Малхут першого скорочення, яка піднялася в Біну та вивела АХАП Аріх Анпіну назовні, за межі його рош. «І ця печатка», яка встановилася в Біні, «була встановлена й прихована в ній, подібно до того, як хтось ховає все, закриваючи під один ключ. І цей ключ надійно захований в одному з чертогів. І хоча все сховано в цьому чертозі, основа всього – в цьому ключі, бо цей ключ як закриває, так і відкриває».

Пояснення сказаного. «Утаєний, котрий свят» – Аріх Анпін, який зветься прихованою святою Хохмою, «встановив печатки», – нестачі АХАП де-келім, – «всередині», в Біні, «одного вкритого», – у внутрішній властивості Нукви Атіка; «поміченого» – означає встановлення екрану для зівуґу, «включеною до нього точкою» – це точка в колі, в Малхут першого скорочення, що зветься центральною точкою, на яку було зроблене перше скорочення.

І він відрізняється від екрану, який встановився разом з атерет Єсоду, як це відбувається у ВАК всіх парцуфів. Бо екран атерет Єсоду називається точкою поселення, а не центральною точкою. І це є наслідком того, що парцуф Аріх Анпіну був встановлений з відсутністю ҐАР через внутрішню властивість свого вищого, Нукви Атіку, яка встановилася з нижньою «гей ה» в їїніквей ейнаїм.

Тому сказано: «І ця печатка» – яка встановилася в Біні, «була встановлена й прихована в ній, подібно до того, як хтось ховає все, закриваючи під один ключ». «Ключ (міфтеха)» – це Малхут атерет Єсоду, що встановилася в ВАК всіх парцуфів Ацилуту, тому що в ВАК парцуфів «йуд י» виходить з їхньої властивості «повітря (авір איר)» і вони стають світлом (ор אור), коли екран опускається з їхніх ніквей ейнаїм в пе та АХАП повертаються на ступінь. І тоді, після того як є в них АХАП де-келім, вони набувають також і ҐАР світел. Тому екран, що стоїть в ніквей ейнаїм, носить назву «міфтеха (ключ)», бо він закриває цей парцуф від світіння ҐАР в той час, коли він знаходиться в ніквей ейнаїм, і знову відкриває його з приходом світел ҐАР, під час опускання його знову на своє місце, в пе. І тому він називається також «розкриттям очей (ейнаїм)».

І сказано, що «(ця печатка) прихована в ній, подібно до того, як хтось ховає все, закриваючи під один ключ». Іншими словами, хоча сам Атік і позначений печаткою нижньої «гей ה», все ж та печатка, що встановилася в Аріх Анпіні завдяки Атіку, не схожа на печатку самого Атіка, тому що Аріх Анпін відзначений печаткою за допомогою «міфтехі (ключа)», тобто атерет Єсоду, якому бракує Малхут. Таким чином, в ніквей ейнаїм Аріх Анпіну управляє лише атерет Єсоду, а не нижня «гей ה». І тому «повітря (авір)» Аріх Анпіну є пізнаваним, оскільки він володіє «міфтеха (ключем)». Тоді як «повітря (авір)» Атіка є непізнаваним, оскільки в ньому знаходиться Малхут центральної точки, котра не притягує в нього ҐАР. І не є протиріччям сказане тут, що в Аріх Анпіні є «ґальґальта-ейнаїм (ҐЕ)», хоча вище ми сказали, що в ньому є лише АХАП, – тобто нижня половина Кетеру. Адже відносно Атіка є в ньому лише АХАП, але щодо себе самого він є властивістю «ґальґальта-ейнаїм (ҐЕ)» та позбавлений АХАП[152].

Сказано: «І цей ключ надійно захований в одному з чертогів», – тому що Аріх Анпін створив вищі Аба ве-Іму і також в

---

152 Див. «Вступ до науки Кабала», п.25.

Аба ве-Імі встановив нестачу ҐАР світел та АХАП де-келім. І вони являють собою той чертог, в якому сховані всі світла ҐАР: ҐАР де-нешама, ҐАР де-хая, ҐАР де-єхіда. І Аріх Анпін ввів до цього чертогу як нижню «гей ה» Атіка, так і власну властивість «міфтеха (ключ)».

Тому сказано: «І хоча все сховано в цьому чертозі, основа всього – в цьому ключі». «Чертог» – Біна, що є «чертогом» для Хохми, в якій є ҐАР та ВАК. В ҐАР її діє сила нижньої «гей ה», а в ВАК її діє сила «міфтехі (ключа)», тобто атерет Єсоду. І хоча «все сховано в цьому чертозі», включаючи нижню «гей ה» Атіка, все ж «основа всього – в цьому ключі», тобто – лише в атерет Єсоду. Бо тільки в ВАК Біни, в ІШСУТ, діє приховання, тобто відсутність в ВАК рош де-ҐАР. Тоді як в ҐАР Біни, тобто в Аба ве-Імі, де нижня «гей ה» знаходиться в ніквей ейнаїм, не бракує ҐАР, оскільки хасадім вищих Аба ве-Імі так само важливі, як Хохма й ҐАР.

«Цей ключ як замикає, так і відкриває», – незважаючи на те, що замикання й відкривання здійснюються за допомогою нижньої «гей ה», яка розташована в ніквей ейнаїм. Коли вона піднімається в ніквей ейнаїм, то закриває мохін де-ҐАР, бо парцуф залишається тоді у відсутності АХАП келім та ҐАР світел. А коли опускається з ніквей ейнаїм в пе, – вона відкриває мохін де-ҐАР, щоби вони світили в парцуфі, оскільки тоді вона повертає АХАП келім та ҐАР світел в парцуф. Таким чином, тільки сама нижня «гей ה» відкриває й закриває. Але, разом з тим, оскільки розкриття мохін відбувається не в ҐАР, а лише в ЗАТ, в яких діє сила не нижньої «гей ה», а атерет Єсоду, «міфтехі (ключа)», то ҐАР кожного ступеня, в яких діє сила нижньої «гей ה», залишаються завжди у властивості «непізнаване повітря». І тому закривання й відкривання відносяться до «міфтехі», а не до нижньої «гей ה».

43) «У цьому чертозі приховані незчисленні скарби, одні над іншими. У цьому чертозі встановлені замикаючі врата», – тобто вони зроблені для того, щоб перекривати світла. «І їх – п'ятдесят. І вони були позначені печаткою в чотирьох сторонах, і стали

сорока дев'ятьма воротами, оскільки в одних з воріт немає сторони, і невідомо – вони нагорі чи внизу. Тому ці ворота залишилися закритими».

Пояснення. Є три види ҐАР: ҐАР де-нешама, ҐАР де-хая, ҐАР де-єхіда. І в кожному з цих трьох видів є безліч окремих видів ҐАР. Тому сказано: «Приховані незліченні скарби, одні над іншими». У той час, коли нижня «гей ה» розташована в ніквей ейнаїм, всі ці ступені утаєні та непізнавані.

І «встановлені замикаючі врата», – тобто вони зроблені для того, щоб перекривати світла. «І їх – п'ятдесят». «Врата» – це місце прийняття світел. І є в них дві властивості:

1. коли вони ще в утаєнні, – тобто врата зачинені, замкнені й не приймають нічого;

2. коли вони відкриті та приймають світла від вищого.

У той час, коли врата цього чертогу замкнені, їхнє число – п'ятдесят. Але в разі відкриття воріт, – їх всього лише сорок дев'ять. Число п'ятдесят використовується тому, що десять сфірот в основі своїй є тільки п'ятьма сфірот КАХАБ ТУМ. Але оскільки Тіферет включає ВАК (шість кінців), їх – десять. І в результаті того, що кожна з цих п'яти сфірот містить десять, всього їх – п'ятдесят.

«І вони були позначені печаткою в чотирьох сторонах, і стали сорока дев'ятьма вратами», – тому що замикання й відкривання здійснюється не нижньою «гей ה», а тільки ключем (міфтеха), – тобто атерет Єсоду. Таким чином, це засвідчення печаткою, тобто печатками, про придатність до отримання, не було зроблене у всіх п'яти сфірот КАХАБ ТУМ (Кетер-Хохма-Біна-Тіферет-Малхут), а лише в чотирьох сфірот КАХАБ Тіферет, але не в Малхут. І чотири рази десять – це сорок. Але й сама Малхут містить десять сфірот КАХАБ ТУМ. Таким чином, вона теж може отримати від «міфтехі» в свої перші дев'ять сфірот, – до свого атерет Єсоду. Тому тут відбувається засвідчення печаткою сорока дев'яти сфірот, сорок – від чотирьох сфірот Кетер-Хохма-Біна-Тіферет, кожна з яких складається з десяти, та дев'яти перших сфірот від Малхут, що складається з десяти. І виходить, що бракує тільки властивості Малхут де-Малхут.

«У одних воріт немає сторони, і невідомо – вони нагорі чи внизу. Тому ці врата залишилися замкненими», – це Малхут де-Малхут, п'ятдесяті врата, тобто сама нижня «гей ה», що опускається з ейнаїм в пе під час стану ґадлут. І хоча нижня «гей ה» опускається з ніквей ейнаїм вищих Аба ве-Іми в пе та їхні АХАП разом з ІШСУТ, що вдягають їх, з'єднуються в один парцуф зі ступенем Аба ве-Іма, і тоді сходять до них ҐАР світел, – разом з тим, Аба ве-Іма не отримують нічого від світел де-ҐАР та залишаються у властивості «авіра дахья (чисте повітря)». І це – подібно до того, немов нижня «гей ה» взагалі не опускалася з їхніх ніквей ейнаїм.

І виходить, що відносно ҐАР Біни, тобто вищих Аба ве-Іми, – невідомо, чи знаходиться нижня «гей ה» все ще нагорі, в їхніх ніквей ейнаїм, – адже вони поки що перебувають тільки в світлі хасадім, як і до цього, – або ж нижня «гей ה» опустилася з ніквей ейнаїм в місце пе, – адже вони підняли свої келім АХАП разом з парцуфом ІШСУТ та наповнюють ІШСУТ цими мохін де-ҐАР світел, і тоді нижня «гей ה» повинна була б обов'язково спуститися в пе. Таким чином, якщо ми розглядаємо, де знаходиться нижня «гей ה», то щодо вищих Аба ве-Іми здається нам, що вона в ніквей ейнаїм, а щодо ІШСУТ – ми бачимо її внизу, в пе.

І тому сказано: «У одних воріт немає сторони», – тобто немає Малхут де-Малхут, самої нижньої «гей ה», – «і невідомо – вони нагорі чи внизу», – оскільки щодо Аба ве-Іми вона нагорі, а щодо ІШСУТ вона внизу. «Тому ці врата залишилися замкненими», – виходить, що Малхут де-Малхут не була відкрита зовсім. І вона закрита, як і під час стану катнут, тобто до того, як вона опустилася в пе. Бо відкриття воріт відбулося тільки в ІШСУТ, у яких відсутня нижня «гей ה», і «атерет Єсоду» використовується в них замість неї. Однак вищі Аба ве-Іма, в яких використовується нижня «гей ה», залишилися закритими від ҐАР, як і раніше.

Тому сказано, що «ці врата залишилися замкненими». Однак необхідно зрозуміти, що хоча п'ятдесяті врата – це Малхут де-Малхут, – це лише по відношенню до келім, тоді як щодо світел вони вважаються властивістю ҐАР де-мохін. Адже через неї залишилися вищі Аба ве-Іма в світлі хасадім без ҐАР, і, так само, – усі вищі.

Тобто замикання п'ятдесятих врат призводить до втрати ҐАР де-мохін на всіх ступенях, і в них є лише ВАК де-мохін. Ми також вивчаємо, що всі «п'ятдесят врат Біни», крім одних, були передані Моше. І це – нестача ҐАР де-мохін, тому що ці ҐАР де-мохін будуть світити в світах лише в кінці виправлення.

44) «В цих воротах є один замок та одне вузьке місце, щоби вставити в нього цей ключ, і помітити та відрізнити його можна тільки завдяки залишеній цим ключем позначці. Тобто дізнатися щось про це вузьке місце можна лише за допомогою цього ключа». І про це написано: «Спочатку створив Всесильний»[153]. «Спочатку» – це той ключ, за допомогою якого все приховане, і він – закриває та відкриває. І шість воріт включені до цього ключа, що закриває й відкриває. Коли він закриває ці ворота, він включає їх в себе, і тоді, зрозуміло, написано: «Спочатку (берешит בראשית)» – відкрите слово, що містить в собі вкрите слово. «Створив (бара ברא)» – в будь-якому місці це вкрите слово, яке вказує, що ключ закриває та не відкриває.

Пояснення сказаного. Нижня «гей ה» в ніквей ейнаїм називається «манула (замок)», оскільки вона замикає світла ҐАР, і вони не можуть світити в парцуфі весь той час, поки вона знаходиться нагорі, в ніквей ейнаїм. І сказано: «В цих воротах є один замок», і в цьому замку є «одне вузьке місце» – Єсод, що знаходиться в нижній «гей ה», тобто сорок дев'яті врата в келім. Бо суттю нижньої «гей ה» є властивість Малхут де-Малхут, п'ятдесяті врата, а Єсод де-Малхут – це сорок дев'яті врата, «щоби вставити в нього цей ключ», тому що в Єсод нижньої «гей ה» входить «міфтеха (ключ)», атерет Єсоду мохін, який опускає нижню

---

[153] Тора, Берешит, 1:1.

«гей ה» з ніквей ейнаїм в пе, і тоді відкривається парцуф світлами ҐАР. І тому атерет Єсоду отримала назву «міфтеха (ключ)».

«І відрізнити його можна тільки завдяки залишеній цим ключем позначці. Тобто дізнатися щось про це вузьке місце можна лише за допомогою цього ключа». «Міфтеха (ключ)» – це атерет Єсоду мохін. І він входить у властивість, яка є відповідною йому в нижній «гей ה», – в Єсод де-Малхут. І розпізнати «манулу (замок)», нижню «гей ה», щоб укрити та замкнути ҐАР, можна «тільки завдяки залишеній цим ключем позначці», яка переважає у властивості ЗАТ Біни, ІШСУТ, але не в ньому самому, тобто в нижній «гей ה», яка переважає у властивості ҐАР Біни, у вищих Аба ве-Імі, котрі завжди вважаються завершеною властивістю ҐАР. І також «манула (замок)» помічається для відкривання лише за допомогою Єсоду де-мохін.

І виходить, що «дізнатися щось про це вузьке місце можна лише за допомогою цього ключа». «Знання» означає притягання мохін, і тому сказано, що ці мохін притягуються «лише за допомогою цього ключа», тобто в ЗАТ Біни, де використовується «міфтеха (ключ)», атерет Єсоду. Однак в місці вищих Аба ве-Імі, тобто ҐАР Біни, де використовується не «міфтеха», а сама нижня «гей ה», – там вони залишаються непізнаваними.

Отже, з'ясувалося, що хоча по відношенню до самої нижньої «гей ה» «невідомо – вони нагорі чи внизу»[154], разом з тим, є достатнім аби це було відомо по відношенню до парцуфу ІШСУТ, оскільки він за допомогою неї розкривається в мохін де-ҐАР. І це тому, що в ІШСУТ є лише «йуд-гей-вав יה״» та відсутня Малхут, і замість Малхут використовується в ньому в якості екрану атерет Єсоду. І мохін, які опускають нижню «гей ה» з ніквей ейнаїм в пе, теж використовуються лише з екраном атерет Єсоду, бо в нижній «гей ה» взагалі не було приховання й нестачі ҐАР, що призвело б до необхідності їхнього розкриття. Адже вона використовується в Аба ве-Імі, які завжди знаходяться у властивості ҐАР.

---

154 Див. п.43.

І оскільки все укриття та замикання відбувається тільки в атерет Єсоду, використовуваного в ІШСУТ, лише атерет Єсод де-мохін є властивістю «міфтеха (ключ)», що опускає нижню «гей ה» з ейнаїм в пе, – тобто лише за допомогою таких саме тонких келім, котрі утворилися, як і вони, завдяки силі екрану атерет Єсоду. І тому робиться висновок: «Довідатися щось про це вузьке місце можна лише за допомогою цього ключа», – тобто мохін ці приходять лише в келім ІШСУТ, які походять від властивості «міфтеха», атерет Єсоду, а не в келім Аба ве-Іми, котрі є властивістю нижньої «гей ה», Малхут де-Малхут, та самою суттю «манули (замка)».

Слово «спочатку (берешит)», яке означає Хохму, включає в себе тільки «міфтеху», – лише атерет Єсоду, сорок дев'яті врата в келім, – і не включає п'ятдесяті врата в келім, – Малхут де-Малхут. Тому сказано: «"Спочатку" – це той ключ, яким все замкнене», – тобто ним здійснюється замикання всього в стані катнуту, «і він – закриває та відкриває», – тобто він закриває всі мохін в стані катнуту, коли нижня «гей ה» знаходиться в ейнаїм, та відкриває їх в стані ґадлуту, щоб опустити нижню «гей ה» з ніквей ейнаїм в пе.

І відмінність в тому, що розкриття Хохми, на яку вказує слово «спочатку (берешит)», відбувається тільки в ВАК тих ступенів, які відносяться до келім властивості «міфтеха (ключ)»[155]. Однак в ҐАР парцуфів не світять мохін властивості «берешит (спочатку)», оскільки їхні келім відносяться не до «міфтеха (ключ)», а до нижньої «гей ה».

«І шість воріт включені до цього ключа, що закриває та відкриває» – тому, що йому бракує ҐАР мохін, і він розкриває лише ЗАТ (сім нижніх сфірот) мохін. І в кожній з цих семи нижніх сфірот є всього лише ВАК, і це – сім раз ВАК. І виходить, що «ключ (міфтеха)», тобто сьома сфіра, звана атерет Єсоду, включає в себе тільки шість воріт. І слова «шість воріт включені до цього ключа, що закриває та відкриває» вказують на те, що він притягує лише ВАК де-мохін.

---

[155] Див. вище, п.41, зі слів: «І ми вже знаємо, що Атік...».

І сказано: «"Спочатку (берешит בראשית)" – відкрите слово, яке містить в собі укрите слово. "Створив (бара ברא)" – в будь-якому місці це укрите слово, яке вказує, що ключ закриває та не відкриває». Інакше кажучи, «спочатку (берешит)» вказує на Хохму, яка є «відкритим словом».

Але коли сказано: «Берешит (спочатку) бара (створив)» – це означає, що Хохма зникла та прихована. Тому сказано: «"Спочатку (берешит)" – відкрите слово, що містить в собі укрите слово», – адже після нього написано слово «бара (створив)», і в будь-якому місці «бара (створив)» є укритим словом. Таким чином, «берешит (спочатку) бара (створив)» означає, що Хохма приховалася. Отже, «закриває та не відкриває» означає, що Хохма є прихованою та ще не розкрилася.

При створенні їх – при Аврaaмі

45) Сказав рабі Йосі: «Це, без сумніву, так! Чув я від великого світила, рабі Шимона, що "створив (бара)" – це укрите слово, яке вказує, що ключ закриває й не відкриває. І коли ключ ще закриває в слові "створив (бара)", не було світу, і він не міг існувати, і пустота вкривала все. І коли панує ця пустота, – немає світу, і він не може існувати».

46) «Коли ж цей ключ відкрив ворота та був готовий до використання і створення породжень? Коли з'явився Авраам, властивість Хесед, як сказано: "Ось породження неба і землі при створенні їх"[156]. Читай не «при створенні їх (бе-ібарам בהבראם)", а "при Аврaaмі (бе-Авраам באברהם)". І тоді (розкрилося) все, що було приховане в слові "бара (створив)", – знову повернулися букви, тобто келім, та відкрилися для використання. І вийшов стовп, який створює породження, "евар (אבר частина)", святий Єсод, на якому тримається світ. Бо "бара (ברא створив)" – ті ж букви, що й "евар (אבר частина)"».

Пояснення сказаного. Тут задається питання: «Коли ж цей ключ відкрив ворота та був готовий до використання і створення породжень?». У цьому питанні є три аспекти:

1. «Відкрив ворота» – це опускання нижньої «гей ה» з ніквей ейнаїм в пе, і тоді відкриваються сорок дев'ять воріт за допомогою мохін Хохми;

2. «Був готовий до використання», – завдяки вбранню Хохми в світло хасадім, і до облачення світла хохма в світло хасадім АХАП не могли отримати мохін Хохми, хоча і з'єдналися вже з «ґальґальта-ейнаїм (ҐЕ)» як один ступінь; адже без облачення хасадім, МІ не може світити в ЕЛЄ, та ЕЛЄ ще приховані в імені. І вважається, що мохін ще не готові до використання для нижнього;

---
156 Тора, Берешит, 2:4.

3. «І створення породжень» – означає породження душ, оскільки після отримання Зеір Анпіним цих мохін у всій їхній повноті, він робить зівуґ з Нуквою та породжує душі праведників.

І відповідь: «Коли з'явився Авраам». Всі букви, які були вкриті словом «бара (створив)», знову стали використовуватися. Авраам – Хесед Зеір Анпіну у стані ґадлуту, коли Хесед стає Хохмою. А перш ніж з'явився Авраам, все було приховане в слові «бара (створив)», і пустота панувала над світом, тобто ЗОН, і не було тоді у ЗОН ні хасадім, ані Хохми. А коли з'явився Авраам, тобто світло Хесед, що наповнює Зеір Анпін, відкрилися врата під дією Хохми, тому що нижня «гей ה» опустилася з ейнаїм в пе та ІШСУТ з'єдналися з Аба ве-Іма в один ступінь, і в ІШСУТ зійшли ҐАР світел, тобто світло Хохми.

І після того, як у Зеір Анпіна вже було світло хасадім від Авраама, вбралося світло Хохми в світло хасадім. І тоді з'єдналися букви ЕЛЄ з МІ, і доповнилося ім'я ЕЛОКІМ, та мохін вдяглися в Зеір Анпін. Тому сказано, що коли прийшов Авраам, букви знову почали використовуватися, тобто зійшли мохін Хохми в хасадім та вдяглися в Зеір Анпін. «І вийшов стовп, що створює породження», – тому що нижня «гей ה» опустилася тоді з ніквей ейнаїм Зеір Анпіну в пе, і він теж набув Біни, Зеір Анпіна й Нукви, яких бракувало йому, та які називаються у нього новими НЕГІ (Нецах-Год-Єсод), з Єсодом стану ґадлут, що зветься «частина святої основи (єсод), на якій тримається світ», – тому що за допомогою цієї частини (евар) він наповнює Нукву, звану «нижній світ», та породжує душі праведників.

І це – в загальному вигляді. Однак порядок притягання мохін в окремих особливостях буде з'ясований далі.

47) Коли цей «евар (אבר)» є записаним у слові «бара (ברא)», тоді вищий, який утаєний, здійснює інший запис в ім'я Його й на славу Його, і це – «МІ (מי)» та «бара (ברא) ЕЛЄ (אלה)». І також святе благословенне ім'я МА (מה) було записане та вилучене зі слова «бара (ברא)» – «евар (אבר)». І воно записане в ЕЛЄ (אלה) з одної сторони, а в «евар (אבר)» – з іншої сторони. Приховане

й святе ім'я ЕЛЄ (אלה) існує, та «евар (אבר)» існує. І коли завершується одне, завершується й інше. Відзначив цей «евар (אבר)» буквою «гей ה» і позначив ЕЛЄ (אלה) буквою «йуд י».

Пояснення сказаного. Наразі з'ясовуються окремі особливості мохін Зеір Анпіну, які раніше були наведені в загальному вигляді. І мовлено, що в той час, «коли "евар (אבר частина)" є записаним в слові" бара (ברא створив)", тоді вищий, який утаєний, здійснює інший запис в ім'я Його й на славу Його, і це – "МІ (מי)"». Справа в тому, що «евар (אבר)» – це Єсод і атара, а «бара (ברא)» вказує на замикання ҐАР внаслідок підйому нижньої «гей ה» в ніквей ейнаїм. А атара цього евара (אבר) записується в нижній «гей ה», що знаходиться в ніквей ейнаїм, тобто – так само, як сказано, що манула (замок), тобто нижня «гей ה», розпізнається лише за допомогою міфтехі (ключа), атерет Єсоду[157].

І це означають слова: «Вищий, який утаєний», – тобто вищі Аба ве-Іма, що записані в нижній «гей ה», – «здійснює тепер інший запис» в їхній власній манулі (замку), – тобто запис міфтехі (ключа), яка є атарою цього евара. І тоді (вищий), що зветься «МІ (מי)», до якого відноситься запитання»[158], готовий прийняти МАН і опустити нижню «гей ה» з ейнаїм та підняти для них букви ЕЛЄ (אלה), АХАП, якими притягуються ҐАР світел. Але, перш ніж нижня «гей ה» була відзначена записом цього евара (אבר), не було ніякої реальної можливості притягнути ҐАР. Адже сама нижня «гей ה» – це п'ятдесяті врата, які не відчиняються в ҐАР, і тому до того, як вона відзначена міфтехою (ключем) евара, – не називається МІ, оскільки до неї не належить запитання.

І тому сказано: «Коли цей "евар (אבר)" є записаним у слові "бара (ברא)"», – в той момент, коли нижня «гей ה», що відноситься до слова «бара (ברא)», отримала запис у вигляді «евар (אבר)», що є ключем (міфтеха), «вищий, який утаєний, здійснює тепер інший запис в ім'я Його й на славу Його, і це – "МІ

---

157 Див. п.44.
158 Див. вище, статтю «Хто створив їх», п.8.

(хто)"», – саме в цей час Аба ве-Іма здійснюють запис міфтехі в нижній «гей ה», що знаходиться в їхніх ніквей ейнаїм, щоб вона була гідною називатися «МІ, який чекає на запитання» та притягти мохін де-ҐАР, бо ці мохін притягуються лише за допомогою запису «міфтехі (ключа)».

«І бара (створив) ЕЛЄ (їх)» – після того, як замок (манула), що знаходиться в слові «бара (ברא)», був відзначений записом міфтехі (ключа), у вигляді «евар (אבר)» та став властивістю МІ, тоді «МІ (מי) створив ЕЛЄ (אלה)», – тобто опустилася нижня «гей ה» з ніквей ейнаїм в пе, піднявши АХАП, літери ЕЛЄ (אלה), в рош, і були притягнуті ҐАР. І «бара (створив) ЕЛЄ (їх)» означає приховування, тому що немає в них ще облачення хасадім. І букви ЕЛЄ (אלה), які піднялися, ще укриті в імені та не можуть розкритися без облачення хасадім.

«І також святе благословенне ім'я МА (מה) було записане та вилучене зі слова "бара (ברא)" – "евар (אבר)"». Малхут, яка опустилася з ейнаїм в пе, називається МА, бо нижній світ називається МА. І той екран, який був раніше в ніквей ейнаїм, зараз опустився в пе, і на нього був здійснений зівуґ, що породив ступінь хасадім, світло благословення. І завдяки цьому було усунуте укриття слова «бара (ברא)», і воно перетворилося на «евар (אבר)», – Єсод, що наповнює властивістю хасадім.

І сказано: «І також святе благословенне ім'я МА (מה) було записане та вилучене зі слова "бара (ברא)" – "евар (אבר)"», – оскільки ще бракувало в буквах ЕЛЄ (אלה) світла хасадім, щоб одягтися в них. Тому ЕЛЄ (אלה) були ще прихованими в імені, а за допомогою світла благословення МА (מה) було відкрите приховання слова «бара (ברא)» і воно перетворилося в «евар (אבר)», – того, що дає.

«І воно записано в ЕЛЄ (אלה) з однієї сторони, а в "евар (אבר)" – з іншої сторони». Зараз виявилися в них два ступеня, один проти іншого. ЕЛЄ (אלה) – це АХАП з мохін Хохми, які все ще позбавлені хасадім з цієї сторони. А «евар (אבר)» – Єсод, який отримав ступінь хасадім від МА (מה), – стоїть проти нього з іншої сторони та позбавлений Хохми.

І тому сказано: «Укрите і святе ім'я ЕЛЄ (אלה) існує та "евар (אבר)" існує». Бо ім'я ЕЛЄ (אלה), яке набуло мохін Хохми, що звуться святістю, знаходиться в прихованому вигляді з одного боку в парцуфі, а проти нього знаходиться «евар (אבר)» на ступені хасадім в парцуфі. «І коли завершується одне, завершується й інше» – тому, що обидва вони вийшли завдяки опусканню нижньої «гей ה» з ніквей ейнаїм в пе. Бо «евар (אבר)» вийшов в силу МА (מה), що знаходиться в пе, і також ЕЛЄ (אלה), тобто АХАП, піднялися наверх в силу того, що Малхут стала під ними в пе. Таким чином, при завершенні одного завершується другий, оскільки приходять вони одночасно.

«Відзначив цей "евар (אבר)" буквою "гей ה" та позначив ЕЛЄ (אלה) буквою "йуд י"». Бо «гей ה» вказує на екран, який утворює лише ступінь хасадім без Хохми, оскільки це Малхут, яка не готова отримувати Хохму, а лише хасадім. А «йуд י» вказує на екран захара, який здатен отримувати Хохму. Тому «відзначив цей "евар (אבר)" буквою "гей ה"» – екраном МА (מה), який притягує тільки хасадім без Хохми. «І позначив ЕЛЄ (אלה) буквою "йуд י"» – екраном захара, який притягує Хохму, але не хасадім.

48) Коли пробуджуються букви «евар (אבר)» «гей ה» та букви ЕЛЄ (אלה) «йуд י» аби доповнити одну та другу сторони, Він створює букву «мем ם». Одне (ім'я) бере «мем ם» в одну сторону – в сторону букв ЕЛОКІ (אלהי), а друге – бере «мем ם» в другу сторону, – в сторону букв «еваре אברה». І завершується святе ім'я, утворюючи сполучення ЕЛОКІМ (אלהים). І завершується також ім'я Авраам (אברהם). Тому сказано: «І коли завершується одне, завершується й інше»[159].

А є такі, хто вважає, що Творець взяв букви МІ (מי) та приєднав їх до букв ЕЛЄ (אלה), і утворилося сполучення ЕЛОКІМ (אלהים). І взяв Творець букви МА (מה) та приєднав їх до «евар (אבר)», і утворилося сполучення Авраам (אברהם). Слово МІ (מי)

---

159 Див. п.47.

50) вказує на п'ятдесят врат Біни. І є в слові МІ (מי) буква «йуд י» – перша буква святого імені. А слово МА (מה) вказує на числове значення святого імені, бо АВАЯ (הויה) з наповненням «алеф א» в гематрії МА (45 מה).

І є в слові МА (מה) друга буква святого імені АВАЯ (הויה), буква «гей ה», як сказано: «Щасливий народ, у якого Творець (АВАЯ) – Всесильний (Елокім) його»[160]. І сказано: «Підвісив землю ні на чому (блі-ма, без МА)»[161], що вказує на числове значення імені АВАЯ (הויה) з наповненням «алеф א», в гематрії МА (45 מה). І тоді були засновані два світи: за допомогою «йуд י» – майбутній світ, а за допомогою «гей ה» – цей світ. Інакше кажучи, за допомогою МІ (מי) створив майбутній світ, а за допомогою МА (מה) створив цей світ. І це вказує на створене нагорі й внизу.

І тоді здійснив породження та вийшло повне ім'я – те, чого не було раніше. Як сказано: «Ось породження неба і землі при створенні їх (бе-ібарам בהבראם)», – ті ж букви, що і в словах «при Аврааамі (бе-Авраам באברהם)», бо всі породження були залежними, без досконалості. А після того, як утворилося ім'я Авраам, завершилося святе ім'я, як сказано: «В день створення Творцем (АВАЯ) Всесильним (Елокім) неба і землі». «В день створення (הבראם)» означає – в день, коли вони були завершені за допомогою імені Авраам (אברהם). І тоді згадується ім'я АВАЯ, а до тих пір в Торі не згадується ім'я АВАЯ.

І ці два ступеня, – світло Хохми в ЕЛЄ (אלה) та світло хасадім в МА (מה), – пробудилися, щоби доповнити один одного, тобто – вдягтися один в одного. І тоді, після того як одяглася Хохма в хасадім, утворив Він букву «мем מ» – Малхут, яка одержує від цих двох ступенів разом.

«Одне (ім'я) бере цю "мем מ" в одну сторону», – в сторону букв ЕЛОКІ (אלהי), «а інше бере цю "мем מ" в іншу сторону», – в сторону букв «еваре (אברה)». «І завершилося святе ім'я, утворивши сполучення ЕЛОКІМ (אלהים). І завершилося також ім'я

---
160 Писання, Псалми, 144:15.
161 Писання, Йов, 26:7.

Авраам (אברהם)», – оскільки є тепер чотири літери ЕЛОКІ (אלהי). І також відбилася в цьому «еварі (אבר)» буква «гей ה», і є там чотири літери «еваре (אברה)».

І тепер, після того як букви доповнили одна одну, коли вдяглися ці два ступені, – Хохма і хасадім, – один в одного, утворив Він букву «мем ם» – Малхут, яка одержує від всіх. «Один взяв цю "мем ם" в одну сторону – в сторону букв ЕЛОКІ (אלהי), а інший взяв цю "мем ם" в іншу сторону – в сторону букв "еваре (אברה)"». Коли літери ЕЛОКІ (אלהי) приймають «мем ם», завершується святе ім'я, і утворюється сполучення ЕЛОКІМ (אלהים). І також літери «еваре (אברה)» приймають «мем ם», і завершується також ім'я Авраам (אברהם).

«А коли завершилося це ім'я Авраам (אברהם), завершилося святе ім'я» – оскільки це два ступеня, – Хохма та хасадім, які потребують один одного. Тому не завершується святе ім'я, перш ніж завершується ім'я Авраам.

Видіння рабі Хія

49) Рабі Хія кинувся на землю, поцілував той прах землі і, заплакавши, сказав: «Прах, прах, наскільки ти неподатливий, наскільки ти завзятий! Всі, хто дорогий оку, розкладаються в тобі, світочів усього світу поглинаєш ти, перетворюючи на ніщо. Наскільки ж ти зухвалий. Велике світило, яке наповнювало світлом світ, великий правитель, призначений над світом, заслугами якого тримається світ, знищений тобою, – рабі Шимона, світло джерела, світло світів, перетворив ти на прах. І ти існуєш та керуєш світом». Але тут же зніяковів та сказав: «Прах, прах, не підносься в гордині, бо стовпи світу не будуть віддані тобі. Адже рабі Шимон не поглинений тобою».

Необхідно як слід зрозуміти, чому рабі Хія кинувся на землю. Основна тема, яку обговорюють рабі Хія та рабі Йосі, разом відправившись у дорогу, – це закриті врата, Малхут де-Малхут, яка нічого не отримує від усіх вищих мохін, що приходять протягом шести тисяч років, до настання остаточного виправлення. І рабі Йосі відповів рабі Хія від імені рабі Шимона, що, звичайно ж, ці врата залишаються замкненими, і вся досконалість – лише в «міфтеха (ключі)». І це їх дуже стурбувало, і тоді рабі Хія прийшов у сильне хвилювання, «кинувся на землю, поцілував той порох землі і, заплакавши, сказав: "Прах, прах, наскільки ти неподатливий, наскільки ти завзятий!"».

І сказане ним «всі, хто дорогий оку, розкладаються в тобі» означає, що через гріх Адама Рішона відокремилися від нього всі душі та потрапили у полон до кліпот, які тримають в собі всі душі світу. І Адам Рішон своїм поверненням виправив лише свою частину, – та її теж не в повній досконалості, – а слідом за ним (виправилися) також й душі, які виявляються в кожному поколінні завдяки поверненню й хорошим діянням, до кінця виправлення. І виходить, що всі піднесені душі, що відносяться до ступенів єхіда та ҐАР де-хая та є залежними від цього з'ясування та зівуґу на Малхут де-Малхут, яка зветься «замкнені врата», та в якій немає з'ясування й зівуґу, – всі ці душі поглинаються прахом, тобто кліпот.

І про них мовлено: «І ось – сльози пригноблених, і немає в них утішника»[162], тому що кліпа праху панує над ними із зухвалістю та завзятістю, будучи впевненою в своїх силах, – адже немає того, хто зможе врятувати їх від руки її. Тому плакав рабі Хія і сказав праху, тобто кліпот: «Наскільки ти неподатливий, наскільки ти завзятий, – всі, хто дорогий оку, розкладаються в тобі», – оскільки всі найбільш піднесені душі, які є дорогими оку, «розкладаються в тобі» без будь-якої надії на порятунок.

«Світочів усього світу розкладаєш ти, перетворюючи на ніщо» – всі праведники світу, які світять світу, теж позбавлені досконалості з тієї причини, що ці піднесені душі знаходяться в полоні. Бо всі душі включені одна до одної. І виходить, що вони теж «поглинаються тобою, перетворюючись на ніщо», в силу зухвалості цього праху.

Але «рабі Шимон не знищений тобою». Спочатку він хотів сказати, що і рабі Шимон захоплений цим прахом, бо чув від рабі Йосі, що він теж згоден з тим, що ці врата зачинені та неможливо розкрити їх. Але потім зніяковів і сказав: «Якщо рабі Шимон підтримує всі світи та управляє ними, як може бути, щоби він не був наповнений усією досконалістю?!». «Але тут же зніяковів», – тобто схаменувся, і сказав: «Немає сумніву, що рабі Шимон не поглинений тобою, і він, безумовно, знаходиться у повній досконалості», – але сам він (рабі Хія) не в змозі зрозуміти, як таке є можливим.

50) Встав рабі Хія і з плачем відправився далі, і разом з ним – рабі Йосі. Сорок днів постився він з того дня, щоби побачити рабі Шимона. Сказали йому: «Недостойний ти бачити його». Плакав і постив ще сорок днів. Показали йому у видінні рабі Шимона та рабі Ельазара, сина його, які були зайняті обговоренням того

---

162 Писання, Коелет, 4:1.

самого слова, про яке говорив рабі Йосі від імені рабі Шимона[163], і багато тисяч слухали їх.

Пояснення. Вражений тим, що краса поглинається прахом, він зажадав побачити ступінь рабі Шимона, оскільки дійшов висновку, що рабі Шимон не поглинений прахом.

51) Тим часом він побачив кілька великих вищих крил, і рабі Шимон та рабі Ельазар, син його, піднеслися на них, піднявшись у небесне зібрання. І всі ці крила чекали на них. Побачив він, що рабі Шимон та рабі Ельазар повертаються, осяяні новим світлом, і сяйво їхнє було яскравішим, ніж світло сонця.

Пояснення. Вище зібрання – це зібрання Творця. Небесне зібрання – це зібрання Матата. Крила – це ангели, які допомагають душам піднятися з рівня на рівень. І так само, як душа потребує підтримки цих крил для свого підйому, вона потребує їхньої підтримки для повернення на своє місце. І всі ці крила чекали на них аби повернути їх назад. Побачив він їх коли вони поверталися з небесного зібрання на своє місце, – в зібрання рабі Шимона, – і нове сяйво їхнього лику було яскравішим, ніж світло сонця.

52) Заговорив рабі Шимон, сказавши: «Нехай увійде рабі Хія і подивиться, наскільки Творець оновлює лик праведників в майбутньому світі. Щасливий той, хто приходить сюди без сорому, і щасливий той, хто стоїть у тому світі, як стовп, міцний у всіх відносинах». І бачив рабі Хія самого себе, який входить, і рабі Ельазар встав і, також, всі інші стовпи світу, які сиділи там, встали перед рабі Хія. А він, рабі Хія, відчував сором, та увійшов, принизивши себе, і сів біля ніг рабі Шимона.

Пояснення. Рабі Шимон натякнув йому: «Щасливий той, хто приходить сюди без сорому». І, також, бачив він, що рабі Ельазар й інші стовпи світу не відчувають сорому. Але самому рабі Хія було соромно через те, що краса поглинається прахом, а в нього немає сил постояти за них. І тому сказано, що він

---

[163] Див. п.45.

«відчував сором, та увійшов, принизивши себе, і сів біля ніг рабі Шимона».

53) Виник голос і сказав: «Опусти очі, не піднімай голови своєї й не дивись». Опустив він очі і побачив світло, що світило здалеку. Той самий голос знову сказав: «Вищі, які утаєні та недоступні, очі яких пильно стежать за всім світом, – вдивіться й побачите! Нижні, що сплять, світло ваших очей не проходить через зіниці ваші, – пробудіться!». Після того, як послухався опустити очі вниз і не піднімати голови, удостоївся почути цю відозву, завдяки який осягнув усе бажане.

«Вищі, які утаєні та недоступні, очі яких пильно стежать за всім світом, – вдивіться й побачите! Нижні, що сплять, світло ваших очей не проходить через зіниці ваші, пробудіться!», – ця відозва пробуджує всі душі, котрі виконують вказівки рабі Шимона, – як ті, які там були, так і ті, які не перебували там. Відозва вийшла до всіх душ праведників та поділила їх на дві групи:

1. вищі святі, утаєні та недоступні, котрі удостоїлися прозріння й можливості спостерігати за всім світом; їх воно закликає вдивитися та побачити, – тобто притягнути вищі світла разом з другою групою, як одне ціле;

2. всі ті стани, які проходять вигнання, (слідуючи) за Творцем та Шхіною Його, і проходять вигнання, (будучи віддаленими) від Шхіни Його; називає їх нижніми, тими, що сплять, і очниці приховують світло їхніх очей, – їх вона закликає до пробудження.

54) «Хто з вас перетворив пітьму на світло та може відчути солодкість в гіркоті ще до своєї появи тут?!», – тобто поки він ще живе в цьому світі, «хто з вас кожен день чекає на світло, що з'являється в той час, коли Цар пробуджує зорю (досл. лань), і тоді підноситься слава Царя, і називається він Царем над усіма царями світу?! У того, хто не чекає на це кожен день, перебуваючи в цьому світі, немає частки тут».

Пояснення. Ця відозва підкреслює основну достойність кожної з груп, бажану для них.

1. Про достойність першої групи мовиться: «Хто з вас перетворив пітьму на світло та може відчути солодкість в гіркоті». Це – душі Ацилуту, тому що в світах БЄА «одне проти іншого створив Творець», – пітьму на противагу світлу, гірке на противагу солодкому. І тому в Торі світів БЄА є придатне і непридатне, нечисте й чисте, заборонене і дозволене, святе й буденне, тоді як вся Тора Ацилуту являє собою лише імена Творця, і немає там нічого буденного. Ім'я Лаван-арамі вважається там святим, і також ім'я Фараон, і всі імена, які в світах БЄА являють собою кліпу та нечистоту, є там іменами святими й піднесеними. Отже, лише ті душі, які удостоїлися світла світу Ацилут, обертають всю пітьму на світло, і всю гіркоту – на солодкість.

2. Про достойність другої групи говориться: «Хто з вас кожен день чекає на світло, що з'являється в той час, коли Цар пробуджує зорю (досл. лань), і тоді підноситься слава Царя, і називається він Царем над усіма царями світу», – ті, які слідують за Шхіною, котра перебуває у самітності, та чекають невпинно, коли ж Творець підніме Шхіну з праху. А у тих, «хто не чекає на це кожен день, перебуваючи в цьому світі, – немає частки тут».

55) Тим часом, він побачив багатьох з товаришів навколо всіх стовпів, що стоять там, і побачив, що піднімають їх у небесне зібрання. Одні підіймаються, інші опускаються. А вище від усіх побачив він того, хто володіє крилами, тобто Матата, який наближався.

Пояснення. Коли лунав заклик, він побачив безліч душ праведників, що відносяться до цих двох груп, «навколо всіх стовпів, що стоять там», – тобто тих душ праведників, які вже були в зібранні рабі Шимона. І він бачив, як вони піднімаються у небесне зібрання. Одні з них піднімалися, інші опускалися, – оскільки перша група підіймалася, а друга опускалася. Тому сказано: «Одні підіймаються, інші опускаються», – тому що вони таким чином допомагають один одному, згідно заклику, що лунає. І першій групі голос сказав: «Вдивіться й побачите». А другій групі сказав: «Прокиньтеся».

І побачив він, що внаслідок пробудження всіх цих душ, тобто завдяки взаємодії цих двох груп, спустився Матат зі свого зібрання в зібрання рабі Шимона та дав їм клятву. Тому сказано: «А вище від усіх побачив він того, хто володіє крилами, який наближався. І той дав клятву». «Вище від усіх» означає те ж саме, що і «завдяки взаємодії їх усіх». А «той, хто володіє крилами» – це Матат.

56) Ангел Матат дав клятву, що чув по той бік екрану, як Цар турбується і згадує кожен день про лань, яка лежить, повалена у прах. У цей час Він ударяє в триста дев'яносто небозводів, і всі вони, вражені й перелякані, постають перед Ним. І тоді Цар ронить сльози, вболіваючи про повалену в порох Шхіну. І ці сльози, що є пекучими як вогонь, падають у велике море, і завдяки цим сльозам встає та отримує сили правитель, призначений над цим морем, який зветься Рахав. І він благословляє ім'я святого Царя, і зобов'язується проглинути все води, що створені на початку творіння, увібравши їх в себе в час, коли народи зберуться разом, піднявшись на святий народ, і води ці висохнуть, і пройдуть по суші.

Пояснення. Він дав клятву в тому, що Цар турбується і згадує кожен день про лань, яка повалена в порох, тобто про святу Шхіну. Однак не мається на увазі вся Шхіна, бо в цьому не було необхідності клястися, оскільки це ясно всім. Але мається на увазі лише Малхут де-Малхут, яка, як вважав рабі Хія, знаходиться в полоні, серед кліпот, та є покинутою остаточно. Тому, «заплакавши, сказав праху: "Наскільки ти неподатливий, наскільки ти завзятий. Всі, хто дорогий оку, розкладаються в тобі, світочів усього світу поглинаєш ти, перетворюючи на ніщо"». І тому вона називається «лань, яка повалена в порох».

І тут ця велика таємниця відкрилася рабі Хія завдяки Матату, який з'явився в зібрання рабі Шимона та дав клятву в тому, що «Цар турбується і згадує кожен день про лань, яка повалена в порох». Яким же чином вона розкривається, – ми побачимо, з'ясувавши сказане Мататом.

«У цей час Він ударяє в триста дев'яносто небозводів, і всі вони, вражені й перелякані, постають перед Ним». Ударним злиттям (зівуґ де-акаа) вищого світла з екраном називається стан, коли вище світло здійснює удари по екрану, – тобто це вище світло вдаряє, бажаючи поширитися нижче від межі екрану, а екран перешкоджає йому, повертаючи вище світло назад. І це повернення називається відбитим світлом, що піднімається від екрану знизу нагору та вдягає вище світло[164].

І поняття «триста дев'яноста небозводів» полягає в наступному. Екран називається «небозводом, що розділяє», і він включає в себе чотири властивості ХУБ (Хохма й Біна) ТУМ (Тіферет і Малхут), що позначаються чотирма буквами АВАЯ. Внаслідок подслащення Малхут в Біні, екран отримує властивості Біни, а сфірот Біни позначаються сотнями. Таким чином, ці чотири властивості екрану ХУБ ТУМ досягають числа «чотириста». Однак на Малхут нижню «гей ה» не відбувається зівуґу, оскільки вона є властивістю «замкнені ворота». Тому вважається, що тим «ста», які відносяться до сфірі Малхут, тобто до нижньої «гей ה», бракує «десяти» від властивості Малхут де-Малхут, і в ній є лише дев'ять перших сфірот, що прирівнювані до «дев'яноста».

Саме тому екран, званий небозводом, з яким вище світло поєднується в ударному злитті (зівуґ де-акаа), званому ударом, містить не чотириста, а триста дев'яносто (небозводів), і йому бракує десяти, – тобто властивості Малхут де-Малхут. Тому називається цей небозвід іменем «триста дев'яносто небозводів». І сказано, що «Він ударяє по трьохстах дев'яноста небозводах» кожен день, під час зівуґу зі Шхіною аби вилучити (її зі стану) «лань, яка повалена у прах», тобто її бракує в цьому зівузі, бо вона – ті «десять», яких бракує «чотирьомстам».

---

164 Див. «Вступ до науки Кабала», п.14.

«І всі вони, вражені й перелякані, постають перед Ним», – тому що зіткнення екрану з вищим світлом відбувається «в трепоті й тривозі», тобто через страх отримати надміру.

«І тоді Цар ронить сльози». Мохін ступені Хохма називаються «ейнаїм (очі)», оскільки п'ять сфірот рош називаються ґальґальта-ейнаїм та озен-хотем-пе (АХАП)[165]. І так само як краплі, які очі виділяють з себе назовні, називаються сльозами, так само і краплі, які виділяються назовні ступенем Хохма, називаються сльозами.

І виділення цих крапель відбувається внаслідок ударного злиття (зівуґ де-акаа). Бо вище світло, що сходить до нижнього, зустрічається з екраном, стикаючись та співударяючись з ним, і хоче поширитися нижче від межі екрану. Але в ту ж мить екран долає його натиск і відштовхує назад, не дозволяючи йому перейти межу.

Але тим часом, перш ніж екран встигає відштовхнути його назад, мимоволі проникають туди дуже маленькі краплі вищого світла, падаючи нижче від межі екрану, і навіть всієї стрімкості екрану не вистачає аби відбити їх над собою. І знай, що ці краплі не можуть включитися в ступінь Хохми, що виходить в нижньому, бо в них немає облачення відбитого світла. І вони виділяються й виходять з парцуфу Хохма, та називаються вони «сльозами».

І тому, коли мирську людину переповнює почуття милосердя й любові до свого товариша, в нього течуть сльози з очей. І це виходить від кореня духовних сліз, про які вже йшлося, бо будь-яка духовна сутність, що має місце у вищих, вдаряє в матеріальні створіння, породжуючи в них свою віту. Адже вище світло стикається з екраном і б'є по ньому аби пройти його межу, тому що вище світло завжди виходить тільки з Нескінченності, яка знаходиться вище від світу скорочення, і там не визнаються жодні кордони.

---

165 Досл. лоб-очі та вуха-ніс-рот.

І оскільки вище світло прагне і жадає розповсюдитися в нижнього, – як сказано: «Побажав Творець перебувати в нижніх» і, також, «перебування Шхіни в нижніх є високою вимогою», – він стикається з екраном та, бажаючи пройти його межу, вдаряє його. Однак екран змушує його повернутися назад у вигляді відбитого світла. Але тим часом сльози виходять назовні.

Адже ці сльози виходять від почуття милосердя й любові до нижнього. Тому і в матеріальній віті, в той момент, коли все, що утаєне в людині пробуджує в ній милосердя та любов до товариша, завжди виступають сльози. Але духовні сльози не зникають, на відміну від матеріальних.

«І ці сльози, що є пекучими як вогонь, падають у велике море». Як сказано: «Бо сильна як смерть любов, тяжкі як пекло ревнощі, вогонь їхній – вогонь, що спалює – полум'я Творця!»[166]. Адже ці сльози є проявом почуття милосердя й любові, що виходять з боку вищого світла до нижнього. І те ж саме ми бачимо в матеріальній віті, – в той час, коли людина відчуває, що все її єство охоплене любов'ю та милосердям до товариша, то сльози його обпалюють настільки ж сильно, як і полум'я, що охопило його почуття. І те ж саме – ті сльози, про які сказано «що є пекучими, як вогонь», адже «вогонь її – вогонь, що спалює – полум'я Творця!». Тому сказано: «Ці сльози, що є пекучими, як вогонь, падають у велике море». Малхут зі сторони Хохми називається великим морем, тому що від неї простягаються «численні води хвиль морських, що здіймаються»[167].

«І завдяки цим сльозам встає й отримує сили правитель, призначений над цим морем, що зветься Рахав», – той правитель моря, який був повалений під час створення світу. Як тлумачать мудреці уривок «і вражає Рахава розумом Своїм»[168], – в той момент, коли було вказано йому: «Нехай стечуть води в

---

166 Писання, Пісня пісень, 8:6.
167 Писання, Псалми, 93: 4. «Голосніше рокоту, який випускають численні води хвиль морських, що здіймаються».
168 Писання, Йов, 26:12.

єдине місце»¹⁶⁹, він не захотів увібрати в себе води початку творіння¹⁷⁰. Але завдяки цим сльозам, які падають у велике море, він «встає й отримує сили», – тобто завдяки їм постійно відроджується до життя.

Сказано про це: «І він благословляє ім'я святого Царя, і береться проглинути всі води, що створені на початку творіння», – тому що під час створення світу жодне виправлення не досягає Малхут де-Малхут, адже Творець зробив виправлення світів АБЄА підйомом МАН від Біни, а не від Малхут, і цього було достатньо лише для дев'яти перших сфірот Малхут, але не для Малхут де-Малхут.

Сказане «ти – народ Мій (амі)»¹⁷¹ означає: «Зі Мною (імі) ви у співпраці», – тобто «Я почав світи, а ви завершуєте їх», тому що все виправлення Малхут де-Малхут покладено лише на нижніх. І тому, коли було сказано правителю моря: «Нехай стечуть води в єдине місце»¹⁶⁹, він відмовився, не бажаючи проглинути всі води, що створені на початку творіння, – адже кліпот би взяли гору в ньому через відсутність виправлення Малхут де-Малхут, – і тому був повалений.

Однак ці сльози виявляють та виправляють Малхут де-Малхут, і тому вони оживлюють правителя моря, щоби той міг встати й освятити ім'я святого Царя, тобто виконати вказівку Господаря свого, проглинувши всі води початку творіння. І тоді будуть скасовані всі кліпот у світі, і всі сили цього грішника, і «стечуть води в єдине місце»¹⁶⁹, – в світ Ацилут. І світ Ацилут поширеться в рівній мірі з властивістю «раглаїм (ноги)» світу Адам Кадмон, аж до цього світу, і станеться остаточне виправлення, тому що світи БЄА знову стануть світом Ацилут.

Тому мовлено: «В час, коли народи зберуться разом, піднявшись на святий народ», – бо це станеться в майбутньому, під час остаточного виправлення, коли всі народи світу зберуться

---

169 Тора, Берешит, 1:9.
170 Вавилонський Талмуд, трактат Бава Батра, арк. 4:1.
171 Пророки, Єшаягу, 51:16.

усі разом, щоби знищити Ісраель. І тоді розкриється, що правитель моря проглине все води початку творіння. «І води ці висохнуть, і пройдуть по суші», – і тоді висохнуть ці води, і сини Ісраеля пройдуть по суші. Як сказано: «Як в дні виходу твого з краю єгипетського, явлю йому дива»[172], – але це було лише початком, оскільки відбулося тільки біля Кінцевого моря і лише в той час. Але в кінці виправлення «знищить Він смерть навіки».

І Матат таким чином прояснив дану ним клятву, що «Цар турбується і згадує кожен день про лань, яка повалена у прах». Адже навіть злиття (зівуґ), яке Він робить кожен день зі своєю Шхіною, відбувається лише в трьохстах дев'яноста небозводах, тобто тільки в дев'яти перших сфірот Малхут, а Малхут де-Малхут залишається поваленою в прах, і нам здається, що Цар не пам'ятає про неї взагалі. Але це не так, оскільки Він згадує про неї у кожному зівуґі, і при кожному зівуґі сльози виходять назовні в силу ударів, що наносяться по трьохстах дев'яноста небозводах, і не зникають, а падають у велике море, Малхут де-Малхут, яка раз по раз одержує своє виправлення за допомогою цих сліз.

І в тій же мірі все більше відроджується до життя правитель моря, доки сльози не зберуться в мірі, що є достатньою для того, аби виявити всю Малхут. І це станеться в той момент, коли зберуться відразу всі народи проти Ісраеля, і тоді відродиться до життя правитель моря й проглине все води початку творіння, бо Малхут де-Малхут отримає виправлення в усій своїй повноті. Адже «Цар згадує про лань кожен день», доки вона не отримає виправлення в усій своїй повноті.

І тут розкрилося рабі Хія все, про що він просив, бо побачив він, що ніщо не поглинається прахом, а навпаки, кожен день на нього відбувається зівуґ, як присягнув йому Матат.

57) Тим часом він почув голос: «Звільніть місце, звільніть місце! Цар Машиах[173] прибуває в зібрання рабі Шимона!», –

---

172 Пророки, Міха, 7:15.
173 Досл. Цар-визволитель.

тому що всі праведники там є главами зібрань, і ці зібрання є відомими там. І всі товариші, з усіх зібрань, підіймаються з цих зібрань до небесного зібрання. І Машиах прибуває в усі ці зібрання та затверджує Тору, що виходить з уст цих мудреців. В цей час в зібрання рабі Шимона з'являється Машиах, увінчаний вищими прикрасами від глав цих зібрань.

Пояснення. Завдяки силі цього великого розкриття, що міститься в клятві Матата, – тобто розкриття кінця (днів), – дуже піднеслися всі праведники, які знаходилися в зібранні рабі Шимона і, тим більше, ті дві групи праведників, які стали причиною приходу Матата та його клятви, і завдяки цьому домоглися найбільш видатних досягнень. І удостоїлися всі досягти ступенів голів зібрань.

У всіх цих зібраннях є члени зібрань, а над ними є голови зібрань. І відмінність між ними – як відмінність між ВАК та ҐАР цього ступеню. І в той час, коли Матат розкрив таємницю того, що станеться в кінці, пролунав голос, який вимовив: «Звільніть місце! Бо цар Машиах йде», – оскільки те, що станеться в кінці, пов'язане з царем Машиахом. І він пояснює, що всі праведники зібрання рабі Шимона удостоїлися цього, бо всі праведники там є главами зібрань. Адже для того, щоби стати гідним споглядати Машиаха, необхідно уподібнитися йому за властивостями. А цар Машиах – це світло єхіда. Тому, якби не удостоїлися всі товариші досягти властивості голів зібрань, вони не удостоїлися б споглядати Машиаха.

І сказано, що «ці зібрання відомі там, і всі товариші, з усіх зібрань, підіймаються із зібрання, що знаходиться тут, в небесне зібрання». Звідси ми можемо зробити висновок, що не слід думати про властивість «глави зібрань» як про ҐАР низьких ступенів. Тому він говорить: «І ці зібрання відомі там», – тобто вони відомі на високих, настільки піднесених ступенях, що «всі товариші, з усіх цих зібрань, підіймаються з цих зібрань до небесного зібрання».

Але крім цього, ще й сам «Машиах прибуває в усі ці зібрання та затверджує Тору, що виходить із уст цих мудреців». Іншими словами, ступінь членів цих зібрань є настільки високою, що сам Машиах з'являється в усі ці зібрання аби увінчатися відкриттями, яких члени цих зібрань удостоїлися в Торі. А зараз удостоїлися всі члени цих зібрань увійти на ступінь глав цих зібрань.

І підводиться підсумок: «У цей час в зібрання рабі Шимона з'являється Машиах, який увінчаний вищими прикрасами від глав цих зібрань». Однак тепер, після того, як всі ці члени зібрань удостоїлися ступеню «глави зібрань», Машиах вінчається Торою глав цих зібрань, і тим самим, він набуває від глав зібрань найвищих прикрас.

58) У цей час встали всі товариші і встав рабі Шимон, і світло його піднеслося до самої вершини небокраю. Сказав йому Машиах: «Рабі, благословен ти, адже твоя Тора сходить у трьохстах сімдесяти світлах, і кожне світло розкривається в шестистах тринадцяти тлумаченнях, які піднімаються та занурюються в потоки чистого Афарсемону. І сам Творець затверджує Тору зібрання твого й зібрання Хізкії[174], царя іудейського, та зібрання Ахії Шилонянина[175]».

Пояснення. У момент, коли відкрився Машиах та з'явився в зібрання рабі Шимона, встали всі товариші і встав рабі Шимон на тому ж ступені, і тоді «світло його піднеслося до самої вершини небокраю». І це вказує на те, що рабі Шимон осягнув світло тих десяти небозводів, яких бракувало через закриті врата Малхут де-Малхут. І тому сказано, що «світло його піднеслося до самої вершини небосхилу», – тобто він досягнув світла єхіда.

І про це сказав йому Машиах: «Тора твоя сходить у трьохстах сімдесяти світлах, і кожне світло розкривається в шестистах тринадцяти тлумаченнях, які підіймаються й занурюються в потоки чистого Афарсемону». Інакше кажучи, його Тора підіймається в Атік Йомін, в якому числове значення кожної сфіри підноситься

---

[174] Пророки, Мелахім 2, 18 – 20.
[175] Пророки, Мелахим 1, 11 – 15.

до «ста тисяч». І чотири сфіри ХУБ ТУМ в ньому – це чотириста тисяч. Бо «одиниці» – в Нукві, «десятки» – в Зеір Анпіні, «сотні» – в Імі, «тисячі» – в Абі, «десятки тисяч (рібо)» – в Аріх Анпіні, «сотні тисяч» – в Атіку.

Але, в такому разі, йому слід було сказати, що «Тора твоя сходить у чотирьохстах світлах, і кожне світло сходить до «тисячі» тлумачень, усього – чотириста тисяч. Однак він натякнув йому, що по відношенню до світел, які приходять від Іми, він не користується всіма чотирьохстами повністю, а лише трьомастами сімдесятьма. Як сказано: «Був самим знатним з тридцяти, але з тими трьома не зрівнявся»[176], – адже хоча світло його і сходить до самої вершини небокраю, все ж трьох перших сфірот (ҐАР) верхньої сотні «йуд ‘» він не досягає. І у нього є лише триста сімдесят світел без тридцяти вищих.

І таким же чином – щодо тисяч, які є світлами Аби. Він не користується справжніми ҐАР кожної тисячі, а лише ВАК кожної з них, і це – шістсот. А замість ҐАР кожної тисячі він користується тринадцятьма – тобто Хохмою тридцяти двох шляхів[177], тому що число «тринадцять» вказує на Хохму тридцяти двох шляхів, звану чистим Афарсемоном. І тому сказав йому Машиах, що «Тора твоя сходить у трьохстах сімдесяти світлах, і кожне світло розкривається в шестистах тринадцяти тлумаченнях, які підіймаються й занурюються в потоки чистого Афарсемону». І в чотирьохстах властивостях Іми бракує тридцяти, які відносяться до вищої Хохми, і в ній є лише триста сімдесят. А в кожній «тисячі» бракує чотирьохсот вищих властивостей, які відносяться до передуючої Хохми, і замість них він користується тринадцятьма річками чистого Афарсемону. І в кожній тисячі є лише шістсот тринадцять, бо так підносяться всі вищі приховані таємниці із зібрання рабі Шимона.

«І сам Творець затверджує Тору зібрання твого». Вище сказано: «Машиах прибуває в усі ці зібрання й затверджує Тору, що виходить із уст цих мудреців», – оскільки він звеличується

---
176 Писання, Діврей га-ямім 1, 11:25.
177 Див. вище, статтю «Троянда», огляд Сулам, п.2, зі слів «Отже, з'ясувалося...»

й прикрашається тим, що відкривають всі праведники в Торі. І мовлено[178]: «Всі пророки пророкували те, що станеться в дні Машиаха. Але про прийдешнє майбутнє сказано: "Око не бачило Всесильного, крім Тебе"[179]», – оскільки тоді вже будуть виправлені всі ступені, які відносяться до днів Машиаха, і всі таємниці Тори будуть у властивості «око не бачило Всесильного, крім Тебе». І тоді мовиться, що «тільки Творець затверджує Тору».

І оскільки Тора цих трьох глав душ відноситься до властивості «після днів Машиаха», до властивості «око не бачило Всесильного, крім Тебе», тому сказав йому Машиах, що «тільки Творець затверджує Тору зібрання твого й зібрання Хізкії, царя іудейського та зібрання Ахії Шилонянина». Бо ці троє удостоїлися таємниць Тори у властивості «око не бачило Всесильного, крім Тебе», і сам Творець затверджує Тору, що виходить з уст їх.

59) «Я прийшов затвердити Тору зібрання твого лише тому, що володар крил з'явиться сюди. Бо знаю я, що не увійде він до іншого зібрання, крім твого». У цей час розповів йому рабі Шимон про клятву, яку виголосив володар цих крил. Машиах був вражений і підніс свій голос. І здригнулися небокраї, і здригнулося велике море, і здригнувся левіатан, і світ мало не перекинувся. Тим часом побачив він рабі Хія біля ніг рабі Шимона, запитав: «Хто тут дозволив перебувати людині, яка вбрана в шати того світу?», – тобто в тіло цього світу. Відповів йому рабі Шимон: «Це рабі Хія – світоч Тори». Сказав йому: «Нехай долучені будуть він і сини його», – тобто нехай покинуть цей світ і будуть зараховані до твого зібрання. Сказав рабі Шимон: «Хай буде наданий йому час». Дали йому час.

Пояснення. Машиах сказав рабі Шимону, що він прийшов затвердити (Тору) лише тому, що володар крил з'явиться до його зібрання. І він хоче знати, що той сказав йому. А те, що сказав: «Бо знаю я, що не увійде він до іншого зібрання, крім твого» означає, що не піде він до зібрання Хізкії, царя іудейського, та Ахії Шилонянина.

---

178 Вавилонський Талмуд, трактат Сангедрін, арк. 99:1.
179 Пророки, Єшаягу, 64:3.

«Машиах був вражений і підніс свій голос». Бо, почувши про прийдешній кінець, що передбачений Мататом, – що в цей час жахливі біди спіткають Ісраель, здригнуться небозводи, а також велике море, і світ перевернеться, як мовлено: «Шість тисячоліть існуватиме світ, і ще одне – буде зруйнований»[180], – він підніс голос, бажаючи пом'якшити всі ці потрясіння.

І сказав: «Хто дозволив перебувати тут людині, яка вбрана в шати того світу?». Машиах здивувався тому, що рабі Хія був вдягнений в матеріальне тіло цього світу. Адже після того, як він удостоївся перебувати тут, і удостоївся розкриття Матата та клятви його, виходить, що він вже виправив всю властивість зла, і також удостоївся споглядати Машиаха. Виходить, що він закінчив свою роботу в цьому світі і йому більше нема чого робити в ньому. І в такому випадкові, він повинен покинути його та увійти до зібрання рабі Шимона в Еденському саду. Навіщо ж йому дарма перебувати в цьому світі?!

І рабі Шимон відповів йому: «Нехай буде наданий йому час». Іншими словами, рабі Шимон доводив Машиахові, що необхідно знову дати йому час, бо він повинен ще жити в цьому світі та займатися новими виправленнями. І тоді йому наданий був час. Тобто, Машиах і рабі Шимон повідомили, що він ще повинен зробити в цьому світі.

60) І вийшов звідти Машиах вражений, з його очей текли сльози. Здригнувся рабі Хія, заплакав і сказав: «Благословенна доля праведників в тому світі, благословенна доля (Шимона) бен Йохая, який удостоївся цього. Про нього сказано: "Дати у спадок тим, хто любить Мене, суще, та їхні скарбниці Я наповню"[181]».

Машиах вийшов із зібрання рабі Шимона, і сльози текли з його очей, викликані глибокою тривогою про повне визволення. І тому був вражений також і рабі Хія.

---

180 Вавилонський Талмуд, трактат Сангедрін, арк. 97:1.
181 Писання, Притчі, 8:21.

Зі Мною ти у співпраці

61) «Спочатку (берешит)». Першим заговорив рабі Шимон: «"І вкладу Я слова Свої в уста твої"[182]. Які ж зусилля повинна людина докладати в Торі вдень і вночі, – адже Творець прислухається до голосу тих, хто займаються Торою. І з кожним словом, що оновлюється в Торі людиною, яка старанно трудилася в ній, створює Він один небозвід».

Пояснення. Творець вклав силу мови Своєї в уста праведників, як сказано: «"Ти – народ Мій!"[182] – для того, щоб співпрацювати зі Мною. Так само як Я створив небо й землю реченням Своїм, як сказано: "Словом Творця небеса створені"[183], – так само й ви», – так само і праведники створять небо силою речення свого.

Цим почав рабі Шимон з'ясування уривка: «Спочатку створив Творець небо і землю»[184]. Слово «створив (бара)» означає тут укриття, і говорить про те, що воно закриває й не відкриває. І потрібно зрозуміти, чому ж Він створив їх у прихованні. І повідомляється, що Він створив їх у такому вигляді для того, щоби вкласти остаточне виправлення неба й землі у промови праведників та зробити їх учасниками у створенні неба і землі разом з Ним. Про це сказано: «І вкладу Я слова Свої в уста твої»[182].

Тут з'ясовується, що є дві стадії в оновленні неба й землі, які вклав Він в уста праведників.

1. Виправлення прогріху Адама Рішона, тому що сам Творець здійснив це виправлення неба й землі в найбільш піднесеній його формі ще до гріхопадіння Адама Рішона, як з'ясувалося в дії початку творіння. І сказано, що ЗОН Ацилуту піднялися в

---

[182] Пророки, Єшаягу, 51:16. «І вкладу Я слова Свої в уста твої, і в тіні Своєї руки укрию тебе аби влаштувати небеса та заснувати землю, і сказати Циону: "Ти – народ Мій!"».
[183] Писання, Псалми, 33:6.
[184] Тора, Берешит, 1:1.

Аріх Анпін та вищі Аба ве-Іму, а Адам Рішон, піднявшись, вдягнув ІШСУТ та ЗОН Ацилуту. І були в нього, у Адама Рішона, НАРАН Ацилуту, звані вищим світінням, яке було настільки піднесеним, що «п'ята Адама Рішона затемнювала сонячне коло».

А після порушення заборони Древа пізнання, він опустився до цього матеріального світу[185], і його НАРАН тепер приходять до нього від трьох відокремлених світів БЄА. А небо і земля Ацилуту опустилися через нього під табур Аріх Анпіну до стану ВАК і точки. І це виправлення покладене на праведників: виправити всі вади, котрі утворилися внаслідок цього гріхопадіння, і знову оновити небо та землю Ацилуту, тобто ЗОН, піднявши їх в Аріх Анпін та Аба ве-Іму, як і до гріхопадіння. І праведники самі отримають знову вище світіння Адама Рішона, тобто НАРАН світу Ацилут.

2. В Адама Рішона до гріхопадіння теж не було усієї довершеності, яку Творець хотів передати йому. І тому, після того, як праведники виправлять гріх Адама Рішона та досягнуть досконалості НАРАН Ацилуту, яка була в Адама Рішона до гріхопадіння, на них знову покладається робота, – притягнути всі вищі мохін, яких взагалі ще не було в світі, як сказано: «Око не бачило Всесильного, крім Тебе»[179].

І ці світи, яких «око не бачило» і які сповнюють праведники, називаються новими небесами та новою землею[186], оскільки вони насправді є новими, бо їх взагалі ще не було в реальності. Однак ті небо й земля, які праведники знову повертають до стану, в якому вони були в дії початку творіння, до гріхопадіння Адама Рішона, в дійсності не називаються новими небом й землею. Адже вони вже одного разу були в світі, тому що Творець встановив їх зі своєї сторони ще до гріхопадіння, і вони тільки були відновлені, оскільки вже після того, як втратили досконалість та перестали діяти, були відроджені знову.

---

185 Вавилонський Талмуд, трактат Хаґіґа, арк. 12:1.
186 Пророки, Єшаягу, 65:17. «Бо ось Я створюю небеса нові і землю нову, і не буде згадане колишнє і не прийде в серце».

І тому ці праведники ще не вважаються такими, що співпрацюють з Творцем. Адже вислів: «І вкладу Я слова Свої в уста твої», що наводиться рабі Шимоном, має на увазі вищі мохін, яких бракувало й Адаму Рішону, і вони дійсно були оновлені праведниками, тому що ще не вийшли зі сторони Творця, і щодо них праведники дійсно вважаються соратниками.

«Адже Творець прислухається до голосу тих, хто займається Торою. І з кожним словом, що оновлюється в Торі людиною, яка старанно трудилася в ній, створює Він один небозвід». Зеір Анпін називається «голос», а його Нуква – «мовлення». Коли праведник займається Торою, він піднімає МАН в ЗОН за допомогою «голосу» й «мовлення» його Тори. «Голос» піднімається до Зеір Анпіну, а «мовлення» – до Нукви. І тоді «Творець прислухається до голосу тих, хто займається Торою», – тому що голос Тори підіймається в якості МАН до Зеір Анпіну, котрий зветься Творець. «І з кожним словом, що оновлюється в Торі людиною, яка старанно трудилася в ній, створює Він один небозвід».

«Слово» означає «мовлення». І будь-яке мовлення в Торі, що оновлюване людиною, яка займається Торою, підіймається в якості МАН до Нукви, котра називається «словом» і «мовленням». І завдяки цьому утворюється один небозвід. «Небо» означає екран, на який відбувається зівуґ Творця та Шхіни Його, і це відбувається завдяки тим МАН, які піднімають праведники у своїх заняттях Торою.

І оновлення, про яке сказано, що воно відбувається в слові Тори, але не в голосі Тори, полягає в тому, що Нукві для кожного зівуґу потрібно вибудувати нову основу, бо вона після кожного зівуґу знову стає незайманою. А завдяки підйому МАН праведників оновлюється в ній кожен раз її основа (есод), тобто місце отримання світел Зеір Анпіну. Тому мовиться: «І з кожним словом, що оновлюється в Торі», – бо «слово», тобто Малхут, дійсно оновлюється завдяки слову Тори, яке осягнуте праведником. Адже після кожного зівуґу знову зникає місце їхнього отримання.

62) У той час, коли слово Тори оновлюється в устах людини, це слово піднімається та постає перед Творцем, і Творець бере це слово й цілує його, та вінчає його сімдесятьма прикрасами, різьбленими й карбованими. І оновлене слово цієї мудрості (хохма) підіймається та простягається над головою праведника, який оживляє світи. І звідти воно здіймається та пролітає по сімдесяти тисячах світів, і піднімається в Атік Йомін, тобто в сфіру Кетер. І всі вислови Атік Йоміна – це вислови мудрості про приховані вищі таємниці. Іншими словами, в той момент, коли людина піднімає МАН у своєму вислові Тори, це вище слово, Нуква Зеір Анпіну, піднімається та постає перед Творцем для зівуґу з Ним.

«І Творець бере це слово й цілує його, та вінчає його». Два стани мають місце в кожному зівузі ЗОН: зівуґ де-нешикін (поцілунків) та зівуґ де-єсодот (основ). Бо не доповнюється ім'я, поки не створює Він світло для світу Свого, і вдягаються вони один в одного; тобто крім ступеню Хохма, необхідний другий зівуґ для ступеню хасадім аби ступінь Хохми вдяглася в ступінь хасадім. Тому кожен зівуґ містить в собі два зівуґи:

1. зівуґ для ступеню Хохма, званий «зівуґ де-нешикін (поцілунків)», здійснений в пе де рош для (виходу) ступеню рош і ҐАР;

2. зівуґ для ступеню хасадім, званий «зівуґ де-єсодот (основ)», який здійснюється для (виходу) ступеню хасадім.

«І Творець бере це слово» – тобто Нукву, «та цілує його», – що означає зівуґ де-нешикін на ступені ҐАР. «І вінчає його» – що означає зівуґ де-єсодот на ступені хасадім, коли вдягається Хохма в хасадім і Нуква прикрашається довершеними мохін.

«Та вінчає його сімдесятьма прикрасами, різьбленими й карбованими». Довершені мохін Нукви називаються сімдесятьма прикрасами. Тому що Нуква – це сьомий день, і коли вона отримує наповнення від Зеір Анпіну, який обчислюється «десятками», то стає сімдесятьма, а ці мохін називаються прикрасами. І тому вона зветься сімдесятьма прикрасами. І мовить, що вони «різьблені й карбовані», – тобто завдяки підйому МАН цих праведників вони стають місцем отримання цих сімдесяти прикрас.

«І оновлене слово цієї мудрості (хохма) піднімається та простягається над головою праведника, який оживляє світи». Є два види оновлення неба і землі, тобто ЗОН:

1. оновлення, яке повертає на своє місце колишню пишноту (атара), якою вона була до гріхопадіння Адама Рішона; при цьому оновленні Нуква носить назву «слово Тори»; і це те, що пояснює нам рабі Шимон до цього місця;

2. оновлення неба і землі за допомогою вищих мохін, яких не досягнув навіть Адам Рішон; і в цій властивості Нуква носить назву «слово мудрості (хохма)»; і це оновлення з'ясовується далі.

«Оновлене слово цієї мудрості (хохма) підіймається та простягається над головою праведника, який оживляє світи». Як сказано: «Праведники сидять, і пишнотою увінчані голови їхні»[187], – тому що за допомогою МАН праведників, вже сповнених досконалістю вищого світіння Адама Рішона, таких як рабі Шимон і товариші його, підіймається Нуква Зеір Анпіну, стаючи прикрасою на голові праведника, тобто Зеір Анпіну, у властивості його Єсоду, званого «який оживляє світи».

Пояснення. Світло Хохми називається світлом хая. Та оскільки Зеір Анпін може притягнути світло хая лише за допомогою Нукви, він вважається «тим, що оживляє» лише коли перебуває у зівузі з Нуквою, званою «світ». І тому називається «який оживляє світи». І також вважається, що Нуква є прикрасою на голові його. Іншими словами, мохін, звані прикрасою, приходять зі сторони Нукви, тобто без неї він би їх не удостоївся. Ми також вивчаємо, що «ніколи не відступався він від любові до неї, поки не назвав її: "Мати моя"»[188], – тому що наслідок відносно причини називається породженням. І оскільки Нуква була

---
187 Вавилонський Талмуд, трактат Брахот, арк. 7:1.
188 Мідраш, «Пісня Пісень», розділ 3.

причиною світла хая Зеір Анпіна, то Нуква у цьому відношенні стає його матір'ю.

«І звідти воно (слово) здіймається та пролітає по сімдесяти тисячах світів», – після того, як (Нуква) здійснила зівуґ із Зеір Анпіним в стані «прикраса на голові праведника», вона здіймається, піднімаючись ще вище, в Аріх Анпін, і там сім її сфірот (ЗАТ) стають сімдесятьма тисячами (сім рібо) світами, бо сфірот Аріх Анпіну обчислюються в «десятках тисяч (рібо)». А звідти, з Аріх Анпіну, вона піднімається ще вище, в Атік Йомін.

Тут перераховуються підйоми ЗОН, що слідують один за іншим, – до Атік Йоміна, – які відбуваються завдяки підйому МАН довершеними праведниками. Бо зівуґ, званий «прикраса на голові праведника», відбувається завдяки підйому у вищі Аба ве-Іму, і звідти він піднімається в Аріх Анпін, у властивість «сімдесят тисяч світів», а звідти – в Атік, який є вищим ступенем.

«І всі вислови Атік Йоміна – це вислови мудрості про приховані вищі таємниці». Пояснюються достойності мохін, якими наповнюється Нуква завдяки її підйому в Атік Йомін. І сказане: «Всі вислови Атік Йоміна», – тобто всі ступені, одержувані від Атік Йоміна, – «це вислови мудрості про приховані вищі таємниці», – про ҐАР Хохми. «Вислови мудрості» – це вказівка на ступінь Хохми, а «приховані вищі таємниці» – це ҐАР Хохми. І розкриваються вони лише підйомом в місце Атік Йоміна та не нижче від нього.

63) І коли підіймається це приховане слово мудрості (хохма), оновлюючись у цьому світі, воно з'єднується з висловами Атіка Йоміна, піднімаючись і опускаючись разом з ними, і входить у вісімнадцять світів, прихованих так, що «око не бачило Всесильного, крім Тебе»[179]. І вони виходять звідти й підносяться, та приходять в наповненні й довершеності та постають перед Атік Йоміним. У цей час Атік Йомін вбирає дух цього слова, і воно для нього є бажанішим за все. І він бере це слово та вінчає його трьомастами сімдесятьма тисячами прикрас, і це

слово, що оновлене в Торі, здіймається, піднімаючись та опускаючись, і з нього утворюється один небозвід.

Пояснення. Під час підйому Нукви в Атік Йомін, вона включається в зівуґ, що відбувається там, і піднімає відбите світло, притягаючи пряме світло від Атік Йоміна. «Піднімаючись» – означає, що піднімає відбите світло знизу нагору. «Опускаючись» – означає, що притягує пряме світло згори донизу та отримує тоді «вислови мудрості про приховані вищі таємниці». А «разом з ними» – вказує, що вона з'єднується з відбитим світлом та прямим світлом, наявними в самому Атіку.

«І входить у вісімнадцять (хай) світів, утаєних так, що "око не бачило Всесильного, крім Тебе"[179]», – тому що зівуґ, здійснюваний в Атіку, відбувається також і на Єсод Атіка, котрий там, і він теж «праведник, який оживляє (хай) світи», як і Єсод Зеір Анпіну під час свого підйому у вищі Аба ве-Іму. Але відмінність в тому, що Єсод Атіка відноситься до властивості «око не бачило Всесильного, крім Тебе», оскільки зівуґ цього Єсоду відбувається у вигляді удару по екрану, що піднімає відбите світло для облачення прямого світла. А нижче, в Аба ве-Імі, екран називається крилами, які вкривають вище світло в той момент, коли його відштовхують назад, і це вказує на те, що є в них сила суду, і все відбите світло називається світлом суду.

Але не так відбувається в Єсоді Атіка, про який сказано: «І не буде більше ховатися вчитель твій, і очі твої будуть бачити вчителя твого»[189], – адже хоча екран і підіймає відбите світло знизу нагору, в нього все ж немає «крил». Тому він називається «вісімнадцять (хай) світів, прихованих так, що "око не бачило Всесильного, крім Тебе"[179]. Інакше кажучи, там вже немає «крил», що приховують від чужого ока, тому що немає там ніяких судів, і лише «око не бачило Всесильного, крім Тебе». І зрозумій це як слід. Бо розкриття «знизу вгору» називається виявленням укритого, проте знаходиться у властивості «око не бачило Всесильного, крім Тебе».

---

189 Пророки, Єшаягу, 30:20.

Тому сказано: «І виходять звідти та підносяться, і приходять у наповненні й довершеності». «І виходять звідти», – тобто від зівуґу на екран, званий «вісімнадцять (хай) світів, утаєних так, що "око не бачило Всесильного, крім Тебе"». «І підносяться» – тобто (Малхут) піднімає відбите світло знизу нагору, «і приходять», – тобто вона притягує пряме світло згори вниз, і тоді вони «в наповненні й довершеності». «У наповненні» – прямим світлом, що виходить з «мудрості (хохми) про приховані вищі таємниці». «І довершеності» властивості відбитого світла, в якому немає ніякого суду, і весь він – лише довершене милосердя, нарівні з прямим світлом. І тоді «постають перед Атік Йоміним», – коли вони готові вдягнути Атік Йомін.

«У цей час Атік Йомін вбирає дух цього слова, і воно для нього є бажанішим за все». «Вбирає дух» – означає, що він відчуває натхнення, бо цей великий і піднесений зівуґ викликає найвище натхнення в Атік Йоміна. І це тому, що абсолютно всі світи і вся їхня пишнота включаються тоді в Нукву. «І воно для нього є бажанішим за все», – адже натхнення це приходить до нього від усіх світів відразу, будучи граничною досконалістю й високим ступенем, заради якого були створені ці світи.

«І він бере це слово, і вінчає його трьомастами сімдесятьма тисячами прикрас», – оскільки він наповнює її тоді піднесеними мохін самого Атіка, тобто ХУБ ТУМ (Хохма-Біна Тіферет-Малхут) від сфірот Атіка, кожна з яких обчислюється в «сто тисяч». І відмінність тільки в тридцяти вищих сфірот Хохми, як сказано: «Був самим знатним з тридцяти, але з трьома не зрівнявся»[176]. Тобто, хоча отримує і наповнюється від властивості ҐАР Хохми Атіка, і це вищі тридцять тисяч, разом з тим, до самих тридцяти тисяч Нуква не зможе піднятися і в дійсності вдягнути їх. Адже якби Нуква вдягнула також і ці тридцять тисяч, вона анулювалася б перед ним (Атіком), як свіча перед факелом. Тому вона отримує від Атіка лише триста сімдесят тисяч прикрас, тобто чотириста тисяч без тридцяти тисяч.

«І це слово, що оновлене в Торі, здіймається, піднімаючись та опускаючись, і з нього утворюється один небозвід».

«Здіймається» означає – «піднімається нагору». «Здіймається, піднімаючись» – тобто піднімає відбите світло знизу нагору, «і опускаючись» – завдяки піднятому відбитому світлу, вона опускається згори вниз разом з прямим світлом, «і утворюється з нього один небозвід», – тобто за допомогою облачення відбитого світла на пряме світло утворюється там один небозвід.

Тому що екран, який встановився в Малхут для того, щоб піднімати відбите світло, та приходить до Нукви завдяки добрим діянням й МАН, які підносяться з метою завдати насолоди своєму Творцеві, стає «небозводом» після здійсненого на нього зівуґу, за допомогою якого праведники осягають цей ступінь зівуґу, який вчинюється на нього. І це відбувається в такий спосіб: коли ступінь опускається до праведників через цей небозвід, він одягається в облачення, котре виходить від цього небозводу, – тобто у відбите світло, яке повертається вниз від небозводу разом з прямим світлом, що знаходиться вище від небокраю, і в такому вигляді він входить в осягнення праведників, коли (ці світла) одягнені одне в одне.

Пояснення сказаного. У праведників, які удостоїлися довершеності, – підйому МАН для такого високого зівуґу, – вже немає нічого від властивості отримання для самих себе, і той МАН, який вони підняли, був лише з метою наповнювати, а не отримувати. Тому вони встановлюють екран у Нукви хорошими діяннями та підйомом МАН, і роблять її готовою до цього великого зівуґу. І власне підготовкою є відбите світло, що піднімається вище від екрана Нукви, оскільки все, що піднімається знизу нагору, – це віддача і відмова від отримання заради себе. І тоді здійснюється зівуґ де-акаа (ударне злиття) з вищим світлом, і вище світло вдягається в облачення відбитого світла, що підіймається.

І коли це світло опускається згори вниз та вдягається у відбите світло, воно приходить для отримання нижнім, тобто до того праведника, який підняв цей МАН. Бо все, що приходить згори донизу, приходить для отримання. І оскільки вище світло проходить до нижнього через цей небокрай, то воно бере з собою облачення відбитого світла цього небокраю, і нижній отримує вище світло в цьому облаченні.

Адже і після того, як нижній осягає цей ступінь, він зовсім не насолоджується від вищого світла, що сходить до нього, але – лише відповідно до міри завдання насолоди Творцеві, – тобто в міру облачення відбитого світла, яке вдягає вище світло. І це називається отриманням заради віддачі, і він не отримує нічого, якщо не знаходить в цьому віддачі Сотворителю своєму. Тому таке отримання є вдягненим у віддачу, – пряме світло у відбите світло. Саме це підкреслюється у виразі: «І це слово, що оновлене в Торі, здіймається, піднімаючись та опускаючись, і з нього утворюється один небозвід». Іншими словами, нижні приймають його лише через цей небокрай, – тобто разом з його облаченням.

64) І так само з кожного слова мудрості утворюються небозводи, які постають перед Атік Йоміним у своєму довершеному вигляді. І він називає їх новими небесами, тобто заново відкритими небесами[190], і вони відносяться до прихованих таємниць вищої мудрості. А всі інші слова Тори, які оновлюються та не відносяться до вищої мудрості, – постають перед Творцем і піднімаються, стаючи землями життя, та опускаються, стаючи прикрасами єдиної землі. І все оновлюється і стає новою землею в силу цього слова, яке заново відкрите в Торі.

Пояснення. Так просуваються праведники, завжди піднімаючи МАН і притягаючи ті піднесені ступені від Атік Йоміна за допомогою небозводів, які утворюються завдяки цьому вищому зівуґу. І від цих небозводів утворюються нові небеса, які заново відкриваються на ступені Атік Йомін. Тому називаються ці високі осягнення такими, що відносяться до прихованих таємниць вищої мудрості, – оскільки приходять вони вдягненими у вбрання, що сходить від цих небозводів.

«А решта слів Тори, що оновлюються, постають перед Творцем та піднімаються, стаючи землями життя, і опускаються,

---

190 Див. Зогар, главу Ваікра, п.268.

стаючи прикрасами єдиної землі. І все оновлюється та стає новою землею», – тому що на кожному ступені є ХУБ ТУМ (Хохма й Біна, Тіферет та Малхут). До цих пір йшлося лише про таємниці Хохми, але не Біни, Зеір Анпіна та Малхут, наявних на кожному ступені. І сказано: «Піднімаються, стаючи землями життя» – бо всі вони стають властивістю Біни, званої землею життя. «І опускаються, стаючи прикрасами єдиної землі», – тобто Малхут, яка називається просто землею. «І все оновлюється та стає новою землею», – оскільки Малхут прикрасила себе й отримала всі ступені земель життя, тобто Біни.

І завдяки цьому піднялася Малхут аби стати Біною, і називається тепер «новою землею», – адже те, що раніше було в ній властивістю Малхут, тепер стало властивістю Біни. І про це сказано, що в майбутньому БОН стане парцуфом САЃ, а МА стане парцуфом АБ. Тому що небеса – це Зеір Анпін, і тепер, на ступені Атік Йомін, вони піднялися до таємниць вищої мудрості (хохма). Тому МА, тобто Зеір Анпін, став властивістю АБ, Хохмою. А «земля», Нуква Зеір Анпіну, стала властивістю САЃ, тобто Біною. Таким чином, «нові небеса» і «нова земля» – це МА і БОН, які відмінилися і стали властивістю АБ САЃ.

65) І про це сказано: «Бо як небеса нові й земля нова, які створюю Я»[191]. Сказано не «створив», а «створюю» – в теперішньому часі, оскільки завжди створює нові небо й землю з цих відкриттів і таємниць Тори. І про це сказано: «І вкладу Я слова Свої в уста твої, і в тіні Своєї руки укрию тебе аби влаштувати небеса та заснувати землю»[182]. Сказано не «ці небеса (га-шамаїм השמים)», а просто «небеса (шамаїм שמים)», без визначальної «гей ה», оскільки це не вказує на наявні небеса, а на заново відкриті небеса, що утворилися внаслідок висловів Тори.

«Сказано не "створив", а "створюю"». Вказує цим, що не слід помилятися в тлумаченні сказаного: «Нові небеса і нова

---

191 Пророки, Єшаягу, 66:22. «Бо як небеса нові і земля нова, які створюю Я, зміцнені будуть переді Мною, – слово Творця, – так зміцнене буде сім'я ваше та ім'я ваше».

земля», приймаючи їх за щось, що пройшло виправлення один раз і цього достатньо, – оскільки це не так. Але це відноситься до постійної роботи, – адже праведники, які вже сповнені довершеністю вищого світіння, продовжують безперервно створювати нові небо й землю. І про це сказано, що «праведники йдуть від досягнення к досягненню»[192].

І наводиться доказ цьому, – адже сказано: «Небеса нові і земля нова, які створюю Я»[191], а не сказано: «Які Я створив». Таким чином, ці небо і земля оновлюються безперервно завдяки заново відкритому в Торі цими завершеними праведниками. І також наводить на доказ сказане: «Влаштувати небеса (шамаїм שמים)», – адже якби це відбувалося відразу, то слід сказати: «Влаштувати ці небеса (га-шамаїм השמים)», з визначальною «гей ה». Але сказане просто «небеса (шамаїм שמים)» – означає, що це відбувається безперервно.

66) «І в тіні Своєї руки укрию тебе»[193] – в час, коли Тора була передана Моше, зібралося безліч вищих ангелів, бажаючи спалити його полум'ям вуст своїх, і тоді Творець прикрив його. А тепер, коли заново відкрите слово Тори підіймається й прикрашається та постає перед Творцем, Він прикриває це слово і вкриває цю людину, щоб тим не було відомо про них, а тільки Творцю, і щоби не ревнували його; і тоді утворюється з цього слова нове небо та нова земля. І це означає: «І в тіні Своєї руки укрию тебе аби влаштувати небеса й заснувати землю». Звідси видно, що будь-яке слово, яке приховане від очей, піднімається в ім'я вищого блага. Як сказано: «В тіні Своєї руки укрию тебе»[193]. І укрите воно і приховане від очей саме в ім'я вищого блага. І це означає: «Влаштувати небеса й заснувати землю», як ми вивчали, – тобто для того аби утворилися завдяки цьому нові небо і земля.

«І в тіні Своєї руки укрию тебе»[193] – мається на увазі облачення, що виходить від небозводу і вдягає та вкриває ступень мохін. І це вбрання є властивістю «тінь», яка вкриває мохін та

---
192 Вавилонський Талмуд, трактат Брахот, арк. 64:1.
193 Пророки, Єшаягу, 61:16.

приховує їх від чужого ока, і вони нікому не відомі, окрім самого Творця. І це необхідно для того, щоби приховати ці великі ступені від ангелів-служителів аби вони не заздрили йому (цій людині).

Причина цієї заздрості ангелів полягає в тому, що будучи чистими в основі своїй, коли дивляться на праведника, вони виявляють в ньому гадані недоліки через заздрість до того високого ступеня, якого він удостоївся. А потім обвинувачі чіпляються за ті недоліки, які відкрили в ньому ангели. І тому, коли вдягається ступінь в облачення цього небокраю, це вбрання визначає для нього величину ступеню аби не отримати від нього більше, ніж тільки в ім'я блага вищого. Таким чином, праведник захищений від заздрості ангелів, бо він при цьому може бути повністю захищеним від нанесення йому шкоди на цьому ступені, нарівні з ангелами.

І сказано: «Будь-яке слово, приховане від очей, піднімається в ім'я вищого блага» – це натяк, що «око бачить, а серце бажає». І він не може вберегтися, щоб думка його була чистою та спрямованою лише на завдання насолоди Творцеві своєму, але отримує також і заради власної вигоди. Але коли це приховане від очей, тобто при вдяганні в облачення небокраю, він упевнений, що не отримає більше, ніж те, що сходить на благо вищого. І тому сказано: «І укрите воно і приховане від очей саме в ім'я вищого блага».

67) «І сказати Циону: "Ти – Мій народ"»[182], – тобто сказати тим вратам і словам, де одні гарніші за інших, тобто цим відкриттям в Торі: «Ти – Мій народ». Читай не: «Ти – Мій народ (амі עמי)», де «айн ע» має знак огласування «патах», а читай: «Ти зі Мною (імі עמי)», де «айн ע» має знак огласування «хірік», що означає – «бути у співпраці зі Мною». Як Я «створив небо і землю» реченнями Своїми, як сказано: «Словом Творця небеса створені»[183], – і ти так само – аби твоїми висловами мудрості ти створив нові «небо» й «землю». Щасливі ті, хто докладають старанності в Торі.

Отримання називається вратами, які відкриті для отримання. Віддача за допомогою МАН називається словами. І сказано, що «одні гарніші за інших», – тобто вони вдягаються одне в одне і завдяки цьому стають гарнішими.

68) Можна стверджувати, що слово оновлення кожної людини створює це, навіть – того, хто не знає, що говорить. Але слід знати, що той, хто не направив шлях свій до таємниць Тори, і оновив слова, не знаючи їхнього справжнього значення, як належить, це оновлене слово піднімається, і до цього слова виходить з ущелини великої безодні людина підступна[194], майстерна у брехні. І вона долає п'ятсот парсаот, щоби отримати це слово, та забирає його, і йде з цим словом у свою розколину та створює в ній обманний небосхил, званий «хаос».

Пояснення сказаного. МАН, який піднімають праведники аби завдати насолоди Сотворителю, тобто в ім'я вищого блага, називається «заново відкритими словами Тори». Бо вони відкриваються заново внаслідок вищого зівуґу, і завдяки ним ЗОН отримують нові мохін, доки не удостоюються за допомогою цього «влаштувати небеса та заснувати землю». І стають співробітниками Творця, тому що «небо і земля» оновлюються за допомогою їхніх слів.

Але «той, хто не направив шлях свій до таємниць Тори», – тобто нетямущий у шляхах Творця та такий, що не вміє оберегти себе аби не завдати шкоди вищим ступеням, – хоча він каже сам собі, що має намір діяти в ім'я вищого блага, проте вводить себе в оману. І він не буде знати, що має намір отримати особисту вигоду, – але ж в душі своїй він повинен знати це точно. Таким чином, вина його є дуже великою, тому що дає він сили кліпот вбивати людей.

Тому сказано: «І оновив слова, не знаючи їхнього достовірного значення, як належить», – тобто піднімає МАН для вищого зівуґу, але не знає з повною достовірністю, що робиться це

---

194 Писання, Притчі, 16:28. «Людина підступна поширює розбрат, а той, хто ремствує, заперечує Володаря».

саме так. І тоді виходить, що він «людина підступна, майстерна у брехні, і вона долає п'ятсот парсаот, щоб отримати це слово».

«Виходить з ущелини великої безодні людина підступна, майстерна у брехні», – тому що у кліпот теж є захар і нуква. Захар називається обманом, а нуква зветься брехнею. Справа в тому, що захар кліпи не такий вже й поганий, як нуква. І коли він сам по собі, він не вводить людей в оману ім'ям Творця, а навіть навпаки, – говорить гарне на перший погляд. Але він лише недоброзичливий, як сказано: «Не їж хліба недоброзичливця. "Їж та пий!" – скаже він тобі, а серце його не з тобою»[195]. І кожен, хто попадається в його сіть, вимовляє ім'я Творця марно[196], тому що він відокремлений від Творця і не може отримати жодного наповнення.

Як сказано: «Про кожного гордівника мовить Творець: "Не можемо Я й він перебувати в одному й тому ж самому місці"»[197]. Адже оскільки він має намір отримати особисту вигоду, вихвалятися, хизуватися тощо, то потрапляє в руки недоброзичливця. І виходить, що МАН, який піднімається ним, не притягує жодного наповнення згори, і він вимовляє ім'я Творця марно. Тому захар кліпи називається обманом, – адже Творець не може бути пов'язаний з такою людиною та перебувати з нею в тому ж місці.

А нуква кліпи називається брехнею. Бо після того, як ця людина попалася до сіті захара, званого обманом, у того є сила зробити зівуґ зі своєю нуквою – кліпою, яка несе зло й гіркоту, котра підробляє ім'я Творця і користується ним для обману. І тоді вона, опускаючись, спокушає людину, а піднімаючись вгору, звинувачує та забирає душу в нього.

Тому називається він людиною підступною. Адже спочатку «"Їж і пий!" – скаже він тобі»[195], – тобто щоби людина підняла МАН до Творця і викликала наповнення для піднесеної мети, – і постає перед нею ніби зі сторони святості, а потім, завдяки

---

[195] Писання, Притчі, 23:6,7.
[196] Тора, Шмот, 20: 7. «Не вимовляй імені Творця, Всесильного твого, марно!».
[197] Вавилонський Талмуд, трактат Сота, арк. 5:1.

силі свого обману, здійснює зівуґ з нуквою великої безодні та за допомогою її брехні забирає душу і вбиває людину.

І тому мовлено: «Виходить з ущелини (нукви) великої безодні людина підступна, майстерна у брехні» – бо стає він майстерним у брехні тільки за допомогою нукви великої безодні, спільно з якою він діє, але не завдяки власній властивості.

«І він долає п'ятсот парсаот, щоби отримати це слово». ЗОН нечистоти зі сторони свого кореня мають лише ВАК і точку, що протистоять ВАК і точці парцуфа ЗОН святості. І у них взагалі немає ні місця, ні сил, щоб утримуватися в Біні. Однак за допомогою цього слова, тобто підйому МАН нижнім, захар нечистоти отримує сили подолати ЗАТ Біни, що сходять до ЗОН святості та представляють в основі своїй лише п'ять сфірот ХАҐАТ Нецах Год, звані «п'ятсот парсаот», оскільки сфірот Біни обчислюються «сотнями».

І сказано, що він (захар кліпи) «долає п'ятсот парсаот, щоби отримати це слово», – оскільки відразу ж, в момент підйому МАН, він отримав сили перейти не в своє місце, – в п'ять нижніх сфірот ХАҐАТ Нецах Год Біни, званих «п'ятсот парсаот», – аби отримати це слово, МАН, котрий підняла людина, яка не знала достеменно, – чи є її наміром завдання насолоди її Творцеві.

«І йде з цим словом в свою розколину (нукву), і створює в ній обманний небосхил, званий "хаос"». Іншими словами, він робить зі своєю нуквою великої безодні зівуґ на ці МАН та притягує до себе світла святості, в свій уділ та до своєї будови, яка є подібною до нових небес святості, створених за допомогою МАН святості. І ці небеса, які він притягнув своїм зівуґом, відносно захара звуться обманним небосхилом, а відносно спільної дії з нуквою великої безодні, називаються небосхилом хаосу. Тому що «хаос» – це чоловіче ім'я, а ім'я нукви – «безодня». І сказано, що «створив обманний небосхил» – за допомогою своєї властивості, «званої хаос», в результаті спільних дій з безоднею, тобто нуквою.

69) Цей підступний чоловік пролітає по обманному небосхилу шість тисяч парсаот за один раз. І тільки-но цей обманний небосхил встановлюється, відразу виходить блудниця й захоплює цей обманний небосхил та діє разом з ним. І вийшовши звідти, вона вбиває багато тисяч й десятків тисяч. Бо в той час, коли вона знаходиться на цьому небосхилі, їй надані право та можливість здійнятися та миттєво перетнути весь світ.

Пояснення. Мохін, які сходять до нього на цьому небосхилі, належать до сітри ахра, яка протистоїть Хохмі святості, сфірот якої обчислюються «тисячами». І він «пролітає по цьому небосхилу», утримуючись в ньому, «шість тисяч парсаот за один раз», – шість сфірот ХАҐАТ НЕГІ Хохми, звані «шість тисяч парсаот», оскільки вони відносяться до Хохми.

«І тільки-но цей обманний небосхил встановлюється, відразу виходить блудниця й захоплює цей обманний небосхил та діє разом з ним». Іншими словами, після того, як доповнюються нові небеса кліпи захара, які звуться лише обманними, показує свою силу нуква великої безодні. І сила її захоплює цей небосхил, користуючись ім'ям Творця з метою обману, і вона парить небосхилом, і тоді небосхил називається «хаос».

«І вийшовши звідти, вона вбиває багато тисяч й десятків тисяч. Бо в той час, коли вона знаходиться на цьому небосхилі, їй надані право й можливість здійнятися та миттєво перетнути весь світ». І оскільки вона діє разом з ним на цьому небосхилі, вона посилюється і зростає ще більше, ніж ступінь захара, адже захар виростає лише до рівня ВАК Хохми, званих «шість тисяч парсаот», а нуква, завдяки йому, виростає до десяти повних сфірот, тобто до цілого світу.

«І їй надані право й можливість здійнятися та в одну мить перетнути весь світ», – весь світ у десять сфірот. «В одну мить», – як сказано: «І який гнів Його? Одну мить»[198]. Тому

---

[198] Вавилонський Талмуд, трактат Брахот, арк. 7:1.

великою є сила її, щоби губити людей тисячами і десятками тисяч, як сказано: «Бо багатьох погубила вона»[199].

І, так само, як завдяки підйому МАН праведниками вибудовуються завжди нові «земля й небо» в святості, так само через підйом МАН тими, хто не вміє істинно служити Творцеві, весь час вибудовуються «небо й земля» кліпот. Як сказано: «Одне проти іншого створив Творець»[200].

70) І про це сказано: «Горе вам, тим, хто тягне гріх вервами обману, та провину – як канатами возовими»[201]. «Гріх» – захар, «провина» – некева, тобто та сама блудниця. Той, хто грішить, – «тягне гріх», тобто захара, цими «вервями обману». А потім сказано: «Та провину – як канатами возовими», – тобто він залучає некеву, звану «провина», і вона посилюється там аби здійматися та губити людей. Тому сказано: «Бо багатьох погубила вона». Хто погубила? Саме ця провина, що губить людей. І хто викликав це? Учень мудрого, який не осягнув вчення, та навчає.

Пояснення. Вже говорилося, що «захар кліпи не такий вже й поганий, як нуква»[202], – оскільки він уподібнює себе святості. Як сказано: «"Їж і пий!" – скаже він тобі, а серце його не з тобою»[195]. І тому він називається обманом. Але, внаслідок цього він володіє найбільшою силою захоплювати людей у свої сіті. І після того, як людина потрапила до його сіті, він приступає до зівуґу зі своєю нуквою, і тоді «провину (тягне) – як канатами возовими», і вона затягує людину у велику безодню. Тому що обман лише зв'язує людину вервями, оволодіваючи нею, як сказано: «Горе вам, тим, хто тягне гріх вервами обману». Але потім цю людину він повергає перед своєю нуквою. І тоді: «І провину (тягне) – як канатами возовими», – і ця провина кидає у велику безодню і вбиває її. Тому сказано, що це та сама провина, яка губить людей.

---

199 Писання, Притчі, 7:26. «Не блукай шляхами її, бо багатьох погубила вона».
200 Писання, Коелет, 7:14.
201 Пророки, Єшаягу, 5:18.
202 Див. п.68.

71) Сказав рабі Шимон товаришам: «Прошу я вас, не сповіщайте устами вашими слово Тори, якого ви не збагнули і не почули як слід від великого Древа. Аби вам не було поставлене в провину марне знищення великої кількості людей». Всі в один голос вигукнули: «Нехай врятує нас Милосердний!»

Іншими словами: «Якщо ви самі пізнали, – то добре, а якщо ні – ви повинні почути від великого Древа, як служити належним чином Творцеві», – тобто від великої людини, на яку можна покластися, аби вам не було поставлене в провину марне знищення великої кількості людей.

72) Торою створив Творець світ. Ми вже з'ясовували, що вираз: «І була я в Нього вихованкою, і була радістю кожен день»[203], – має на увазі Тору, яка була насолодою для Творця дві тисячі років, перш ніж був створений світ[204]. І Він дивився в неї раз, і два, і три, і чотири рази, а потім повідомив їм, і в кінці здійснив нею дію аби навчити людей, – як не помилятися в ній. Як сказано: «Тоді Він побачив (мудрість) і встановив її, затвердив, ще й випробував, та передав людині»[205]. І тут: «побачив» – в перший раз, «встановив» – у другий раз, «затвердив» – в третій раз, «ще й випробував» – у четвертий раз. «А потім повідомив їм», – тобто як сказано: «І передав людині».

73) І за ці чотири рази, яким відповідає сказане: «Тоді Він побачив (мудрість) і встановив її, затвердив, ще й випробував», – Творець створив те, що створив. І доки Він не зробив своєї дії, Він навів спочатку чотири слова: «Спочатку (берешит) створив (бара) Всесильний (Елокім) ет», – разом чотири, а потім сказано: «Небо». І їм відповідають ті чотири рази, коли Творець дивився в Тору, перш ніж привів свою дію до виконання.

«Чотири рази» – це ХУБ (Хохма й Біна) ТУМ (Тіферет та Малхут). «Тоді Він побачив» – Хохма, «і встановив її» – Біна, «затвердив» – Зеір Анпін, «ще й випробував» – Малхут. А після

---

203 Писання, Притчі, 8:30.
204 Див. п.22.
205 Писання, Йов, 28:27.

цих чотирьох облачень Творець створив те, що створив. І на них же вказують чотири перших слова в Торі: «берешит» – Хохма, «бара» – Біна, «Елокім» – Зеір Анпін, «ет» – Малхут. А після цих чотирьох облачень було створене небо.

Погонич ослів

74) «Рабі Ельазар відправився побачити рабі Йосі, сина рабі Шимона бен Лакунья, свого тестя. І разом з ним – рабі Аба. І слідувала за ними одна людина, яка поганяла їхніх ослів», – тобто направляла їхніх ослів. «Сказав рабі Аба: "Відкриємо врата Тори, саме зараз настав час виправити наш шлях"».

«Погонич» означає «той, хто поколює». І так називають «погонича ослів», бо зазвичай він поколює ослів вістрям палиці, щоб ті квапилися при ходьбі.

75) Почав говорити рабі Ельазар: «Суботи Мої бережіть»[206]. Відкривається тому, хто осягає: шість днів створював Творець світ, і кожному дню Він розкривав Своє діяння й давав Свою силу в цей день. Коли Він розкрив Своє діяння і дав Свою силу? У день четвертий. Оскільки перші три дні були повністю вкриті й не розкривалися. А коли настав четвертий день, Він проявив дію і силу всіх разом.

Пояснення. «У цей день» – означає «в день суботній». «Шість днів» – це ХАЃАТ НЕЃІ. І вони розкривають довершеність здійсненої в них роботи та свою силу в день суботній, тобто в Малхут.

І каже: «Коли Він розкрив Своє діяння і дав Свою силу? У день четвертий», – але раніше він сказав, що «кожному дню Він розкривав Своє діяння» в день суботній. Чому ж тут говорить, що це було тільки в четвертий день?

Справа в тому, що Малхут називається четвертою та сьомою: четверта вона стосовно праотців, тобто сфірот ХАЃАТ, а сьома – щодо синів, сфірот НЕЃІ. Але раніше рабі Шимон сказав[207], що «паростки», тобто ХАЃАТ, «показалися на землі» в

---

[206] Тора, Ваікра, 19:30. «Суботи Мої бережіть та святині Моєї страхайтеся. Я Творець».
[207] Див. вище, статтю "Паростки", п.4

третій день, і «час обрізання гілок настав» – це четвертий день. І тоді скоротилася Малхут і піднялася для другого зародження (ібур). Звідси видно, що Малхут була створена від ХАҐАТ в третій день та була виправлена в четвертий день – за допомогою Нецаху Зеір Анпіну, званого четвертим днем. І тому вона в цьому стані називається четвертою стосовно праотців.

А потім він говорить[207]: «"На землі нашій "– це день суботній, який подібний до землі життя». І звідси видно, що Малхут, звана «земля», є властивістю «день суботній», і вона «сьома» щодо синів. І ці поняття, «четверта» й «сьома», з'ясовуються тут.

Тому (рабі Ельазар) говорить: «Оскільки перші три дні були повністю укриті й не розкривалися», – бо увесь той час, доки ступеню бракує Малхут, вона вважається прихованою та непізнаною, а при досягненні нею Малхут, вона набуває своєї довершеності. І це означає – шість днів творіння і субота. Бо, на перший погляд, шість днів творіння повинні бути важливішими за суботній день, – адже ХАҐАТ НЕГІ, тобто шість днів творіння, є важливішими від Малхут, суботнього дня.

Але справа в тому, що кожен тиждень – це ступінь сам по собі, і в будні дні йому бракує Малхут. І тому цей ступінь прихований, і немає в ньому святості, – тому що за відсутності Малхут бракує також ҐАР світел. І лише з розкриттям Малхут цього ступеню, тобто з настанням суботнього дня, розкривається святість усього ступеню, тобто також й шести днів творіння, і святість перебуває у всьому тижні.

І те ж саме – в шість днів початку творіння. Коли були створені три перші дні, тобто ХАҐАТ, перш ніж розкрилася ця Малхут, вони були приховані, і святість не виявлялася в них. Але після створення Малхут, в четвертий день, розкрилася святість всіх чотирьох днів. І тому каже: «А коли настав четвертий день, Він виявив дію і силу всіх разом», – тобто розкрилася святість здійсненої роботи та сили всіх чотирьох днів тому, що Малхут довершує цей ступінь.

76) «Оскільки вогонь, вода й повітря», ХАҐАТ, звані трьома першими днями, «хоча вони і є трьома вищими основами», – трьома сфірот ХАҐАТ, – «всі вони залишалися в стані очікування, і створення їхнє не розкривалося до тих пір, поки земля», тобто Малхут, «не виявила їх». «Тоді стала відомою робота по створенню кожного з них».

77) «Але ж про третій день сказано: "Нехай зростить земля поросль"[208], "і вивела земля з себе поросль"[209]». Хіба не відбулося розкриття дії землі, тобто Малхут, на третій день? «Однак, хоча це і сказано про третій день», – властивість Тіферет, – «все ж це був четвертий день», тобто Малхут, «і він включився в третій день, щоби стали вони», – Тіферет й Малхут, – «єдиним цілим, без поділу». «А потім четвертий день розкрив діяння його, щоби проявив Творець роботу свою по створенню Ним кожного» з ХАҐАТ, «бо четвертий день є четвертою опорою вищого престолу» – Біни, і чотирма опорами його є ХАҐАТ та Малхут.

Пояснення. Оскільки Малхут розкриває святість трьох днів, вона піднімається та включається в третій день, щоб розкрити над ними єдність, аби Тіферет й Малхут «стали єдиним цілим, без поділу».

І каже: «А потім четвертий день», – тому що в четвертий день Малхут лише довершила три перші дні. А потім виходять ще три дні – Нецах, Год, Єсод (НЕГІ).

І тому говорить: «А потім четвертий день розкрив діяння його, щоб проявив Творець роботу свою по створенню Ним кожного». Бо після того, як розкрилася святість над першими трьома днями, тобто ХАҐАТ, які називаються «праотці» та є основою Зеір Анпіну, Зеір Анпін, званий Творцем, приступає до своєї роботи, і створюються сини, Нецах-Год-Єсод (НЕГІ), тобто три останні дні шести днів творіння. «Бо четвертий день є четвертою опорою вищого престолу». Зеір Анпін називається престолом Біни. І так само, як престол не вважається завершеним,

---

208 Тора, Берешит, 1:11.
209 Тора, Берешит, 1:12.

перш ніж закінчується четверта опора, так само і Зеір Анпін не завершується раніше, ніж розкривається в ньому Малхут у четвертий день. І він не міг утворити три дні, НЕГІ, перш ніж вона завершилася.

78) «Створення їх всіх, – як трьох перших днів», ХАҐАТ, «так і трьох останніх днів», НЕГІ, «залежало від суботнього дня», тобто Малхут у властивості ҐАР і в повній довершеності. «Про це сказано: "І завершив Творець у сьомий день"[210], – це субота, і це четверта опора престолу». Тобто і субота і четвертий день, – обидва вони є властивістю Малхут. Однак четвертий день – це Малхут, яка включена до Зеір Анпіну, в його сферу Тіферет вище від хазе, а день суботній – це Малхут, що знаходиться у зівузі з Зеір Анпіним панім бе-панім.

Пояснення. Хоча три перші дні і були завершені у четвертий день, все ж таки не були завершені в ньому остаточно й чекали на настання суботнього дня. Таким чином, в суботній день були довершені як перші дні, ХАҐАТ, так і останні дні, НЕГІ. Як сказано: «І завершив Творець у сьомий день всю виконану Ним роботу» – всі шість днів, включаючи три перших дні.

Тому мовить: «Це субота, і це четверта опора престолу». «Сьомий день» – це субота, тобто – сьомий щодо синів, і вона також «четверта опора престолу», – тобто та, що доповнює також і праотців, і щодо них субота є четвертою. Справа в тому, що три дні, ХАҐАТ, не були завершені у всьому своєму виправленні в четвертий день і потребують суботнього дню для свого завершення, оскільки було в четвертий день скорочення Малхут, зване «ущербом місяця)», і тому вона знову приходить до стану зародження (ібур), у другий раз, і розкривається довершеність її в день суботній. Таким чином, суботній день довершує також і три перших дні.

79) «Якщо це так», – тобто якщо субота це Малхут, – «чому сказано: "Суботи Мої бережіть"[206], що – їх дві?». «Справа в тому, що між суботою, котра відноситься до ночі суботи», Малхут, «і

---
210 Тора, Берешит, 2:2.

суботою, яка відноситься безпосередньо до дня», – Зеір Анпіну, який світить суботі, Малхут, – «немає поділу між ними», тому що вони з'єднані в стані «панім бе-панім», і вони називаються двома суботами.

Пояснення. Відповідно до першої думки, – що є дві Малхут, четвертий та сьомий (дні), і кожна є досконалою сама по собі, – абсолютно очевидно, що уривок: «суботи Мої бережіть»[206] вказує на дві – четвертий й сьомий (дні). Однак якщо четвертий (день) не завершується раніше, ніж включається в сьомий, вони, в такому випадку, є тільки однією суботою. Так чому ж сказано в уривку: «Суботи Мої», – тобто дві? І він пояснює, що маються на увазі Зеір Анпін та Нуква, які світять святістю суботи, оскільки день суботній – це захар, а переддень суботи – це нуква. І це дві суботи, які включені до «Суботи Мої», оскільки, насправді, вони є єдиним цілим, без поділу. Тому Зеір Анпін теж називається суботою.

80) Запитав їх погонич ослів, що слідував за ними: «Що ж означає сказане: "І святині Моєї страхайтеся"[206]?» Один відповів: «Це святість суботи». Запитав у нього: «Що таке святість суботи»? Відповів йому: «Це святість, що сходить згори», – від Аба ве-Імі. Запитав у нього: «Як же тоді може вважатися субота святою, якщо сама вона не святість, а святість знаходиться над нею?», – в Аба ве-Імі. Сказав рабі Аба: «Так і написано: "І назвеш суботу відрадою, святиню Творця – шанованою"[211], – тут згадується окремо субота, і окремо святиня Творця». Запитав у нього: «У такому разі, що означає "святиня Творця"?». Відповів йому: «Це святість, що сходить згори», – від Аба ве-Імі, – «і яка панує над суботою». Сказав йому погонич ослів: «Якщо шанованою називається святість, що сходить згори, то виходить, що сама субота не є шанованою? Але сказано: "Повинен почитати її"[211]», – тобто шанується і сама субота. Сказав рабі Ельазар рабі Абі: «Залиш цю людину – вона промовляє мудрість, якої ми не знаємо». Звернувся до нього: «Повідай нам її».

---

211 Пророки, Єшаягу, 58:13. «Якщо втримаєш в суботу ногу свою, втримаєшся від виконання справ твоїх у святий день Мій, і назвеш суботу відрадою, святиню Творця – шанованою».

Пояснення. Запитав його: «Що ж означає сказане: "І святині Моєї страхайтеся"[206]?», – якщо субота є властивістю ЗОН, чому ж в цьому уривку вони називаються святістю, адже лише Аба ве-Іма називаються святістю? І тому сказав: «Тут згадується окремо субота, і окремо святиня Творця», – вказує йому цим, що сама субота є властивістю ЗОН, тобто сама по собі вона не називається святістю, але лише коли до неї сходить святість згори від вищих Аба ве-Іми, званих святістю. І притягання від Аба ве-Іми називається «святинею Творця», про яку сказано: «Святиню Творця (назвеш) шанованою».

81) Заговорив той, промовивши: «"(Ет) суботи Мої". "Ет" – вказує на включення межі суботи, – дві тисячі ама в кожну сторону, – тому Писання додає слово "ет". "Суботи Мої" – множина, вища субота й нижня субота. Тобто обидві вони поєднані одна з одною та приховані разом».

Пояснення. «"Ет" – вказує на включення межі суботи». Хоча і сказано: «Та не вийде людина з місця свого в день сьомий»[212], Писання включає за допомогою слова «ет» дві тисячі в кожну сторону за межами цього місця. «Ет (את)» – це Малхут, і завдяки її зівуґу виходять мохін Аба ве-Іми, що світять в суботу додатково до світіння ЗОН. А числове значення Аба ве-Іма – це «дві тисячі». І про це він говорить: «Тому Писання додає слово "ет"», – яке вказує на це включення.

«"Суботи Мої"– вища субота й нижня субота». «Вища субота» – Твуна, «нижня субота» – Малхут, Нуква Зеір Анпіну, які звуться МІ (хто) і МА (що), – вищий світ та нижній світ, котрі з'єднані разом[213]. «Поєднані одна з одною», – тому що в суботу ЗОН піднімаються та вдягають Аба ве-Іму, і тоді Твуна з Малхут включаються одна в одну, стаючи як одне ціле, бо нижній, що піднімається до вищого, стає як і він. «Та приховані разом» – проте, в той же час, Малхут не стає самою Твуною, без відмінності між ними, оскільки Малхут може отримати мохін Твуни лише нагорі,

---

212 Тора, Шмот, 16:29.
213 Див. вище, статтю "Хто створив їх", п.8.

в місці Твуни. Але на місці самої Малхут, внизу, в неї немає цих мохін. І в цій мірі Малхут вважається укритою.

І також Твуна страждає від укриття Малхут, оскільки їхні мохін «поєднані разом та приховані разом». І хоча Твуна, стаючи в суботу одним парцуфом з вищою Імою, сама по собі не перебуває ні в якому утаєнні, все ж, оскільки її мохін світять разом з мохін Малхут, укриття Малхут відчувається також і в мохін Твуни.

82) Залишилася інша субота, яка не була згадана і відчувала сором. Звернулася до Нього: «Владика світу! З того дня, як Ти створив мене, я називаюся суботою, і немає дня без ночі». Відповів їй: «Дочка Моя! Субота ти, і суботою Я назвав тебе. Але тепер Я вінчаю тебе найвищою прикрасою». І проголосив: «І святині Моєї страхайтеся»[214], – це субота, що відноситься до ночі суботи, тобто властивість «страх», і в ній присутній страх. А що ж він собою являє? Творець з'єднався разом (з нею) і сказав: «Я Творець»[214], де «Я» – це Малхут, ніч суботи, «Творець» – Зеір Анпін. А в словах «Я Творець» – вони поєднані разом.

Я чув це від свого батька, який сказав так і уточнив: «Слово "ет" вказує на включення межі суботи. "Суботи Мої"», – сказано у множині, – «це "коло" і "квадрат" в ньому, тобто два поняття» – дві суботи. «І у відповідності до цих двох понять є дві святості, про які варто нагадати: одна – "і завершені були небо і земля"[215], інша – освячення. У благословенні "і завершені" міститься тридцять п'ять слів. І в освяченні, що промовляється нами, міститься тридцять п'ять слів. І разом вони складають сімдесят імен, якими прикрашаються Творець та Кнесет Ісраель.

83) І оскільки ці «коло» і «квадрат» – це «суботи Мої», обидва вони включені в заповідь «бережи», як сказано: «Суботи Мої бережіть»[214]. Однак вища субота включена не в заповідь «бережи», а в «пам'ятай», тому що вищий Цар, Біна, доповнюється за допомогою «пам'ятай». Тому називається Біна Царем, якому

---

214 Тора, Ваікра, 19:30. «Суботи Мої бережіть та святині Моєї страхайтеся. Я Творець».
215 Тора, Берешит, 2:1.

належить (дія) встановлення миру, тому що Його світ знаходиться у властивості «пам'ятай». І тому не буває розбіжності нагорі.

Пояснення. «Залишилася інша субота, яка не була згадана», – тобто Малхут де-Малхут, звана центральною точкою, котра не отримує мохін навіть в суботній день, оскільки сама вона є властивістю «манула (замок)», а всі мохін приходять лише за допомогою властивості «міфтеха (ключ)», тобто Єсоду де-Малхут[216]. І через те, що не отримала мохін, вона відчувала почуття сорому.

Тому говорить: «Залишилася інша субота, яка не була згадана» – центральна точка, яка не отримала мохін і відчувала сором. «Звернулася до Нього», тобто вона висловила здивування: «Адже з того дня, як Ти створив мене», – тобто з початку створення мене в світі Адам Кадмон (АК) «я називаюся суботою», – всі мохін були отримані з моєю допомогою. Тому що в АК не було іншої Малхут, а тільки центральна точка. І вона зменшилася лише під час другого скорочення, – по відношенню до світу Ацилут.

І привела ще один довід: «Адже немає в світі дня без ночі». Це сходить до дуже високого стану, тому що вона задала питання про те, що навіть про перший день (творіння) сказано: «І був вечір, і був ранок, день перший»[217], – тобто єдність розкривається над днем і ніччю разом. Чому ж тоді ніч не згадана в суботу початку творіння – адже в описі сьомого дня початку творіння немає слова «ніч»? Відповів їй Творець: «Субота ти», – в майбутньому, в сьомому тисячолітті, – в день, який повністю – субота. «І суботою Я назвав тебе» з моменту створення тебе, у світі Адам Кадмон.

«Але тепер Я вінчаю тебе найвищою прикрасою», – іншими словами, Творець підняв її, щоби вона служила властивості ҐАР парцуфів[218]. Адже вона встановлюється у вигляді Малхут вищих

---
216 Див. вище, статтю «Манула і міфтеха (замок та ключ)», п.42.
217 Тора, Берешит, 1:5.
218 Див. вище, статтю «Манула і міфтеха (замок та ключ)», п.41.

Аба ве-Іми, у властивості «повітря (авір), яке непізнаване». Вищі Аба ве-Іма називаються «святая святих», і вона тоді теж знаходиться у вищій святості. Про це сказано: «І проголосив: "І святині Моєї страхайтеся"[214]», – тому що завдяки її виправленню в вищих Аба ве-Імі вона стає святістю, про яку сказано: «І святині Моєї страхайтеся»[214].

В результаті Малхут тепер удостоюється вищої прикраси – ще більш чудової, ніж те, що було в неї в світі АК. Бо там вона діяла в закінченні сфірот, на своєму місці, а зараз піднялася і діє в місці ҐАР вищих Аба ве-Іма, званих «святая святих». І тому сказано: «Але тепер Я вінчаю тебе найвищою прикрасою».

Тому він каже: «Це субота, що відноситься до ночі суботи, тобто властивість "страх", і в ній присутній страх». Малхут називається «страх» тому, що на неї було зроблено скорочення аби не отримувала наповнення у свою властивість. І вона не використовується у своїй власній властивості для отримання прямого світла згори вниз, але тільки для створення відбитого світла, оскільки набула екрану «в трепоті й тривозі» аби світло не пройшло від екрану й нижче[219].

А тепер, при підйомі її у вищу святість Аба ве-Іма, «в ній присутній вищий страх», тому що вище ім'я АВАЯ Аба ве-Іми знаходиться в ній. І це – стан ночі суботнього дня, в якому виникло нерозуміння: «Адже немає дня без ночі». Це означають слова «субота, що відноситься до ночі суботи». І властивість ночі теж включена в день суботній. А страх присутній в ній тому, що «Творець з'єднався разом (з нею) і сказав: "Я Творець"[214]», – тобто вище ім'я АВАЯ Аба ве-Іми включилося до неї, сказавши: «Я Творець (АВАЯ)»[214]. І для того, щоб пояснити це, (погонич) наводить вислів, почутий ним від свого батька.

Пояснення сказаного. Форма кола вказує на те, що світло там в будь-якому місці світить рівномірно, і там немає ніякого суду, здатного хоч якось змінити міру цього світіння. А форма чотирикутника вказує на те, що там присутні суди, що призводять

---

219 Див. вище, статтю «Видіння рабі Хія», п.56, зі слів «І всі вони».

до необхідності розрізняти між правою стороною й лівою, і між сходом і заходом. І тому мовлено, що рош (голова) має круглу форму, у порівнянні з гуф (тілом), яке має квадратну форму, бо в ҐАР, званих рош, немає судів. Однак в гуф присутні суди, які стали причиною того, що в гуф є права сторона й ліва, лицьова і зворотна (панім ве-ахор).

Суботою називається стан, коли ЗОН піднімаються та вдягають Аба ве-Іму, стаючи «вищою суботою та нижньої суботою, що поєднані разом». Вища субота, тобто парцуф Аба ве-Іма, відноситься до властивості «коло», а нижня субота, тобто ЗОН, що належать гуф, відноситься до властивості «квадрат». Тому ЗОН, котрі знаходяться у властивості «квадрат», піднімаються в суботу і включаються в Аба ве-Іму, які перебувають у властивості «коло». Тому він каже: «"Суботи Мої" – це "коло" і "квадрат" в ньому, тобто два поняття». І сказано в Писанні «Суботи Мої», що включає дві суботи: вища субота – це «коло», і «квадрат всередині нього» – це нижня субота, яка піднялася та включилася в неї.

Мохін Хохми називаються «сімдесят імен» або «сімдесят прикрас», тому що «сімдесят (айн)» вказує на Хохму. І оскільки ці мохін розкриваються лише внаслідок підйому нижньої суботи у вищу, вони діляться надвоє: половина їх відноситься до вищої суботи, а половина – до нижньої суботи. І тому є в благословенні «і завершені» тридцять п'ять слів, і це половина мохін, котрі відносяться вищої суботи. І в самому освяченні теж є тридцять п'ять слів, і це половина мохін, які відносяться до нижньої суботи, і це ті мохін, якими прикрашається Кнесет Ісраель, тобто Малхут, звана суботою.

І оскільки ці коло й квадрат включені разом до «суботи Мої», мохін кола теж знаходяться у властивості «бережи», як і квадрат. І хоча «бережи» є властивістю суду та обмеження, від якого необхідно оберігати себе, а у вищої суботи, що відноситься до кола, нема суду, все ж внаслідок з'єднання її разом з суботою, що відноситься до квадрату, в колі теж є властивість «бережи».

Але сама вища субота включена до заповіді «пам'ятай», а не «бережи», «тому що вищий Цар, Біна, доповнюється за допомогою "пам'ятай"», і немає в ньому ніякого суду, щоб можна було сказати про нього: «Бережи», оскільки властивість «бережи» є лише в Нукві. Однак відносно включення вищої суботи до нижньої, властивість «бережи» міститься в обох разом, але не у вищій суботі самій по собі.

«Тому називається Царем, якому належить (дія) встановлення миру, тому що Його світ знаходиться у властивості "пам'ятай". І тому не буває розбіжності нагорі». Вищий Цар – це Біна, МІ (מי), яка завершується літерою «йуд י», тобто облаченнями властивості «захар»[220]. І це ознака того, що там не буває розбіжності, – тобто відсутній будь-який суд, – і тому вона відноситься до властивості «коло». Однак нижня субота – це властивість МА (מה), яка завершується літерою «гей ה», і тому в ній є розбіжність, тобто права й ліва сторони, і вона відноситься до властивості «квадрат».

84) Внизу є два стани «мир (шалом)»: один – Яаков, Тіферет, і один – Йосеф, Єсод. І тому вітання «мир (шалом)» написано двічі: «Мир, мир далекому і близькому»[221]. «Далекому» – це Яаков, «і близькому» – це Йосеф. «Далекому», – як сказано: «Здалеку Творець з'являвся мені»[222], а також: «І стала сестра його вдалині»[223]. А про «близького» сказано: «Новим, що з поблизу з'явився»[224].

Пояснення. «Внизу є два стани "мир (шалом)"». «Внизу» – тобто в ЗОН, в якому є властивості Яаков, – Тіферет, та Йосеф, – Єсод. Це вказує на два види зівуґ в ЗОН, тому що «мир (шалом)» – означає зівуґ. І в ньому є вищий зівуґ для

---

220 Див. вище, статтю «Мати позичає свої шати дочці», п.17.
221 Пророки, Єшаягу, 57:19.
222 Пророки, Єрміягу, 31:2. «Здалеку Творець з'являвся мені: «Любов'ю вічною полюбив Я тебе, і тому привернув Я тебе милістю!».
223 Тора, Шмот, 2:4.
224 Тора, Дварім, 32:17. «Жертви приносили бісам, не Всесильному, богам, яких не знали вони, новим, що з поблизу з'явилися, не страхалися їх батьки ваші».

притягання ступеню Хохми та нижній зівуґ для притягання хасадім: вищий відбувається у властивості Яаков, а нижній – у властивості Йосеф.

І ми вже з'ясували[225], що оскільки ЗАТ не можуть отримати ступінь Хохми без хасадім, ступінь Хохми в ЗОН є далекою від них, адже вони можуть отримати її лише вдягнувши хасадім. І тому сказано: «Здалеку Творець з'являвся мені»[222], – бо ступінь Хохми є далекою від них, і вони потребують облачення аби отримати її. Тому мир (шалом) Яакова називається «далеким». А зівуґ нижнього, мир (шалом) Йосефа, називається «близьким», оскільки він приймається ним без облачення і, крім того, завдяки його ступеню хасадім він може отримати також і Хохму[225].

І це внутрішній зміст слів вітання: «Мир, мир далекому й близькому» – тобто два «мири (шалом)», – Яакова і Йосефа, – завжди присутні в зівузі великого стану (ґадлут) ЗОН. І ці два мири, що наявні в ЗОН, відносяться до властивості «квадрат», оскільки в них присутня розбіжність, і вони завершуються буквою «гей ה», тобто властивістю Нукви. Тоді як у вищого Царя, у властивостей Біни, МІ (מי), що завершуються буквою «йуд י», тобто властивістю захар, немає розбіжності. І навіть поняття «далекий» і «близький» не мають місця в самій Біні, оскільки вона є властивістю ҐАР, а ҐАР можуть отримувати Хохму «близько», тобто зовсім не потребують облачення хасадім. І вони отримують Хохму без хасадім. І немає в вищому Царі двох станів «мир», як у ЗОН, бо Він – Цар, який встановлює світ.

85) «Здалеку» – це найвища точка, що розташована в Храмі Його. І про неї сказано: «Бережіть», – тобто вона включена до властивості «бережи». «І святині Моєї страхайтеся»[214] – це точка, котра розташована в центрі, перед якою відчувають найбільший страх, бо її покарання – це смерть. Як сказано: «Той, хто оскверняє її, буде підданий смерті»[226].

---

225 Див. вище, статтю «"Хто створив їх" за Еліягу», п.14.
226 Тора, Шмот, 31:14. «І дотримуйтесь суботи, бо святиня вона для вас. Той, хто оскверняє її, буде підданий смерті».

«Той, хто оскверняє її» – той, хто входить всередину простору кола і квадрата, в місце, де ця точка знаходиться, та псує її, – «буде підданий смерті». І про це сказано: «Страхайтеся». Ця центральна точка називається «Я», і над нею перебуває те вище укриття, яке не розкривається, тобто АВАЯ. А «Я» та АВАЯ – це одне ціле.

Зійшли рабі Ельазар і рабі Аба зі своїх ослів та поцілували погонича. Сказали: «Якою ж великою є мудрість, котрою ти володієш, – а ти поганяєш наших ослів! Хто ти?!». Відповів їм: «Не питайте, хто я, але краще ми з вами підемо та будемо займатися Торою. І кожен промовить речення мудрості, щоби висвітлити цей шлях».

Пояснення. «"Здалеку" – це найвища точка, що встановлена в Храмі Його» – властивість «міфтеха (ключ)», за допомогою якої передається Хохма тридцяти двох шляхів[227]. «Точка в Храмі Його» – це буква «бет ב» в слові «берешит (בראשית спочатку)». І звідти передається ступінь Хохми парцуфу ЗОН в той час, коли ЗОН піднімаються та вдягають вищі Аба ве-Іму. Бо тоді з'єднуються разом дві суботи – вища субота й нижня субота. І про них сказано: «Здалеку Творець з'являвся мені»[222], – бо ЗОН можуть отримати Хохму лише в облаченні хасадім.

Тому каже: «"Здалеку"– це найвища точка, що встановлена в Храмі Його» – це ХУБ (Хохма й Біна), звані далекими по відношенню до ЗОН, і ЗОН потребують облачення хасадім нижнього світу, МА, які завершуються в Нукві[228]. І оскільки вони потребують нижнього зівуґу МА, що завершується в Нукві, званої «бережи», то і ступінь Хохма включає в себе «бережи», і тому сказано про них: «Суботи Мої бережіть»[214].

І також вища субота, яка включена до ЗОН, включена у властивість «бережи», а не «пам'ятай», оскільки вони обов'язково повинні закінчуватися в Нукві аби отримати ступінь хасадім. І

---

227 Див. вище, статтю «Манула й міфтеха (замок та ключ)», п.42.
228 Див. вище, статтю «Мати позичає свої шати дочці», п.16, зі слів «І після того, як».

лише вищий Цар, – тобто ХУБ (Хохма й Біна) самі по собі, які отримують Хохму зблизу, без облачення хасадім, – завершується властивістю «пам'ятай» і називається «пам'ятай», а не «бережи».

«Точка, котра розташована в центрі» – це властивість самої «манули (замка)», яка встановилася у вищих Аба ве-Іма в «повітрі (авір)», яке непізнаване. Центральна точка діє тільки в світі Адам Кадмон, але не в світі Ацилут, і тому неможливо осягнути вищі Аба ве-Іму, які є властивістю ҐАР Біни. І вся Хохма, що передається світом Ацилут, виходить лише від семи нижніх сфірот (ЗАТ) Біни, званих ІШСУТ, і там діє «міфтеха», що зветься «точка в Храмі Його». І оскільки вона встановилася в вищих Аба ве-Іма, вона називається «святиня Моя». І тому там присутній страх. Як сказано: «І святині Моєї страхайтеся»[214], – тобто точки, що знаходиться в центрі.

«"Той, хто оскверняє її"[226] – той, хто входить всередину простору кола і квадрата, в місце, де ця точка знаходиться, та псує її». Коло – це Аба ве-Іма, квадрат – це ЗОН, які вдягають Аба ве-Іму та включені до кола, а Малхут Аба ве-Іми – це точка, яка перебуває всередині них. І є в цій Малхут дві властивості – «манула» та «міфтеха». «Міфтеха (ключ)» називається «точка в Храмі Його», і це – тільки Єсод в Малхут. І вона застосовується лише в парцуфі ІШСУТ. «Манула (замок)» – це Малхут в Малхут, сама центральна точка. І вона застосовується лише у вищих Аба ве-Імі.

«Той, хто входить всередину простору кола і квадрата», – тобто в Малхут Аба ве-Іми, що є простором властивості «повітря, яке не пізнаване», «в місце, де ця точка знаходиться» – в місце цієї центральної точки, «та псує її», – тобто бажає притягти світло всередину її простору, «буде підданий смерті»[226], – бо заборонено притягати в неї будь-яке світло. «І про це сказано: "Страхайтеся"», – тобто про цю центральну точку сказано: «І святині Моєї страхайтеся»[214].

Ця центральна точка по суті називається «Я». А Аба ве-Іма – це ім'я АВАЯ, що перебуває над цією точкою, і тому вони «те вище укриття, що не розкривається», – оскільки думка взагалі нездатна осягнути їх. І це означає «Я Творець (АВАЯ)»[214]. «І все це – одне ціле», – тобто вони вважаються одним цілим, адже тому точка теж називається іменем Аба ве-Іма, як сказано: «І святині Моєї страхайтеся»[214]. Бо суть точки вважається такою ж святістю, як Аба ве-Іма, оскільки вони – одне ціле.

«Зійшли рабі Ельазар та рабі Аба зі своїх ослів і поцілували погонича». Для подальшого пояснення цієї статті, необхідно докладніше розповісти, що являє собою цей погонич. І знай, що шлях, яким йдуть рабі Ельазар та рабі Аба, не такий вже простий, і сказано про нього: «Шлях праведних – як світило світосяйне, що світить все яскравіше, поки не настане день»[229]. І сказано, що «рабі Ельазар відправився побачити рабі Йосі, сина рабі Шимона бен Лакунья, тестя його», – тут побічно вказаний рівень ступеню, на якому вони тоді перебували.

Адже у Зеір Анпіна є свої Аба ве-Іма, тобто вищі Аба ве-Іма, і в нього є також Аба ве-Іма його дружини, і це – ІШСУТ. І спочатку Зеір Анпін осягає Аба ве-Іму своєї Нукви, тобто ІШСУТ, звані мохін де-нешама. А потім він піднімається на більш високий ступінь та осягає свої Аба ве-Іму, тобто вищі Аба ве-Іму, звані мохін де-хая. І ось, ці праведники, що підіймаються ступенями, утворюють будову (меркава) Зеір Анпіну. І оскільки шлях, яким йдуть рабі Ельазар та рабі Аба, знаходиться в мохін де-нешама, прихований натяк на це міститься в сказаному, що рабі Ельазар відправився побачити свого тестя – тобто Аба ве-Іму своєї Нукви, мохін де-нешама.

Вся справа в тому, що погонич ослів, що йде за ними, – це допомога душам цих праведників, котра надсилається їм з найвищого рівня аби піднімати їх з рівня на рівень. І без цієї допомоги, яку Творець посилає праведникам, вони не могли б залишити свій ступінь та піднятися ще вище. Тому, відповідно до величини та ступеня кожного праведника, Творець посилає йому

---

229 Писання, Притчі, 4:18.

піднесену душу з найвищого рівня, котра допомагає йому на шляху.

І ось, спочатку праведник зовсім не знає цієї душі, і здається йому, що це дуже низька душа, яка приєдналася до нього на шляху. І це називається зародженням (ібур) душі праведника, – тобто ця вища душа ще не закінчила свою допомогу і тому абсолютно невідомо, – хто це. Але після того, як вже надала свою допомогу та привела праведника до бажаного ступеню, вона стає відомою йому, і він бачить, наскільки вона є піднесеною. І це називається розкриттям душі праведника.

І ця душа, яка прийшла допомогти рабі Ельазару та рабі Аба, була душею рабі Амнона Саби, і це дуже висока душа, і немає меж піднесеності її. І відноситься вона до світла єхіда. Але спочатку вона приходить до них способом зародження (ібур), і вони пізнали її тільки як погонича ослів, – тобто просто як власника ослів, заняттям якого є перевезення подорожніх на його ослах з місця на місце, а сам він іде пішки попереду своїх ослів та веде їх. І тому називається погоничем (досл. провідником) ослів.

«Сказав рабі Аба: "Відкриємо врата Тори, саме зараз настав час виправити наш шлях"»[230], – тобто відкрити джерела душі за допомогою розкриття воріт таємниць Тори для того, щоб вони виправилися на шляху Творця, котрим вони йшли. І рабі Ельазар пояснив вислів: «Суботи Мої бережіть»[214] по відношенню до того ступеню, на якому він перебував, – тобто щодо мохін де-ІШСУТ, що і називається «побачити свого тестя».

І тому пояснив, що сама субота є властивістю ЗОН, які ще не є святістю, але вони притягують святість, – тобто мохін де-ІШСУТ, які ЗОН притягують в день суботи. І в світлі цих мохін вони витлумачили сказане: «І святині Моєї страхайтеся», – що при сходженні в ЗОН Хохми у вигляді нижніх мохін де-ІШСУТ, в них є страх[231], оскільки вони ще чекають на питання, і тому в цій святості присутній страх.

---
230 Див. вище, п.74.
231 Див. вище, статтю «Хто створив їх», п.7, зі слів: «И тому сказано…».

І тут допоміг їм погонич ослів і розкрив у них властивість мохін де-хая, бо «суботи Мої бережіть»[214] він роз'яснив щодо вищої суботи та нижньої суботи, які приходять разом завдяки підйому ЗОН в Аба ве-Іму, і тоді ЗОН самі стають святістю, – тобто властивістю «квадрат», яка включена в «коло»[232]. І про них не сказано: «Страхайтеся», але тільки: «Бережіть». Тому що мохін де-хая відштовхують всі зовнішні властивості, і всі суди усуваються від них в день суботи, і в цьому відношенні там немає страху. А сказане: «І святині Моєї страхайтеся» він пояснив їм відносно центральної точки, використовуваної в ҐАР де-Аба ве-Іма, тобто ҐАР мохін де-хая, в якій немає ніякого осягнення, і в ній присутній страх.

І тим самим ця душа виконала свою місію, оскільки привела їх до пізнання мохін де-хая. І тоді вони удостоїлися явлення душі праведника, бо тепер вони пізнали значущість цієї душі. І тому зійшли рабі Ельазар та рабі Аба і поцілували погонича ослів, бо осягнення цього ступеню виявляється через дію, звану «нешика (поцілунок)». Але насправді місія цієї душі ще не завершилася, оскільки вона повинна була допомогти їм в осягненні світла єхіда. Однак, оскільки навіть осягнення світу хая само по собі є довершеним ступенем, тому вважається, що ця душа вже розкрилася їм у цій мірі.

І тому вони думали, що це син рава Амнона Саби, а не сам рав Амнона Саба. Адже рав Амнона Саба – це властивість єхіда, а син його – властивість хая. І оскільки зараз досягли лише властивості хая, то ще помилково думали, що це син рава Амнона. Однак надалі, після того, як він повідомить їм прихований сенс сказаного про Бнаягу бен Єгояда, – і це розкриття ступені єхіда, – він відкриється їм повністю, і вони побачать, що це сам рав Амнона Саба.

І це означає сказане їм: «Не питайте, хто я» – бо вони самі відчули, що ще не розкрили його остаточно, оскільки ще не завершилася місія допомоги цієї душі. І тому просили його відкрити своє ім'я. Але він відповів їм, щоб не питали імені його,

---

232 Див. п. 82.

тому що вони ще потребують розкриття таємниць Тори, – інакше кажучи, що цей шлях ще повністю не виправлений. І тому сказав їм: «Але краще підемо з вами займатися Торою», – адже вам поки ще потрібна моя допомога в заняттях Торою. «І кожен промовить речення мудрості, щоб висвітлити цей шлях», – вони повинні з'ясувати цей шлях, оскільки не досягли ще бажаної мети.

86) Звернулися до нього: «Хто направив тебе сюди поганяти ослів?». Сказав їм: «Буква "йуд י" вела війну з двома буквами, "каф כ" і "самех ס", щоб вони прийшли об'єднатися зі мною. "Каф כ" не хотіла йти зі свого місця та з'єднуватися зі мною через те, що вона навіть на мить не може залишити його, тобто трон[233], а "самех ס" не хотіла покидати свого місця тому, що повинна підтримувати тих, хто падає[234], бо вони не можуть бути без "самех ס"».

87) «Йуд י» прийшла до мене одна. Поцілувала мене, обняла мене і, плачучи разом зі мною, сказала мені: «Сину мій, чим я можу допомогти тобі? Але ось я тимчасово відхожу, щоби наповнитися безліччю хороших речей та вищими прихованими шанованими буквами, а потім повернуся до тебе і буду помічницею твоєю. І я дам тобі у володіння дві літери, які є вищими від тих, що пішли. І це "йуд-шин שי" – вища "йуд י" та вища "шин ש". І вони стануть для тебе скарбницями, котрі сповнені всім. І тому, син мій, йди і стань погоничем ослів». І ось я йду цим шляхом.

Ми вже знаємо, що погонич ослів – це зародження (ібур) душі праведника, яка з'являється тому, хто йде шляхами Творця, аби допомогти йому залишити свій ступінь й піднятися на більш важливий ступінь. І це є подібним до погоничів ослів, які допомагають людям пройти шлях з одного місця до іншого на ослах. І ось в цей момент праведник теж падає зі свого попереднього ступеню та приходить до зародження нового ступеню, такого ж самого, як і властивість душі, що приходить допомогти йому. І зародження означає зникнення мохін. І це вони хотіли дізнатися в

---

233 Див. вище, статтю «Букви рабі Амнона Саби», п.31.
234 Див. вище, статтю «Букви рабі Амнона Саби», п.28.

нього: «Як Творець підстроїв так, що ти прийшов до нас як стан зародження, через що в нас сталося зникнення мохін?!». І в цьому сенс питання: «Хто направив тебе сюди поганяти ослів?».

Сказав їм: «Буква "йуд ׳" вела війну з двома буквами, – "каф ך" і "самех ס", – щоби вони прийшли об'єднатися зі мною. "Йуд ׳" – це Хохма, а ступінь мохін де-нешама називається троном (кес ךס) та означає "трон величі", тому що мохін Хохми приходять до неї в облаченні та укритті, й не розкриваються. І коли настав час осягнення мохін де-хая, – "йуд ׳" де-АВАЯ, – і це той ступінь, якого я прийшов удостоїти вас, Хохма дійсно хотіла поєднати зі мною і мохін трону (кес ךס), – тобто мохін де-нешама, які були в вас до цього, – і "йуд ׳" вела з ними війну. Однак "каф ך" не хотіла йти зі свого місця та з'єднуватися зі мною через те, що вона навіть на мить не може залишити його».

Пояснення. «Каф ך» – це Малхут вищого, яка вдягнена в нижнього[235]. І тому сказано, що в той момент, коли буква «каф ך» хотіла спуститися з трону, «здригнувся трон, і всі світи здригнулися, боячись звергнутися»[236], – бо весь зв'язок ступенів одного з одним, від рош світу Ацилут і до соф світу Асія, встановлюється за допомогою Малхут вищого, котра вдягається в нижнього. Тому вона не може зійти зі свого місця, зі ступеню ІШСУТ, який є ступенем нешама, – навіть на коротку мить, оскільки не можна створювати розриву між ступенями.

«А "самех ס" не хотіла покидати свого місця тому, що повинна підтримувати тих, хто падає, бо вони не можуть бути без "самех ס"»[237]. Тому, що «самех ס» є суттю тих мохін, які ця душа отримує від ХАБАД ХАГ̇АТ Аба ве-Іми, і вони передають їх ЗОН під час малого стану (катнут) та підтримують (сомхім) їх, щоб ті не впали вниз, опинившись за межами світу Ацилут[238]. І тому вона повинна постійно перебувати на своєму місці без будь-яких змін.

---

235 Див. вище, статтю «Букви рабі Амнона Саби», п.31 зі слів "І тому...".
236 Див. п.31.
237 Див. п.86.
238 Див. п.28, зі слів: «А в той час, коли ЗОН...».

Справа в тому, що ступені є постійними, і тільки душі отримують зміни під час свого просування від ступеню до ступеню. Тому мохін де-нешама не хотіли з'єднуватися з «йуд '», тобто ступенем Хохми, та поєднатися з душею рава Амнона Саби, котра сходить в цей момент аби допомогти рабі Ельазару та рабі Аба. Бо вони потребували побудови й притягнення мохін у всьому їхньому порядку заново, починаючи із зародження й далі, – до рівня хая.

Тому сказано, що буква «йуд '» прийшла до нього одна, тобто прийшла до нього без мохін ХАБАД ХАҐАТ Аба ве-Іми, званих «самех о». І відомо, що облачення ступеню Хохми не може відбутися без ступеню хасадім, який сходить від цієї «самех о». І оскільки «йуд '» прийшла одна, без ступеню хасадім, тому сказано: «Поцілувала мене, обняла мене і, плачучи разом зі мною, сказала мені: «Сину мій, чим я можу допомогти тобі?», – тобто поцілувала і обняла його, оскільки хотіла вдягтися без хасадім, і тому плакала разом з ним, звернувшись до нього: «Сину мій, чим я можу допомогти тобі?», – мовляв, немає в мене ніякої можливості вдягтися в тебе.

«Але ось я тимчасово відхожу, щоби наповнитися безліччю хороших речей і вищими прихованими шанованими буквами». Словом, тому я зобов'язана піти зараз, а ти увійдеш в стан зародження аби побудувати себе у всіх властивостях ібур-єніка-мохін заново. І тоді я повернуся до тебе з досконалими мохін, повними всього.

І знай, що так відбувається на кожному новому ступені, тому що кожен раз, коли людина повинна придбати новий ступень: вона повинна прийти до того, що попередні мохін виходять, наче не було в неї ніякого ступеню ніколи, та почати заново, набуваючи спочатку властивість нефеш, звану зародженням (ібур), а потім світло руах, що зветься вигодовуванням (єніка). І це означає сказане: «І тому, син мій, йди та стань погоничем ослів», – оскільки нічого не можна притягнути від попереднього ступеня, і тому ти повинен пройти нове зародження, зване «погонич ослів».

«І я дам тобі у володіння дві літери, які є вищими від тих, що пішли. І це "йуд-шин ש" ». Мохін де-хая називаються володінням Аба ве-Іми та звуться «йуд-шин ש». Бо «йуд י» – Хохма, а «шин ש» – Біна. І вони, звичайно ж, є важливішими, ніж мохін де-нешама, які відійшли. «І будуть тобі скарбницями, наповненими всім». Як сказано: «Щоби дати суще (еш, йуд-шин ש') у володіння, тим, хто любить мене, та скарбниці їхні наповню»[239].

88) Зраділи рабі Ельазар і рабі Аба, заплакали і сказали: «Сідай ти верхи на осла, а ми будемо поганяти за тобою», – тобто щоб він їхав верхи, а вони поведуть осла. Відповів їм: «Хіба не сказав я вам, що така воля Царя, доки не прийде той погонич ослів». Натякає цим на Машиаха, про якого сказано: «Бідний та сидить на віслюку»[240]. Сказали йому: «Але ж ти ще не відкрив нам імені свого, і де місце твого проживання?». Відповів він: «Місце мого проживання прекрасне і дуже дорогим є для мене. Є одна вежа, що парить у повітрі, велика й велична. А проживають в цій вежі тільки Творець та один бідняк. Це місце мого проживання. Мені ж довелося піти звідти й відправитися поганяти ослів». Слухали його рабі Аба та рабі Ельазар, і в його словах вони відчували насолоду, подібну до манни й меду. Сказали йому: «Якщо ти назвеш нам ім'я батька твого, ми будемо цілувати порох у ніг твоїх». Відповів їм: «Навіщо це, – не в моїх правилах підноситися в Торі».

Пояснення. Тепер, пізнавши велич його ступеню, вони не могли витерпіти, що заради них він повинен увійти в стан зародження (ібур). І тому сказали йому, що тепер, коли вони досягли мохін, – досить з нього, і він може вийти зі стану зародження. А якщо їм раптом доведеться щось доповнити, вони й самі зможуть перебувати в стані зародження, – навіщо ж йому страждати через них? Тому сказали: «Сідай ти верхи на осла, а ми будемо поганяти за тобою».

---

239 Писання, Притчі, 8:21.
240 Пророки, Захарія, 9:9. «Зрадій, дім Ціону, видавай крики радості, дочка Єрушалаїму: ось цар твій прийде до тебе, праведний та врятований він, бідний й сидить на віслюку».

Відповів їм: «Хіба не сказав я вам, що така воля Царя, поки не прийде той погонич ослів». Мається на увазі сказане ним раніше, – щоб не питали імені його, адже вони ще потребують розкриття таємниць Тори. Крім того, натякнув їм тут, що мова йде про світло єхіда, якого недостає їм, та яке означає прихід царя Машиаха[241]. Це значення слів: «Поки не прийде той погонич ослів», – тобто цар Машиах, про якого сказано: «Бідний та сидить на віслюку». І тому сказано: «Що така воля Царя, поки не прийде той погонич ослів», – оскільки на нього покладена заповідь Царя: допомагати їм, доки вони не здобудуть світла єхіда.

І тому сказали йому: «Ти ж не відкрив нам свого імені», – тобто оскільки ми ще не осягнули від тебе все те, що нам потрібно осягнути, – може ти все ж скажеш нам, «де місце твого проживання», – тобто місце твого ступеню, завдяки чому ми все ж таки дізнаємося, чого нам бракує, аби осягнути від тебе. Відповів їм: «Місце проживання мого прекрасне та дуже дорогим є для мене», – тобто місце ступеню мого прекрасне і піднесене у порівнянні з тим ступенем, на якому я перебуваю тепер, бо тепер він для мене самого є надзвичайно високим аби осягнути його.

І це означає сказане: «Є одна вежа, що парить у повітрі». Вежа ця – замок Машиаха. «А проживають в цій вежі тільки Творець та один бідняк», – тому що про Машиаха сказано: «Бідний та сидить на віслюку». І він називає цю вежу «великою та величною», бо просто «вежа, що парить у повітрі» – це Біна. Але тут, оскільки вона стоїть над замком Машиаха, він називає її особливим ім'ям «вежа, що парить у повітрі, велика й велична». І тому говорить: «Це місце мого проживання. І мені довелося піти звідти та відправитися поганяти ослів», – мовляв: «місце мого проживання – в башті, але зараз воно є надзвичайно високим для мене», як він вже сказав раніше.

89) «Але місце проживання мого батька було у великому морі, і він був однією-єдиною рибою, що перетинала це море у всіх напрямках, від краю до краю. Він був великим та величним, був

---

[241] Див. вище, п.85, зі слів: «І тим самим...».

старий і насичувався днями[242], поки не проковтнув всіх інших риб моря. А потім випустив їх з себе живих та неушкоджених, сповнених усіма благами світу. Завдяки своїй силі він пропливав все море в одну мить. І породив він мене, випустивши немов стрілу, спрямовану рукою воїна. І доставив він мене в те місце, про яке я розповів вам, — у вежу, що парить у повітрі. І, повернувшись на місце своє, він зник у цьому морі».

Пояснення сказаного. Прихований зівуґ називається «одна риба», і це натяк на «п'ятдесяті врата». А «велике море» – це Малхут. І всі зівуґи, які нижче від парцуфа Атік світу Ацилут, не включають все велике море, тобто всі сфірот Малхут, а тільки лише дев'ять перших сфірот Малхут. Але Малхут де-Малхут не включається в цей зівуґ[243], бо вона залишається у властивості «стежка, що є невідомою навіть яструбу»[244]. Однак в парцуфі Атік Йомін є зівуґ також і на цю Малхут, і він розкриється тільки в кінці виправлення.

І рав Амнона вийшов з цього «прихованого зівуґу», що здійснюється в парцуфі Атік Йомін. Тому він називає його «мій батько» та каже: «Місце проживання мого батька було у великому морі», — тобто він здійснював зівуґ з Малхут, званою «велике море». Тут можна заперечити, що всі парцуфом здійснюють зівуґ на Малхут. І тому говорить: «Він був однією-єдиною рибою, що перетинала це море у всіх напрямках, від краю до краю». Інакше кажучи, — це зівуґ, що відноситься до «п'ятдесятих воріт», — тобто він робить зівуґ з «великим морем» у всіх його властивостях, від Кетеру до Малхут, «від краю до краю», включаючи також Малхут де-Малхут. «І він був великим та величним, був старий (атік) і насичувався днями (йомін)», — бо ім'я його Атік Йомін. І нижче від його рівня цей великий зівуґ не існує.

І сказано, що він «проковтнув усіх інших риб моря», тому що цей великий зівуґ вбирає в себе всі зівуґи й душі, що знаходяться

---

242 Писання, Діврей га-ямім 1, 23:1. «І постарів Давид, і насичувася днями, і поставив царем над Ісраелем Шломо, сина свого».
243 Див. вище, статтю «Манула і міфтеха (замок та ключ)», п.43, зі слів: «І вони були відзначені...».
244 Писання, Йов, 28:7.

абсолютно в усіх світах, оскільки всі вони включаються в нього та анулюються в ньому, як свіча перед факелом. І внаслідок цього включення, всі вони називаються ім'ям «нун» (на арам. – риба). «А потім випустив їх з себе живих та неушкоджених, сповнених усіма благами світу», – тобто після тих великих виправлень, які наступають внаслідок цього зівуґу, він знову породжує всі ті світла й душі, які поглинув під час зівуґу. І вони живуть та існують вічно, оскільки в силу того, що він поглинув їх, вони вже наповнилися усіма благами світу за допомогою його великого зівуґу.

«Він пропливав все море в одну мить». Всі зівуґи, що здійснюються нижче від Атіка Йоміна, відбуваються у вигляді облачення сфірот одної в одну, і ці облачення визначаються як переривання зівуґу, доки крапля не пройде до Єсодів захара і нукви. Між тим, великий зівуґ Атіка Йоміна відбувається без будь-якого облачення, і тому мовиться, що цей зівуґ відбувається «в одну мить».

Тому каже: «Він пропливав все море в одну мить», – без усякого облачення. «Завдяки своїй силі», – тобто внаслідок численних ґурот, що включені до цього зівуґу. «І породив він мене, випустивши немов стрілу, спрямовану рукою воїна», – проте ці ґурот зовсім не схожі на ґурот, які діють у зівузі нижче від Атіка Йоміна. І про них сказано: «Око не бачило Всесильного, крім Тебе»[245]. Але, звичайно ж, не може бути породження без ґурот, «бо сім'я, що не випущене немов стріла, не може породити»[246]. І тому сказано: «І породив він мене, випустивши немов стрілу, спрямовану рукою воїна».

«І доставив він мене в те місце, про яке я розповів вам», – тобто «у вежу, велику та величну, в якій живуть Творець та один бідняк». «І повернувшись на місце своє, він зник у цьому морі», – тобто після того, як він породив його і вкрив його в башті, великій та величній, він повернувся до свого зівуґу в укритті на місці своєму, як і раніше.

---

245 Пророки, Йешаяу, 64:3.
246 Вавилонський Талмуд, трактат Хаґіґа, арк. 15:1.

90) Рабі Ельазар, який уважно стежив за його промовою, звернувся до нього: «Ти – син великого світила, ти – син рава Амнона-старця, ти – син світила Тори, і ти поганяєш за нами наших ослів?!». Заплакали разом і, поцілувавши його, вирушили далі. І спитали його: «Чи не буде завгодно володареві нашому повідомити ім'я своє?»

Пояснення. Справа в тому, що вони ще неповністю осягнули його слова, і їхнє осягнення відбувалося лише в мохін де-хая. Тому вони думали, що він – син рава Амнона Саба, бо сам рав Амнона відноситься до властивості мохін де-єхіда. «Повідомити нам ім'я своє», – тобто отримати його ступінь, оскільки осягнення його імені означає «осягнення його ступеню».

91) Сказав він у відповідь: «І Бнаягу, син Єгояди бен Іш Хай, Рав Пеалім, Мікавцеель»[247] – цей вислів наводиться, щоби звернути нашу увагу на вищі таємниці Тори. І ім'я Бнаягу, сина Єгояди, вказує на приховану мудрість. Це вказує на утаєння, яке викликане цим ім'ям. «Бен Іш Хай (син людини живої)» – це праведник, який оживляє світи. «Рав Пеалім (багатодіючий)» – тобто він Володар усіх діянь та всіх вищих воїнств, бо всі вони виходять від нього. Він називається «Творець воїнств», будучи знаменням у всіх Його воїнствах, – знаменитий Він та найвеличніший за всіх.

Це висловлювання показує та розкриває тут вищі таємниці Тори. «І ім'я Бнаягу, сина Єгояди, вказує на приховану мудрість», тому що святе ім'я Єго-яда (יה-ודע) – це знання, яке вказує на таємницю цієї мудрості. Воно є вкритою, дуже піднесеною таємницею, і ім'я Єго-яда (יה-ודע) призводить до того, що воно буде утаєне.

Пояснення сказаного. Кетер світу Ацилут, званий РАДЛА (רדל״א) і, (також), Атік Йомін, охоплює п'ять парцуфів Ацилуту: Аріх Анпін, Аба ве-Іму та ЗОН. І називається «рош непізнаний

---

[247] Пророки, Шмуель 2, 23:20. «І Бнаягу, син Єгояди бен Іш Хай, величний в діяннях, з Кавцееля. І він убив двох доблесних воїнів Моава, і зійшов він, і вразив лева в рові в сніговий день».

та непізнаваний (рейша де-ло яда ве-ло ет'яда, РАДЛА)». «Рош непізнаний (рейша де-ло яда)», – оскільки немає там зівуґу навіть на його власному місці. «І непізнаваний (ве-ло ет'яда)», – бо немає сходження мохін до ступенів, що знаходяться нижче від нього. І також Аріх Анпін Ацилуту є прихованим від нижніх і тому називається «вкрита Хохма (Хохма стімаа)». Але не зветься «непізнаний (ло яда)», як РАДЛА, бо у нього є зівуґ на його власному місці, і він лише «непізнаваний (ло ет'яда)», оскільки немає сходження мохін від нього й нижче. І всі мохін, котрі пізнаються в світах протягом шести тисяч років, виходять тільки від Аба ве-Іми та ІШСУТ, званих «Хохма тридцяти двох шляхів», або «тридцять два імені Елокім дії початку творіння».

І це є прихованим сенсом сказаного: «Звідки прийде мудрість (хохма), і де місце розуму (біна), і вкритою є вона від очей усього живого… Всесильний (Елокім) розуміє шлях її, та Він знає місце її»[248]. І пояснюється[249]: «"Всесильний (Елокім) розуміє шлях її" – істинний шлях», тому що Елокім, Зеір Анпін, знає шлях розповсюдження Хохми тридцяти двох шляхів до нижньої Хохми, проте «"і Він", – святий Атік,– "знає місце її", – справжнє місце», тобто суть вищої Хохми, парцуфа Аба ве-Іма. «І, тим більше, – ту Хохму, яка вкрита у святому Атіку», оскільки це його власний моах (розум).

«Розуміє шлях її», – мається на увазі тільки Хохма тридцяти двох шляхів, тобто тридцять два імені Елокім дії початку творіння. Тому сказано: «Всесильний (Елокім) розуміє шлях її», – тобто Хохми щодо Біни, оскільки сказано: «розуміє (мевін[250]) шлях її». Адже ця Хохма по суті своїй є всього лише Біною, але вона стала Хохмою завдяки її підйому в рош Аріх Анпіну, де вона отримує наповнення від укритої Хохми та передає його вниз.

І виходить, що ця Хохма розкривається лише шляхом Біни під час її підйому в укриту Хохму Аріх Анпіну. Тому сказано: «Всесильний (Елокім)» – Біна, «розуміє шлях її» – наповнення

---
248 Писання, Йов, 28:20-23.
249 Див. Зогар, главу Аазіну, розділ Ідра зута, п.72.
250 В івриті слово «мевін (розуміє)» – того ж самого кореню, що й слово Біна.

Хохми. І це означає «істинний шлях», – тільки той шлях, який несе наповнення Хохми. Але сама вона – Біна, а не Хохма.

«І Він знає місце її» – відноситься до Аріх Анпіна, тому що ім'я «Він» вказує на того, хто утаєний та недоступний нижнім, тобто на Аріх Анпін, званий «Атіка Кадіша (святий Атік)». І про нього мовиться, що «Він знає місце» Хохми тридцяти двох шляхів, оскільки «Він», по суті своїй, є Хохмою, яка передає наповнення Біні. Тому йдеться про те, що (знає) «її справжнє місце і, тим більше, – шлях її», – оскільки, будучи місцем передачі цієї Хохми, Він, тим паче, знає і шлях Хохми, за яким вона вдягається у Біну.

І сказано додатково: «І, тим більш, – ту Хохму, яка вкрита у святому Атіку». Тобто, природно, – Він знає власну властивість укритої Хохми, але теж у властивості «і Він знає місце її», тому що лише на його власному місці розкривається цей зівуґ, але від нього й нижче він зовсім не передається.

Таким чином, моах Аріх Анпіну є «пізнаним (яда)» на його власному місці, але він є «непізнаваним (ло ет'яда)» від нього й нижче. І тільки мохін Аба ве-Іми, що представляють собою мохін тридцяти двох шляхів Хохми, знаходяться у властивості «пізнані (яда)», як сказано: «Всесильний (Елокім) розуміє шлях його». Але вищий рош, що знаходиться вище від Аріх Анпіну, рош Атіка Йоміна, – це властивість «непізнаний та непізнаваний (ло яда ве-ло ет'яда)», коли немає зівуґу навіть на його власному місці, і немає ніякого розповсюдження мохін від нього до нижніх.

І все це сказано лише про душі й світа в загальному. Однак щодо внутрішніх особливостей душ, – є високі душі, які після свого виходу удостоїлися стати властивістю МАН для великого зівуґу цього рош Атіка Йоміна та отримати у вищому світі ступінь єхіда, який приходить внаслідок цього зівуґу. І це – душі Бнаягу, сина Єгояди, і рава Амнона Саби та інші. І ці високі душі розкриваються праведникам в цьому світі, і тоді праведники теж удостоюються побачити світло єхіда, що світить в цих високих душах.

«І ім'я Бнаягу, сина Єгояди, вказує на приховану мудрість» – ця душа, звана «Бнаягу, син Єгояди», виходить від внутрішньої суті Хохми, тобто Хохми Атіка Йоміна. «Це вказує на утаєння», – світіння цієї душі знаходиться в укритті, «яке викликане цим ім'ям», – оскільки ім'я «Єго-яда» призвело до того, щоби світіння душі (нешама) було прихованим. І означає воно, що «"йуд-гей-вав" знає (Єго-яда יוד'-הי)», але воно не буде пізнане іншими, і тому залишається вкритим на своєму власному місці. І ось, спочатку він з'ясовує високі якості цього зівуґу та достойності ступеню великого світла, що виходить від цього зівуґу в рош Атіка Йоміна, котрі з'ясовуються зі сказаного: «Бен Іш Хай, Рав Пеалім, Мікавцеель (син людини живої, багатодіючий, з Кавцееля)». А потім з'ясовує дію приховання, здійснену на світіння цієї душі. І це з'ясовується в сказаному: «І він убив двох доблесних воїнів Моава»²⁴⁷.

І тому сказано: «Бен Іш Хай, Рав Пеалім, Мікавцеель»²⁴⁷. І як було вже з'ясовано, цей зівуґ є зівуґом кінця виправлення, який включає всі зівуґи й ступені, що вийшли один за одним протягом шести тисяч років. І всі ці світла збираються (міткабцім) в ньому одночасно. І таким же чином властивість МАН, що піднімаються до цього зівуґу, включає до себе всі страждання та покарання, які розкривалися один за одним протягом шести тисяч років. Тому немає меж величі ступеню, що виходить у цьому зівузі. І він усуває кліпот та сітру ахра навічно. А Єсод, який передає МАД, котрі включають всі світла, що вийшли за шість тисяч років, називається «Іш Хай (людина жива), Рав Пеалім (багатодіючий)». А Малхут, яка містить у собі всі МАН та страждання, що розкрилися протягом шести тисяч років, називається «Мікавцеель», – такою, що збирає.

Тому він говорить: «"Бен Іш Хай (син людини живої)" – це праведник, який оживляє світи», оскільки це ім'я вказує завжди на Єсод, що дає наповнення Нукві. І у нього немає місця отримання для власних потреб. І це розглядається так, що немов він не живе ніде, а лише в світі, в Нукві, бо дає їй наповнення. І тому називається «праведник, який живе в світах». Але у своєму зівузі він відзначений ім'ям «Рав Пеалім (багатодіючий)», – тобто він Володар усіх діянь та всіх вищих воїнств. І він вміщує зараз в своїх МАД всі добрі діяння та всі вищі ступені, які розкрилися один за одним протягом шести тисяч років. І всі вони збираються (міткабцім) в ньому зараз одночасно, оновлюючись у вищому світлі, і виходять з нього всі разом до Нукви. І тому називається ім'ям «Рав Пеалім (багатодіючий)».

Тому сказав: «Бо всі виходять від нього», — тобто всі вони разом виходять до Нукви. «Він називається "Творець воїнств", будучи знаменням у всіх Його воїнствах, — знаменитий Він та найвеличніший за всіх», — тому що тепер відкрилося в ньому святе ім'я «Творець воїнств» у всій його високій довершеності. Бо тепер Він є «знаменням у всіх воїнствах Його», — оскільки записаний у всіх цих діях та у всіх вищих воїнствах, і він підноситься та підіймається у світінні своєму над ними всіма.

92) «Рав Пеалім він, Мікавцеель»²⁴⁷. Це велике і величне Древо, найбільше з усіх, — звідки береться воно, від якого ступеню виходить? І пояснює Писання до всього перерахованого: «Мікавцеель (з Кавцееля)», тобто від вищого прихованого ступеню, званого: «Око не бачило Всесильного, крім Тебе»²⁴⁵, — ступеню, в якому є все. І він вбирає в себе все, що виходить від вищого світла, і від нього виходить все.

Пояснення мовленого. Нуква називається зараз ім'ям «Мікавцеель (מקבצאל)». І сказано: «Рав Пеалім він, Мікавцеель (²⁴⁷«מקבצאל, оскільки Нуква збирає (мекабецет מקבצת) в собі одночасно всі світла від Єсоду, званого тому «Рав Пеалім (багатодіючий)». І мовиться, що ступінь, який виходить на цей зівуґ, називається «Древо велике й величне», яке виходить з Єсоду та приходить до Нукви. І щоби показати нам якості цього вищого ступеню, — звідки він виходить і куди приходить, — додає йому Писання ще й ім'я «Мікавцеель», коли вище світло збирає (мекабец) їх в Єсоді та передає їх Нукві. І обидва вони разом називаються Мікавцеель.

Це «вищий і прихований ступінь, званий "Око не бачило Всесильного, крім Тебе"», — тобто той ступінь, який породжується цим зівуґом, носить назву «Око не бачило Всесильного, крім Тебе». І мовлено, що на цьому ступені знаходиться все виправлення під час остаточної довершеності. Тому він вважається «ступенем, в якому все», – оскільки він зібрав в ній ті блага й вищі світіння, які виходять від вищого світла за всі шість тисяч років, всі разом. І відновив їх у вищому світлі. Тому сказано: «І від нього виходить все», – бо внаслідок цього виходить і розкривається зараз уся бажана досконалість.

93) Це вищий утаєний чертог, в якому збираються та укриваються всі ступені. В будівлі цього чертогу знаходяться всі світи, і всі святі воїнства живляться від нього та отримують своє становлення.

Пояснення. Це вказує на рош самого Атіка Йоміна. І сказано, що це святий утаєний чертог, в якому збираються та укриваються всі ступені всіх земель. Тут з'ясовується, яким чином виникає і стає можливим цей великий зівуґ кінця виправлення, який буде включати в себе всі ступені й рівні, що вийшли один за одним протягом шести тисяч років. І він вийде заново та буде проведений одноразово.

І сказано, що рош Атіка Йоміна «це вищий утаєний чертог, в якому збираються та укриваються всі ступені», – тобто протягом тих днів в світі, коли ці ступені знаходяться в підйомі та сходженні, оскільки після свого розкриття ступінь знову йде через гріхи нижніх. І під час виходу цього ступеню він не губиться, а піднімається нагору, в рош Атіка, та вкривається там. І він, таким чином, постійно збирає в собі будь-який рівень та будь-який ступінь, що розкрилися в світах. І ті приходять туди один за одним, збираючись та вкриваючись в ньому, доки не настане час кінця виправлення, і тоді він відновлює їх та виводить усі відразу.

«В будівлі цього чертогу знаходяться всі світи» – адже цей святий та утаєний чертог, званий рош Атіка Йоміна, вважається протягом цих шести тисяч років «непізнаним та непізнаваним». Тому, хоча він весь час і збирає в собі всі світла, які розкриваються в світах, ніщо з них не розкривається до завершення виправлення. І кожен ступінь залишається за облаченням, яке приховує його, через недосконалість нижніх, оскільки він піднявся в рош Атіка і зник там, бо всі ступені збираються та вкриваються в ньому.

Однак ґуф Атіка Йоміна, від пе його рош й нижче, вдягнутий у всі п'ять парцуфім Ацилуту та світить з їхньою допомогою всім світам. І будь-яке світіння, – будь воно малим або великим, – приходить тільки від ґуф Атіка Йоміна.

І «в будівлі (ґуф) цього чертогу знаходяться всі світи», тому що ґуф Атіка Йоміна вдягається в усі парцуфи АБЕА. І всі світи без винятку проявляються такими, що вдягнені на нього, і вони тримаються на ньому, бо все, що існує в них, та все їхнє світіння виходить від нього.

«І всі святі воїнства живляться від нього та отримують своє становлення», – як світла, що приходять наповнити життям світи, звані «живленням», так і світла, що приходять в мохін великого стану (ґадлут), – всі вони сходять від ґуф Атіка Йоміна. І про те, що є відповідним наповненню світів життям, сказано: «Живляться від нього», і це «живлення». А про те, що відповідає мохін ґадлуту, сказано: «Отримують своє становлення», оскільки мохін в кожному парцуфі встановлюються відповідно до його рівня.

94) «І він убив двох доблесних воїнів Моава»[251]. Два Храми існували та отримували життєві сили завдяки йому: Перший Храм й Другий Храм. Після того, як він відійшов, припинилося розповсюдження, що сходило згори. І вважається, ніби він розтрощив, зруйнував та знищив їх.

Пояснення. Після того, як видалилося світіння ґуф Атіка Йоміна, припинилося наповнення згори, що виходило від нього. Тому були зруйновані два Храми. Виходить, «немов він розтрощив, зруйнував та знищив їх». Це дуже глибокі поняття. Адже це

---

251 Пророки, Шмуель 2, 23:20. «І Бнаягу, син Єгояди бен Іш Хай, величний в діяннях, з Кавцеєля. І він убив двох доблесних воїнів Моава».

означає, що через розкриття великого ступеню зівуґу рош Атіка Йоміна, вийшло світіння ґуф Атіка Йоміна з усіх світів, що призвело до руйнування Храмів, і всі світла, котрі світили Ісраелю, – всі вони померкли. І це вкрай дивно.

Справа в тому, що всі виправлення ґрунтуються лише на четвертій стадії, званій Малхут і Нуква Зеір Анпіну, або парцуф БОН, оскільки через неї відбулося розбиття келім, а також порушення заборони Древа пізнання. І вся робота праведників протягом шести тисяч років полягає лише у виправленні її заново, – так, щоб вона стала такою ж, як до розбиття келім і до гріхопадіння Адама Рішона. А потім розкриється великий зівуґ в рош Атіка Йоміна, що знищує кліпу та сітру ахра навіки, як сказано: «Знищить Він смерть навіки»[252]. І оскільки БОН вже виправлений «навіки» і не потребує більше жодних виправлень, то БОН знову тоді стане властивістю САГ, і на цьому завершується все виправлення.

Але поки що, після великого зівуґу Атіка Йоміна, перш ніж БОН знову стане властивістю САГ, відбувається вихід світіння ґуф Атіка, і внаслідок його виходу руйнуються два Храми, два види мохін, що світять у двох Храмах: мохін вищих Аба ве-Іми, які світять в першому Храмі та мохін ІШСУТ, що світять у Другому Храмі. І всі світла Ісраеля порушуються та виходять. Тобто всі ці руйнування є останніми виправленнями, які допомагають БОН стати властивістю САГ, що і є бажаною метою.

І тоді за допомогою небес відбудуються заново два Храми у властивості екрану другої стадії, тобто екрану Біни. Інакше кажучи, – так само, як і у властивості екрану САГ де-АК, який був перед другим скороченням та вважається вільним від будь-якого скорочення. Але лише «за допомогою небес», як сказано: «Бо бажає милості (хесед) Він»[253]. І тоді два Храми будуть існувати вовіки. «І буде світло місяця як світло сонця»[254], тобто – як

---

252 Пророки, Єшаягу, 25:8.
253 Пророки, Міха, 7:18. «Хто Творець, як Ти, прощає гріх і не ставить в провину злочини останку спадку Свого, не тримає вічно гніву Свого, бо бажає милості Він».
254 Пророки, Єшаягу, 30:26.

вищої Біни, котра стала зараз світлом Зеір Анпіна, сонця. «А світло сонця стане семиразовим, як світло сімох днів»[254], — як ЗАТ Атіка Йоміна, від яких сходить світло до Аба ве-Іми, котрі породили сім днів початку творіння. Бо Зеір Анпін, сонце, знову стане властивістю АБ, оскільки всередині нього знаходиться світло де-ґуф Атіка.

І причина виходу світел ґуфу Атіка раніше цих виправлень в тому, що в десяти сфірот є лише ці дві нукви – Біна й Малхут, звані САҐ та БОН. Таким чином, після великого зівуґу Атіка Йоміна, коли анулюється БОН, анулюється разом з ним також і екран де-САҐ. Це відбувається внаслідок виправлення, що здійснюється в ґуф Атіка, – поєднати одну з одною Біну й Малхут за допомогою суміщення міри суду та міри милосердя. І завдяки цьому поєднанню був породжений парцуф Аріх Анпін світу Ацилут, і всі парцуфи АБЄА були створені та втілені лише завдяки цій Малхут, котра була суміщена із властивістю милосердя, Біною, та підсолоджена нею.

Тому після того, як анулювався екран БОН, анулювався разом з ним і екран другої стадії, тобто екран де-САҐ, оскільки вони пов'язані один з одним як одне ціле. І після того, як анулювалися властивість Нукви та екран, припинився також і зівуґ (злиття) з вищим світлом, і тому все світіння ґуф Атіка, що сходить до екрану, який поєднаний із властивістю милосердя, остаточно видалилося. І, звичайно ж, порушилося світіння всіх світел, котрі знаходяться нижче від екрану та сходили від ґуф Атіка.

І про це сказано: «"І він убив двох доблесних воїнів Моава". Два Храми існували та отримували життєві сили завдяки йому: Перший Храм і Другий Храм. Після того, як він відійшов, припинилося розповсюдження, що сходило згори». Бо внаслідок того, що через великий зівуґ Атіка Йоміна анулювався БОН, анулювався разом з ним також і САҐ, екран самої другої стадії. І оскільки цей екран непридатний до зівуґу, припинилося вище світло. Тобто, було розповсюдження, що сходило згори, і воно припинилося через анулювання екрану. Таким чином, внаслідок великого зівуґу, здійсненого в рош Атіка Йоміна, припинилося і анулювалося наповнення світлом від ґуф Атіка Йоміна, бо цей зівуґ в рош анулював екран БОН. І оскільки до цих пір екран БОН був поєднаний в одне ціле з екраном САҐ в ґуф Атіка Йоміна, анулювався також і екран САҐ. І внаслідок того, що немає екрану для зівуґу де-акаа, – немає там місця для наповнення вищим світлом.

95) І святий трон, тобто Малхут, упав. І про це сказано: «І я серед вигнанців»[255], – тобто той ступінь, який називається «Я», Малхут, знаходиться «серед вигнанців». «При річці Квар»[255] – яка стікає та виходить здавна (мі-квар), а тепер вичерпалися води її та витоки її, і вона вже не виходить, як спочатку. Про це сказано: «І річка вичерпається та висохне»[256]. «Вичерпається» – в Першому Храмі, «та висохне» – у Другому Храмі. І тому сказано: «І він убив двох доблесних воїнів Моава». «Моава» – означає «від Отця (ме-ав) небесного». І вони були уражені та знищені в ім'я Його. «І всі світла, котрі світили Ісраелю, всі вони померкли».

Пояснення. «Трон» вказує на підсолодження Малхут у Біні, і це трон милосердя, за допомогою якого передаються всі мохін протягом шести тисяч років в усі парцуфом АБЄА. Тому сказано: «І святий трон, тобто Малхут, упав», – тобто, внаслідок анулювання екрану БОН, анулювався і впав також екран САҐ, званий «трон». І про це сказано: «І я серед вигнанців», – тобто той ступінь, який називається «Я», знаходиться «серед вигнанців». «Я» – це Малхут вищого, що стала Кетером для нижнього, тому що в слові «ані (אני я)» ті ж букви, що і в слові «ейн (אין немає)», і цим ім'ям називається Кетер.

Відомо, що Малхут вищого – це весь зв'язок, наявний між парцуфами. Кожен вищий здійснює зівуґ на свою Малхут, яка піднімає відбите світло, котре облачає пряме світло вищого. А потім опускається ця Малхут вищого з десятьма сфірот її відбитого

---

[255] Пророки, Єхезкель, 1:1. «І було, на тридцятий рік, в п'ятий день четвертого місяця, – і я серед вигнанців при річці Квар, – відкрилися небеса і побачив я видіння, що послані мені Творцем».
[256] Пророки, Єшаягу, 19:5. «І висохнуть води моря; і річка (Ніл) вичерпається та висохне».

світла, в які включений ступінь прямого світла, та вдягається у нижнього. І виходить тепер, що цей ступінь, званий «Я», знаходиться «серед вигнанців», бо анулювався її зівуґ з вищим світлом та припинилося вище світло у всіх парцуфах.

«"При річці Квар", – яка утворилася і тече здавна (мі-квар), а тепер вичерпалися води її та витоки її», – коли в ній встановлений екран, вона називається річкою, що утворилася і тече, оскільки вище світло з її допомогою простягається до нижнього, – подібно до вод річки, котрі простягнулися й течуть безперервно. Однак тепер, коли анулювався екран, ця річка називається «річка Квар», бо здавна (мі-квар) вважалася річкою, але не зараз. А зараз вичерпалися води її та витоки її.

«Води її» – вище світло, що розповсюджувалося з її допомогою. «Та витоки її», – коли в ній встановлювався екран, він називався «витоком», тому що наповнення було пов'язане з ним і безперервно витікало з нього. А зараз припинилося все це, і не виливається, як спочатку, тобто вище світло не сходить від нього, як раніше.

«Як сказано: "І річка вичерпається та висохне"[256]. "Вичерпається" – в Першому Храмі, "та висохне" – у Другому Храмі». Іма називається Першим Храмом, а Твуна називається Другим Храмом. І про Перший Храм сказано: «вичерпається», бо в ньому припинився зівуґ, оскільки виток його, тобто екран, вичерпався. І оскільки немає зівуґу у вищої Іми, Твуна повністю висихає. Тому про Твуну сказано: «Та висохне».

Тому сказано: «"Моава"– означає "від Отця (ме-ав) небесного"», оскільки корінь мохін двох Храмів виходить від Аби, і Він – Отець (ав) небесний, тобто той, що світить Зеір Анпіну, званому «небеса». Світла його (Аби) підняли ЗОН в ІШСУТ, у другій Храм, і до вищих Аба ве-Іми, в перший Храм. І вони порушені тепер та померкли, оскільки припинилося наповнення, що отримується від ґуф Атіка Йоміна. «І всі світла, які світили Ісраель, всі вони померкли», – тобто померкли не лише великі мохін двох

Храмів, а всі світла, котрі світили Ісраелю, припинилися, навіть світла ВАК та світла АБЄА.

96) «Зійшов він і вразив лева в рові»[257]. У минулі часи, коли ця ріка несла свої води вниз, Ісраель перебували у досконалості, тому що покладали на жертовник приношення й жертви аби спокутувати свої душі. І тоді опускався зверху образ одного (вогняного) лева, і бачили його на жертовнику таким, що накидається на поживу свою та знищує ці жертви подібно до мужнього воїна, і тоді всі (вогненні) пси, тобто обвинувачі, ховалися, побачивши його і не висовувалися назовні, щоби звинувачувати.

Пояснення сказаного. Вищий вогонь, що спускався на храмовий жертовник, накидався немов лев та спалював жертви, покладені на нього синами Ісраеля[258]. Тому сказано: «У минулі часи, коли ця ріка несла свої води вниз, Ісраель перебували у досконалості», – оскільки перш ніж анулювалося світіння Атіка, і вищі світла сходили до Ісраель подібно річці, води якої безперервно стікають згори вниз, Ісраель перебували у всій своїй досконалості.

«Тому що покладали на жертовник приношення й жертви аби спокутувати свої душі», – тобто разом з принесеними жертвами вони підіймали МАН для вищого зівуґу, здійснюваного на цей екран. І сходили МАД, тобто мохін, і завдяки цьому вони наближалися у великому злитті до Отця небесного, і всі кліпот тікали та віддалялися від них. І це означають слова: «щоб спокутувати свої душі», – тому що віддалення кліпот від душ вважається спокутою. Подібно до одягу, що заплямований брудом, – коли за допомогою прання видаляються й очищаються всі плями з одягу.

Тому називаються жертвоприношеннями, які наближають Ісраель до Отця небесного. І оскільки знаходилися у

---

[257] Пророки, Шмуель 2, 23:20. «І Бнаяґу, син Єгояди бен Іш Хай, величний в діяннях, з Кавцеела. І він убив двох доблесних воїнів Моава, і зійшов він, і вразив лева в рові в сніговий день».
[258] Вавилонський Талмуд, трактат Йома, арк. 21:2.

досконалості та піднімали МАН лише для завдання радості Творцеві своєму, цей МАН піднімався до Біни, і там це світло хасадім й наповнення були в образі лева, Хеседа. І визначається, що цей «лев» Біни прийняв хороші діяння та МАН, який піднесли сини Ісраеля. І бачили, як МАН їхній є поживою для вищої Біни, і світло хасадім Біни сходило у вигляді прямого світла на цей МАН, і це пряме світло накидалося на здобич, тобто МАН, і пожирало її.

І поняття «знищення левом жертви» полягає в наступному. Основа жертвування – це МАН, що підноситься для зміцнення екрану та підйому відбитого світла. І оскільки міра величини прямого світла визначається мірою відбитого світла, котре піднімається над екраном, то вважається, що пряме світло живиться МАНом та росте і отримує сили з його допомогою. Подібно до живої істоти, яка отримує сили і росте завдяки їжі, яка одержувана нею. І всі життєві сили того, хто живе в матеріальному, залежать від одержуваного харчування, припинення якого веде до смерті. Так само і вище світло залежить від відбитого світла, що піднімається від екрану, і припинення відбитого світла призводить до зникнення вищого світла у нижнього.

Тому сказано, що «опускався зверху образ одного (вогняного) лева», – світло Біни, яке сходить зверху вниз у вигляді прямого світла, сприймалося в образі лева, тобто у формі віддачі, котра є властивою Біні. «І бачили його на жертовнику таким, що накидається на поживу свою», – тобто бачили пряме світло, яке вдягалося та спускалося у відбите світло, що піднімається від жертви, і є його здобиччю та їжею.

«І знищує ці жертви подібно до мужнього воїна», – тобто він знищує жертви і завдяки ним набирає сили, як мужній воїн. І оскільки «Ісраель перебували у досконалості», то і міра віддачі, тобто підйом МАН та відбите світло, здійснювалися знизу нагору з великою мужністю. Адже ступінь відбитого світла визначається мірою відбиття екрану, що відштовхує вище світло знизу нагору «у трепоті й тривозі»[259]. І в залежності від того, яким

---

[259] Вавилонський Талмуд, трактат Брахот, арк. 22:1.

є рівень підйому відбитого світла, – таким же є рівень прямого світла, що поширюється в ньому. Тому, якщо ступінь відбитого світла піднімається з великою мужністю, то мовиться, що лев знищує жертви як відважний воїн, стійко і мужньо, бо завдяки мужності посилюється та зростає ступінь його[260].

І сказано, що «всі (вогненні) пси, тобто обвинувачі, ховалися, побачивши його і не висовувалися назовні, щоби звинувачувати», бо кліпа отримання для себе носить назву «пес». І так само витлумачене в Зогарі сказане: «У п'явки дві дочки – "дай!", "дай!"»[261], – тобто вони лаються як собака, та кажуть: «Дай нам від щастя цього світу, і дай нам від щастя світу майбутнього». І це найсильніша кліпа. І найсильніше її утримання проявляється проти світла єхіда, як сказано: «Врятуй від меча душу мою, від пса – єдину мою (ехідаті)»[262].

І ця кліпа протистоїть леву, котрий пожирає згадані жертви. Адже так само, як цей лев, який символізує Хесед, прагне лише віддавати і нічого не отримувати, подібно до властивості праведника (хасид), про якого сказано: «Моє – твоє, і твоє – твоє»[263], так і кліпа «пес» – жадає тільки все отримувати і нічого не віддавати. І про праведників (хасидів) народів світу сказано: «Уся їхня самопожертва – тільки заради самих себе»[264], тому що пов'язані вони з кліпою «пес».

Тому сказано, що коли Ісраель перебували у досконалості і удостоювалися властивості «лев, який пожирає жертви», то тоді і «всі пси ховалися, побачивши його й не висовувалися назовні». Бо піднімали МАН з великою мужністю, надаючи тим самим сили екрану, що стоїть в Малхут, відштовхувати вище світло від нього й вище з великою силою. І внаслідок цього також і міра відбитого світла, створеного цим ступенем, виявляється дуже високою. Як мовлено: «знищує ці жертви подібно до мужнього

---

260 Див. «Вступ до науки Кабала», п.14.
261 Писання, Притчі, 30:15.
262 Писання, Псалми, 22:21.
263 Мішна, трактат Авот, розділ 5, мішна (закон) 10.
264 Вавилонський Талмуд, трактат Бава Батра, арк. 10:2.

воїна». І тому також і ці важкі кліпот, звані «пси», бігли та ховалися всі від страху перед могутністю цього лева, боячись висунутися назовні зі свого укриття.

97) Гріхи призвели до того, що «зійшов він (Бнаягу)»²⁴⁷ всередину нижніх ступенів і вбив цього лева. Через те, що не схотів давати йому здобич його як на початку, вважається ніби він вбив його. Саме так – «вразив він лева в рові»²⁴⁷ на очах в іншої сторони, (сторони) зла. Після того, як побачила це інша сторона, вона набула сили і послала одного пса пожирати жертви на жертовнику замість лева. І хто цей лев? Уріель ім'я його, і лик його – лик лева. А як звуть цього пса? Баладан ім'я його, від слова «бал-адам (досл. нелюд)», де буква «мем» змінюється на «нун»; бо не людина він зовсім, а пес, і вигляд його – подоба пса.

Пояснення. Внаслідок того, що анулювалися екрани БОН і САҐ, також і Ісраель внизу не можуть піднімати більше МАН, які були живленням лева. І припинився цей зівуґ, і вище світло, зване «лев», зникло. І вважається, ніби він убив цього лева, бо той піднявся до свого коріння, вкрившись від нижніх.

Тому сказано: «"В рові" – на очах в іншої сторони, сторони зла». Адже корінь отримання заради себе – у властивості «ейнаїм (очі)», як сказано: «Око бачить, а серце жадає»²⁶⁵. Це отримання називається «яма». «А яма ця порожня, немає в ній води»²⁶⁶, – тобто вище світло не доходить туди, як сказано: «Не можемо Я і він перебувати в одному місці»²⁶⁷. «"І вразив лева в рові" – на очах в іншої сторони, сторони зла», – тому що ураження цього лева відбувалося під злосливим поглядом сітри ахра, званої «яма». І це – «водоймами пробиті, які не тримають води»²⁶⁸, і вони вийшли тепер, з'явившись зі своїх укриттів,

---

265 «Серце й очі є "наглядачами" тіла та служать посередниками у скоєнні гріхів: око бачить, а серце бажає, і тіло чинить гріх». Коментар Раші, Бемідбар, 15:39, тижнева глава «Шлах».
266 Тора, Берешит, 37:24.
267 Вавилонський Талмуд, трактат Сота, арк. 5:1.
268 Пророки, Єрміягу, 2:13. «Бо дві речі лихі зробив народ Мій: Мене, джерело живої води, покинули вони, і висікли собі водойми, водоймами пробиті, які не тримають води».

отримавши велику владу. «І послала одного пса пожирати жертви на жертовнику», – адже на противагу леву пожирає жертви той самий пес, який завжди лається «дай-дай!».

«І хто цей лев? Уріель ім'я його, і лик його – лик лева». «Ель» – це ім'я, яке вказує на властивість Хесед, праву сторону. І цей лев – це світло Хеседа, званий Урі-ель, тобто світло, що виходить від імені «Ель». І лик його відноситься до правої сторони, тобто до властивості віддачі, як сказано: «А лик лева справа у всіх чотирьох»[269].

«А як звуть цього пса? Баладан ім'я його, бо не людина він зовсім, а пес, і вигляд його – подоба пса». Зеір Анпін називається Адам в той час, коли є в ньому мохін від Біни, що означає: «Адам в гематрії МА (45)». Біна це властивість віддачі. Тому сказали мудреці: «Ви називаєтесь людина (адам), а не народи світу називаються людина (адам)»[270], оскільки «всі їхні пожертви – лише заради самих себе»[264]. Тому називається Баладан, від слова «бал-адам (нелюд)», оскільки «мем» змінюється на «нун».

98) «І вразив лева в рові в сніговий день» – в той день, коли гріхи призвели до того, що з висі був винесений вирок верховного суду. Тому сказано: «Не буде вона боятися за свій дім при снігу»[271], – тобто вищого суду, званого снігом. І сказано, що вона не боїться, «бо весь будинок її вдягнений у багрянець»[271], тому вона може терпіти сильний вогонь.

Пояснення. Суди, які відносяться до захара, називаються «сніг». І тому мовиться, що вони виходять від верховного суду, і ці суди дуже суворі спочатку, проте в кінці вони пом'якшуються, бо отримують підсолодження лише в кінці, тобто в Нукві. І до цих судів відноситься сказане Нуквою: «Підкріпіть мене солодощами

---

269 Пророки, Єхезкель, 1:10.
270 Вавилонський Талмуд, трактат Євамот, арк. 61:1.
271 Писання, Притчі, 31:21. «Не буде вона боятися за свій дім при снігу, бо весь будинок її вдягнений у багрянець».

(ашишот אשישות)»²⁷². Тут міститься натяк на двоє вогнів (ешиот אשיות) – вищий вогонь, Біну, та на її власний вогонь.

І коли в неї є ці двоє вогнів, вона пом'якшує холод, що виходить від снігу судів, тому що вогонь її проганяє їхню холоднечу. Тому сказано: «Не буде вона боятися за свій дім при снігу»²⁷¹ – це вищий суд, тобто суворі суди захару. І вона не боїться, «бо весь будинок її вдягнений у багрянець»²⁷¹. «Багрянець» – це двоє вогнів. І оскільки її будинок «одягнений» в ці двоє вогнів, тому «не буде вона боятися за свій дім при снігу». І більш того, цей сніг стає насолодою посеред її вогнів.

Тому сказано, що «вона може терпіти сильний вогонь» – бо цей сніг допомагає їй витерпіти вогні її. Це дає нам зрозуміти, що тепер, після того, як відмінилися екрани та зівуґи САҐ і БОН та скасувалися ці двоє вогнів, суди, що відносяться до снігу, знову набрали сили. І те, що було сказано до сих пір, розкрилося відразу ж після зівуґу Атіка Йоміна, а далі Писання розповідає нам, що настало за цим.

99) Написано після цього: «І він убив одного єгиптянина, людину видну, вбивши того його ж власним списом»²⁷³. Це вказує на те, що кожен раз, коли грішили Ісраель, він віддалявся, і зникало у них все благо та всі світла, які світили їм. «Він убив одного єгиптянина» – це світло, яке світило Ісраелю, і це Моше, про якого написано: «І сказали вони: "Якийсь єгиптянин врятував нас від руки пастухів"»²⁷⁴. Адже він народився в Єгипті і там виріс, і там піднявся до вищого світла.

Пояснення. Не мається на увазі сама людина, а світло. Але оскільки він скасував і вкрив це світло, то вважається, ніби він убив його. Сказане: «Це світло, яке світило Ісраелю, і це Моше» – означає, що він (Моше) скасував це велике світло свічення Моше Ісраелю. І зветься він єгиптянином, бо народився в Єгипті і там виріс, як сказано: «І виріс Моше, і вийшов до

---

272 Писання, Пісня пісень, 2:5.
273 Пророки, Шмуель 2, 23:21.
274 Тора, Шмот, 2:19.

братів своїх»²⁷⁵. І там він удостоївся вищого світла – визволення Ісраеля з Єгипту.

100) «Людину видну»²⁷³. «Видну (мар'е)», як сказано: «І явно (мар'е), а не загадками»²⁷⁶. «Людину», як сказано: «Людина Всесильного (Елокім)»²⁷⁷, – він немов володіє «подобою величі Творця», тобто Малхут. Адже він удостоївся управляти цим ступенем на землі в усьому бажанні своєму, чого не удостоїлася інша людина.

Пояснення. Відмінність Моше від інших пророків в тому, що Моше був носієм (властивостей) Зеір Анпіну, і, передаючи Нукві наповнення від Зеір Анпіну, він будував її. Тоді як інші пророки були носіями (властивостей) Нукви, і вони отримували наповнення від Нукви. Тому сказано: «Людина Всесильного (Елокім)»²⁷⁷ – володіє цією «подобою», тобто Нуквою, званою «велич Творця». І він називається «володарем Шхіни», оскільки удостоївся управляти цим ступенем, бо він є носієм (властивостей) Зеір Анпіну, і він будує Нукву, наповнюючи її та управляючи нею. «Чого не удостоїлася інша людина», – тому що всі інші пророки були носіями (властивостей) Нукви. Нуква наповнювала їх, і вони, таким чином, є нижніми по відношенню до неї та керовані нею. Звідси видно, що жодна людина в світі не удостоїлася рівня Моше.

101) «І в руці єгиптянина спис»²⁷³ – це посох Творця, що йому (Моше) вручений. Як сказано: «І посох Творця в руці моїй»²⁷⁸. І це посох, який був створений напередодні суботи, в сутінках, і вирізані на ньому святий напис, святе ім'я. Цим посохом він згрішив, вдаривши по скелі, як сказано: «І вдарив по скелі своїм посохом двічі»²⁷⁹. Сказав йому Творець: «Моше, не для того Я тобі дав Свій посох. Клянуся, відтепер і надалі він більше не буде в твоїх руках».

---

275 Тора, Шмот, 2:11.
276 Тора, Бемідбар, 12:8.
277 Тора, Дварім, 33:1. «І ось благословення, котрим благословив Моше, людина Всесильного, Ісраїлевих синів перед смертю своєю».
278 Тора, Шмот, 17:9.
279 Тора, Бемідбар, 20:11.

Пояснення сказаного. «У сутінках» – це велике підсолодження Малхут в Біні, таке, що неможливо по ній розпізнати, – це Малхут чи Біна. Адже в суботу Малхут піднімається в Аба ве-Іму, стаючи Біною. А напередодні суботи, в сутінках, вона ще не стала в точності Біною, але вже і не розпізнається як властивість Малхут. І це десять речей, що створені в сутінках, і неможливо побачити, – походять вони від Біни чи від Малхут, бо навіть в самій Нукві вже немає відмінності.

«І це посох, який був створений напередодні суботи, в сутінках», і тому «вирізані на ньому святий напис, святе ім'я». Вирізане «святе ім'я» вказує на властивість Біни, від якої виходить ця святість. А «святий напис» – вказує на Малхут, котра є лише записом для отримання святого імені.

І два цих накреслення містилися в посоху як одна властивість, без відмінності між ними, оскільки він був створений напередодні суботи, в сутінках. І тому в ньому містилася сила, що здатна притягувати для Ісраеля всі світла, всі чудеса і знамення, котрі представляють собою притягання світел Біни в Малхут. І завдяки ньому удостоївся Моше вищої Біни та властивості «людина Всесильного (Елокім)». І називається він «посох Всесильного (Елокім)», за іменем Біни, та називається «спис», і це – «вав» де-АВАЯ, який здійснює зівуґ з нижньою «гей».

І ось ця Малхут називається «бескид», а у властивості Біни вона називається «скеля». Внутрішній зівуґ ЗОН, тобто в той час, коли вони піднімаються в Аба ве-Іму, і Нуква користується шатами Іми[280], такий зівуґ називається «мовлення». Зовнішній зівуґ ЗОН на їхньому власному місці називається зівуґ де-акаа (ударне злиття).

І про це було сказано Моше: «А ти вдариш по бескиду, і вийде з нього вода»[281]. Бо «бескид» – це Малхут, в якій використовується удар (акаа). Але йому було вказано також: «І скажіть

---

280 Див. вище, статтю «Мати позичає своє вбрання дочці», п.17.
281 Тора, Шмот, 17:6.

скелі на очах у всіх, і дасть вона води свої»²⁸², – бо у властивості «скеля», що відноситься до місця Біни, цей зівуґ називається мовленням. І гріх Моше полягає в тому, що він скористався своїм посохом двічі. Адже крім того, що вдарив ним по бескиду, вдарив також і по скелі, тобто двічі. Таким чином, «він згрішив, вдаривши по скелі», оскільки там діє не «удар», а лише «мовлення»²⁸³.

І тому сказано: «Цим посохом він згрішив, вдаривши по скелі», – оскільки через те, що неможливо було відрізнити, відноситься посох Творця до Малхут чи до Біни, сталося так, що він застосував його також і до скелі. Як сказано: «І вдарив по скелі своїм посохом двічі»²⁷⁹, – по бескиду та по скелі. «Сказав йому Творець: "Моше, не для того Я тобі дав Свій посох"», – щоб ти застосовував його також і у властивості «скеля».

102) Відразу ж: «І накинувся на нього з палицею»²⁷³ – тобто обрушився суворим судом. «І вирвав списа з руки єгиптянина»²⁷³, – оскільки з цього моменту той позбувся посоху, званого тут списом, і ніколи більше не тримав його в своїх руках. «Убивши того його ж списом»²⁷³ – бо через свій гріх, – удар посохом по скелі, – він помер, не ступивши на святу землю. І світло це пішло від Ісраеля.

Для того щоб це зрозуміти, потрібно згадати все, що сказане вище²⁸⁴. Адже під впливом великого зівуґу Атіка Йоміна, САҐ взагалі не повинен був анулюватися, а лише БОН. І тоді БОН відразу б піднявся і назавжди став властивістю САҐ. Однак внаслідок того, що САҐ і БОН були поєднані разом, анулювався також і САҐ разом з БОН. І тому протягом цього часу відбувається руйнування Храмів. І з тієї ж причини анулювалося свічення Моше синам Ісраеля, оскільки найбільше він прогрішив у відношенні з'єднання БОН і САҐ, вдаривши по скелі.

---

282 Тора, Бемідбар, 20:8.
283 Див. Зогар, главу Кі Теце, п.76.
284 Див. вище, п.94, зі слів: «И причина виходу...».

І тому «накинувся на нього з палицею»²⁷³, – тобто обрушився суворим судом, бо анулювання САГ супроводжується суворим судом, адже в нього немає насправді ніякого поєднання з БОН, і анулювання БОН ніяк до нього не відноситься. І про це сказано в уривку: «Подібно до того, хто заносить сокиру над заростями дерев. І нині всі прикраси його молотом та сокирою розбивають»²⁸⁵, – тому що внаслідок піднесення та підсолодження Малхут та підйому її в Біну, він (БОН) тепер подібний до «того, хто заносить сокиру над заростями дерев», оскільки і САГ анулювався в результаті цього підйому, що і означає «молотом та сокирою розбивають».

Мовлено: «"І вирвав списа з руки єгиптянина"²⁷³, оскільки з цього моменту той позбувся посоху, званого тут списом, і ніколи більше не тримав його в своїх руках», – тому що спис дійсно відносився до БОН. І тому назавжди скасувалося його світіння, оскільки сам БОН потім відновився і назавжди став властивістю САГ. Тому посох більше не використовується для нанесення їм удару.

І тому сказано: «"Убивши того його ж списом", – бо через свій гріх, – удар посохом по скелі, – він помер». Адже, якби він був обережним, завдавши удар лише по бескиду, а не по скелі, то САГ не анулювався б разом з БОН, і він би не помер, а відразу піднявся б у САГ.

«Не ступивши на святу землю». Земля Ісраеля – це підйом БОН в САГ. І тому вона називається святою землею, оскільки мохін Біни, що світять тоді в ній, називаються святістю. А до кінця виправлення, оскільки є підйоми й падіння, відбуваються руйнування і вигнання. Однак в кінці виправлення БОН навічно залишиться в САГ, ставши землею Ісраеля. І не буде більше ніяких вигнань.

103) Сказано: «Був самим знатним з тридцяти, але з трьома не зрівнявся. І Давид призначив його виконавцем своїх

---

²⁸⁵ Писання, Псалми, 74:5-6.

наказів»²⁸⁶, – це тридцять вищих років, від яких він отримував наповнення і передавав вниз. І від них він отримував наповнення та зближався з ними. «Але з трьома не зрівнявся»²⁸⁶, – вони, сходячи до нього, давали йому наповнення за бажанням серця, але він з ними «не зрівнявся».

Пояснення. ҐАР, ХАБАД, називаються «тридцятьма», і це три сфіри, кожна з яких складається з десяти. І вони є сукупністю мохін, що світять протягом шести тисяч років. А душа Бнаягу виходить від великого зівуґу Атіка Йоміна, що збирає всі зівуґи шести тисяч років в зівуґ «Рав Пеалім, Мікавцеель (багатодіючий, такий, що збирає)» на одному ступені – Бнаягу бен Єгояда. Таким чином, він удостоюється ступеня отримання від усіх цих тридцяти вищих років. Тобто він отримував від мохін цих «тридцяти років», і вони сходили вниз до душі його, що знаходиться в кінці їх усіх. «І від них він отримував наповнення та зближався з ними», – тому що весь його ступінь являє собою лише те, що він отримав і зібрав від їхніх зівуґів, які вийшли один за одним.

І разом з тим, «"з трьома не зрівнявся"²⁸⁶ – вони, сходячи до нього, надавали йому за бажанням серця, але він з ними не зрівнявся». Хоча вони і давали йому всі піднесені достойності «за бажанням серця», однак він не може зблизитися з ними після цього і отримати від них більше. Адже через скасування екрану БОН, скасувався також екран САҐ, і він залишився без екрану. Тому він не міг зблизитися з ними аби підняти МАН та отримати від них більше.

104) Хоча він не входив до їхнього складу і розрахунку, разом з тим сказано: «І Давид призначив його виконавцем своїх наказів»²⁸⁶, – і він весь час був в його серці, адже вони були нерозлучними завжди. Серце Давида було прихильним до нього, але його серце не було прихильним до Давида. Оскільки цими вихваляннями, співами і чеснотою, які місяць присвячує сонцю, він притягує його до себе аби перебувати разом з ним. І це означає: «І Давид призначив його виконавцем своїх наказів»²⁸⁶.

---

286 Пророки, Шмуель 2, 23:23.

Пояснення. Давид – це властивість Малхут, четверта опора ҐАР. І хоча вона не може досягти тридцяти вищих років, тобто ҐАР, все ж: «І Давид призначив його виконавцем своїх наказів»[286], – тобто той приліпився до нього, і не відходив від помислів серця його ніколи. Адже вся досконалість, що наявна в Малхут, розкривається в ньому, бо він походить від великого зівуґу Атіка Йоміна, який усуває всі кліпот від імені БОН, як сказано: «Знищить Він смерть навіки»[252].

Тому сказано, що «серце Давида було прихильним до нього», «і він весь час був в його серці», – тому що в ньому була вся його досконалість. Але серце Бнаягу бен Єгояда, «не було прихильним до Давида» – тому що Давид є четвертою опорою по відношенню до ҐАР. І так само, як він не може отримати від ҐАР, – він не може отримати і від Давида, і тому серце не було прихильним до нього.

«Оскільки цими вихваляння, співами і чеснотою, які місяць присвячує сонцю, він притягує його до себе, щоби перебувати разом з ним», – тобто за допомогою МАН, які Малхут, місяць, піднімає до Зеір Анпін, сонця, він притягує до себе свічення душі Бнаягу бен Єгояда, – котре є її остаточною довершеністю, – щоб перебувати разом з ним, аби він злився з нею назавжди.

105) Впали долілиць рабі Ельазар та рабі Аба перед ним, і поки що перестали бачити його. Піднявшись, подивилися на всі боки, але не побачили його. Сіли, заплакавши, і не могли розмовляти один з одним.

Сказав рабі Аба: «Це, безумовно, те, що ми вивчали: на будь-якому шляху, котрим йдуть праведники, обмінюючись між собою висловами Тори, приходять до них праведники зі світу того, аби розкрити їм речення Тори. Звичайно ж, це рав Амнона Саба прийшов до нас зі світу того, розкривши нам ці речення, і перш ніж ми встигли впізнати його, зник, залишивши нас». Піднявшись, вони хотіли повести своїх ослів, але ті не схотіли зрушити з місця. Знову спробували повести їх, але ті не зрушили.

Злякалися вони й полишили цих ослів. І до цього дня це місце називається «місцем ослів».

Справа в тому, що вони не могли терпіти те велике світло, яке відкрилося їм під час розкриття цих таємниць, і впали ниць перед ним. Тому сказано: «Впали долілиць рабі Ельазар та рабі Аба перед ним, і поки що перестали бачити його», – після того, як удостоїлися отримати від нього великий та піднесений ступінь його, він відразу ж зник від них, і вони більше не могли знайти й осягнути його. І «сіли, заплакавши, та не могли розмовляти один з одним», – тому що великим було їхнє горе.

І тому він сказав: «Це рав Амнона Саба», бо тепер вони осягнули його ступінь, – що це сам рав Амнона Саба, а не син рава Амнона, як вони думали дотепер. «Піднявшись, вони хотіли повести своїх ослів». «Осли» – це сили, які душа рава Амнона Саби дала їм, аби вони змогли підняти МАН з проханням про здобуття ступенів хая та єхіда, котрі осягали з його допомогою. Саме тому сказано, що він посадив їх верхом на ослів та йшов перед ними аби освітлювати їм шлях праведників[287].

А тепер, після того, як скінчилася його місія, і він зник від них, вони знову захотіли піднятися та сісти верхи на його ослів, тобто знову підняти МАН аби осягнути його ще раз. Але коли вони спробували повести їх, ті не зрушили, – тому що тепер вони вже не могли знову отримати від ослів силу підняти МАН. І тому злякалися, залишивши ослів в тому місці, де рав Амнона Саба вкрився від них, та нарекли це місце «місцем ослів», – тобто у зв'язку з тим, що трапилося, оскільки не могли більше користуватися ними.

106) Заговорив рабі Ельазар, промовивши: «Яким великим є благо Твоє, яке укрив Ти для тих, хто боїться Тебе, зробив тим, хто уповає на Тебе у подобі до синів людських»[288]. Наскільки ж піднесене і величне те благо, яке Творець зробить в майбутньо-

---

[287] Див. вище, п.85, зі слів: «Зійшли рабі Эльазар та рабі Аба».
[288] Писання, Псалми, 31:20. «Яким великим є благо Твоє, яке укрив Ти для тих, хто боїться Тебе, зробив тим, хто уповає на Тебе у подобі до синів людських».

му для синів людських, для цих вищих праведників, що бояться гріхів та займаються Торою, коли вони увійдуть в той світ. Сказано не просто «благо Твоє», а «великим є благо Твоє», як і в уривку: «Пам'ять про велике благо Твоє виголосять»[289]. І це – «відрада життя», яка виходить зі світу майбутнього до «того, хто дає життя світам», котрий називається «пам'ять про велике благо Твоє». І, безумовно, про нього сказано: «Великим є благо для роду Ісраеля»[290].

Пояснення. Слово «великий» завжди вказує на стан «ґадлут». «Великим є благо» – вказує на «відраду життя», тобто – мохін де-ҐАР. Бо основа парцуфа, що дає йому життя – це мохін де-ВАК, одержувані від зівуґу Аба ве-Іми для послання життя світам. Але є також додаткові мохін, що несуть відраду життя, тобто мохін де-ҐАР. І вони називаються «великим є благо Твоє» та «відрада життя».

І про це сказано: «Яка виходить зі світу майбутнього до того, хто дає життя світам», – тому що мохін де-ҐАР, які є Хохмою, сходять з Біни, яка називається майбутнім світом, і вдягаються у величне вбрання хасадім, що виходить від зівуґу Єсода, котрий зветься «той, хто дає життя світам». А звідти приходять мохін до праведників, які бояться гріха.

107) «І ще необхідно пояснити слова: "Яким великим є благо Твоє"[288], бо тут відбилася таємниця мудрості, і всі таємниці вміщені тут. "Яким (МА)" – ми вже вивчали[291]. "Великим" – це дерево велике й сильне», тобто Зеір Анпін, «оскільки є дерево, яке менше за нього», тобто Малхут, «а це», – Зеір Анпін, – «зветься великим». «І підносить його до вершини небозводів».

Пояснення. Крім того, що вже з'ясоване з цього уривку, – як досягаються мохін де-ҐАР, – слід ще додатково роз'яснити його, оскільки в ньому записана внутрішня суть Хохми, і всі таємниці вміщені в цьому уривку. Слова «таємниця мудрості (хохми)»

---

[289] Писання, Псалми, 145:7.
[290] Пророки, Єшаягу, 63:7.
[291] Див. вище, статтю «Мати позичає свої шати дочці», п.19.

вказують на зівуґ Атіка. Слова «і всі таємниці» вказують на завершення загального виправлення.

«Яким (МА)» – нижній світ. «Великим» – вказує на «дерево велике й сильне», тобто на Зеір Анпін під час облачення ним парцуфа АБ. І тоді він називається «дерево велике», – завдяки Хохмі, – «і сильне» – у своїй власній властивості. Однак в той час, коли Зеір Анпін знаходиться на своєму місці, – називається просто «дерево». Тому сказано: «Оскільки є дерево, яке менше за нього», – тобто Малхут, яка теж називається «дерево», – «а це називається великим», – а коли вдягає ступень АБ, називається «великим».

«І підносить його до вершини небозводів», – парцуф АБ підносить Зеір Анпін «до вершини небозводів» тому, що вершина АБ досягає Кетеру, званого «вершиною небозводів». І ступінь АБ одягається на парцуф Кетер, тому АБ підіймає Зеір Анпін «до вершини небозводів».

108) «Благо Твоє»[288] – це світло, що створене в перший день початку творіння, «яке укрив Ти для тих, хто боїться Тебе»[288], – тобто заради того, щоб воно (світло) було вкрите для праведників в тому світі. «Зробив» – це вищий Еденський сад, як сказано: «У місці, яке для перебування Свого зробив Ти, Творець»[292], що й означає «зробив тим, хто уповає на Тебе»[288].

Пояснення. Світло, яке створене в перший день, це те світло, в якому Адам Рішон бачив «від краю світу і до краю його»[293]. І це – «світло», згадане п'ять разів в описі першого дня початку творіння. «Для праведників в тому світі» – в майбутньому світі, тому що цей світ захований в Єсодах (основах), тобто у властивостях «праведник» й «праведність» Аба ве-Іми, званих майбутнім світом. І ці «праведник» та «праведність» називаються «ті, хто бояться Тебе», завдяки силі укриття, яка є у них. І від них це світло передається праведникам.

---

292 Тора, Шмот, 15:17. «Уведеш їх та розселиш у горах уділу свого, в місці, яке для перебування Свого зробив Ти, Творець».
293 Вавилонський Талмуд, трактат Хаґіґа, арк. 12:1.

«"Зробив" – це вищий Еденський сад». До цього сказано: «Яке вкрив Ти», і це означає, що мохін приходять у величному вбранні «праведника» та «праведності» в утаєнні, вкриті цими шатами. А тут сказано: «Зробив», що означає явну дію без цього приховання. Та наводиться підтвердження з уривка: «У місці, яке для перебування Свого зробив Ти, Творець»²⁹², – тобто вчинив дію повну та явну. І пояснює (рабі Ельазар), що «зробив» – сказано про вищий Еденський сад, оскільки він був створений та вийшов з усіх попередніх мохін, про які йдеться в цьому уривку, котрі виходять протягом усіх шести тисяч років. Таким чином, слова «Яким великим є благо Твоє, яке укрив Ти для тих, хто боїться Тебе» вказують на всі мохін, що вийшли протягом шести тисяч років, та їх усі Ти «зробив» за допомогою великого зівуґу Атіка Йоміна «тим, хто уповає на Тебе». Тобто з цих мохін був створений та вийшов вищий Еденський сад, в якому перебувають довершені праведники, котрі уповають на Творця, – такі душі, як Бнаягу бен Єгояда й подібні до нього, котрі удостоїлися отримати від великого зівуґу Атіка, який зібраний з усіх цих мохін шести тисяч років.

І знай, що місце спокою цих душ називається Еденським садом. І є земний Еденський сад, який теж називається Еденським садом, (але) нижнім, та являє собою властивість ВАК. А є вищий Еденський сад, який є властивістю ҐАР Еденського саду. І всі душі перебувають тільки в нижньому Еденському саду. Однак в новомісяччя та суботи вони піднімаються до вищого Еденського саду, а потім повертаються на своє місце. Але є обранці, місце яких – у вищому Еденському саду. І про них згадує рабі Шимон, кажучи: «Бачив я тих, хто підіймається, нечисленні вони».

109) «У подобі до синів людських»²⁸⁸. Це нижній Еденський сад, і там перебувають всі праведники в дусі (руах), який вдягається у піднесене вбрання, що подібне до того виду й вигляду, в яких вони перебували в цьому світі. І це означають слова: «У подобі до синів людських», – тобто у вигляді, який відповідає людям цього світу. І вони перебувають там, і здіймаються звідти у повітря, піднімаючись у небесне зібрання, що знаходиться

у вищому Еденському саду. І вони літають по ньому і вмиваються росою потоків чистого Афарсемону, а спускаючись, перебувають внизу, в нижньому Еденському саду.

Пояснення мовленого. Основна відмінність між ҐАР і ЗАТ, як в парцуфах, так і в душах, полягає в тому, що ҐАР можуть отримувати світло Хохми таким, яким воно є, і не потребують того, щоби Хохма вдягалася у них в облачення світла хасадім. Тоді як парцуфи ВАК, а також душі, що народжені від ЗОН, основою яких є ВАК, можуть отримати світло Хохми лише шляхом облачення в світло хасадім.

І тому сказано: «Це нижній Еденський сад, і там перебувають всі праведники в дусі (руах), який вдягається у піднесене вбрання, подібне до того виду й вигляду, в яких вони перебували в цьому світі», – тому що дух (руах) всіх праведників нижнього Еденського саду вдягається у піднесене вбрання світла хасадім, як і душі людей цього світу. І за допомогою цього піднесеного облачення, званого «авір (повітря)», вони можуть піднятися до вищого Еденського саду та отримати звідти світло Хохми. А потім вони повертаються на своє місце у нижній Еденський сад.

«І вони перебувають там», – їхнє основне постійне місце знаходиться в нижньому Еденському саду, «і здіймаються звідти в повітря, піднімаючись в небесне зібрання, що знаходиться у вищому Еденському саду», – за допомогою цього повітря (авір), тобто світла хасадім, вони злітають та піднімаються у вищий Еденський сад, щоб отримати Хохму.

«І вони літають по ньому і вмиваються росою потоків чистого Афарсемону», – тому що світло Хохми, яке вони отримують там, в Еденському саду, називається тринадцятьма потоками чистого Афарсемону. Адже Хохма називається «єлей», а число «тринадцять» вказує на Хохму тридцяти двох шляхів[294].

---

294 Див. вище, статтю «Троянда», огляд Сулам, зі слів: «Отже, з'ясувалася різниця...».

А потім, «спускаючись, перебувають внизу», – тобто не можуть затримуватися там, і відразу після отримання ними Хохми у своє піднесене вбрання, спускаються з вищого Еденського саду на своє місце в нижній Еденський сад. Та оскільки вони повинні отримати хохма в облачення хасадім, – подібно до душ людей цього світу, – мовиться в уривку, що вони теж «у подобі до синів людських»[288], – тобто у вигляді, котрий є відповідним людям цього світу, тому що потребують вбрання хасадім, так само як і вони.

110) А іноді ці праведники виглядають «у подобі до синів людських» аби являти їм чудеса, як вищі ангели, – подібно до того, як ми бачили тепер світло вищого світила, але не удостоїлися більш глибокого споглядання та осягнення таємниць цієї мудрості.

Маються на увазі обранці, які перебувають у вищому Еденському саду. І хоча їхній ступінь настільки піднесений, що навіть душі нижнього Еденського саду, котрі піднімаються до них у новомісяччя та суботи, не можуть затримуватися там і негайно спускаються на своє місце, – все ж вони іноді виглядають «подібно до синів людських», тобто вони спускаються з вищого Еденського саду в цей світ і являють себе людям як ангели вищого (саду), що сходять іноді в цей світ. «Подібно до того, як ми бачили тепер світло вищого світила», – так само як він бачив зараз світло вищого світила, тобто рава Амнона Саби, який зійшов до них зі свого високого ступеня, з вищого Еденського саду, і відкрився їхньому поглядові в цьому світі.

У виразу «у подобі до синів людських» є два пояснення.

1. Щодо душ нижнього Еденського саду. Вони перебувають у вигляді людей, і «зробив Він» для них піднесені світла, що знаходяться у вищому Еденському саду, аби вони могли їх одержувати звідти шляхом підйому у новомісяччя та суботи. І тоді вони удостоюються побачити образ душ вищого Еденського саду та знову зійти на своє місце;

2. «У подобі до синів людських», – тобто дійсно живуть в цьому світі. І ці душі, які перебувають у вищому Еденському саду, іноді сходять в цей світ як вищі ангели та постають поглядові праведників.

І тому він каже: «Але не удостоїлися більш глибокого споглядання та розуміння таємниць цієї мудрості», – тобто нарікає на те, що (погонич) раптово покинув їх, і з цього часу він не удостоївся більшого пізнання таємниць Тори до цього дня.

111) Заговорив рабі Аба, проголосивши: «І сказав Маноах дружині своїй: "Ми неодмінно помремо, – адже Всесильного бачили ми"»[295]. «І хоча Маноах не знав, які діяння Його, – адже сказано: "Бо не знав Маноах, що це ангел Творця"[296], – все ж подумав, що оскільки сказано: "Не може людина побачити Мене та залишитися в живих"[297], а вони ж бачили, "ми неодмінно помремо"[295]. І ми бачили та удостоїлися цього світла, він супроводжував нас, але все ж ми залишилися в живих, тому що Творець послав його до нас розповісти про таємниці мудрості, які він розкрив. Благословенна доля наша».

Пояснення. Коли ангел Творця з'явився Маноаху, осягнення їм ангела не було повним, – саме тому той не побажав відкрити йому ім'я своє. Однак він відчував страх, адже сказано: «Не може людина побачити Мене і залишитися в живих»[297]. А ми удостоїлися повного осягнення, оскільки дізналися ім'я його, – рав Амнона Саба, – і все ж ми залишилися в живих та існуємо в цьому світі. Звідси зрозумій, що з'явлення лику ступеню рава Амнона – це властивість «дай мені побачити славу Твою»[298], про яку просив Моше у Творця. І Творець відповів йому на це: «Ти не зможеш побачити лик Мій, бо не може людина побачити Мене та залишитися в живих»[297]. Звідси видно, що їхнє осягнення було вищим, ніж осягнення Моше.

---

295 Пророки, Шофтім, 13:22.
296 Пророки, Шофтім, 13:16.
297 Тора, Шмот, 33:20.
298 Тора, Шмот, 33:18.

Про це сказано: «Не може піднятися пророк, подібний до Моше, але мудрець – може»²⁹⁹, а також: «Мудрець значніший за пророка»³⁰⁰. І цим заспокоїли себе: «Ми бачили й удостоїлися цього світла, про яке сказано, що "не може людина побачити Мене та залишитися в живих", – він супроводжував нас, а ми продовжуємо жити в цьому світі.

112) Пішли вони і прийшли до однієї гори, коли сідало сонце. Від дерева, що росте на горі, почав доноситися стук гілок, які вдарялися одна об одну та підносили пісню. Поки йшли, почули могутній голос, який закликав: «Розсіяні серед тих, хто живе в цьому світі, святі сини Всесильного, які несуть світло членам зібрання, – сходіться в місце ваше аби насолодитися Торою разом із Владикою вашим». Злякалися, тут же встали на місці, й сіли.

Пояснення. «Пішли вони і прийшли до однієї гори», – до тієї гори, про яку цар Давид сказав: «Хто зійде на гору Творця, і хто стане у місці Його святому?»³⁰¹. «А коли піднялися на гору, зайшло сонце», – міститься натяк на те, що зникло їхнє світіння. «Гілки дерев видавали стукіт, вдаряючись одна об одну» – так дерева перемовляються. «І почули пісню, що доносилася від них», як сказано: «Тоді заспівають всі дерева лісові»³⁰².

«Почули могутній голос» – означає, що вони почули сильний голос, який закликав їх повернутися на своє місце, щоб насолоджуватися Творцем і Торою Його, – тобто щоби спустилися з гори. І називає їх «святими синами Всесильного» через їхню піднесену ступінь, але дав їм зрозуміти, що люди цього світу не варті перебувати разом з ними. І на це він натякнув, сказавши: «Розсіяні серед тих, хто живе в цьому світі», – тобто що люди цього світу не варті їх, оскільки не зможуть терпіти один одного. Тому сказано, що напав на них страх, та все ж вони не спустилися з гори, а встали, сіли, але зі свого місця не зрушили.

---

299 Тора, Дварім, 34:10. Кінець Ялкут Реувені.
300 Вавилонський Талмуд, трактат Бава Батра, арк. 12:1.
301 Писання, Псалми, 24:3.
302 Писання, Псалми, 96:12.

113) Між тим, пролунав той же голос, що і спочатку: «Могутні скелі, піднесені молоти – ось Володар фарб, який виявляється в картинах, стоїть на престолі. Увійдіть та зберіться». У цей момент почули голос гілок дерев, великий і могутній. Говорили вони: «Голос Творця крушить кедри»[303]. Впали на обличчя свої рабі Ельазар та рабі Аба, і напав на них сильний страх. Встали вони поспішно та пішли, і нічого більше не чули. Спустилися з гори, пішли далі.

Пояснення. Спочатку з'ясувалося, що вони не могли направити своїх ослів. Це означає, що не могли більш підняти МАН, оскільки рав Амнона Саба вже завершив свою місію у наданні їм допомоги. І тому зникла сила його ослів, і вони не могли використовувати їх, щоб підняти МАН та удостоїтися вищого ступеня. Тому рабі Ельазар сказав, що вони не удостоїлися більш глибокого бачення та розуміння таємниць цієї мудрості.

Необхідно зрозуміти, що означає осягнення мохін і втрата сил в підйомі МАН. Справа в тому, що після осягнення ними ступеню єхіда, тобто розкриття душі Бнаягу бен Єгояда за допомогою рава Амнона Саби, сталося з ними те, що вже з'ясовувалося з душею Бнаягу бен Єгояда: після того, як анулювався у них екран БОН, анулювався разом з ним також екран САГ, і тому вони не змогли більше підняти МАН та залишили своїх ослів[304]. І з'ясувалося, що будь-яке припинення світел гуф Атіка відбувалося з метою надати їм сили виявити заново екран САГ. І тоді БОН знову стане властивістю САГ, і вони знову піднімуть МАН та почнуть завойовувати нові висоти[305].

Тому, власне, рабі Ельазар з рабі Аба залишили з тих пір своїх ослів та йшли до цього часу своїм шляхом, встигнувши побувати у всіх цих пригодах. І виявили в собі силу знову підняти МАН з проханням аби БОН знову став властивістю САГ. І тому сказано: «Пролунав той же голос, що і спочатку: "Могутні скелі,

---

303 Писання, Псалми, 29:5.
304 Див. вище, п.105, зі слів: «Піднявшись, вони хотіли повести своїх ослів...».
305 Писання, Псалми, 84:8. «Вони підкорюють одну висоту за іншою аби в Ционі постати перед Творцем».

піднесені молоти"», – цей голос дав їм зрозуміти, що вони – «могутні скелі» та «піднесені молоти», бо вистояли до сих пір у всіх цих важких випробуваннях. І вони оволоділи цією силою, зупинивши її перед собою, немов могутні скелі. І також долали всі перешкоди, поки не розбили їх, немов гігантським молотом, обрушеним вниз з величезної висоти.

І цим призвели до того, що ось «Володар фарб, який виявляється в картинах, стоїть на престолі». Біна називається «Володарем фарб», оскільки в неї самої немає ніякого кольору, і вся вона – лише милосердя. Але всі кольори породжуються та виходять з неї. І завдяки їхньої стійкості, коли вони, немов могутня скеля, витримали всі ці випробування, виявилася тепер Біна в усіх цих картинах заново. І тому називається Біна «Володар фарб, який виявляється в картинах», бо вона отримала силу, щоби встановитися в екрані, на який виходять нові ступені та рівні, звані «картини». І вона «стоїть на престолі», тобто на троні, бо тепер Біна встановилася на троні, як і раніше. Тому сказано: «Увійдіть та зберіться», – тобто настав ваш час зійти на своє місце святості, як і раніше.

«У цей момент почули голос гілок дерев, великий і могутній. Говорили вони: "Голос Творця крушить кедри"», – тобто разом з голосом, який повідомив їм про те, що вже встановився екран Біни і «трон», почули також голос гілок дерев, які говорили: «Голос Творця крушить кедри»[303]. Він давав їм зрозуміти, що вже понищені всі кедри, які були перешкодою на їхньому шляху до святості. «Спустилися з гори», – оскільки оволоділи тепер силою зійти з гори та продовжити свій шлях у святості, як і раніше.

114) Коли вони досягли будинку рабі Йосі, – сина рабі Шимона бен Лакунья, побачили там рабі Шимона бен Йохая та зраділи. Зрадів рабі Шимон, сказав їм: «Ви, безсумнівно, пройшли шлях вищих чудес і знамень. Адже зараз я спав і бачив вас і Бнаягу бен Єгояда, який посилає вам дві корони з одним старцем, щоб увінчати вас. Безсумнівно, на цьому шляху знаходився Творець, ще й тому, що я бачу, наскільки змінилися ваші

обличчя». Сказав рабі Йосі: «Правильно ви сказали, що мудрець значніший за пророка». Підійшов рабі Ельазар і поклав голову на коліна батька свого, рабі Шимона, і розповів йому про те, що трапилося.

Тут маються на увазі два стани.

1. Вони удостоїлися знову досягти мохін де-САҐ, властивості тестя рабі Ельазара, званого «рабі Йосі, син рабі Шимона бен Лакунья»;

2. Тепер з'єднався у них САҐ з парцуфом АБ разом в безперервному зівузі, оскільки під рабі Шимоном, батьком рабі Ельазара, маються на увазі мохін де-АБ. Тому сказано: «Коли вони досягли будинку рабі Йосі, сина рабі Шимона бен Лакунья, побачили там рабі Шимона бен Йохая», – оскільки тепер удостоїлися піднесеної властивості, коли їхні БОН знову стають властивістю САҐ, вже назавжди, до того ж, в безперервному зівузі з парцуфом АБ.

Тому сказав їм: «Я бачив вас і Бнаягу бен Єгояда, що посилає вам дві корони з одним старцем (саба)», – дає їм зрозуміти, що Бнаягу бен Єгояда послав їм з равом Амноном Саба дві корони:

1. мохін де-єхіда, – властивість самого Бнаягу бен Єгояда;

2. нові мохін АБ-САҐ, що осягнуті ними тепер, які теж були притягнуті за допомогою Бнаягу бен Єгояда.

Тобто, побічно вказав їм цим: «Продовження випробувань і пригод, що сталися з вами, завдяки яким ви удостоїлися нинішнього ступеню, так само є безпосереднім продовженням високого світла його душі». Таким чином, ці дві корони послав їм Бнаягу бен Єгояда з равом Амноном Саба. Тому сказав їм: «Безсумнівно, на цьому шляху знаходився Творець», – тобто всі ті падіння, які відбулися з вами, не є недоліками, але це сам Творець провів вас до вашої нинішньої високої ступені.

«Бо бачу я, наскільки змінилися ваші обличчя», – у доповнення до досягнутого вами, я бачу ваші обличчя надзвичайно сяючими, внаслідок пройденого вами шляху. І якби був в ньому якийсь недолік, то ви, зрозуміло, не удостоїлися б такого сяйва облич, яке виходить від вас.

Сказав рабі Йосі: «Правильно ви сказали, що мудрець значніший за пророка». Вони думали, що всі ці пригоди трапилися з ними тому, що вони піднеслися в своїй зарозумілості над Моше Рабейну, тобто думали про себе, що «мудрець значніший від пророка», оскільки сказали: «І ми бачили і удостоїлися цього світла – вони супроводжувало нас, і ми живі в цьому світі». І тому заспокоїв їх рабі Йосі: «Правильно ви сказали, що мудрець значніший за пророка», – бездоганні слова ваші.

115) Застрашився рабі Шимон й заплакав. Вигукнув: «"Творець, почув я звістку Твою, злякався"[306]. Ці слова вимовив Хавакук в час, коли пізнав смерть, а Еліша повернув його до життя. І дане йому ім'я Хавакук, як сказано: "Рівно через рік, в цей же час, ти будеш обіймати (ховекет) сина"[307]. Адже він, Хавакук, був сином шунамітянки. І були двоє обіймів (хібукім): одне – його матері, а інше – Еліші, як сказано: "Доклав він уста свої до його вуст"[308]».

Пояснення сказаного. На перший погляд, дивно, – як таке можливе, щоб Еліша, пророк, викликав своїм благословенням у шунамітянки сім'я, котре нездатне існувати? Але справа в тому, що Еліша був найвищим зі всіх пророків, крім Моше. І він удостоївся рівня душ вищого Еденського саду, у яких властивість БОН вже була в остаточному очищенні й досконалості, як і в прийдешньому майбутньому. І тому в той час, коли викликав у неї народження сина, він не був обережним аби пов'язати його з миром захар. Адже він сказав їй: «Ти будеш обіймати (ховекет) сина»[306], – і пов'язав ці обійми лише зі стороною Нукви. А

---

306 Пророки, Хавакук, 3:2. «Творець, почув я звістку Твою, злякався! Творець, діяння Твоє, яке Ти зробив для мене посеред років, нехай живе воно! Посеред років повідом – в гніві про милосердя згадай!».
307 Пророки, Мелахім 2, 4:16.
308 Пророки, Мелахім 2, 4:34.

оскільки Нуква, тобто БОН, є близькою до кліпот та сітри ахра, тому пристала до нього сітра ахра і він помер.

І виходить, що причиною смерті був дуже високий ступінь пророка, бо його власний БОН – вже очищений від будь-якого зв'язку з сітрою ахра та смертю. І тому здивувався пророк: «А Творець приховав це від мене і не розповів мені!»[309]. Інакше кажучи, у нього не було навіть думки, що той може померти через зв'язок його тільки з БОН. І тому був змушений повернутися та оживити його, зв'язавши з вищим світом через відродження з мертвих.

Суть духовних обіймів полягає в наступному. Основою плоду є «ловен (сім'я білого кольору)», отримане від Аби (досл. батька), тобто від Хохми, тому що Хохма носить назву «ловен». Як сказано: «Ти всіх їх в мудрості (хохма) створив»[310]. Однак необхідне облачення хасадім, оскільки Хохма не може існувати без облачення хасадім. І тому необхідним є «одем (яйцеклітина червоного кольору)» Іми, тобто екран, що притягує хасадім для того аби вдягнути Хохму. І встановлене, що завдяки включенню Хохми в обійми хасадім, плід зароджується та отримує життя. І тому сказано: «Адже він, Хавакук, був сином цієї шунамітянки, – тобто включенням Хохми в обійми хасадім, котре було вчинене над плодом, і воно було повністю з боку матері його, шунамітянки, зі сторони лише БОН.

«І було в нього двоє обіймів: одне – його матері, а інше – Еліші» – оскільки, оживляючи його, він заново притягнув до нього «ловен» і «одем». Таким чином, Еліша здійснив для нього другі обійми.

116) «Знайшов я в книзі царя Шломо, що ім'я, утворене з сімдесяти двох імен, Еліша накреслив над Хавакуком у вигляді слів, і кожне слово складається з трьох букв. Бо букви алфавіту, що були накреслені його батьком спочатку, зникли під час його смерті. А тепер, коли Еліша взяв його в обійми, то написав

---

309 Пророки, Мелахім 2, 4:27.
310 Писання, Псалми, 104:24.

в ньому всі букви, що належать сімдесяти двом іменам. І в цих сімдесяти двох іменах є двісті шістнадцять (РІЮ ר"ז) накреслених літер, по три літери в кожному імені».

Пояснення. Тобто – двісті шістнадцять букв, що утворюють плід, і вони являють собою світіння Хохми, яка виходить від ІШСУТ. І тоді мовиться, що в плода є двісті шістнадцять букв, котрі становлять в гематрії слово «реія (ראיה бачення)», тобто світло «ейнаїм (очей)», Хохма. А під час великого стану (ґадлут), коли він отримує облачення хасадім від вищого світу, від Аба ве-Іми, і двісті шістнадцять букв вдягаються в них, тоді вони називаються «сімдесят два слова», де кожні три букви з них з'єднуються в одне слово, всього – сімдесят два слова.

І коли немає в нього хасадім для облачення, – а тільки лише від нижнього світу, – він називається «двісті шістнадцять букв». А коли досягає «айн-бет (сімдесяти двох)» властивості захар, тобто властивості хасадім від вищого світу, то з'єднуються кожні три букви в одне слово, і сімдесят два цих слова представляють собою ім'я «айн-бет (72)».

І це «ім'я, що утворене з сімдесяти двох імен, Еліша накреслив над Хавакуком у вигляді слів». Коли Еліша оживляв сина шунамітянки, Хавакука, він накреслив в ньому сімдесят два слова з двохсот шістнадцяти букв, тому що притягнув до нього хасадім вищого світу, звані «айн-бет (72)» властивості захар, які вибудовують двісті шістнадцять букв у виправленні ліній кожної трійки букв в кожному слові. І коли літери вдягаються в них, вони утворюють ім'я «айн-бет (72)», мохін де-Хохма у довершеності.

Але до цього, коли в нього були тільки хасадім Нукви, їм ще бракувало з'єднання в сімдесят два слова. Інакше кажучи, – в них немає слів, тобто келім для облачення Хохми, і вони називаються лише «двісті шістнадцять букв», оскільки в них ще присутнє утримання сітри ахра. І тому мохін Хохми не можуть вдягнутися в них.

Тому сказано: «Бо букви алфавіту, що були накреслені його батьком спочатку, зникли під час його смерті», — оскільки ці двісті шістнадцять букв, котрі були в Хавакука з моменту народження, віддалилися від нього в час смерті. І тому він повинен був заново притягнути до себе двісті шістнадцять букв і сімдесят два імені. Тому сказано, що «всі ці букви накреслив Еліша в душі (руах) Хавакука для того, щоб оживити його за допомогою букв сімдесяти двох імен»[311], — оскільки він повинен був заново накреслити в ньому двісті шістнадцять букв для того, щоб з'єднати двісті шістнадцять букв в сімдесят два слова за допомогою вищих хасадім, і тоді вони стають сімдесятьма двома іменами.

117) «І всі ці букви написав Еліша в душі (руах) Хавакука для того, щоб оживити його за допомогою букв сімдесяти двох імен. І назвав його Хавакук. Бо це ім'я, яке довершує всі сторони», — і вказує на них, «оскільки воно довершує двоє обіймів», — і вказує на них, «а також довершує двісті шістнадцять букв святого імені», — і вказує на них. Тому що Хавакук (חבקוק) в гематрії — двісті шістнадцять, з яких утворюються сімдесят два імені. Сімдесятьма двома «словами оживив і повернув його дух (руах), а» двомастами шістнадцятьма «буквами відродив все його тіло до життя». Тому він називається Хавакук.

Пояснення. Ім'я Хавакук вказує на двоє обіймів (хібукім), оскільки воно довершує ці обійми. І Хавакук (חבקוק) також в гематрії двісті шістнадцять, тобто довершує двісті шістнадцять букв. Справа в тому, що Хохма зветься таємницею, яка розкривається в двохстах шістнадцяти буквах, проте необхідні «обійми» — облачення хасадім. І в перших обіймах, зроблених зі сторони Іми, Хохма ще не могла розкритися в двохстах шістнадцяти буквах, бо сітра ахра утримувалася у властивості «одем» його матері (іми). Але тепер, коли Еліша притягнув обійми хасадім вищого світу, Аба ве-Іми, літери з'єдналися в слова, і мохін Хохми вже постійно вдягнуті в ці слова, тому що в хасадім вищого світу немає утримання сітра ахра.

---

[311] Див. нижче, п.172.

Ім'я Хавакук означає двоє обіймів: обійми матері (іми) та додаткові обійми – від Еліши. І тоді воно довершується Хохмою та хасадім у всій досконалості. І тому сказано, що «довершує двоє обіймів та вказує на них, і довершує двісті шістнадцять букв та вказує на них». «Обійми» – це хасадім Аба ве-Іми, а «двісті шістнадцять букв» – це Хохма.

Тому сказано: «Сімдесятьма двома словами оживив і повернув його дух (руах), а двомастами шістнадцятьма буквами відродив все його тіло до життя», – бо слова, котрі поєдналися з двохсот шістнадцяти букв, утворилися внаслідок других обіймів, Еліши, завдяки яким Хавакук відродився до життя. «Обійми» – це сходження хасадім з вищого світу, в яких немає утримання сітри ахра, котра приносить смерть. А за допомогою двохсот шістнадцяти букв в ньому встановилася Хохма, і це – «відродження всього його тіла до життя», тому що мохін Хохми наповнюють тіло всією бажаною досконалістю.

Однак двісті шістнадцять букв, які були у нього від народження, віддалилися від нього в момент смерті. В такому випадкові, чому він називається Хавакук, що вказує на двоє обіймів (хібукім), – хіба обійми матері (іми) не віддалилися від нього в момент смерті, і немає в ньому лише обіймів Еліши? Однак, Еліша не притягнув до нього насправді нічого нового під час його оживляння, крім самих обіймів, яке було притягнуте до нього від вищої Іми, САҐ, котра здійснює оживлення мертвих. Але двісті шістнадцять букв, а також властивість «обійми його іми», – від БОН, – лише повернулися до життя. І вони – ті ж двісті шістнадцять букв і БОН, які були в нього з моменту народження, інакше він був би цілком і повністю новою душею, і тоді це не називалося б оживленням його.

Таким чином, у нього дійсно є зараз двоє обіймів, адже і перші обійми його матері (іми) повернулися до життя. Однак, це БОН піднявся й вдягнув САҐ, і оскільки БОН знаходиться на місці САҐ, ці хасадім вважаються такими, що відносяться до вищого світу, і немає в них утримання сітри ахра, яка приносить смерть. Тому він називається Хавакук, що вказує на двоє цих обіймів (хібукім).

118) «Сказав він: "Творець, почув я звістку Твою, злякався"[312], що означає: "Почув я те, що було в мене, почув я з того світу"», – тобто під час його смерті, перш ніж Еліша оживив його. «"І злякався", – почав просити про милосердя до душі своєї. І сказав: "Творець, діяння Твоє, яке Ти зробив для мене посеред років, нехай живе воно", оскільки "нехай живе воно (חייהו)" означає – "оживи його (חייהו)". І кожен, хто зв'язується з цими попередніми роками», зі сфірот Атіка, «поєднується з життям». «"Посеред цих років повідом" означає – придати життя тому ступеню, в якому немає життя», – тобто Малхут де-Малхут, тому що «повідом» означає – придай.

Пояснення. Страх його відноситься до минулого часу, оскільки він став уже довершеним з усіх сторін, і страх тепер не має місця в ньому, але це страх від того, що сталося з ним в момент його відходу з цього світу. Тому сказано: «Почув я те, що було в мене, почув я з того світу», – тобто після його смерті, але перш ніж Еліша оживив його, – і звідти він і зараз залучає страх аби був в нього екран для підйому МАН. Тому він почав просити про милосердя до душі його, – тобто в силу страху з минулого часу почав піднімати МАН, тобто просити про милосердя до себе.

І таким буде екран у майбутньому, тобто після того, як БОН знову стане властивістю САГ, бо тоді «знищить Він смерть навіки»[313]. Адже не буде ніякої сили, здатної викликати страх, і завдяки цьому він зможе утримувати себе в чистоті та оберігати себе від будь-якого утримання (ситри ахра). І тоді весь страх буде відносно минулого часу, оскільки решимот його залишаться в БОН навіть після того, як він стане властивістю САГ. А необхідно це тому, що без страху не може бути виправле-

---

312 Пророки, Хавакук, 3:2. «Творець, почув я звістку Твою, злякався! Творець, діяння Твоє, яке Ти зробив для мене посеред років, нехай живе воно! Посеред років повідом – в гніві про милосердя згадай!».
313 Пророки, Єшаягу, 25:8.

ний екран. Саме це дав їм зрозуміти рабі Шимон, пояснюючи висловлювання Хавакука та навчаючи їх тому, що вони теж придбають страх внаслідок проходження ними шляху вищих чудес і знамень, – тобто як і Хавакук, який використовував цей страх згідно свого ступеня.

Тому сказав: «Творець, діяння Твоє, яке Ти зробив для мене посеред років, нехай живе воно», – оскільки роки його діляться на два періоди: роки, що прожиті ним до смерті, і роки після відродження до життя, між якими він відійшов в світ істини. І про час, коли він був в тому світі, – про роки посеред цих двох періодів часу, – він говорить: «Творець, діяння Твоє, яке Ти зробив для мене», – в них «нехай живе воно». Іншими словами: «Завдяки тому, що я пам'ятаю час смерті моєї, посеред цих років я з'єднуюся з життям вищого світу, і в них відродив мене Еліша». Тому сказано: «Почув я те, що було в мене, почув я з того світу, і злякався».

ЗАТ (сім нижніх сфірот) Атіка називаються «попередні роки», оскільки Малхут світу Адам Кадмон одягається в них. І вони попередні – такі, що відносяться до першого скорочення, як і Адам Кадмон (досл. попередній). І вони не світять протягом шести тисяч років, а лише по завершенні виправлення. Бо протягом шести тисяч років ЗАТ Атіка світять у властивості виправлення, що відноситься до другого скорочення, у властивості малої «гей ה» слова «бе-ібарам (בהבראם при створенні їх)»[314]. Однак Хавакука смерть очистила повністю, як і в кінцевому виправленні, і тому він удостоївся поєднатися з цими «попередніми роками» Атіка за допомогою обіймів та відродження з мертвих, яких удостоївся завдяки Еліші.

«Діяння Твоє, яке Ти зробив для мене посеред років», – тобто очищення і страх, яких він удостоївся «посеред років», під час своєї смерті; «оживи його», – тобто за допомогою цього страху він удостоїться поєднання з цими попередніми роками Атіка, і таке життя називається вічним життям. І тому сказано: «Кожен,

---

[314] Тора, Берешит, 2:4. «Ось породження неба і землі при створенні їх, у день створення Творцем Всесильним землі і неба».

хто зв'язується з цими попередніми роками, поєднується з життям», – тому що життя з'єднується з ним навічно.

«"Посеред цих років повідом" означає – надати життя тому ступеню, у якому немає життя», бо завдяки очищенню, якого він удостоївся внаслідок своєї смерті, БОН отримав своє повне виправлення і, піднявшись, став властивістю САЃ під час його смерті. І тоді він знаходиться на тому ступеню, на котрому немає ніякого життя, тобто Малхут де-Малхут, на яку немає ніякого зівуґу до завершення виправлення. Але тепер цей ступень теж знаходить життя.

119) Заплакав рабі Шимон і сказав: «І я теж злякався перед Творцем через почуте мною». Підніс він руки над своєю головою, сказавши: «Адже рав Амнона Саба – це світло Тори, ви удостоїлися побачити його лицем до лиця, а я не удостоївся його». Пал він долілиць і побачив того, хто знищує гори та запалює свічки у чертозі царя Машиаха. Сказав йому рав Амнона Саба: «Рабі, в тому світі ви будете нарівні з главами зібрань перед Творцем». Відтепер і далі називав він рабі Ельазара, сина свого, та рабі Аба – «Пніель (лик Творця)», як сказано: «Бо бачив я Творця лицем до лиця»[315].

Пояснення. Підніс себе, – адже і він користується тим же страхом, що і пророк Хавакук, – тобто щодо почутого їм в минулі часи, як сказано: «Почув я звістку Твою, злякався»[316].

Однак у чертозі царя Машиаха вже давно готові всі виправлення, які повинні розкритися по завершенні виправлення з приходом царя Машиаха, – не бракує навіть у найменшому. І ті душі, які перебувають у чертозі царя Машиаха, – це всі ті, хто вже удостоївся остаточного виправлення, яке виходить з кореня їхньої душі.

Тому сказано: «І побачив того, хто знищує гори й запалює свічки у чертозі царя Машиаха», бо рав Амнона Саба є володарем

---
315 Тора, Берешит, 32:31.
316 Див. вище, п.118, «Пояснення».

тих виправлень, які уготовані в чертозі Машиаха. Він «знищує гори» сітри ахра, що уявляється праведникам високою горою[317], «і він запалює свічки», – тобто встановлює новий екран у властивості САГ, щоб піднімати МАН після завершення виправлення.

МАН називаються «джерела вогню», як сказано: «Свіча Творця – душа людини»[318]. Світло сонця вказує на сходження МАД, подібно до того, як світло сонця сходить до нас зверху вниз. А «джерела вогню» – це відбите світло, що піднімається знизу нагору, як полум'я, котре піднімалося від свічки. І це два виправлення:

1. усунення сітри ахра;

2. вознесіння свічок та запалювання їх у чертозі царя Машиаха.

Знаходяться вони в руках рава Амнона Саби, а ті закінчені праведники, яким потрібні ці два виправлення, удостоюються їх завдяки розкриттю душі рава Амнона Саби. І він повідомив йому, що і він, і його учні, рабі Ельазар та рабі Аба, удостояться після своєї кончини служити в чертозі царя Машиаха, і будуть там поряд з ним. І будуть там главами зібрань перед Творцем.

---

317 Вавилонський Талмуд, трактат Сука, арк. 52:1.
318 Писання, Притчі, 20:27.

Дві точки

120) «Берешит». Заговорив рабі Хія і проголосив: «Початок мудрості – страх Творця. Розум добрий у всіх, хто виконує їх (заповіді), слава Його перебуде вовіки»[319]. «Початок мудрості». Хіба в цьому висловлюванні не треба було сказати: «Закінчення мудрості – страх Творця», адже страх Творця – це Малхут, котра є закінченням Хохми? Однак ця Малхут повинна першою увійти в осягнення ступеню вищої Хохми. Як сказано: «Відкрийте мені врата праведності»[320] – врата Малхут, яка називається праведністю. «Це – врата Творця»[321] – дійсно; і якщо (людина) не увійде в ці врата, то ніколи не увійде до вищого Царя, який піднесений і укритий та захований, і створив врата до Себе, одні над іншими.

Пояснення сказаного. Питання його полягає в наступному: якщо «страх Творця» – це сфіра Малхут, що знаходиться в кінці десяти сфірот, то в такому випадкові треба було сказати: «Закінчення мудрості – страх Творця»?

І каже: «До Царя, який піднесений і укритий та захований, і створив врата до Себе, одні над іншими», – це не алегорія, а пряме значення. Адже саме тому, що Він «Цар, який піднесений і укритий та захований», і ніяка думка не може охопити Його, побудував Він численні ці ворота, одні над іншими, створивши можливість наблизитися з їхньою допомогою до лику Його. Як сказано: «Відкрийте мені врата праведності»[320], – це врата, які створив Творець, надавши можливість праведникам постати перед ликом Його, пройшовши ці врата.

---

319 Писання, Псалми, 111:10.
320 Писання, Псалми, 118:19. «Відкрийте мені врата праведності, я увійду в них та складу дяку Творцеві».
321 Писання, Псалми, 118:20. «Ось врата Творця – праведники увійдуть в них».

«А в кінці всіх воріт зробив Він одні врата з безліччю замків»[322], – врата, які називаються Малхут де-Малхут та є точкою закінчення всіх вищих воріт. І ці останні врата є першими до вищої Хохми. Іншими словами, неможливо удостоїтися вищої Хохми інакше, як після досягнення саме цих останніх воріт, тому що це – перші врата для осягнення вищої Хохми. І тому сказано: «Початок мудрості – страх Творця»[299], – оскільки страхом Творця називаються якраз останні ворота, які є першими до мудрості (хохма) Творця.

121) А в кінці всіх воріт зробив Він одні врата з безліччю замків, безліччю входів, безліччю чертогів, – одні над іншими. І сказав: «Для кожного, хто бажає увійти до Мене, ці врата будуть першими до Мене. (Лише) той, хто увійшов в ці врата, – увійде». Також і тут, перші врата до вищої Хохми – це страх Творця, тобто Малхут. Саме вони називаються першими.

Пояснення. Необхідно добре зрозуміти, що таке «замки», що таке «входи», і що таке «чертоги». Знай же, що це три форми, які проявляються одна за одною на одній матерії. І це дуже глибоке поняття, яке потребує ретельного пояснення, щоби хоч в малій мірі зрозуміти подальший текст Зогару. Слід знати, – хоча це і так зрозуміло, – що ніяка думка не може осягнути Його. І вірно, що задумом творіння є насолода створінь, однак жодна насолода не може бути осягнута створінням, коли воно відокремлене від Творця. Крім того, ми вивчаємо, що Творець пристрасно бажає перебувати в нижніх.

Осмислення цих двох понять, котрі суперечать одне одному, є ідентичним усвідомленню того, що світ створений у повній протилежності Творцеві, від краю до краю, в усіх «ста точках». Адже цей світ створений в бажанні отримувати, що є формою повної протилежності Творцю, в котрому немає абсолютно нічого від цього бажання. Як сказано: «Подібною до дикого осла народжується людина»[323].

---

322 Див. далі, п.121.
323 Писания, Йов, 11:12.

У зв'язку з цим все, що стосується Його управління цим світом, знаходиться у повному протиріччі з високою метою задуму творіння «лише тільки насолоджувати Свої створіння», оскільки таким воно представляється бажанню отримувати, що в нас, яке є основою наших почуттів та ідеалів. І це є суттю «замків», котрі замикають ці «ворота».

І хоча вся безліч несумісних з Його єдністю суперечностей, які ми відчуваємо в цьому світі, на початку своєму і відокремлюють нас від Творця, але коли ми докладаємо зусиль у виконанні Тори й заповідей з любов'ю, всією душею і суттю своєю, як і заповідано нам, щоб доставити відраду Тому, хто створив нас, то всі ці сили роз'єднання нездатні навіть в найменшій мірі зменшити хоч у чомусь нашу любов до Творця всією своєю душею і суттю, і тоді кожне протиріччя, яке подолане нами, стає вратами осягнення Його мудрості.

Бо в кожному протиріччі закладена дивовижна можливість розкрити особливий ступінь осягнення Його. І ті, хто заслужив удостоїтися цього, обертають пітьму на світло, а гірке на солодке, бо всі сили роз'єднання, що викликали затемнення розуму і гіркоту тіла, стали для них вратами осягнення піднесених ступенів, та перетворилася тоді пітьма на величезне світло, а гіркота стала солодкістю.

Так що саме в тій мірі, в якій до цього проявилися у них на всіх шляхах вищого управління сили роз'єднання, перетворилися тепер всі вони в силу єдності. І вони стали тепер такими, що схиляють весь світ цілком на чашу заслуг. Адже тепер кожна сила використовується ними як «врата праведності», через які пройдуть вони, отримавши від Творця все, чим Він збирався втішити їх в задумі творіння. І це означає: «Ось врата до Творця, праведники увійдуть в них»[321].

Однак, перш ніж удостоюються за допомогою Тори і заповідей перетворити бажання отримувати, що міститься в нас, на отримання заради віддачі, міцні замки замикають ці ворота до Творця. Адже тоді і призначення їхнє є протилежним – віддалити нас від Творця. Тому називаються сили роз'єднання «замками», оскільки замикають ворота до зближення, віддаляючи нас від Творця.

Але якщо ми долаємо їх так, що вони не можуть вплинути на любов у нашому серці, охолоджуючи її, перетворюються тоді ці «замки», стаючи «входами», і пітьма перетворюється на світло, а гіркота обертається солодкістю. Оскільки кожен «замок» дозволяє нам досягти особливого ступеню управління Творця, і стають вони «входами» до сходин Його осягнення. І ті ступені, яких ми набуваємо на цих «входах», утворюють «чертоги» мудрості.

Таким чином, «замки», «входи» й «чертоги» – це три форми, що по черзі відображаються на одній нашій матерії, на наявному в нас бажанні отримувати. І перш ніж ми перетворимо його в отримання заради доставляння відради Творцю, перетворює ця наша матерія, згідно з тим, що відчувається нами, світло на темряву, а солодкість на гіркоту, тому що всі шляхи Його управління віддаляють нас від Нього. І в цей час утворюються з наявного в нас бажання отримувати «замки». А після нашого повернення, коли ми удостоюємось отримання заради віддачі, перетворюються всі ці «замки» у «входи», а «входи» потім стають «чертогами». Це необхідно твердо запам'ятати та взяти до уваги в подальшому, тому що не можна кожен раз повторювати те ж пояснення.

І сказав: «Для кожного, хто бажає увійти до Мене, ці врата будуть першими до Мене» – тобто закінчення всіх воріт, остання властивість в них, нижче від якої немає, і можна назвати її Малхут де-Малхут. І він мовить: «Для того, щоб удостоїтися вищої мудрості, стали ці найостанніші врата першими воротами до чертогу вищої мудрості (хохми)».

Адже насправді всі ці «врата» є «входами» і «чертогами» вищої мудрості Творця. Однак вищу мудрість неможливо осягнути інакше, як досягнувши саме цих останніх воріт, оскільки вони – перші на шляху до вищої мудрості. «І це – те, що називається "початок (решит)"», – тобто слово «берешит», яким відкривається Тора, тому що «берешит» вказує на «страх Творця», як на останні врата, які є початком осягнення вищої мудрості (хохма).

122) Буква «бет ב» слова «берешит (בראשית спочатку)» вказує, що обидві вони з'єднуються разом, в Малхут. І це дві точки. Одна – захована й утаєна, а друга – відкрита. І оскільки немає у них поділу, називаються вони «початок (решит)», – лише один, а не два. Адже той, хто бере одну, бере також й іншу. І все це – одне ціле, тому що «Він та ім'я Його єдині»[324], як сказано: «І пізнають, що Ти, ім'я Твоє – Творець єдиний»[325].

Пояснення сказаного. Ці дві точки є підсолоджуванням властивості суду у властивості милосердя – тобто Малхут піднялася в Біну, властивість милосердя, та всолодилася в ній. Як сказано: «І підуть обидві разом»[326] – Біна й Малхут. Таким чином, екран, який встановився в Малхут, містить їх обидві. І тому є там «дві точки», які з'єднані як одна.

І сказано: «Одна захована і укрита, а інша – відкрита», – оскільки властивість суду, що міститься в точці Малхут, схована й утаєна, і лише милосердя точки Біни – відкрите. Адже без цього світ не міг би існувати. Як ми вивчаємо: «Спочатку був створений світ властивістю суду, – побачив Він, що світ так не може існувати, та поєднав його з властивістю милосердя»[327].

«І оскільки немає в них поділу, називаються вони "початок (решит)", – лише один, а не два. Адже той, хто бере одну, бере також і іншу». Інакше кажучи, хоча властивість суду і утаєна, це не означає, що на неї не відбувається зівуґ, бо ці дві точки дійсно стають однією, і точка Малхут теж отримує зівуґ разом з точкою Біни, але у вкритті, а не відкрито. І на це вказує назва «решит (початок)» в однині, тобто обидві є одним.

---

324 Пророки, Зехарія, 14:9.
325 Писання, Псалми, 83:19. «І пізнають, що Ти, ім'я Твоє – Творець єдиний, Всевишній над усією землею».
326 Писання, Рут, 1:19.
327 Берешит Раба, розділ 1.

«І все це – одне ціле, тому що "Він та ім'я Його єдині"». «Він» вказує на Біну, а «ім'я Його» вказує на Малхут. І мовить, що в стані «Він та ім'я Його єдині» обидві вони повинні бути єдиним цілим, адже коли вони єдині, Малхут теж отримує вищий зівуґ разом з Біною та, в результаті цього, сама по собі підсолоджується в кінці виправлення і властивість суду, і «в цей день будуть Він та ім'я Його єдині»[324].

Щодо цієї властивості суду, включеної до букви «бет» слова «берешит», вона називається «перша (решит) щодо Хохми (мудрості)». І виправлення її станеться в кінці всього виправлення. Тоді розкриється вища Хохма (мудрість), як сказано: «І наповниться земля знанням Творця»[328]. І ці останні врата є першими на шляху до вищої Хохми. Як сказано: «І пізнають, що Ти, ім'я Твоє – Творець єдиний»[325], – бо тоді розкриється знання по всій землі.

123) «Початок мудрості – страх Творця. Розум добрий у всіх, хто виконує їх (заповіді)»[329]. Чому Малхут називається страхом Творця? Бо Малхут – це Древо пізнання добра і зла: якщо удостоїлася людина, – стало добром, а якщо не удостоїлася, – то злом. І тому в цьому місці перебуває страх, і це врата, котрі ведуть до всього добра в світі. «Розум добрий»[329] – двоє воріт, тобто дві точки, що стали немов одне ціле. Сказав рабі Йосі: «Розум добрий – це Древо життя, і це "розум добрий", в якому немає ніякого зла. І оскільки зло не перебуває в ньому, він – "розум добрий", без зла».

Пояснення. Останні врата звуться «страх Творця», про який сказано: «Початок мудрості – страх Творця»[329]. Бо це – Древо пізнання, щодо якого прогрішив Адам Рішон. Адже за цю точку він був покараний тим, що став смертним, і викликає великий страх – як би не торкнутися її. А в кінці виправлення, коли ця точка буде повністю виправленою і буде в усьому довершеною,

---
328 Пророки, Єшаягу, 11:9.
329 Писання, Псалми, 111:10. «Початок мудрості – страх Творця. Розум добрий у всіх, хто виконує їх (заповіді), слава Його пробуде вовіки».

виповниться сказане: «Знищить він смерть навіки»²⁵². І тому зветься «страх Творця».

«І тому в цьому місці перебуває страх, і це врата, що ведуть до всього добра в світі», – бо розкриття вищої мудрості (хохма) і є всім добром світу, котре вміщене в задумі творіння. І оскільки страх Творця – це перші врата до вищої мудрості, він є вратами до всього добра в світі.

«"Розум добрий"³²⁹ – двоє воріт, дві точки, що стали немов одне ціле», – дві точки разом, так само, як вони були включені в букву «бет ב» слова «берешит (בראשית спочатку)». І сказано не «дві точки», а «двоє воріт», тому що мається на увазі стан після виправлення БОН. Адже тоді «дві точки» називаються «двоє воріт», – тому що обидві вони тоді являють собою добро, в якому немає ніякого зла. І тому стає можливим сказане: «Розум добрий», тоді як раніше остаточного виправлення вони називаються «Древо пізнання добра і зла».

Рабі Йосі сказав: «Розум добрий – це Древо життя, і це "розум добрий", в якому немає ніякого зла». Рабі Йосі не суперечить рабі Хія. Однак рабі Хія пояснює стан після виправлення БОН, коли стають дві точки двома воротами, і немає в них зла, і тоді вони – «розум добрий», в якому немає ніякого зла. А пояснення рабі Йосі відноситься до стану до завершення виправлення, коли вони є властивістю «Древо пізнання добра і зла». І тому він говорить: «"Розум добрий"– це Древо життя», – Зеір Анпін з мохін де-Іма, званий «Древо життя», який повністю добро, без усякого зла також і до завершення виправлення. Тоді як дві точки до завершення виправлення знаходяться у властивості «добро і зло», і через них Малхут називається «Древо пізнання добра і зла».

124) «В усіх, хто виконує їх»³²⁹ – це вірні благодіяння (хасадім) Давида, що підтримують Тору. І ті, хто підтримує Тору, – вони наче створюють її. Всі ті, хто займається Торою, – в них немає діяння в той час, коли вони займаються нею. Але ті, хто підтримують її, – є в них діяння. І в силу цього здійснюється сказане:

«Слава Його перебуде вовіки»[329]. І тоді трон встановлений так, як личить.

Пояснення сказаного. Врата «страху Творця» – це останні з воріт, які є першими до вищої мудрості. Таким чином, у всіх, хто займаються Торою, хто вже виправив останні врата, перетворюються ці дві точки на двоє воріт, які є «розумом добрим», без зла. І тоді визначається, що немає в них діяння, тобто властивості «Древо пізнання добра і зла». Але у тих, хто ще не удостоїлися остаточного виправлення, які звуться такими, що «підтримують Тору», – в них є діяння, тобто «добро і зло», оскільки вони ще не виправили прогріх щодо «Древа пізнання».

«І ті, хто підтримують Тору, вони наче створюють її», – оскільки всі ці сили роз'єднання перетворюються, стаючи «вратами», і кожен «замок» стає «входом», а кожен «вхід» стає «чертогом» мудрості. І завдяки тим, хто підтримує Тору, розкриваються й осягаються всі піднесені ступені, що включені в задум творіння «насолодити Свої створіння».

Таким чином, вся мудрість (хохма) і вся Тора можуть повністю розкритися не інакше, як за допомогою тих, хто підтримує Тору, і в них є діяння, тобто в них відбувається розкриття «добра і зла». І тому вони називаються підтримуючими Тору, оскільки лише за їхньої допомоги вона розкривається. І Писання називає їх тими, хто «виконує їх (заповіді)», тому що вони наче створюють Тору. Адже, якби не укриття, що стають «вратами» завдяки подоланню їх, Тора не прийшла б до стану розкриття.

Тому сказано: «І ті, хто підтримують Тору, вони наче створюють її», – тобто вважаються немов творцями її, котрі розкривають її. І «немов» сказано тому, що Тора існувала ще до (існування) світу, і створив її, звичайно ж, Творець. Але якби не добрі діяння тих, хто підтримує Тору, вона ніколи б не прийшла до стану розкриття, тому вважаються вони трудящими в Торі та тими, хто створює її.

І тому сказано: «Слава Його перебуде вовіки»³²⁹, – тобто в силу тих, хто підтримує Тору, перебуває слава Його. І вона – вся мудрість (хохма) і вся Тора, яка перебуває довіку, навічно. Тобто, це включає також стан після кінця виправлення, тому що і тоді вони будуть потребувати «страху Творця». А після виправлення «Древа пізнання" не буде у них звідки взяти страх Творця, окрім як з минулого, з властивості «підтримуючих Тору»³³⁰. І виходить, що вони встановлюють славу Творця назавжди і на віки вічні. Тому мовлено: «І тоді трон встановлений так, як личить», – тобто завдяки цьому встановлюється трон Творця, як личить, – навіки.

---

330 Див. вище, п.118.

Ніч нареченої

125) Рабі Шимон сидів і займався Торою в ту ніч, коли наречена, тобто Малхут, з'єднується зі своїм чоловіком. І всі друзі, звані синами чертогу нареченої, повинні в цю ніч, – після якої в день Шавуот нареченій призначено бути під хупою (весільним пологом) зі своїм чоловіком, – перебувати з нею всю цю ніч та разом з нею радіти виправленням, які відбуваються в ній завдяки їм. І це значить: займатися Торою, а після Тори – пророками, а після пророків – Писаннями та тлумаченнями Писання, і таємницями мудрості, тому що це – її виправлення та прикраси. І з'являється наречена зі своїми служницями та підноситься над їхніми головами, і виправляється завдяки їм, і радіє з ними всю цю ніч. А на наступний день, в день Шавуот, вона йде до хупи тільки разом з ними. І вони, тобто друзі, які всю цю ніч займаються Торою, називаються синами хупи. А коли вона підходить до хупи, Творець запитує про них і благословляє їх, і прикрашає їх прикрасами нареченої. Щаслива їхня доля.

Пояснення сказаного. Існує два тлумачення, які доповнюють одне одного.

1. Часи вигнання називаються «ніч», оскільки це – час приховання лику Творця від синів Ісраеля. І в цей час всі сили розбрату панують над служителями Творця. Але разом з тим, саме в цей час наречена з'єднується зі своїм чоловіком завдяки Торі й заповідям праведників, які в цей момент називаються підтримуючими Тору. І всі піднесені ступені, звані «таємниці Тори», розкриваються ними. Адже тому вони називаються тими, хто творить їх, тобто вони наче створюють Тору[331]. І виходить, що час вигнання називається «ніч, коли наречена з'єднується зі своїм чоловіком». А всі друзі, звані синами чертога нареченої, – це ті, хто підтримує Тору.

---

[331] Див. вище, статтю «Дві точки», п.124.

А після остаточного виправлення і повного визволення, як сказано: «І буде день один, – відомий буде він Творцю: не день і не ніч. І при настанні вечора буде світло»[332]. І про це він каже, що «на наступний день наречена повинна бути під хупою зі своїм чоловіком», оскільки БОН тоді знову стане властивістю САГ, а МА стане властивістю АБ. І тому вважається наступним днем та новою хупою.

А праведники в цей момент називаються синами хупи, і тоді вони – ті, хто займається Торою, і в котрих немає діяння. Адже про цей час сказано: «І наповниться земля знанням Творця»[333]. І оскільки ці праведники своїми добрими діяннями завдяки притяганню страху від минулого часу, піднімуть БОН, щоби він став САГ, вважається, що вони роблять цю нову хупу, і тому вони називаються синами хупи.

2. Ніччю Шавуот зветься «ніч, коли наречена з'єднується зі своїм чоловіком», оскільки «на наступний день вона повинна бути під хупою зі своїм чоловіком», – тобто в день Шавуот, день отримання Тори. Але це те ж саме, що і перше пояснення. Адже в день отримання Тори вже настане стан остаточного виправлення, про який сказано: «Знищить Він смерть навіки, і змахне Творець Всесильний сльозу з обличчя всіх»[334]. Як тлумачать мудреці уривок: «висічене на скрижалях»[335], – читай не "висічене (харут)", а «свобода (херут)», тому що настає свобода від ангела смерті.

Але через гріх поклоніння золотому теляті (сини Ісраеля) знову зіпсували це виправлення. Адже день отримання Тори і остаточне виправлення є одним поняттям. І виходить, що в

---

332 Пророки, Зехарія, 14:7. «І буде день один – відомий буде він Творцеві: не день і не ніч. І при настанні вечора буде світло».
333 Пророки, Єшаягу, 11:9. «Не вчинять лихого і не будуть губити на всій Моїй святій горі, і наповниться земля знанням Творця, як повне море водами».
334 Пророки, Єшаягу, 25:8. «Знищить Він смерть навіки, і змахне Творець Всесильний сльозу з обличчя всіх, і ганьбу народу Свого усуне Він на всій землі, бо (так) сказав Творець».
335 Тора, Шмот, 32:16 «А скрижалі, – вони діяння Всесильного; і писання, – воно писання Всесильного, висічене на скрижалях».

день перед отриманням Тори закінчилися в неї всі зівуґи часу вкриття, і тому ця ніч вважається ніччю, коли наречена з'єднується зі своїм чоловіком. А на наступний день вона повинна бути під хупою разом зі своїм чоловіком, – і це свято Шавуот, коли виправлення завершується свободою від ангела смерті, і це – час, коли праведники своїми добрими справами роблять нареченій нову хупу. І мені зручніше продовжити пояснення, спираючись на перше тлумачення, а читач зможе сам зіставити сказане з днем Шавуот, оскільки це те ж саме.

І всі ці друзі, котрі «підтримують Тору» та називаються синами чертога нареченої, повинні бути поєднані зі святою Шхіною, яка зветься «наречена», протягом всієї цієї ночі вигнання. Адже під час вигнання вона виправляється тими, хто підтримує Тору, за допомогою всіх добрих діянь і Тори та заповідей, які вони здійснюють, поки не виправиться вона у властивості добра і зла. І буде вона готовою для тих, хто займається Торою і в яких зовсім немає ніякої дії, оскільки вся вона – лише добро, без всякого зла[336].

І тому ті, хто підтримують Тору, звані синами чертога нареченої, повинні радіти разом з нею тому великому виправленню, яке відбулося в нареченій завдяки їм. «І разом з нею радіти виправленням, котрі відбуваються в ній завдяки їм, – тим, хто займатися Торою», – тобто виправленнями, які нам доведеться зробити, «від Тори до пророків, а від пророків – до Писань та тлумачень Писання, і таємниць мудрості», – і займатися ними потрібно в радості.

З'ясовується, що всі ступені й розкриття таємниць Тори, які підносять Шхіну до її остаточного виправлення, утворюються лише завдяки підтримуючим Тору у часи вигнання. І тому всі ступені й рівні, які виходять під час вигнання, називаються виправленнями нареченої та її прикрасами. І далі він називає їх: «Від Тори до пророків, а від пророків – до Писання та до тлумачень Писання, і до таємниць мудрості».

---

[336] Див. вище, п.123, зі слів: «Розум добрий...».

ХАҐАТ – це Тора. Нецах і Год – Пророки. Малхут – Писання. Мохін де-ВАК, які притягують до неї, – тлумачення Писання. Мохін де-ҐАР, які притягують до неї, – таємниці мудрості. Бо всі ці виправлення треба притягнути до нареченої в цю ніч, і завдяки ним наречена повністю приготовляється до остаточного виправлення, яке зветься днем хупи.

«І з'являється наречена зі своїми служницями та підноситься над їхніми головами, і виправляється завдяки ним, і радіє з ними всю цю ніч». Ангели, в яких одягаються келім де-ахораїм Малхут у першому стані, називаються «служниці, які прислужують Шхіні». «І вона підноситься над їхніми головами» – Шхіна підноситься над головами тих, хто підтримує Тору, як сказано: «І над головою моєю Шхіна Творця»[337]. І з нею разом служниці, які прислужують їй. «І радіє з ними», – адже завдяки ним вона безперервно виправляється. І тому сказано: «І радіє з ними всю цю ніч», – тобто протягом усього часу виправлення, званого «ніч». «А на наступний день вона йде до хупи тільки з ними разом», – тобто в день остаточного виправлення, в день хупи, вона зможе увійти під хупу тільки разом з тими, хто підтримує Тору, котрі піднесли та виправили її повністю, – «від Тори до пророків, а від пророків – до Писань та до тлумачень Писання, і до таємниць мудрості», – і тому вони називаються синами хупи її.

Відомо, що остаточне виправлення не принесе з собою нічого нового, але завдяки вищому світлу парцуфа Атік Йомін зберуться всі МАН і МАД, і всі зівуґи, і всі ступені, що вийшли один за одним протягом шести тисяч років, в єдиний зівуґ та в єдиний ступінь, великий й величний[338]. І завдяки цьому все виправиться. І тоді наречена увійде під хупу. «І Творець запитує про них», – про кожного, хто хоч раз підняв МАН для вищого зівуґу. Адже Він немов сидить й чекає, доки не зберуться всі. І виходить, що Він про кожного запитує та чекає на нього. І після того як вони зберуться, відбудеться зівуґ «рав пеалім ве-мікавцеель

---

337 Порядок проголошення «Шма» на ложе.
338 Див. вище, статтю «Погонич ослів», п.91, зі слів: «І тому сказано: "Бен Іш Хай, Рав Пеалім, Мекавцеель"».

(досл. багатодіючий та такий, що збирає)»³³⁹, «і благословляє їх та прикрашає їх», – тобто вони благословенні і прикрашаються всі відразу. І тоді завершується виправлення, зване «прикраси нареченої».

126) Рабі Шимон і всі товариші були сповнені радістю Тори, і кожен з них відкривав нове в реченнях Тори. І рабі Шимон був щасливий і також усі інші товариші. Сказав їм рабі Шимон: «Сини мої! Благословенна ваша доля! Адже завтра наречена увійде під хупу ні з ким іншим, як з вами, тому що всі, хто здійснює виправлення нареченої в цю ніч та радіє з нею, будуть записані і внесені до пам'ятної книги, і Творець благословляє їх сімдесятьма благословеннями та коронами вищого світу».

Пояснення мовленого. Про пам'ятну книгу написано так: «Сказали ви: "Марно служити Творцеві! Яка користь, що виконували ми службу Його... і влаштувалися ті, хто робить нечестя, і Творця випробували та врятувалися"»³⁴⁰. І написано: «Тоді говорили один з одним ті, хто боїться Творця; і слухав Творець, і вислухав, і написана була пам'ятна книга перед Ним для тих, хто боїться Творця і хто шанує Ім'я Його»³⁴¹. «І будуть вони для мене, – сказав Володар воїнств, – для того дня, коли здійсню Я чудо (сгула)»³⁴². І потрібно зрозуміти ці слова. Якщо обговорюючи між собою, вони висловлювали свою зневагу, кажучи: «Марно служити Творцеві! Яка користь, що виконували ми службу Його?!», як же сказав про них пророк: «Тоді говорили один з одним ті, хто боїться Творця»? І більш того, – вони ще будуть

---

339 Пророки, Шмуель 2, 23:20. «І Бнаягу, син Єгояди бен Іш Хай, величний в діяннях, з Кавцеєля. І він убив двох доблесних воїнів Моава, і зійшов він, і вразив лева в рові в сніговий день».

340 Пророки, Малахі, 3:14-15. «І промовите ви: "Що говорили ми про Тебе?". Сказали ви: "Марно служити Творцеві! Яка користь, що виконували ми службу Його і перебували в покорі перед Володарем воїнств? А тепер вважаємо ми щасливими безбожних і влаштувалися ті, хто робить нечестя, і Творця випробували та врятувалися"».

341 Пророки, Малахі, 3:16. «Тоді говорили один з одним ті, хто боятся Творця; і слухав Творець, і вислухав, і написана була пам'ятна книга перед Ним для тих, хто боїться Творця і хто шанує Ім'я Його».

342 Пророки, Малахі, 3:17. «І будуть вони для мене, – сказав Володар воїнств, – для того дня, коли здійсню Я чудо, і помилую Я їх, як милує людина сина свого, трудящого для неї».

вписані «до пам'ятної книги перед Ним для тих, хто боїться Творця і хто шанує Ім'я Його»?

Але справа в тому, що в кінці днів, коли розкриється великий зівуґ Атіка Йоміна, званий «рав пеалім мікавцеель», у всіх світах розкриється велике світло. І завдяки цьому звернеться кожна плоть до повного повернення з любові. А ми знаємо, що «для тих, хто удостоївся повернення з любові, – всі злодіяння немов перетворюються на заслуги»[343].

І тому пророк говорить про тих грішників, які дозволяли собі лайку й паплюження, говорячи між собою «Марно служити Творцеві! Яка користь, що виконували ми службу Його?!», що у великий день остаточного виправлення, коли розкриється світло повернення з любові, навіть злодіяння, гірше від яких немає, перетворяться на заслуги, і ті, хто сказав таке, вважатимуться такими, що бояться Творця.

Мається на увазі кінець виправлення, як сказав пророк: «І будуть вони для мене, – сказав Володар воїнств, – для того дня, коли здійсню Я чудо», – тобто в день остаточного виправлення. І тому перед Ним обов'язково є пам'ятна книга про злодіяння й прогріхи, які відбуваються в світі, адже вони потрібні йому для того дня, коли Він здійснить чудо. Бо тоді вони перетворяться в заслуги, і приєднаються, і доповнять рівень світла остаточного виправлення.

Тому сказано: «І написана була пам'ятна книга перед Ним для тих, хто боїться Творця і хто шанує Ім'я Його»[341], «і будуть вони для мене, – сказав Володар воїнств, – для того дня, коли здійсню Я чудо»[342], – бо «тоді вони будуть потрібні Мені, щоби заповнити цей рівень». І тому пророк закінчує: «І помилую Я їх, як милує людина сина свого, трудящого для неї»[342], – бо «тоді вони стануть дорогими Мені й милими так, немов були з числа робітників Мені».

---

343 Вавилонський Талмуд, трактат Йома, арк. 86:2.

«І всі вони будуть записані та внесені до пам'ятної книги», – тобто навіть злодіяння, скоєні ними, будуть записані та внесені до пам'ятної книги. І запише їх Творець, немов вони були заслугами та засобом служіння Йому, як сказав пророк.

Число «сімдесят» вказує на мохін хохма і ҐАР, котрі звуться «корони». А «благословення» вказує на світло хасадім, адже світ був створений буквою «бет ב», властивістю благословення (браха ברכה), як сказано: «Мир милістю (хесед) влаштований»[344] ,– тобто властивістю ВАК. І він каже, що в кінці виправлення світло хасадім теж буде у властивості «сімдесят корон», як і Хохма, оскільки МА і БОН піднімуться до АБ САҐ. І тому сказано, що «Творець благословляє їх сімдесятьма благословеннями та коронами вищого світу», – які відносяться до АБ САҐ. І тому вважається тоді, що і число благословень теж сімдесят.

127) Почав рабі Шимон, проголосивши: «"Небеса розповідають про славу Творця"[345] – це речення я вже пояснював, проте в той час, коли наречена пробуджується, щоби назавтра увійти під хупу, вона виправляється і світиться у своїх прикрасах разом з товаришами, які раділи разом з нею всю цю ніч, і вона радіє з ними разом».

128) А назавтра численні юрби, воїнства і стани збираються до неї. І вона, й усі вони, – всі ці воїнства і стани, – чекають на кожного з тих, хто виправляв її, займаючись Торою в цю ніч. Коли поєдналися разом Зеір Анпін та Малхут, і Малхут бачить чоловіка свого, Зеір Анпіна, написано: «Небеса розповідають про славу Творця»[345]. «Небеса» – наречений, який входить під хупу, тобто Зеір Анпін, званий «небеса». «Розповідають» (месапрім), – тобто світяться подібно до сяйва сапфіра (сапіра), який світиться і сяє від краю світу і до краю його.

---

[344] Писання, Псалми, 89: 3. «Бо думав я: світ милістю влаштований, в небесах – там затвердив Ти вірність Свою».
[345] Писання, Псалми, 19:2. «Небеса розповідають про славу Творця, про справи рук Його оповідає небокрай».

Пояснення сказаного. День остаточного виправлення називається завтрашнім днем, як написано: «Сьогодні здійснити їх, а завтра отримати за них винагороду»[346]. «Юрби» – це народи землі, що не служать Творцеві. «Воїнства» – це служителі Творця. «І стани» – вказує на вищі стани, тобто на ангелів, які супроводжують душі, як написано: «Тому що ангелам Своїм Він накаже про тебе – охороняти тебе на всіх твоїх дорогах»[347].

«І вона, й всі вони чекають на кожного», – так само як Творець запитує про кожного, так само і Шхіна очікує кожного. І тому сказано: «Коли поєдналися разом Зеір Анпін та Малхут, і Малхут бачить чоловіка свого», – тому що не зможе вона побачити чоловіка свого перш ніж зберуться всі вони. І одне залежить від іншого.

«"Небеса" – це наречений, який входить під хупу». Він пояснює це щодо остаточного виправлення, про яке сказано: «І буде світло місяця, як світло сонця»[348]. І каже: «"Небеса" – це наречений, який входить під хупу», тому що Творець називається небесами, а в момент остаточного виправлення Він називається нареченим, як сказано: «І як наречений радіє нареченій, зрадіє тобі Творець твій»[349].

Пояснення. Скрізь, де сказано, що Творець сходить, мова йде про суд або подолання (гвура), оскільки це вказує на пониження Його висоти та Його рівня, тоді як міць і радість – на місці Його. Однак в кінці виправлення, коли всі вади та злодіяння обернуться на заслуги, оскільки з'ясується, що всі ці спуски були лише підйомами, Творець буде називатися нареченим, а свята Шхіна – нареченою.

---

346 Вавилонський Талмуд, трактат Ерувін, арк. 22:1.
347 Писання, Псалми, 91:11. «Тому що ангелам Своїм Він накаже про тебе – охороняти тебе на всіх твоїх дорогах».
348 Пророки, Єшаягу, 30:26. «І буде світло місяця, як світло сонця, і світло сонця стане семиразовим, як світло сімох днів, у день, коли Творець зцілить народ Свій від лиха і рану його від удару вилікує».
349 Пророки, Єшаягу, 62:5. «Як поєднується юнак з дівчиною, поєднуватися будуть з тобою сини твої, і (як) наречений радіє нареченій, зрадіє тобі Творець твій».

Слово «наречена (кала)» вказує на завершення виправлення (ґ'мар тікун), як сказано: «І було в день, коли завершив (калот) Моше зводити Скінію»[350], – тобто він закінчив всю роботу по виготовленню Скінії та її зведення. А слово наречений (хатан) вказує також і на сходження, як сказано: «Опустився на ступінь й взяв собі дружину»[351]. Однак сходження це є більшим за всі попередні підйоми, оскільки це сходження до нареченої, Шхіни, в момент завершення виправлення.

Хупа – це зібрання та об'єднання всього відбитого світла, яке вийшло завдяки підйому МАН праведниками у всіх злиттях (зівуґ'ім) Творця та Його Шхіни, котрі розкрилися одне за одним у всі дні і часи за шість тисяч років. Адже всі вони стали зараз єдиним великим світлом, що містить в собі відбите світло, яке піднімається й покриває Творця та Шхіну Його, котрі звуться тепер нареченим і нареченою. І це відбите світло покриває їх зверху подібно до хупи (весільного пологу).

І тому праведники називаються в цей момент синами хупи, тому що у кожного є частка в цій хупі, котра відповідає величині МАНу, який він підняв до екрану Малхут для піднесення відбитого світла. Тому сказано, що і"небеса" – це наречений, який входить під хупу». Мається на увазі час завершення виправлення, коли Творець називається нареченим, який входить в цей момент під свою хупу.

І сказано: «"Розповідають" (месапрім) – тобто світяться сяйвом сапфіра (сапіра), який світиться і сяє від краю світу і до краю його». «Розповідають» – мається на увазі великий зівуґ', який відбудеться в майбутньому, як у виразі «дружина з'єднується (месаперет) зі своїм чоловіком». А «сапфір» – це назва святої Шхіни, як сказано: «І під ногами Його ніби виріб з сапфірового каменю»[352]. «Сяйво сапфіра», – тобто відбите світло, яке

---

350 Тора, Бемідбар, 7:1. «І було в день, коли завершив Моше зводити Скінію і помазав її, і посвятив її та всі її приналежності, і жертовник і все його приналежності, і помазав він їх, і освятив їх».

351 Вавилонський Талмуд, трактат Євамот, арк. 63:1.

352 Тора, Шмот, 24:10. «І побачили вони Всесильного Ісраеля, і під ногами Його ніби виріб з сапфірового каменю, – як саме небо по чистоті».

вона піднімає знизу нагору. «Світиться» означає пряме світло. «Сяє» означає відбите світло. І він каже, що завдяки цьому великому злиттю (зівуґу), який відбувається в кінці виправлення і є зібранням усіх зівуґів, пряме світло та відбите світло цього зівуґу «світиться» і «сяє» від краю світу і до краю його. І це означає: «Небеса розповідають».

129) Велич Творця (Ель) – це велич нареченої, тобто Малхут, яка називається Ель. Написано: «Творець (Ель) гнівається щодня»[353]. В усі дні року вона називається Ель. А зараз, на свято Шавуот, коли вона вже увійшла під хупу, вона називається величчю і називається Ель. І це вказує на прославляння над прославлянням, світіння над світінням, і правління над правлінням.

Пояснення. Ім'я «Ель» – це ім'я великої милості (хесед). Але написано: «Творець (Ель) гнівається щодня», – і виходить, що це, начебто, є протилежним милості. А справа в тому, що це внутрішній зміст вислову: «І був вечір, і був ранок, день один»[354]. Адже свята Шхіна – це мале світило для нічного правління, званого «страх небесний», тому що праведники повинні підняти МАН за допомогою свого пробудження знизу і виправити її за допомогою екрану, котрий піднімає відбите світло. І тоді наповнення сходить згори вниз, але не інакше.

Як написано: «І Всесильний зробив так, щоби відчували страх перед Ним»[355], – тому що не може бути пробудження знизу та підйому МАН без страху. І тому сказано, що він панує вночі, оскільки в результаті відсутності світла, тобто стану ночі, яка включає в себе всі суди і страждання, котрі є протилежними властивості дня, Хесед, виникає страх перед Ним. І якби не страх, не відкрилася б властивість дня і ранку.

---

353 Писання, Псалми, 7:12. «Творець – суддя справедливий, і Творець гнівається (на нечестивих) кожен день».
354 Тора, Берешит, 1:5. «І назвав Всесильний світло днем, а пітьму назвав Він ніччю. І був вечір, і був ранок, день один».
355 Писання, Коелет, 3:14. «Дізнався я: все що Всесильний створює, буде вовік, до того не можна додати і від того не можна відняти; і Всесильний зробив так, щоби відчували страх перед Ним».

І це означає: «І був вечір, і був ранок, день один». Оскільки ніч теж включається в ранок, адже якби не ніч, не було б ранку, – по-іншому не може бути. І тому написано: «Творець (Ель) гнівається щодня», – бо властивість милості, звана Ель, розкривається лише за допомогою ночі, котра відчувається як гнів. І тому гнів теж вважається милістю, бо неможливо аби милість розкрилася іншим шляхом. І в цьому сенсі свята Шхіна теж називається ім'ям Ель.

І тому він каже: «Велич Творця (Ель) – це велич нареченої, Малхут, яка називається Ель», – тобто відносно уривка «Творець (Ель) гнівається щодня», – що означає, що не може бути дня без гніву ночі. «У всі дні року вона називається Ель». Адже так було в шість днів творіння, про кожен з яких сказано: «І був вечір, і був ранок, день один», або день другий, і т.п. І виходить, що ніч включена в поняття «день». І тому називається вона тоді протягом шести днів початку творіння і також протягом шести тисяч років ім'ям Ель, яким зветься милість (хесед).

«А зараз, на свято Шавуот, коли вона вже увійшла під хупу, вона називається величчю, і називається Ель», – тому що під час великого зівуґу кінця виправлення світло місяця стане подібним до світла сонця, як написано: «І при настанні вечора буде світло»[356]. І виходить, що ступені її подвоюються, адже і протягом шести тисяч років вона була світлом місяця, як сказано: «І був вечір, і був ранок». А зараз, коли вона сама збільшилася як сонце, тобто Зеір Анпін, званий величчю, у неї є велич над величчю, бо по суті своїй вона сама зараз стає величчю, збільшившись до рівня Зеір Анпіну. А «велич» означає «прославляння». Тому сказано: «прославляння над прославлянням».

І так само – «світіння над світінням», – оскільки і протягом шести тисяч років вона була включена до світла ранку, як сказано: «І був вечір, і був ранок, день один». Але зараз, коли вона збільшилася як сонце, вона сама по суті своїй стала світлом.

---

356 Пророки, Зехарія, 14:7. «І буде день один – відомий буде він Творцеві: не день і не ніч. І при настанні вечора буде світло».

І виходить, що у неї є власне світіння над світінням внаслідок включення, яке було у неї до цього.

І так само – «правління над правлінням», – тому що протягом шести тисяч років у неї було правління лише у властивості малого світила для правління вночі. А зараз до нього додалося також і правління дня, оскільки вона виросла, ставши як світло сонця, яке служить правлінню дня. І цим він дає нам зрозуміти, що не слід помилятися, кажучи, що коли вона виросла, ставши як світло сонця, скасовуються її власні ступені, які були у неї протягом шести тисяч років. Оскільки це не так, і тут є лише додаток до її власних ступенів так, що в неї є «прославляння над прославлянням».

130) І в той час, коли небеса, тобто Зеір Анпін, входить під хупу і починає світити їй, усі ті друзі, які виправляли її, займаючись Торою в цю ніч, – всі вони відомі там по іменах їхніх, як написано: «Про справу рук Його оповідає небозвід»[357]. «Справа рук Його» – це володарі знака союзу, звані справою рук Його. Подібно до того, як ми говоримо: «І справу рук наших затверди»[358]. І це знак союзу, відбитий на плоті людини.

Пояснення. Друзі – це ті, хто підтримують Тору, в якій є діяння, тобто добро і зло. І навіть ті частини, які все ще були їхнім злом без виправлення, теж відомі по святих іменах своїх. Як написано: «Про справу рук Його оповідає небозвід»[357]. Адже небозвід – це пам'ятна книга, світло великого зівуґу, який приводить їх до повернення з любові, коли злодіяння стають для них як заслуги[359]. І навіть про тих, хто відкрив вуста свої, щоби лаятися, сказано: «Тоді говорили один з одним ті, хто бояться Творця»[360].

---

357 Писання, Псалми, 19:2. «Небеса розповідають про велич Творця, про справу рук Його оповідає небозвід».
358 Писання, Псалми, 90:17. «І нехай буде милість Творця Всесильного нашого на нас, і справу рук наших затверди для нас, і справу рук наших затверди».
359 Вавилонський Талмуд, трактат Йома, арк. 86:2.
360 Пророки, Малахі, 3:16. «Тоді говорили один з одним ті, хто бояться Творця; і слухав Творець, і вислухав, і написана була пам'ятна книга перед Ним для тих, хто боїться Творця і хто шанує Ім'я Його».

Таким чином, ця дія, звана «ті, хто підтримують Тору», в котрій є добро і зло, – «для того, хто удостоївся – добро, а для того, хто не удостоївся – зло», – зараз піднялася аби стати повністю святістю, і перевертається на «діяння рук Його». Адже навіть про тих, хто не удостоївся, оповідає небокрай: «Тоді говорили один з одним ті, хто бояться Творця». І виходить, що всі її друзі робили лише святу роботу, оскільки виправляли її для хупи, і всі вони відомі по іменах своїх.

«І справу рук наших затверди»[358]. На перший погляд, цитована фраза здається протиріччям. Адже Писання каже «справа рук наших», а не «справа рук Його». Але цей уривок наводиться лише як доказ того, що знак союзу називається «справою рук наших», тому що «затверди його»[358], – це єсод (основа), який служить опорою й основою для всієї будівлі. А виправленням Єсоду є союз обрізання (бріт міла). І тому знак союзу називається справою рук наших, адже ми видаляємо крайню плоть з єсоду, і це – «справа рук наших». Але це – тільки до завершення виправлення.

Однак по завершенні виправлення все розкриється як «справа рук Творця», і Він сам усуне крайню плоть. І тому сказано: «"Справа рук Його"- це володарі знака союзу». Адже тоді Творець сам усуне крайню плоть, як написано: «Про справу рук Його оповідає небозвод»[357]. І про виправлення союзу, який називається зараз справою рук наших, наводиться доказ з Писання: «Справу рук наших затверди»[358].

131) Рав Амнона Саба сказав: «Не давай устам своїм вводити у гріх плоть свою». Іншими словами, людина не повинна дозволяти своїм вустам спричинити виникнення поганої думки, – адже вона стане причиною втягнення до гріху святої плоті, що позначена знаком святого союзу. І якщо він діє таким чином, його тягнуть в пекло. А над пеклом призначений правитель на ім'я Дума, і разом з ним безліч ангелів-губителів. І він стоїть на порозі пекла. Але до всіх тих, хто дотримувався святого союзу в цьому світі, у нього немає права наближатися.

«Виникнення поганої думки» – це застереження кожній людині стежити за своїми вустами, і тоді за допомогою Тори й молитви вона повинна підняти МАН з проханням перебувати в абсолютній чистоті. Адже якщо буде можливість у сітри ахра хоч до чогось причепитися в ній, сітра ахра отримає її МАН і, тим самим, вона приведе людину до сумнівів у Творці, – тобто до чужих думок. І тоді «стануть вони причиною втягнення у гріх святої плоті, позначеної знаком святого союзу», – оскільки цими сумнівами людина привертає крайню плоть до святого союзу, і свята душа потрапляє в полон сітри ахра. І тоді сітра ахра тягне душу людини в пекло. І це подібно до сказаного рабі Ельазаром: «Якщо людина користується словом, не знаючи його достовірного значення, вона створює обманний небосхил, званий "тогу (хаос)", і потрапляє в руки Ліліт»[361]. Однак тут йдеться головним чином про порушення святого союзу.

І тому він говорить про «втягнення у гріх святої плоті, позначеної знаком святого союзу», – мається на увазі свята душа, яка поєднується зі святим союзом та оберігається ним. Як написано: «З плоті своєї я осягну Творця (Елока)»[362]. Саме «з плоті», адже весь той час, коли в людині відбитий святий запис цього союзу, вона бачить з нього Творця, саме з нього, і свята душа тримається за нього, за знак союзу. А якщо не удостоїлася – тобто не зберегла цього знака, про нього написано: «Від дихання Творця (Елока) зникають вони»[363].

І тому сказано тут: «І стануть вони причиною втягнення у гріх святої плоті», – оскільки внаслідок цих сумнівів крайня плоть, тобто сітра ахра, знову починає торкатися святого союзу, і через це божественна душа негайно залишає його. І тому сказано в Зогар, що закричало дерево: «Не торкайся мене, лиходій!»[364]. Адже дерево – це Єсод, а атерет Єсоду (вінець Єсоду) – це Древо пізнання добра і зла.

---

361 Див. вище, статтю «Зі Мною ти у співпраці», п. 68.
362 Писання, Йов, 19:26. «І під шкірою моєю вирізане це, і з плоті своєї я осягну Творця».
363 Писання, Йов, 4:9. «Від дихання Творця зникають вони і від подуву ніздрів Його гинуть».
364 Піркей де-рабі Натан, 81.

«А над пеклом призначений правитель на ім'я Дума», – він зветься ім'ям Дума (דומה), яке походить від слова «дмама (безмовність)», оскільки забирає у нього душу життя і залишає його безмовним, тобто неживим. Але можна і по-іншому пояснити: тому що це ангел, який приносить грішникові сумніви і робить думки Творця подібними (доме דומה) до думок того, хто народжений жінкою. Адже до тих пір, доки людина усвідомлює, що «наші думки – не Його думки, і шляхи наші – не Його шляхи», – тобто думка жодним чином не може осягнути Творця ні в задумах Його, ані в управлінні Його, – у неї не може виникнути навіть найменшого сумніву в Творцеві.

Але внаслідок прогріху приєднується до нього ангел Дума і вселяє в нього дух дурості, який говорить, що народжений жінкою є подібним до Творця в знанні і розумі. І тоді вже людина схильна до всіляких сумнівів, і той тягне її в пекло. Адже вся сила його в імені «Дума (דומה)», як сказано: «Хто може зрівнятися з Тобою, Володар сили (ґвурот), і хто подібний до (доме דומה) Тебе, Царю, який умертвляє та оживляє»[365]. І якщо не впорався з розумінням «хто подібний до Тебе», – там знаходиться смерть. А в розумінні того, що немає подібних до Нього, вміщене життя.

Тому сказано: «І разом з ним безліч ангелів-губителів», – тобто сумнівів, котрі він приносить людині, безліч, та немає їм кінця. «І він стоїть на порозі пекла», – і всі вони знаходяться при вході до пекла. Інакше кажучи, це той самий вхід, через який людину тягнуть в пекло, але сам він ще не є пеклом.

«Але до всіх тих, хто дотримувався святого союзу в цьому світі, у нього немає права наближатися». Інакше кажучи, незважаючи на те, що вони не зовсім чисті, і в них все ще є дія з виявлення «добра» і «зла», тим не менше, якщо вони оберігають святий союз так, що людина ніколи не впадає в сумнів, – немає дозволу в ангела Думи затягнути його в пекло.

---

365 Уривок з молитви «Аміда».

132) Цар Давид, в час, коли стався з ним той самий випадок, злякався. Негайно піднявся Дума, поставши перед Творцем, та сказав Йому: «Владика світу, сказано в Торі: "Всякий, хто буде чинити перелюб із жінкою заміжньою... смерті відданий буде"³⁶⁶, а також сказано: "І з дружиною свого ближнього не лягай"³⁶⁷. Давид, який осквернив свій союзом перелюбом, хто він?». Сказав йому Творець: «Давид – праведник, і святий союз залишився непорушеним, бо відкрите Мені, що Бат-Шева призначена йому з дня створення світу».

Пояснення. Хоч і не згрішив він, як написано: «Хто каже, що Давид прогрішив, не інакше як помиляється»³⁶⁸, – все ж на нього напав страх через звинувачення Думи, немов він і справді згрішив. Сказано в Торі: «Всякий, хто буде чинити перелюб із жінкою заміжньою... смерті відданий буде». І написано: «І з дружиною свого ближнього не лягай». Зогар наводить два уривки – один про покарання, інший про застереження.

І говорив до нього Творець, що у Давида не було грішних думок, оскільки Бат-Шева – дружина його від створення світу³⁶⁹. І у такому випадкові, він не зіпсував свого союзу, «і святий союз залишився непорушеним». І коли забажав він, то бажав свого. А причина, по якій Урія взяв її до Давида, полягає в тому, що Урія взяв її з милосердя, хоча вона і не належала йому, і слід зрозуміти це³⁷⁰. Адже захар і нуква (чоловіча та жіноча частини) – це дві половинки «тіла (гуф)», і в такому випадку, якщо вона являє собою половину «тіла (гуф)» царя Давида, як же взяв її Урія, який не має до неї ніякого відношення?

Але справа в тому, що Бат-Шева насправді є нуквою Давида з дня створення світу. Адже Давид – це захар (чоловіча частина)

---

366 Тора, Ваікра, 20:10. «Всякий, хто буде чинити перелюб із жінкою заміжньою, хто буде чинити перелюб із дружиною ближнього свого, смерті відданий буде перелюбник та перелюбниця».
367 Тора, Ваікра, 18:20. «І з дружиною свого ближнього не лягай, щоби не вилити сім'я та не осквернитися з нею».
368 Вавилонський Талмуд, трактат Шабат, арк. 56:1.
369 Вавилонський Талмуд, трактат Сангедрін, арк. 107:1.
370 Див. Зогар, главу Ахарей Мот, п.395.

в Малхут, а Бат-Шева – нуква (жіноча частина) в Малхут. Але так само, як під час виправлення Малхут для народження світів стався підйом Малхут в Біну, щоб підсолодити її властивістю милосердя, так само і Бат-Шева потребувала такого підсолодження в ҐАР, оскільки без цього підсолодження вона взагалі не була здатна народити душу царя Шломо . А Урія-хітіець був дуже високої душею, тому що він цілком відносився до властивості ҐАР. І його ім'я служить доказом цього: «Ор йуд-гей (אור יה), світло Творця)», – оскільки не було в ньому нічого від властивості ВАК, тобто «вав-гей וה». І тому, аби підсолодити Бат-Шеву властивістю рахамім, взяв її Урія, тобто ҐАР, і завдяки йому підсолодилася вона. І після цього вона стала гідною Царства Ісраелєва. І тому сказано, що «Урія взяв її з милосердя»[370], – щоб підсолодити її милосердям, тобто ім'ям «йуд-гей יה» в Урії (אוריה). І тому взяв він її, хоча і не належала вона йому.

133) Сказав Йому Дума: «Хоча перед Тобою це відкрите, перед ним не відкрите». Сказав йому Творець: «І, крім того, все, що сталося, було зроблено по праву. Адже ті, хто йдуть на війну, не виходять, не давши розвідний лист своїй дружині». Говорить до Нього Дума: «У такому разі, він повинен був чекати три місяці, а він не почекав». Сказав йому Творець: «Про що це сказано? Лише про випадок, коли ми побоюємося, що вона, можливо, вагітна. Але відкрите Мені, що Урія ніколи не наближався до неї, адже ім'я Моє відображене на ньому як свідчення. Бо пишеться "Урія (אוריה)"», – літери «ор йуд-гей אור יה світло Творця)»,– «і пишеться "Уріягу (אוריהו)"»– літери «ор йуд-гей-вав (אור יהו)». Ім'я Моє відображене на ньому як свідчення того, що не сходився він з нею ніколи».

Пояснення мовленого. Яким чином ім'я «йуд-гей (יה)», що міститься в імені Урії (אוריה), може свідчити про те, що він ніколи не торкався Бат-Шеви? І це з'ясовується за допомогою притчі пророка Натана[371], який уподібнює Давида багатому, Урію – бідному, Бат-Шеву – вівці бідного, а сітру ахра – мандрівникові. І він каже, що у бідного немає нічого, крім однієї маленької ягнички.

---

371 Пророки, Шмуель 2, 12:1-4.

Але вся справа в тому, що Урія відноситься до властивості ҐАР, якому бракує ВАК. І тому уточнюється в Зоґарі: «Адже пишеться "Урія (אוריה)" і пишеться "Уріяґу (אוריהו)"». І коли пишеться «Уріяґу (אוריהו)»[372], в ньому є «йуд-гей-вав יהו», де «йуд-гей יה» – це ҐАР, а «вав ו» – це ВАК. Але тут написано тільки «Урія (אוריה)» – без «вав ו», щоб показати, що не було в ньому нічого від властивості ВАК, а тільки Хохма, якій бракує хасадім. І тому вважається він бідняком, «без усього», оскільки під словом «все» мається на увазі світло хасадім.

Тому сказано: «Крім однієї маленької ягнички, яку він купив і вигодував»[373], – мається на увазі Бат-Шева, яку він взяв собі. Цим вказується, що вона не є частиною його душі, а він лише взяв собі її, щоб давати їй життєві сили і виправляти милосердям. І це сенс слів: «Яку він купив і вигодував». І каже ще: «І вона виросла у нього разом з його синами»[373], – це означає, що він передав їй свою велич (ґадлут), так само як і синам своїм, тобто у тому вигляді, як описано: «Один шматок хліба вона з ним їла і з чаші його пила, та на грудях його спала»[373]. Але не треба хибити, думаючи, що він ще й наближався до неї. І тому уривок завершується словами: «І була для нього, як дочка»[373], – але не як жінка.

Таким чином, сказане свідчить, що Урія не наближався до неї. Але Зоґар пояснює причину, за якої він не наближався до неї, і тому сказано: «Адже пишеться "Урія (אוריה)" і пишеться "Уріяґу (אוריהו)", – ім'я Моє відображене на ньому як свідчення, що не сходився він з нею ніколи». Інакше кажучи, ім'я «йуд-гей יה» – без «вав ו», що вказує на нестачу хасадім, тобто «вав ו», і тому він не може наближатися до неї, оскільки не може бути зівуґу без світла хасадім. І виходить, що ім'я «йуд-гей יה», яке відображене в його імені, свідчить про нього, що він взагалі не міг зробити з нею зівуґ.

---

372 Пророки, Єрміяґу, 26:20.
373 Пророки, Шмуель 2, 12:3. «А у бідного не було нічого, крім однієї маленької ягнички, яку він купив і вигодував; і вона виросла у нього разом з його синами; один шматок хліба вона з ним їла і з чаші його пила, та на грудях його спала, і була для нього, як дочка».

134) Сказав Йому: «Владика світу! Я саме про це і говорю. Якщо перед Тобою і відкрите, що Урія не лягав з нею, – кому ж це відкрите? Він повинен був почекати три місяці. І, крім того, якщо скажеш Ти, що Давид знав, що той ніколи не лягав з нею, навіщо послав його Давид, повелівши йому зійтися зі своєю дружиною, як написано: "Прийди до домівки своєї та обмий ноги свої"[374]»?

135) Сказав Він йому: «Немає сумніву, що не знав він. Однак чекав він більше трьох місяців, адже минуло чотири місяці». П'ятнадцятого нісана проголосив Давид по всьому Ісраелю указ йти на війну. Сьомого сівана, під началом Йоава вони пішли і винищили країну амонитян. І залишалися вони там сіван, тамуз, ав й елуль. А двадцять четвертого елуля з Бат-Шевою сталося те, що сталося. І в День спокути Творець пробачив йому цей гріх. Але дехто каже, що він проголосив указ сьомого адара, і зібралися вони п'ятнадцятого іяра, а п'ятнадцятого елуля з Бат-Шевою сталося те, що сталося, і в День спокути стало це відомо, як написано: «І Творець зняв гріх твій – ти не помреш»[375]. Що значить «не помреш»? Не помреш від руки Думи.

Пояснення мовленого. Дума призначений відповідальним за перелюби. Але гріх цей був прощений йому (Давиду) в День спокути. І виходить, що він не помре від руки Думи. Однак смерть його була за гріх з Урією, якого вбив він мечем амонитян. Як написано: «Бо Давид робив праведне в очах Творця і не відступав в усі дні життя свого від усього того, що заповідав Він йому, крім випадку з Урією-хітійцем»[376]. І це означає сказане йому пророком: «Ти не помреш»[375], – від руки Думи, який карає за перелюбства, а лише за те, що сталося з Урією-хітійцем.

---

374 Пророки, Шмуель 2, 11:8. «І сказав Давид до Урії: прийди до домівки своєї та обмий ноги свої. І вийшов Урія з царського дому, і пішов за ним слідом дар від царя».

375 Пророки, Шмуель 2, 12:13. «І сказав Давид Натану: гріх перед Творцем... І сказав Натан Давиду: і Творець зняв гріх твій – ти не помреш».

376 Пророки, Мелахім 1, 15:5. «Бо Давид робив праведне в очах Творця і не відступав в усі дні життя свого від усього того, що заповідав Він йому, крім випадку з Урією-хітійцем».

136) Сказав Дума: «Володар світу! Одне питання є в мене щодо нього. Адже він своїми ж устами вимовив: "Як живий Творець, людина, яка зробила це, гідна смерті!"[377], і цим прирік себе на смерть. Тому я владний над ним», – аби віддати його смерті. Сказав йому Творець: «Немає в тебе права віддати його смерті, бо покаявся він переді мною, сказавши: "Я згрішив перед Творцем"[375], – хоча й не згрішив. Але за гріх його в убиванні Урії, записав Я йому покарання, і він отримав його». Тут же повернувся Дума на своє місце у великій прикрості.

Пояснення сказаного. Заповідь обрізання пов'язана зі знаком союзу імені Творця (Елока)[378]. І ось, в букві «гей ה» імені Елока (אלוה), тобто в Малхут, включені дві точки – суд та милосердя[379]. І все виправлення союзу полягає в тому, щоби сила суду була захованою та укритою, а милосердя – розкритим, і тоді перебуває над ним ім'я Елока. Адже, незважаючи на те, що є там також і Малхут, на яку було накладене перше скорочення, і вона є властивістю суду, від якого живляться всі зовнішні (бажання), все ж, оскільки вона була утаєна та зникла, і розкритою є лише властивість милосердя, яка виходить від Біни, у зовнішніх (бажань) немає сили поєднатися з нею.

«Але до всіх тих, хто дотримувався святого союзу в цьому світі, в нього немає права наближатися»[378]. Але той, хто порушує цей союз, розкриває властивість суду в Малхут, тобто в букві «гей ה» імені Елока (אלוה), і відразу наближаються до неї всі зовнішні (бажання) аби годуватися від неї. Бо вона – їхній уділ і все живлення їхнє. І тому відразу виходить свята душа, тобто ім'я Елока.

Давид відносився до Малхут, котра підсолоджена властивістю милосердя, і тому повинен був дотримуватися особливої обережності аби не розкрилася в ньому властивість суду, наявна в Малхут. І оскільки сказав: «Як живий Творець, людина,

---

377 Пророки, Шмуель 2, 12: 5-7. «І сильно розгнівався Давид на цю людину, і сказав він Натану: (як) живий Творець, людина, яка зробила це, гідна смерті!»... І сказав Натан Давиду: «Ти та людина!».
378 Див. п.131.
379 Див. вище, статтю «Дві точки», п.п.120-124.

яка зробила це, гідна смерті!»³⁷⁷, і сам ухвалив вирок тому, хто порушив союз та віддав ягничку бідняка мандрівникові, тобто іншій стороні (сітрі ахра), – що той гідний смерті, – то розкрилося тепер, що він сам повинен постати перед судом сітри ахра, тобто ангела Думи, і тому той хотів заволодіти душею Давида. Адже через ці слова розкрилася сила суду, яка була непомітною і ховалася в ньому.

І це сенс слів ангела Думи: «Одне питання є у мене щодо нього. Адже він своїми ж устами вимовив: "Як живий Творець, людина, яка зробила це, гідна смерті!"³⁸⁰, і цим прирік себе на смерть», – словами, котрі прирікають на смерть, порушив союз. І виходить, що він засудив себе до смерті, оскільки тим самим розкрилася властивість суду, яка прихована та вкрита в душі його. «Тому я владний над ним», – тобто у мене є влада над ним, що дозволяє живитися від його душі.

І це сенс сказаного йому Творцем: «Немає в тебе права піддати його смерті, бо покаявся він переді мною, сказавши: "Я згрішив перед Творцем"³⁷⁵, – хоча й не згрішив». Своїми ж словами, якими прирік себе на смерть, він розкрив властивість суду відносно сітри ахра, подібно до того, хто порушує свій союз. І ангел Дума захотів заволодіти його душею та тягнути її в пекло. Сказав Творець, що покаявся він вже і розкаявся в перелюбстві, хоч і не вчинив в цьому ніякого гріха. Таким чином, це каяття врятувало його, незважаючи на те, що він прирік себе на смерть. І тому «немає у тебе права» наближатися до нього.

«Але за гріх його у вбиванні Урії, записав Я йому покарання, і він отримав його», – тобто «За гріх убивства Урії мечем амонітян, він вже отримав від Мене своє покарання, і тобі тут нема чого робити. Адже ти відповідаєш лише за перелюбство». «Тут же повернувся Дума на своє місце у великій прикрості», – тобто на місце своє при вході в пекло.

---

380 Пророки, Шмуель 2, 12: 5-7. «І сильно розгнівався Давид на цю людину, і сказав він Натану: (як) живий Творець, людина, яка зробила це, гідна смерті!»... І сказав Натан Давиду: «Ти та людина!».

137) І про це сказав Давид: «Якби Творець не допоміг мені, то зовсім небагато, – і була б душа моя безмовною»³⁸¹. «Якби Творець не допоміг мені», – тобто якби Він не став моїм стражем й опікуном проти ангела Думи, «то зовсім небагато, – і була б душа моя безмовною». «Зовсім небагато», – тобто завбільшки з тоненьку нить, яка пролягає між мною та іншою стороною, для того, щоби не була «душа моя безмовною (дума)», – тобто з ангелом Думою в пеклі.

Пояснення сказаного. Давид – це Малхут, і сказано про неї: «Ноги її сходять до смерті»³⁸². Адже вона являє собою закінчення святості, від якого живляться сітра ахра та кліпот, як сказано: «І царство (малхут) Його над усім панує»³⁸³. Однак коли Малхут виправлена властивістю милосердя³⁸⁴, вона вважається двома точками: точка суду від неї самої і точка милосердя, яку вона отримала від Біни; і суд в ній непомітний та вкритий, і лише милосердя в ній знаходиться у розкритті.

І завдяки цьому виправленню у сітри ахра є всього лише слабке мерехтіння від світіння Малхут, і це тільки властивість «шореш (корінь)», котрого достатньо для існування кліпот. Однак у них немає ніякої сили поширення. І цей корінь також носить назву «тоненька нить», що означає, що у гріхів – тонкий корінь. Як сказали мудреці: «Спочатку він подібний до павутиння, а в кінці стає немов голоблі возові»³⁸⁵. І тонким він називається тому, що суд є непомітним та прихованим в точці милосердя.

Однак той, хто порушує Його союз, викликає розкриття точки суду в Малхут. І тоді кліпот наближаються до неї і, увібравши в себе вдосталь від її достатку, отримують сили для широкого розповсюдження. А людина, яка робить це, власними руками

---

381 Писання, Псалми, 94:17. «Якби Творець не допоміг мені, то зовсім небагато, – і була б душа моя у безмовності».

382 Писання, Притчі, 5:5. «Ноги її сходять до смерті, на пекло спираються стопи її».

383 Писання, Псалми, 103:19. «Творець в небесах затвердив престол Свій, а Царство Його над усім панує».

384 Див. вище, статтю «Дві точки», п.122.

385 Вавилонський Талмуд, трактат Сука, арк. 52:1.

знищує душу свою, як сказано: «Від дихання Творця зникають вони»³⁶³. Але коли вона удостоюється, то робить повернення і знову проводить виправлення Малхут властивістю милосердя. І це називається «повернення (тшува תשובה)», від слів «ташув гей ה תשוב (поверни гей)», тобто людина повертає її на своє місце у властивості милосердя, і сила суду знову ховається всередині неї і проявляється лише у вигляді слабкого мерехтіння.

«"Якби Творець не допоміг мені"³⁸¹ – якби Він не став моїм стражем й опікуном», – тобто Він прийняв його каяття і видалив ангела Думу на своє місце, оскільки він знову повернув Малхут на своє місце, у властивість милосердя, а від властивості суду залишив лише слабке мерехтіння. «"Зовсім небагато"³⁸¹, – тобто завбільшки з тоненьку нить, яка пролягає між мною та іншою стороною», – тобто лише в тій невеликій мірі, яка повинна залишатися між Малхут і сітрою ахра, щоби забезпечити її існування за допомоги слабкого світіння, званого тонкою ниткою, «тобто завбільшки з тоненьку нить, яка пролягає між мною та іншою стороною, для того щоб не була "душа моя безмовною (дума)"». І ця міра врятувала Давида від того, щоб не потрапив він до рук ангела Думи. Іншими словами, якби сила суду в Малхут не стала знову завбільшки з тонку нитку, – був би він уже в руках Думи.

138) Тому людина повинна остерігатися говорити дещо подібне до того, що сказав Давид. Адже вона не може сказати ангелу Думі: «Це помилка»³⁸⁶, як у випадку з Давидом, коли Творець виграв суд у нього (у Думи). «Навіщо тобі гнівити Творця голосом своїм»³⁸⁶, голосом, котрий виголосив це: «і губити справу рук твоїх»³⁸⁶, – інакше кажучи, святу плоть, тобто святий союз, який він порушив, та утягається в пекло ангелом Думою.

Пояснення сказаного. Існує два види повернення:

---

386 Писання, Коелет, 5:5. «Не давай устам твоїм вводити у гріх плоть твою, і не кажи перед ангелом: "Це помилка!". Навіщо тобі гнівити Творця голосом своїм та губити справу рук твоїх?».

1. повернення від страху, коли злодіяння для нього стають подібними до помилок[387];

2. повернення від любові, коли злодіяння для нього стають подібними до заслуг[387].

Справа в тому, що до остаточного виправлення, – поки ще потрібна в світі сила суду, як написано: «А Творець зробив так, щоби боялися Його»[388], – Малхут, як би там не було, зобов'язана підтримувати існування сітри ахра в міру слабкого світіння, щоби не зникли кліпот й сітра ахра. І тому все виправлення Малхут – в двох точках: милосердя й суду. Тільки суд захований та вкритий, а милосердя розкрите. І тому є в ній страх, оскільки вона відноситься до властивості «Древо пізнання добра і зла»: якщо удостоюється людина – стає добром, а якщо ні – то злом.

І виходить, що повернення, яке ми здійснюємо протягом шести тисяч років, це тільки «повернення від страху, коли злодіяння для нього стають подібними до помилок». Адже завдяки поверненню ми знову приводимо Малхут до властивості милосердя, і суд таїться в ній як «слабке мерехтіння» і «тонка нить», оскільки Малхут все ще повинна залишатися у властивості страху. І тому називається це поверненням від страху.

І ця тонка нить, що повинна залишатися, називається «помилки», оскільки той, хто помиляється, не сам вчинює цей гріх, а помилки призводять людину до прогріхів зі злим наміром. Адже людина не скоїть гріх зі злого умислу, якщо до цього вона не впала у якусь оману. І це саме та тонка нить, котра залишається в Малхут. Адже, хоча вона насправді залишилася, – це не гріх, і лише з тієї причини, що цей суд є прихованим, ми приходимо до злодіянь. І тому сказали мудреці: «Спочатку він подібний до волосу», – тобто як ця тоненька нить, – а потім, якщо не

---

387 Вавилонський Талмуд, трактат Йома, арк. 86:2.
388 Писання, Коелет, 3:14. «Я дізнався: все, що створює Творець, – це буде навіки. Не можна нічого додати, і не можна нічого відняти, А Творець зробив так, щоби боялися Його».

бережуть союзу як личить, «він стає немов голоблі возові»[385], — бо розкривається властивість суду в Малхут.

І це означає, що Дума «стоїть на порозі пекла», тому що він представляє собою силу цієї тонкої ниті, котра є лише порогом, про який мовлено, що «спочатку він подібний до волосу». І тому називається такий вид нашого повернення ніби спокутою наших гріхів й перетворенням їх на оману, бо залишається тонка нить, здатна привести нас до злого наміру. А другий вид повернення, від любові, призводить до того, що злодіяння стають заслугами[389].

«Тому людина повинна остерігатися говорити подібне до того, що сказав Давид», – тобто вона не повинна говорити того, що призводить до розкриття властивості суду в Малхут, як зробив Давид, оскільки не може вона сказати ангелу Думі, що «це помилка». Адже людина не впевнена, що зможе відразу ж здійснити повернення, аби прогріх був прощений їй, немов був помилкою, як це сталося з Давидом, «коли Творець виграв суд у нього (у Думи)».

Адже оскільки Давид «робив праведне в очах Творця»[390], і не було у нього жодного прогріху «в усі дні життя його»[390], «крім випадку з Урією»[390], то Творець став «його стражем й опікуном» і відразу ж допоміг йому здійснити повернення. І був спокутний його гріх, ставши повністю подібним до помилки, як сказано: «Якби Творець не допоміг мені, то зовсім небагато, – і була б душа моя безмовною»[381]. Однак іншим людям слід боятися, адже не зможуть вони сказати перед ангелом, що «це помилка», і потраплять до рук Думи у пеклі.

«"І губити справу рук твоїх", – інакше кажучи, святу плоть, тобто святий союз, який він порушив, та утягається в пекло ангелом Думою». Виправлення святого союзу називається справою

---

389 Див. вище, п.126.
390 Пророки, Мелахім 1, 15:5. «Бо Давид робив праведне в очах Творця і не відступав в усі дні життя свого від усього того, що заповідав Він йому, крім випадку з Урією-хітійцем».

рук наших, як написано: «І справу рук наших затверди»³⁹¹. А свята душа називається святою плоттю, як сказано: «З плоті своєї я осягну Творця»³⁹², тому що через розкриття суду в Малхут порушується виправлення союзу, і душа його утягається в пекло Думою.

«І тому: "Про справу рук Його оповідає небокрай"³⁹³». Слова «І тому» вказують на все сказане равом Амнона Саба далі³⁹⁴. Адже після того, як там докладно пояснюється виправлення союзу, – як за допомогою винагороди, так і за допомогою покарання, – і що з цієї причини виправлення союзу називається справою рук наших, він з'ясовує остаточне виправлення в той день, коли небеса стають нареченим, котрий входить під свою хупу з нареченою. І тому йдеться тут про кінець виправлення: «Про справу рук Його оповідає небокрай». Адже тоді розкриється, що всі ці виправлення – не справа рук наших, а справа рук Його. І про це оповідає небокрай, на який був здійснений великий зівуґ: «рав пеалім, мікавцеель (багатодіючий, такий що збирає)»³⁹⁵. І «оповідає» – це розкриття сходження блага.

І знай, що в цьому вся відмінність, яка є між цим світом до виправлення і станом остаточного його виправлення. Адже до свого остаточного виправлення Малхут називається Древом пізнання добра і зла, тому що Малхут – це управління Творця, яке проявляється в цьому світі. А до тих пір, поки ті, хто отримують, не досягли завершення виправлення, – коли вони зможуть отримати досконале благо, задумане для нас Творцем у задумі творіння, – управління повинне здійснюватися за допомогою добра і зла, винагороди та покарання. Адже наші бажання отримання все ще забруднені отриманням заради себе, яке,

---

391 Писання, Псалми, 90:17. «І нехай буде милість Творця Всесильного нашого на нас, і справу рук наших затверди для нас, і справу рук наших затверди».
392 Писання, Йов, 19:26. «І під шкірою моєю вирізане це, і з плоті своєї я осягну Творця».
393 Писання, Псалми, 19: 2. «Небеса розповідають про велич Творця, про справу рук Його оповідає небокрай».
394 У п.139.
395 Див. вище, статтю «Погонич ослів», п. 92.

крім того, що дуже обмежене за своїми властивостями, ще й відокремлює нас від Творця.

А довершене благо у безмежній мірі, котра замислена для нас Творцем, можливо отримати лише у віддачі, яка є насолодою без будь-якого обмеження і скорочення. Тоді як отримання заради себе дуже обмежене і короткочасне, тому що пересичення негайно гасить насолоду. Тому сказано: «Все зробив Творець заради Себе»[396], – тобто всі дії, що відбуваються в світі, спочатку були створені лише з метою завдати Йому насолоди.

І стає очевидним, що люди в мирських справах діють абсолютно протилежним чином до того, заради чого вони були первісно створені. Творець говорить: «Весь світ створений для Мене», – як написано: «Все зробив Творець заради Себе»[396]. І також: «Кожного, названого іменем Моїм, для слави Моєї створив Я його»[397].

Але наше ставлення є повністю протилежним. Ми заявляємо, що весь світ створений лише для нас. І ми хочемо наповнити черево своє, поглинувши всі блага світу заради власного задоволення й марнославства. Тому не дивно, що ми ще не гідні отримувати Його довершене благо. І тому дане нам пізнання управління добром і злом, здійснюване за допомогою винагороди й покарання. Адже одне залежить від іншого, тобто винагорода й покарання визначаються добром і злом. Бо оскільки ми користуємося келім отримання протилежним чином від їхнього прямого призначення, ми обов'язково відчуваємо дії управління, як зло щодо нас.

І закон такий, що створіння не може прийняти від Творця зло в явному вигляді. Адже якщо створіння буде сприймати Його як такого, Хто творить зло, це завдасть шкоди величі Творця, бо не личить таке досконалому Діячеві. Тому, коли людина відчуває

---

396 Писання, Притчі, 16:4. «Все зробив Творець заради Себе, і нечестивого оберігає Він в день лиха».
397 Пророки, Єшаягу, 43:7. «Кожного, названого іменем Моїм, для слави Моєї створив Я його, утворив Я його і зробив Я його».

зло, в тій же мірі тяжіє над нею заперечення управління Творця та утаємничується від неї з висі Той, Хто діє. І це найбільше з усіх покарань у світі.

Таким чином, відчуття добра і зла в управлінні Творця визначає відчуття винагороди й покарання. Адже той, хто докладає зусиль аби не втратити віру в Творця, – хоча й відчуває управління як недобре, – набуває винагороди. А якщо не бажає докладати зусиль, то отримує покарання, бо він розлучився з вірою у Творця.

І виходить, що хоча один лише Творець здійснював, здійснює та буде здійснювати всі ці діяння, це залишається прихованим від тих, хто відчуває добро і зло. Бо в час, коли приходить зло, сітрі ахра дається сила вкривати Його управління і віру в Нього, і вони піддаються важкому покаранню відокремленням та їх переповнюють сумніви у вірі. А коли вони здійснюють повернення, то відповідно до цього отримують винагороду і можуть знову злитися з Творцем.

Однак шляхом управління винагородою та покаранням, вготованим Творцем, ми в кінцевому рахунку удостоюємось остаточного виправлення. Тому що всі люди прийдуть до виправлення бажань отримання (келім) аби завдавати насолоди своєму Творцеві в мірі написаного: «Все зробив Творець заради Себе», – як і були вони створені від самого початку. Тоді розкриється великий зівуґ парцуфа Атік Йомін, і ми прийдемо до повернення від любові, коли всі злодіяння обертаються на заслуги, а всі біди – на великі благодіяння.

І тоді в усьому світі розкриється особисте управління Творця, щоби всі бачили, що лише Він один вчиняв, вчиняє та буде вчиняти всі ці діяння та дії, котрі передують їм. Бо тепер, після того як зло і покарання вже перетворилися на благодіяння й заслуги, дається можливість осягнути Того, Хто творить їх, оскільки вони вже личать справі рук Його. І тепер вони будуть вихваляти й благословляти Його за ті біди та покарання, котрі представлялися їм такими свого часу.

І це центральна точка даної статті. Адже до цього моменту виправлення теж вважалися справою рук наших, і тому ми отримували за них винагороду та покарання. Однак у великому зівузі (злитті) кінцевого виправлення розкриється, що все, – і виправлення, і покарання, – є справою тільки Його рук, як написано: «Про справу рук Його оповідає небокрай»[393], – бо великий зівуґ на небозводі повідомить, що все це «справа рук Його», і лише тільки Він один здійснював, здійснює та буде здійснювати всі ці діяння.

139) І тому: «Про справу рук Його оповідає небокрай»[393], – це ті товариші, які завдяки заняттям Торою в ніч Шавуот утворили одне ціле з нареченою, Малхут. І про них, володарів знаку її союзу, званих «справа рук Його»[398], він «оповідає» і записує кожного з них. «Небозвід» – це небокрай, на якому сонце та місяць, і зірки, і сузір'я, і він називається пам'ятною книгою, що оповідає й пише про них, та записує їх аби були вони синами Його чертогу, і щоб бажання їхні завжди виконувалося.

Пояснення сказаного. Єсод Зеір Анпіну, в якому відбувається зівуґ для розкриття всіх вищих рівнів та ступенів, тобто «сонця та місяця, і зірок і сузір'їв», називається небозводом. Як написано: «"І помістив їх Творець на зводі небесному"[399], – і коли всі вони знаходяться на ньому, вони перебувають в радості один з одним, при цьому місяць зменшує себе перед сонцем. І з цього часу все, що отримує сонце, використовується для світіння Нукві, а не для себе. І про це сказано: "Щоби світити над землею"[399]»[400].

Пояснення. Всі вищі світила були поміщені на «зводі небесному», тобто в Єсоді Зеір Анпіну, «і всі вони знаходяться на ньому». І він з'єднується в радості з Нуквою, званою «земля», і дарує їй всі ці світила, як сказано: «Щоби світити над землею». І тоді вважається, що Малхут є меншою від сонця, тобто Зеір

---

[398] Див. вище, п.130.
[399] Тора, Берешит, 1:17. «І помістив їх Всесильний на зводі небесному, щоби світити на землю».
[400] Див. Зогар, главу Берешит, частина 1, п.402.

Анпіна. Однак про завершення виправлення сказано: «І буде світло місяця як світло сонця, а світло сонця стане семиразовим, як світло сімох днів»[401], – тобто Малхут тоді не буде меншою від Зеір Анпіна, а досягне рівня Зеір Анпіну в стані шести днів початку творіння. А сам Зеір Анпін виросте семикратно у порівнянні з шістьма днями початку творіння.

І це буде в той час, про який написано: «Знищить Він смерть навіки»[402]. І про цей час написано: «В той день буде Творець (АВАЯ) єдиний, та ім'я Його – єдине»[403]. Бо небозвід, тобто Зеір Анпін, – це АВАЯ, зване «сонце», а ім'я Його – це Нуква, яка отримує від Нього і зветься «місяць». І протягом шести тисяч років, котрі отримують наповнення від шести днів початку творіння, не відкрилося їм, що «Він та ім'я Його єдині», оскільки місяць є меншим від сонця, тобто Зеір Анпіна, званого АВАЯ. І малий стан (катнут) означає, що Малхут виправлена шляхом управління, в якому є добро і зло, винагорода й покарання. І існує величезна різниця між Ним та іменем Його, оскільки в імені Його, тобто в Малхут, зівуґи (злиття) слідують один за одним, і вони перебувають то в з'єднанні, то в розділенні. Однак про кінець виправлення, коли «знищить Він смерть навіки», сказано, що «буде Творець (АВАЯ) єдиний, та ім'я Його – єдине», тому що ім'я Його, тобто Нуква, знову стане як світло Зеір Анпіну, – тобто цілком буде добром, без усілякого зла. І в ній відкриється особисте управління, про яке сказано: «І буде світло місяця, як світло сонця».

І тому Нуква в цей час буде називатися «пам'ятна книга», бо Малхут називається книгою, оскільки до неї записуються всі діяння людей, а Єсод Зеір Анпіну називається пам'яттю, бо він

---

401 Пророки, Єшаягу, 30:26. «І буде світло місяця, як світло сонця, і світло сонця стане семиразовим, як сімох днів, в день, коли Творець зцілить народ Свій від лиха і рану його від удару вилікує».
402 Пророки, Єшаягу, 25:8. «Знищить Він смерть навіки, і витре Творець сльози з усіх облич, і ганьбу народу Свого усуне Він на всій землі, бо так сказав Творець».
403 Пророки, Захарія, 14:5. «І буде Творець царем на всій землі, в той день буде Творець єдиний, та ім'я Його – єдине».

пам'ятає діяння світу[404] і досліджує всі попередні створіння[405], адже всі вони отримують наповнення від нього. Але протягом шести тисяч років, до остаточного виправлення, книга – окремо, і пам'ять – окремо, тобто іноді вони знаходяться у поєднанні, а іноді в розділенні. Однак в кінці виправлення двоє цих ступенів стають одним, як сказано: «Творець (АВАЯ) єдиний, та ім'я Його – єдине». І тоді Малхут сама називається пам'ятної книгою, оскільки вони насправді представляють собою одне ціле, адже світло місяця стало як світло сонця.

І сказане: «"Небозвід" – це небокрай, на якому сонце й місяць, і зірки, і сузір'я» вказує на Єсод Зеір Анпіну, в якому народжуються всі світила в світі, і в ньому вони існують. І він передає їх Малхут, коли вона є меншою від нього і ще не знаходиться у властивості «Творець єдиний та ім'я Його єдине». «І він називається пам'ятною книгою» – і сам він теж стане властивістю Малхут кінця виправлення, і саме тому вона буде називатися пам'ятною книгою. Адже тоді Малхут отримає всю властивість Зеір Анпіну. І цей небозвід, званий пам'яттю, буде називатися тоді пам'ятної книгою, тобто властивістю самої Малхут, котра зветься «книга», а «пам'ять», тобто сам небозвід, буде з нею насправді одним цілим, як написано: «В цей день буде Творець єдиний, та ім'я Його – єдине».

140) «День дню передає речення та ніч ночі відкриває знання»[406]. Інакше кажучи, «святий день з тих вищих днів Царя», – тобто сфірот Зеір Анпіну, званих днями, «які несуть славу товаришам», що займалися Торою в ніч Шавуот, «і кожен передає іншому речення, промовлене ним». І це означає, що "день дню передає речення" – й вихваляє його», «"та ніч ночі" – будь-який ступінь, що панує вночі», – тобто сфірот Малхут, котра панує вночі, – вихваляють один одному те знання, яке кожна з них отримує від іншої. І завдяки великій довершеності вони стають для них друзями й люблячими.

---

404 «Маасей олам» – від слова «асія».
405 «Єцурей кедем» – від слова «єцира».
406 Писання, Псалми, 19:3. «День дню передає речення, ніч ночі відкриває знання».

Пояснення сказаного. Після того як було з'ясовано, що «про справу рук Його оповідає небозвід» – це «пам'ятна книга», пояснюється уривок: «Сказали ви: "Марно служити Творцеві! Яка користь, що виконували ми службу Його та перебували в покорі перед Володарем воїнств? А тепер вважаємо ми щасливими нечестивих, – і влаштувалися ті, хто роблять нечестя, і Творця випробували та врятувалися". Тоді говорили один з одним ті, хто бояться Творця, і слухав Творець, і вислухав, і написана була пам'ятна книга перед Ним для тих, хто боїться Творця і хто шанує Ім'я Його. "І будуть вони для мене, – сказав Володар воїнств, – для того дня, коли Я зроблю чудо, і помилую Я їх, як милує чоловік синів своїх, трудящих для нього"»[407]. І ми бачимо, що кожен передає іншому мовлене ним речення: «Марно служити Творцеві! Яка користь, що виконували ми службу Його?», і вони записуються в пам'ятну книгу «для тих, хто боїться Творця і хто шанує Ім'я Його». Бо Творець помилує їх, «як милує чоловік синів своїх, трудящих для нього», тобто тільки «для того дня, коли Я зроблю чудо», – і це день остаточного виправлення.

Справа в тому, що до завершення виправлення, перш ніж ми підготували наші келім отримання лише до того аби завдавати насолоди нашому Творцеві, а не отримувати особисту вигоду, Малхут називається Древом пізнання добра і зла. Адже Малхут – це управління світом згідно людським діянням. І оскільки ми не готові прийняти з вищезазначеної причини всі насолоди й блага, які замислив для нас Творець у задумі творіння, ми зобов'язані приймати від Малхут управління добром і злом, і це управління готує нас до того, щоби ми в кінці кінців виправили наші бажання (келім) отримання на одержання в ім'я віддачі та удостоїлися одержати все добро й насолоду, яку Він задумав для нас.

Адже відчуття нами добра і зла визначає також винагороду й покарання. Бо відчуття зла призводить до відокремлення від віри в Творця. І виходить, що якщо людина докладає зусиль під час відчуття зла аби не порушити цим свою віру та мати можливість дотримуватися Тори й заповідей у повній мірі, – вона

---

407 Пророки, Малахі, 3:14-17.

отримує винагороду. А якщо трапляється, що вона не витримує випробування і відділяється, то наповнюється поганими думками.

Але відомо, що за ці думки Творець карає як і за дії, і про це сказано: «Щоби зрозумів дім Ісраеля серцем своїм»[408]. Також відомо, що: «Праведність праведника не врятує його в день злочину його»[409], хоча це стосується лише того, хто сумнівається в основах. Однак іноді сумніви долають людину до такої міри, що вона починає сумніватися в безлічі добрих справ, котрі вона зробила, кажучи: «Яка користь, що виконували ми службу Його і перебували в покорі перед Володарем воїнств?». Адже тоді стає вона закінченим грішником, бо сумнівається в основах. І через цю погану думку вона втрачає всі добрі справи, які вона зробила. Як написано: «Праведність праведника не врятує його в день злочину його»[409]. І все ж каяття допоможе йому. Однак в цьому випадкові він вважається таким, що лише починає служити Творцеві з самого початку, подібно до новонародженої дитини, тому що вся його минула праведність зникає, немов її й не було.

І тому управління добром і злом викликає в нас численні підйоми й падіння. У кожного – згідно з його рівнем. І знай, що саме тому кожен підйом вважається окремим днем. Адже через глибоке падіння, яке було в нього в той час, коли він сумнівався в основах, він є подібним під час підйому до новонародженої дитини, тому що в кожному підйомі він ніби починає служити Творцеві з самого початку. Тому кожен підйом вважається окремим днем і, відповідно, кожне падіння вважається окремою ніччю.

Тому сказано: «"День дню передає речення"[406], – це святий день з тих вищих днів Царя». Тобто – в кожному підйомі, який

---

[408] Пророки, Єхезкель, 14: 5. «Щоби зрозумів дім Ісраеля серцем своїм, що стали вони всі чужими для Мене через своїх божків».

[409] Пророки, Єхезкель, 33:12. «А ти, сину людський, скажи до синів свого народу: праведність праведника не врятує його в дні злочину його, і гріховність нечестивого не буде завадою йому в день (повернення) його від сваволі його; і праведник не зможе жити нею (колишньою праведністю) в день гріха його».

був у людини, коли вона з'єднувалася з вищими днями Творця, «що несуть славу товаришам, і кожен передає іншому речення, яке промовлене ним». Бо завдяки великому зівуґу (злиттю), що відбувається в кінці виправлення, вони здобудуть повернення від любові, адже завершать виправлення келім отримання, зробивши їх такими, що лише завдають насолоди Творцеві. І розкриється нам у цьому поєднанні все велике благо й насолода задуму творіння.

І тоді стане явним, що всі ті покарання, яким ми були піддані під час падіння до такої міри, що приходили до думок про сумніви в самих основах, очищували нас та стали безпосередньою причиною всього щастя й блага, котрі приходять до нас в момент остаточного виправлення. Адже якби не ці жахливі покарання, ми б ніколи не прийшли до такої насолоди й блага, і виходить, що тепер ці злодіяння дійсно обернулися на заслуги.

І це означає: «День дню передає речення», тобто кожен підйом до завершення виправлення – це один день з тих «вищих днів Царя, що несуть славу товаришам». І виходить тепер, що він знову розкривається у всій повноті довершеності, яка належить цьому дню, та несе славу товаришам, котрі підтримують Тору тим самим реченням, яке кожен сказав іншим, а саме: «Марно служити Творцеві! Яка користь, що виконували ми службу Його», та яке привело їх тоді до великих покарань.

Адже зараз вони перетворилися на заслуги, оскільки досконалість та щастя цього дня не могли б зараз розкритися в усій своїй красі й пишноті, якби не ці покарання. І тому ті, хто промовляють ці слова стали вважатися «тими, хто бояться Творця і хто шанує Ім'я Його», наче й справді це добрі діяння. Тому також і про них сказано: «І помилую Я їх, як милує людина синів своїх, трудящих для неї»[407].

І тому сказано: «"День дню передає речення" – та вихваляє його». Адже усі ці ночі, – тобто падіння, страждання і покарання, – переривали злиття з Творцем настільки, що виникло безліч днів, котрі йдуть один за одним. А зараз, після того, як ночі й пітьма, що розділяють їх, теж стали заслугами та добрими діяннями, «і ніч як день світити буде, а тьма – як світло», – між ними знову немає розділень. І тоді всі шість тисяч років з'єднуються в один великий день.

І виходить, що всі злиття, які виходили одне за одним та розкрили підйоми й ступені, котрі були відокремлені один від одного, зібралися тепер в один високий та піднесений ступінь злиття, який осяває весь світ, – від краю до краю. І це означає: «День дню передає речення», – оскільки речення, котре відділяло один день від іншого, зараз стало найбільшою похвалою, «та прославляє його», – бо стало воно заслугою. І тому стали всі вони одним днем для Творця.

І це є сенсом сказаного «І ніч ночі", – тобто кожен ступінь, який панує вночі, вихваляє один одному те знання, яке кожен з них отримує від іншого». Бо всі ці вислови і страждання, звані ночами, що стали причиною утворення всіх цих відокремлених ступенів, одного за одним, зараз усі вони теж будуть світити як день внаслідок того, що всі вони зібралися, ставши єдиним вмістищем для великого знання, котре наповнювало всю землю осягненням Творця. І виходить, що кожна ніч окремо залишалася би у пітьмі, якби вона зараз не стала єдиною сукупністю з усіма іншими ночами. Адже кожна ніч отримує свою частку в знанні лише від поєднання з іншими ночами. І тому вважається, що кожна ніч «відкриває знання» іншій. Адже вона не була би здатною набути знань, не з'єднавшись з іншою.

І це означає, що «кожен ступінь, що панує вночі», – тобто кожна ніч, яка зараз завершилася, аби бути вмістищем знання Творця, «вихваляє одна одній», – інакше кажучи, кожен вихваляє іншого, використовуючи «те знання, яке кожен з них отримує від іншого», тобто та частина знання, яку отримав кожен, взята від іншого завдяки поєднанню з ним у цю ніч. Адже він не отримав би його, не з'єднавшись з іншим, – і лише зібравшись всі разом, вони стали здатні отримати це велике знання. І тому сказано: «І завдяки великій довершеності вони стають для них друзями й лплячими», – бо завдяки великій довершеності, яку вони отримали разом, всі ночі стали друзями, котрі люблять один одного.

141) «Немає речення та немає слів»[410] – тобто речень та слів, що відносяться до інших слів світу, котрі не чутні перед святим Царем, і які Він не бажає чути. Але ці слова – «по всій землі проходить лінія їхня»[411], тобто ці слова проводять лінію від тих, хто мешкає нагорі й тих, хто мешкає внизу. З цих слів утворюються небозводи, і з цих слів, – з цього прославляння, – утворюється земля. А якщо скажеш ти, що ці слова розносяться по світу в одному місці, – то Писання каже: «І до краю всесвіту – слова їхні»[411].

Пояснення мовленого. Адже до цих пір ми говорили про найстрашніші покарання та страждання, тобто – про відділення від віри в Творця. І сказано тут, що навіть покарання і страждання за все інше, що вимовлене в світі, – тобто за окремі прогріхи та за пекельні страждання і тілесні страждання тощо, котрі наповнюють весь цей світ, – теж збираються і включаються в це велике злиття, як написано: «І так само, як радів за вас Творець, роблячи вам добро і примножуючи вас, радітиме за вас Творець, несучи вам смерть та знищуючи вас»[412].

Адже всі вони збираються і стають великим світлом та перетворюються на величезну радість і веселощі. І це означає сказане: «"Немає речення та немає слів"[410], що відносяться до інших слів світу», – тобто всі страждання цього світу, «котрі нечутні перед святим Царем, і які Він не бажає чути», оскільки вони є протилежними радості й веселощам. «І які Він не бажає чути», – тобто Він не бажає їх чути, бо коли вони перетворяться

---

410 Писання, Псалми, 19:4. «Немає речення та немає слів, – не чутний голос їхній».

411 Писання, Псалми, 19:5. «По всій землі проходить лінія їхня, до межі всесвіту – слова їхні; сонцю поставив Він шатро в них».

412 Тора, Дварім, 28:63. «І так само як радів за вас Творець, роблячи вам добро і примножуючи вас, буде радіти за вас Творець, несучи вам смерть та знищуючи вас, і ви будете відірвані від землі, на яку ти вступаєш для оволодіння нею».

на радість та веселощі, святий Цар буде уважним до них і побажає слухати їх.

Іншими словами, спогад про кожне страждання й біль минулих днів викличе зараз, в кінці виправлення, радість та надзвичайну насолоду. Сказано про це: «У ті дні і в той час... будуть шукати провини Ісраеля та не буде їх»[413], – бо в той момент, коли вони перетворяться на заслуги, то завдадуть такої насолоди, що будуть шукати провини з минулого з тим аби посміятися над ними, але не знайдуть їх. Іншими словами, нам буде здаватися, що немає їх більше в тому істинному вигляді, якими вони були в минулому. Тому сказано: «І які Він не бажає чути», – тобто «Немає речення та немає слів»[410], яким Він не надав би уваги, дуже бажаючи і прагнучи чути їх, оскільки всі вони зараз стали світлами святості й вірності.

І цей високий ступінь, що піднімається завдяки великому зівуґу (злиттю) в кінці виправлення від всіх душ та від усіх діянь, – хороших й поганих разом, – називається лінією й стовпом світла, котрий осяває весь світ, – від краю до краю. І це – та велика єдність, про яку сказано: «Буде Творець єдиний, та ім'я Його – єдине»[414]. І це означає сказане: «Але ці слова», – тобто слова світу, – «по всій землі проходить лінія їхня»[411], – бо ступінь, який виходить на ці слова, що являють собою всілякі страждання й покарання, «осяває весь світ, – від краю до краю», тобто всю землю.

А сказане ним: «Від тих, хто мешкає нагорі й тих, хто мешкає внизу», – це дуже високе поняття, і я постараюся пояснити його, наскільки це можливе. Адже слід знати, що у вічності немає порядку проходження часів, як в нашому світі. І виходить, що коли Творець задумав створити світ, – у Нього вже створені всі ці душі з усіма їхніми вчинками до набуття ними повної довершеності, необхідної для отримання усієї насолоди і блага, які

---

413 Пророки, Єрміягу, 50:20. «У ті дні і в той час, – сказав Творець (АВАЯ), – (навіть якщо) будуть шукати провини Ісраеля, то не буде її, і гріхів Єгуди, – то не знайдуть їх, бо пробачу Я тих, котрих залишу (в живих)».
414 Пророки, Зехарія, 14:9. «І буде Творець царем над усією землею, в цей день буде Творець єдиний та ім'я Його – єдине».

Він задумав для їхнього задоволення. Адже для Нього все, що буде, – немов уже є, і не буває у Нього майбутнього й минулого.

І звідси стають зрозумілими слова[415]: «Показав Творець кожне покоління і його мудреців Адаму Рішону, а також – Моше»[416]. І на перший погляд начебто дивно: як Він показав їх, якщо вони ще не були створені? Але, як сказано: всі душі та всі вчинки до остаточного їхнього виправлення вже постали перед Ним у дійсності, і всі вони вже знаходяться у вищому Еденському саду. І звідти вони спускаються та приймають облачення тіл цього світу, кожна з них – свого часу. І звідти Творець показав їх Адаму Рішону та Моше, і всім, хто цього гідний. І питання це вимагає довгого пояснення, яке не кожен розум здатний витримати[417].

Сказано в Зогар[418]: «Так само, як вони (шість закінчень, ВАК) поєднуються в одне ціле нагорі, так само і вона (Малхут) з'єднується в одне ціле внизу». Адже цей ступінь великого зівуґу (злиття), котрий відбувається в кінці виправлення, про який сказано: «Буде Творець єдиний, та ім'я Його – єдине»[414], вже вийшла нагорі від усіх душ і від усіх діянь в світі, які будуть створені до остаточного виправлення, тобто від властивості Його вічності, оскільки для Нього все, що буде, – немов уже є. І виходить, що цей стовп світла, котрий осяває весь світ від краю до краю, який буде світити в кінці виправлення, вже стоїть у вищому Еденському саду і світить перед Ним, як це розкриється нам в кінці виправлення.

І тому сказано там[418]: «Бути єдиною, як і сам Єдиний, адже Творець – єдиний». Оскільки в момент остаточного виправлення будуть світити два цих ступеня – «єдина, як і сам Єдиний», і тоді «буде Творець єдиний, та ім'я Його – єдине». І тому сказано, що «ці слова проводять лінію від тих, хто мешкає нагорі і тих, хто мешкає внизу», – лінію, яка світить «від тих, хто мешкає нагорі і тих, хто мешкає внизу», що й означає: «Бути єдиною,

---
415 Вавилонський Талмуд, трактат Сангедрін, 38: 2.
416 Див. Зогар, главу Лех леха, п.331, главу Ваєхі, п. 369.
417 Див. коментар «Панім масбірот» до книги «Ец Хаїм», розділ 1.
418 Див. Зогар, главу Трума, п.163.

як і сам Єдиний». Адже цей ступінь світить «від тих, хто мешкає нагорі», – тобто від усіх душ, котрі перебувають у вищому Еденському саду, і світить «від тих, хто мешкає внизу», – тобто від всіх душ після того, як вони насправді здійснили облачення в тіло цього світу та прийшли до остаточного виправлення. Інакше кажучи, двоє цих ступенів в кінці виправлення світять разом, і тоді єдність Його розкривається у вигляді «Творець єдиний та Ім'я Його єдине».

Це пояснення допомагає нам уникнути помилки, думаючи, що той світловий стовп, який світить у вищому Еденському саду, сходить і світить при завершенні виправлення в цьому світі. Тому він говорить, що це не так, але «з цих слів утворюються небозводи», – бо цей ступінь виходить на Єсод Зеір Анпіну, званий «небозвід». І тому ця різниця поки ще існує у всіх зівуґах: спочатку виходить ступінь від небокраю і вище, а потім світить він тим, хто одержує від цього небокраю та нижче. І рівень, який виходить від небокраю й вище, називається «небо», а рівень, який отримують від небокраю й нижче, називається «земля».

І в той момент, коли з'єднується лінія світла «від тих, хто мешкає нагорі і тих, хто мешкає внизу», залишається ще відмінність між вищим Еденським садом і мешканцями цього світу, оскільки рівень зівуґу, який виходить від небокраю й вище, отримують мешканці вищого Еденського саду. Адже «з цих слів утворюються небозводи», – тобто нові небеса для тих, хто мешкає нагорі, а ті, хто живуть внизу, отримують тільки сяйво, яке проходить від небокраю й нижче, і називається воно нової землею[419]. І тому в кінці він каже: «З цього прославляння», – тобто ті, хто мешкає внизу, можуть досягти лише прославляння та сяйва, яке сходить з неба на землю.

«А якщо скажеш ти, що ці слова розносяться в одному місці». Після того, як з'ясувалося, що цей зівуґ відбувався так само, як і всі зівуґи, тобто від «небокраю й вище», та розповсюдився в місце «від небокраю й нижче», можна помилитися, сказавши, що це всього лише тонка лінія, котра піднімається в одному

---

[419] Див. вище, статтю «Зі Мною ти в співпраці», п.64.

місці, про яке йдеться в дії початку творіння: «Нехай стечуть води в одне місце»[420], – тобто тільки до внутрішньої частини світів, яка доходить лише до властивості Ісраель, а не до зовнішньої частини світів. І вказується, що це не так, але вони «розносяться по світу», тобто світло розходиться і наповнює світ від краю до краю. Як написано: «І до краю всесвіту – слова їхні»[411]. Іншими словами, досягає навіть зовнішньої частини світів, тобто приходить також і до народів світу, як сказано: «Повна буде земля знанням Творця»[421].

142) І коли з них «утворюються небозводи», – хто перебуває в них? Повертається (до цього питання) і уточнює: «Сонцю поставив Він шатро в них»[422], – те саме «святе сонце», тобто Зеір Анпін, ставить своє житло і обитель в них та прикрашається ними.

Пояснення. Якщо йдеться про те, що світловий стовп виходить від небокраю і вище, а від небокраю й нижче від них (тих, хто мешкає внизу) виходить лише прославляння, то виникає питання, хто ж користується цим світловим стовпом? І тому питає: «Хто перебуває в них?» І відповідає, що це Зеір Анпін, званий «сонце», прикрашається і ставить свою обитель в цьому стовпі світла. Адже він прикрашається, перебуваючи в цьому світловому стовпі, як під хупою, бо «шатро» означає – хупа над ним. І це означає: «Сонцю поставив Він шатро в них».

143) Коли Зеір Анпін перебуває на цих небокраях та прикрашається ними, він «як наречений виходить з-під весільного балдахіна»[423], радіє та пробігає по цих небокраях, і виходить з них, та увійшовши в іншу вежу в іншому місці, пробігає по ній.

---

420 Тора, Берешит, 1:9. «І сказав Всесильний: Нехай стечуть води під небесами в одне місце, і з'явиться суша! І було так».
421 Пророки, Єшаягу, 11:9. «Не вчинять лихого і не будуть нищівними на всій Моїй святій горі, бо сповнена буде земля знанням Творця, як повне море водами».
422 Писання, Псалми, 19:5. «По всій землі проходить лінія їхня, до межі всесвіту – слова їхні; сонцю поставив Він шатро в них».
423 Писання, Псалми, 19: 6. «І воно як наречений, виходить з-під весільного балдахіна, радіє, як герой, пробігаючи шлях».

«Від краю небес схід його»⁴²⁴, – він виходить з вищого світу і доходить до краю небес нагорі, тобто до Біни. «Завершення його»⁴²⁴ – це край небес внизу, тобто Малхут; і це завершення року, яке визначає всі закінчення та встановлює зв'язок від небес до цього небокраю.

Пояснення. Мається на увазі неймовірна таємниця – вихід сонця зі свого укриття, тобто з-під хупи, бо після того як стався великий зівуґ на цих небозводах, тобто під хупою, воно виходить з цих небозводів «в іншу вежу в іншому місці», тобто в місці Малхут, яка називається «незламна вежа – ім'я Творця»⁴²⁵, оскільки Малхут піднімається тоді наверх та об'єднується з ним у властивості «єдиний».

Закінчення Малхут називається «завершенням року», і до виправлення там трималися кліпот, які називаються «кінець днів»⁴²⁶. А зараз, після остаточного виправлення, цю властивість потрібно виправити особно. І це відбувається завдяки виходу сонця зі свого укриття, як сказано: «І воно як наречений виходить з-під весільного балдахіна»⁴²³, і світить, входячи в одну вежу, тобто в Малхут. І тоді: «Радіє, як герой, пробігаючи шлях»⁴²⁴, оскільки воно (сонце) пробігає по цій вежі і «завершення його аж до краю його»⁴²⁴. Адже воно світить від краю неба нагорі до всіх закінчень в Малхут, щоби виправити це «завершення року», яке відноситься до краю небес внизу. І тому сказано: «Яке визначає всі закінчення». «Закінчення» – бо це виправлення завершує виправлення всіх закінчень, що існують в Малхут. І цим вона «встановлює зв'язок від небес до цього небокраю», – іншими словами, Малхут отримує свічення краю неба – від верхньої його частини до цього небозводу Зеір Анпіна.

144) «І ніщо не приховане від тепла його»⁴²⁴ внаслідок завершення року та світіння сонця, що приходить з усіх сторін. «І

---

424 Писання, Псалми, 19: 7. «Від краю небес схід його, і завершення його аж до краю його, і ніщо не приховане від тепла його».
425 Писання, Притчі, 18:10. «Незламна вежа – ім'я Творця, в ній сховається праведник та піднесеться».
426 Див. Зогар, главу Бо, статтю «І був день, коли і Сатан прийшов з ними», п.31.

ніщо не приховане» – означає, що немає жодного вищого ступеня, який зник би від нього, оскільки всі вони повертаються до нього, і немає жодного, який би сховалася від нього. «Від тепла його» – означає, що воно стає теплішим і повертається до них, тобто до товаришів, в момент здійснення ними повного повернення. Все це прославляння та все це звеличування – завдяки Торі, якою вони займалися, як сказано: «Тора Творця є досконалою»[427].

Пояснення. Після великого зівуґу відбувається вкриття та зникнення всіх вищих світел[428]. І тому є необхідним цей новий зівуґ «в одній вежі», як сказано: «І завершення його аж до краю його»[424], – тобто він знову розкриває всі вищі світла, які були приховані через скасування БОН, до його підйому в САГ. І сказано: «І ніщо не приховане від тепла його"[424], – внаслідок завершення року та світіння сонця, що приходить з усіх сторін», – оскільки це поєднання (зівуґ) завершення року зі свіченням сонця виправляє всі закінчення Малхут з усіх сторін, тобто в усіх відношеннях, доки не стане достатнім для повного виправлення, коли БОН підніметься і знову стане властивістю САГ, що є повним виправленням у всіх відносинах. І після цього: «І ніщо не приховане" – означає, що немає жодного вищого ступеня, який зник би від нього». Адже всі ступені й вищі світла розкриваються на цей раз в остаточному їхньому вигляді, оскільки всі вони повертаються до нього, і немає жодного ступеня, котрий зник би від нього», – оскільки всі ступені й вищі світла поступово повертаються до нього, поки не залишається нічого прихованого від нього.

І сказано: «"Від тепла його" – означає, що воно стає теплішим і повертається до них, тобто до товаришів, в момент вчинення ними повного повернення». Інакше кажучи, це розкриття не відбувається в одну мить, бо світіння сонця весь час посилюється, доки не досягає міри тепла, котра є достатньою для приходу до стану повного повернення, в якому грішники засуджуються,

---

427 Писання, Псалми, 19:8. «Тора Творця є досконалою, оживляє душу, свідоцтво Творця є вірним, умудряє простака».
428 Див вище, статтю «Погонич ослів», п.94.

а праведники зцілюються. І тоді вони удостоюються того найбільшого розкриття, про яке ми говорили.

145) Шість разів написано тут АВАЯ. Від речення «Небеса розповідають»[429] і до «Тора Творця є досконалою»[427] є шість речень. І про це написано наступне: «Берешит (בראשית спочатку)» – в цьому слові є шість букв, «створив Всесильний небо і землю»[430] – і це шість слів. Інші ж речення, – від «Тора Творця є досконалою» до «жаданішими золота»[431], – лише відповідають згаданому в них шість разів імені АВАЯ, але самі ці шість речень не коментують. Шість речень – від «Небеса розповідають» до «Тора Творця є досконалою» – відповідають шести буквам слова «Берешит (בראשית спочатку)». Шість імен відповідають шести словами, які тут, і це: «Створив Творець небо і землю (бара Елокім ет га-шамаїм ве-ет га-арец)».

Пояснення мовленого. Кожний ступінь, що розкривається в світах, спочатку з'являється у вигляді букв, але в цей момент він ще не є відомим. А потім він з'являється у вигляді словосполучень. І тоді ступінь пізнається – те, що є в ньому, – у властивості «двохсот шістнадцяти (ר"ז РІЮ) букв» та «сімдесяти двох (ע"ב айн-бет)» слів». І тому сказано: «"Берешит (בראשית спочатку)" – в цьому слові є шість букв», які вже містять в собі все утворення неба й землі у властивостях цих шести букв, – але вони ще не є відомими, і тому на них поки що вказують лише літери, без будь-яких словосполучень.

А потім йдуть шість слів: «Створив Всесильний небо і землю (бара Елокім ет га-шамаїм ве-ет га-арец)». І тут в ній відбувається повне розкриття того, що вміщене у слові «Берешит (спочатку)», що це – небо й земля та їхнє наповнення. І таким же чином слід розуміти шість речень, – від «Небеса розповідають» до «Тора Творця є досконалою», – які є лише початком розкриття остаточного виправлення, тобто тільки у властивості букв, як і

---

[429] Писання, Псалми, 19:2. «Небеса розповідають про славу Творця, і про діяння рук Його оповідає звід (небесний)».
[430] Тора, Берешит, 1:1. «Спочатку створив Всесильний небо і землю».
[431] Писання, Псалми, 19:11. «Жаданішими золота є вони й безлічі чистого золота, і солодші за мед й стільникового меду».

шість букв слова «Берешит (בראשית спочатку)». А остаточне розкриття кінця виправлення починається з «Тора Творця є досконалою» і далі, де є шість імен, кожне з яких вказує на осягнення. І це означає, що тільки після повного повернення, про яке сказано: «І ніщо не приховане від тепла його»⁴²⁴, – розкриваються всі сполучення слів, які були у великому зівузі остаточного виправлення, тобто в шести іменах.

«І про це написано наступне: «Берешит (בראשית спочатку)» – в цьому слові є шість букв, «створив Всесильний небо і землю»⁴³² – і це шість слів». На властивості шести речень й шести імен вказують шість букв слова «Берешит (בראשית спочатку)», написаного в Торі, в яких вкриті небо і земля. І розкриття їх відбувається в шести словах: «Створив Всесильний небо і землю (бара Елокім ет га-шамаїм ве-ет га-арец)». І так само в шести реченнях – від «Небеса розповідають» до «Тора Творця є досконалою», – ще не розкрився великий зівуґ кінця виправлення в усій своїй повноті. Але після слів: «І ніщо не приховане від тепла його» розкриваються шість імен, і в цих шести іменах приходить розкриття остаточного виправлення в усій його повноті та довершеності.

І тому сказано: «Інші ж вислови – від "Тора Творця є досконалою" до "жаданішими золота" – лише відповідають згаданому в них шість разів імені АВАЯ», тому що уривки, що йдуть після слів: «І ніщо не приховане від тепла його» і до кінця псалма, вказують відповідно на шість імен, які написані в них. І виходить, що «шість речень, які тут, відповідають шести буквам, а шість імен відповідають шести словами».

Іншими словами, як ми вже з'ясували: «Шість висловів – від "Небеса розповідають" до "Тора Творця є досконалою", відповідають шести буквам слова "Берешит (בראשית спочатку)"», які не розкриті у довершеності. А «шість імен відповідають шести словами, які тут, і це: "Створив Всесильний небо і землю (бара Елокім ет га-шамаїм ве-ет га-арец)"», і вони з'явилися у своїй довершеності. І це вчить нас тому, що в шести реченнях їхній ступінь

---

432 Тора, Берешит, 1:1.

ще не є відомим, як і в шести буквах слова «Берешит (בראשית спочатку)». Однак після цих шести речень, в інших реченнях, де згадані шість імен, вони приходять до бажаного розкриття.

146) Поки вони ще сиділи, увійшли його син, рабі Ельазар та рабі Аба. Сказав він їм: «Немає сумніву, що увійшов лик Шхіни, і тому назвав я вас "Пніель"[433], від слів "пней Ель" (лик Творця), – адже ви бачили лик Шхіни лицем до лиця. А зараз, коли ви знаєте, і розкрив він (погонич ослів) вам речення Бнаягу бен Єгояда, немає сумнівів, що це речення святого Атіка, тобто Кетера. І, так само, речення, наступне за ним: "Він же вбив єгиптянина"[434], було проречене тим, хто є самим утаєним», – тобто святим Атіком.

Пояснення. Це вказує на допомогу погонича ослів, який розкрив їм, рабі Ельазару та рабі Аба, душу Бнаягу бен Єгояда, і з цієї причини рабі Шимон назвав їх ім'ям «Пніель». Адже душа Бнаягу бен Єгояда – це рівень, який повинен розкритися в кінці виправлення. І тому у них теж відбулося укриття та зникнення всіх вищих світел, як сказано тут[435] «внаслідок поєднання (зівуґу) завершення року зі свіченням сонця», доки не досягли (будинку рабі Йосі, сина) рабі Шимона бен Лакунья, і не побачили там рабі Шимона бен Йохая, тобто коли вони знову удостоїлися всіх світел[436].

І тому говорить їм рабі Шимон тут: «А зараз, коли ви знаєте, і розкрив він (погонич ослів) вам речення Бнаягу бен Єгояда», – оскільки це є для них натяком, що вони вже удостоїлися шести речень «Небеса розповідають» і знаходяться вже в шести іменах речень, які є наступними за цими. Адже коли вони за допомогою цього погонича ослів осягли душу Бнаягу бен Єгояда, ще не було відомо про їхнє осягнення, оскільки тоді вони були лише

---

433 Див. вище, статтю «Погонич ослів», п.119.
434 Писання, Діврей га-ямім 1, 11:23. «Він же вбив єгиптянина, людину рослу, п'ять ліктів, а в руці єгиптянина спис, як ткацький навій, і зійшов він до нього з посохом, і вирвав списа з руки єгиптянина, і вбив того його ж списом».
435 Див. вище, п.144.
436 Див. вище, статтю «Погонич ослів», п.114.

на рівні розкриття шести речень. І тому їм довелося пройти весь цей шлях чудес і знамень.

Однак зараз душа Бнаягу розкрилася їм явно. І тому говорить: «А зараз, коли ви знаєте, і розкрив він (погонич ослів) вам речення Бнаягу бен Єгояда». Адже душа Бнаягу бен Єгояда – це речення Атіка, – тобто великий зівуґ Атіка Йоміна, – яке розкрив він їм раніше. Однак зараз їм стало відомо, що і речення: «Він же вбив єгиптянина»[434], наступне після: «Він убив двох доблесних воїнів Моава»[437], теж належить Атіку, і воно «було проречене тим, хто є самим утаєним», – тобто Атіком Йоміном, котрий є самим утаєним з усіх.

147) І це речення, – «Він же вбив єгиптянина»[434], – з'ясовується в іншому місці, тобто на іншому ступені. «Він же вбив єгиптянина, людину рослу, п'ять ліктів»[434]. І все це є єдиним поняттям. «Єгиптянин» – це той іменитий, про якого написано: «Є дуже великим на землі Єгипту в очах служителів Фараона»[438]. Адже він є великим й дорогим, як розкрив той самий старець[439].

Пояснення. Це речення, яке пояснює рав Амнона Саба, – «Він же вбив єгиптянина, людину видну»[440], – з'ясовується на іншому ступені, в іншому вигляді, тобто згідно з тим, як це сказано в «Діврей га-ямім».

«"Він же вбив єгиптянина, людину рослу, п'ять ліктів"[434], і все це є єдиним поняттям». Два ці вислови відносяться до одного

---

437 Писання, Діврей га-ямім 1, 11:22. «Бнаягу, син Єгояди, син чоловіка доблесного, знаменитий подвигами, з Кавцееля; він убив двох доблесних воїнів Моава, і зійшов він і вразив лева в рові у сніговий день». Пророки, Шмуель 2, 23:20. «І Бнаягу, син Єгояди бен Іш Хай, величний у діяннях, з Кавцееля. Він убив двох доблесних воїнів Моава, і він зійшов та вразив лева в рові у сніговий день».
438 Тора, Шмот, 11:3. «І придав Творець милість народу в очах єгиптян; також і чоловіку Моше, – дуже великий на землі Єгипту в очах служителів Фараона і в очах народу».
439 Див. вище, статтю «Погонич ослів», п.99.
440 Пророки, Шмуель 2, 23:21. «Він же вбив єгиптянина, людину видну; а в руці у того єгиптянина (був) спис, і підійшов він до нього з посохом, і вирвав списа з руки єгиптянина, і вбив того його ж власним списом».

поняття. Адже в одному місці сказано: «Він же вбив єгиптянина, людину видну»[440], а в іншому: «Він же вбив єгиптянина, людину рослу, п'ять ліктів». І обидва вони представляють собою одне поняття і вказують на Моше. А чому вони виражені по-різному, нам належить з'ясувати.

148) Це речення вивчалося у вищому зібранні. «Людину видну»[440] і «людину рослу»[434] – це одне і те ж. Оскільки це субота й межа суботи, як написано: «І відмірте поза містом»[441]. І написано: «Не допускайте обману в суді, у вимірі»[442]. І тому сказано: «Людину рослу (досл. людину міри)». Саме «людину міри», оскільки він був розміром «від одного краю світу до іншого»[443]. Такий був Адам Рішон. А якщо скажеш ти: «Адже написано: п'ять ліктів», – п'ять цих ліктів були «від одного краю світу до іншого».

Пояснення. Це – зібрання Творця, про членів якого сказав рабі Шимон: «Бачив я тих, хто піднімається, але нечисленні вони»[444]. А є нижнє зібрання, – зібрання Матата. І він каже, що речення, яке пояснив Саба, вивчалося у вищому зібранні згідно з тим, що він пояснює нам тут.

«Людина видна» – це ступінь Моше, про який сказано: «І не повстав більш пророк в Ісраелі, подібний до Моше»[445]. Як написано: «І (говорив з ним) явно, а не загадками»[446]. І також людиною міри він називається тому, що він – видний. А міра того, наскільки він може бути видним, – «від одного краю світу до іншого».

---

441 Тора, Бемідбар, 35: 5. «І відмірте поза містом на східній стороні дві тисячі ліктів, і на південній стороні дві тисячі ліктів, і на західній стороні дві тисячі ліктів, і на північній стороні дві тисячі ліктів, а місто посередині; це буде їм посадами міст».
442 Тора, Ваікра, 19:35. «Не допускайте обману в суді, у вимірі, в вазі та в ємності».
443 Вавилонський Талмуд, трактат Хаґіґа, 12: 1.
444 Вавилонський Талмуд, трактат Сука, арк. 45: 2.
445 Тора, Дварім, 34:10. «І не повстав більш пророк в Ісраелі як Моше, якого знав Творець лицем до лиця».
446 Тора, Бемідбар, 12:8. «Устами до уст кажу Я йому, і явно, а не загадками, і образ Творця він бачить. Чому ж не убоялися ви говорити проти раба Мого, проти Моше».

Вид і міру можна порівняти з суботою та межею суботи. Адже межа суботи – це гранична міра суботи. Однак протягом шести тисяч років межа суботи є обмеженою до міри у дві тисячі ліктів. Але після кінця виправлення межа суботи буде сягати від одного краю світу до іншого, і про це сказано: «І буде Творець царем на всій землі»[447].

І тому сказано: «"Людину видну" і "людину рослу" – це одне й те ж, оскільки це субота та межа її. Як написано: "І відмірте поза містом". І написано: "Не допускайте обману в суді, у вимірі"». Звідси ясно, що міра – це гранична межа чогось. І «людина міри» вказує на граничну межу суботи після завершення виправлення, що розкинулася «від одного краю світу до іншого».

Тому далі сказано: «Саме "людиною міри"». «Людиною міри» – означає: бути володарем саме такої міри, коли не міра керує ним, а він управляє мірою, будуючи її з власної волі й бажання. «Такий був Адам Рішон», – до порушення ним заборони Древа пізнання, коли він був розміром «від одного краю світу до іншого» і світив «від одного краю світу до іншого», і це міра межі суботи після остаточного виправлення. «П'ять цих ліктів були від одного краю світу до іншого». Адже ці п'ять ліктів – це десять сфірот, основою яких є КАХАБ ТУМ, котрі розповсюджуються після остаточного виправлення «від одного краю світу до іншого».

149) «А в руці у єгиптянина спис»[448]. І далі сказано: «Як ткацький навій»[449] – це «посох Творця»[450], який був в руці у нього. І він (посох) був прикрашений ім'ям, вирізаним на ньому, та виявленим завдяки світінню поєднань літер. І воно було вирізано

---

447 Пророки, Захарія, 14:9. «І буде Творець царем на всій землі, в день той буде Творець єдиний та ім'я Його – єдине».
448 Писання, Діврей га-ямім 1, 11:23. «Він же вбив єгиптянина, людину рослу, п'ять ліктів, а в руці єгиптянина спис, як ткацький навій, і зійшов він до нього з посохом, і вирвав списа з руки єгиптянина, і вбив того його ж списом».
449 У ткацькому верстаті – вал, на який навивають основу.
450 Тора, Шмот, 4:20. «І взяв Моше свою дружину і своїх синів, і посадив їх на осла, і повертався він в землю Єгипту. І взяв Моше посох Творця в руку свою».

Бецалелєм та його зібранням, званим «ткач (орег)», як сказано: «Сповнив їх мудрістю серця робити всіляку роботу різьбяра і парчевника, і вишивальника по синітці й пурпуру, і червлениці та вісону, і ткача»[451]. І на цьому посоху ім'я, що вирізане з усіх сторін, світилося світінням мудреців, які вирізали виявлене ім'я за допомогою сорока двох властивостей. І починаючи з цього місця й далі цей вислів пояснюється, як пояснив його вище старець (саба). Щасливою є доля його.

Пояснення. Сполучання букв для складання святих імен називаються ткацькою роботою. Подібно до того, як ткач виготовляє з ниток тканину для одягу, також і букви поєднуються та з'єднуються в слова святих імен, – тобто в осягнення святості. І каже він, що на посоху Творця, який був в руці Моше, вирізані ті ж сполучення букв виявленого імені, які Бецалель та його зібрання вирізали при зведенні Скінії. І тому посох Творця називається ткацьким навоєм, в честь Бецалеля, який звався ткачем. «Навій (манор)» – подібно до світла (маор), а ткач (орег) – це Бецалель. Мається на увазі, що світло від поєднань літер виявленого імені було у властивості світла виявленого імені, котре вирізане Бецалелем. І тому сказано: «Завдяки світінню поєднань літер, які вирізав Бецалель».

До завершення виправлення цей посох не світив з усіх сторін, оскільки в ньому була різниця між посохом Творця і посохом Моше. І про посох Моше сказано: «Простягни твою руку і схопити його за хвіст... і став той посохом в його руці»[452], – тобто він не світив ще з усіх сторін. Однак після остаточного виправлення він світить з усіх сторін.

Тому сказано: «І на цьому посоху ім'я, що вирізане з усіх сторін, світилося світінням мудреців, які вирізали виявлене ім'я за допомогою сорока двох властивостей». Оскільки виявлене ім'я,

---

[451] Тора, Шмот, 35:35. «Сповнив їх мудрістю серця робити всіляку роботу різьбяра і парчевника, і вишивальника по синітці та пурпуру, і червлениці та вісону, і ткача; вони виконавці всілякої роботи та мислителі задумів».

[452] Тора, Шмот, 4:4. «І сказав Творець Моше: Простягни твою руку та схопити його за хвіст. І простягнув він свою руку і схопив його, і став той посохом в його руці».

яке було вирізане на посоху, світило в усіх сторонах у властивості: «Знищить Він смерть навіки»⁴⁵³. І тому він світив однаково з усіх сторін, а світло імені, яке було вирізане на посоху, було світінням Хохми сорокадвохбуквеного імені.

150) Сідайте, дорогі! Сідайте, і ми відновимо виправлення нареченої в цю ніч, бо кожен, хто поєднує себе з нею цієї ночі, буде охоронюваний протягом усього року, як нагорі, так і внизу, та проживе свій рік у мирі. Про них написано: «Стоїть станом ангел Творця навколо тих, хто боїться Його, й рятує їх»⁴⁵⁴. «Скуштуйте та уздріть, який добрий Творець»⁴⁵⁵. Є два тлумачення цього, і коли вони обидва разом, – вони істинні.

Оскільки день дарування Тори відноситься до світіння остаточного виправлення, про яке сказано: «Знищить Він смерть навіки» та «свобода від ангела смерті», слід докладати зусиль аби притягувати це світло у відповідний час в день Шавуот. Адже світилам властиво знову з'являтися в певний термін. І зараз вже визначено, що він проживе рік свій у мирі, і буде в нього свобода від ангела смерті.

Мовиться про сам час остаточного виправлення. І тут слова «і проживе рік свій у мирі» пояснюються наступним чином. Роком називається Малхут. І завдяки оновленню світил у тих, хто підтримує Тору, після остаточного виправлення буде забезпечене виправлення року, тобто Малхут, в усій досконалості. Адже стан поновлення світил у тих, хто підтримує Тору, називається виправленням ночі нареченої, тобто Малхут, іменованої «рік». І завдяки цьому «проживе рік свій у мирі», – проведе цей рік у мирі, в повній досконалості.

---

453 Пророки, Єшаягу, 25:8. «Знищить Він смерть навіки, і витре Творець Всесильний сльози з усіх облич, і ганьбу народу Свого усуне Він на всій землі, бо (так) сказав Творець».
454 Писання, Псалми, 34:8.
455 Писання, Псалми, 34:9. «Скуштуйте та уздріть, який добрий Творець. Щасливою є людина, котра покладається на Нього».

Небо й земля

151) Заговорив рабі Шимон, промовивши: «Спочатку створив Всесильний»[456], – до цього речення треба ставитися уважно, бо кожен, хто каже, що є інший бог, – зникне зі світу. Як сказано: «Так оголосіть їм: "Божества, які не зробили неба і землі, згинуть із землі та з-під небес цих (ЕЛЄ)"»[457], – бо немає інших богів, крім одного лише Творця.

Пояснення. Він повертається до сказаного: «Сідайте, і ми відновимо виправлення нареченої»[458]. І тому почав з'ясовувати вислів: «Спочатку створив Всесильний»[456], оскільки воно є коренем для всіх виправлень нареченої протягом шести тисяч років. «Всесильний (Елокім)» – це вище ім'я Елокім, Біна. І називається Елокім (אלהים) відповідно до внутрішнього змісту сказаного: «Хто (МІ מי)[459] створив їх (ЕЛЄ אלה)»[460]. «І так само, як поєдналися МІ з ЕЛЄ, так це ім'я з'єднується завжди»[461], і завдяки цьому зміцнюється світ.

І тим самим він пояснює, що Всесильний (Елокім) – це Біна, звана Елокім (אלהים), – тобто поєднання букв МІ (מי) з ЕЛЄ (אלה) за допомогою вдягнення світла Хохма в облачення величі, яке випромінює (світло) хасадім. І завдяки цьому зміцнюється світ. І тому «божества, які не зробили неба й землі»[457], та які не можуть скласти основу існування світу, – інші божества, що відокремлюють ЕЛЄ від МІ, – безсумнівно повинні зникнути «з-під небес», котрі виправляють поєднання ЕЛЄ з МІ. Адже сили їхні не можуть дати основу для існування світу, а тільки руйнування. І тому підкреслюється в сказаному: «І з-під небес цих (ЕЛЄ)»[457]. І це речення написане мовою перекладу[462], крім самого слова

---

456 Тора, Берешит, 1:1.
457 Пророки, Єрміягу, 10:11.
458 Див. п.150.
459 Див. вище, статтю «"Хто створив їх" за Еліягу», п.14.
460 Пророки, Єшаягу, 40:26.
461 Див. вище, п.15.
462 Таргум – переклад з івриту на араміт.

ЕЛЄ, що стоїть в кінці речення, – тобто ЕЛЄ (ці) вказують на поєднання МІ-ЕЛЄ.

152) «І це речення написане мовою перекладу, крім самого слова ЕЛЄ, що стоїть в кінці вислову». Хіба це зроблене тому, що святі ангели не чують мову перекладу і не знають його? В такому випадкові навпаки, – слід було промовити це речення святою мовою (іврит), давши можливість святим ангелам почути і прислухатися, щоби вони могли віддячити за це.

Мова перекладу дійсно використовується для того, щоби святі ангели не чули її, і тоді вони не будуть заздрити людині та завдавати їй зла. Оскільки в це речення включені також і всі святі ангели в цілому, бо й вони називаються «Елокім» та включені до поняття «Елокім», але вони «не створили неба й землі».

Пояснення сказаного. Хоча мова перекладу і є близькою до святої мови, проте ангели не потребують її та не знають її, а в інших мовах народів світу потребу вони мають та знають їх. Справа в тому, що мова перекладу (араміт) є зворотною стороною (ахораїм), тобто – властивістю ВАК мови святості (іврит). І ВАК називаються зворотною стороною та «сном», де відсутні «мохін (розум)», тобто ҐАР. І тому мова перекладу (араміт) насправді є дуже близькою до мови святості (івриту). Однак тут існує інша причина, – чому ангели не потребують її. «Мова святості» – це мова, яка встановлюється посередині, – тобто язичок терезів, котрий встановлює перевагу чаші заслуг над чашею боргів та повертає все до святості, і тому вона називається мовою святості.

А що означають «ваги», можна зрозуміти з речення, яке пояснене вище[463]: «Небеса та воїнства їхні були створені МА». І «Спочатку створив Всесильний (Елокім)»[456] – це вище ім'я Елокім (אלהים), оскільки МА (מה) таким не є, та вибудовується лише в час, коли літери ЕЛЄ (אלה) притягуються згори вниз, «і мати позичає свої шати дочці». «Ось я згадаю букви ЕЛЄ (אלה), які на вустах моїх, і я проливаю сльози про бажання моєї душі (нефеш), для того, щоби

---

463 Див. вище, статтю «Мати позичає свої шати дочці», п.16.

притягнути ці букви ЕЛЄ»⁴⁶⁴. І тоді «супроводжував їх» зверху, «до самого Храму Всесильного (Елокім)», – щоб вона (Малхут) називалася Елокім⁴⁶⁵.

Але ж на «небесах та землі», що створені МА, ім'я Елокім проявляється лише завдяки притяганню букв ЕЛЄ від вищої Іми, за допомогою підйому МАН та добрих діянь. Як сказано: «Ось я згадую букви ЕЛЄ, які на вустах моїх, і проливаю сльози», – тому що мохін ҐАР, звані Елокім, не завжди знаходяться в «небесах» і на «землі», тобто в ЗОН.

І в той час, коли їх піднімають знизу, МА стає властивістю МІ, і букви ЕЛЄ (אלה) поєднуються з МІ (מי) та утворюється ім'я Елокім (אלהים), яке представляє собою властивість мохін (розум) в «небесах» і на «землі». А якщо нижні псують свої діяння, – виходять мохін із ЗОН та залишаються вони з келім Кетер й Хохма та зі світлами нефеш-руах, званими МІ (מי) або МА (מה), а літери ЕЛЄ (אלה) падають в кліпот, тому що МІ – це ґальґальта-ейнаїм, а ЕЛЄ – АХАП (озен-хотем-пе).

Адже все виправлення залежить від поєднання букв ЕЛЄ з МІ за допомогою підйому МАН. І тому це виправлення називається святою мовою. Це подібно до язичка терезів, який встановлюється посередині, і завдяки йому притягуються мохін, звані «святість», оскільки він притягує святе ім'я Елокім до ЗОН та схиляє букви ЕЛЄ на чашу заслуг святості. І називаються ці терези (мознаїм) від слова «озен (вухо)», бо світла АХАП (озен-хотем-пе) називаються ім'ям вищої властивості в них – «озен».

І протилежністю його є мова перекладу, оскільки коли нижні не піднімають МАН в чистоті, вважається, що вони бажають утримуватися тільки в буквах ЕЛЄ, не поєднуючи їх з ім'ям МІ, Біною. І тоді розкривається зворотна сторона (ахораїм) ЗОН, тобто МА. І тоді знову повертаються «небо і земля», тобто ЗОН, до властивості ВАК. І це – мова перекладу. Звідси стає зрозумілим, що слово «сон (тардема תרדמה)» в гематрії «переклад

---

464 Див. п.18.
465 Див. коментар Сулам до статті «Мати позичає свої шати дочці».

(таргум תרגום)», і складається з букв «спуститься (теред תרד) МА (מה)». Бо внаслідок використання цієї мови, яка позбавлена чистоти, відповідно до слів, «які на вустах моїх», показується зворотна сторона (ахораїм), МА, що і означає «спуститься (теред) МА», тобто опускаються терези та переважує чаша провини.

І все це відноситься до ЗОН, тобто «небес й землі, що створені МА», тому що вони походять від зівуґу (злиття) Єсодів, званого МА. Однак святі ангели походять від «зівуґу нешикін (досл. злиття губ)» Аба ве-Іми, і в них немає нічого від МА, а тільки МІ – вищий світ, Біна. І тому вони, з одного боку, знаходяться завжди у властивості ВАК, без ҐАР, але, з іншого боку, їхній ВАК – теж від світла хасадім, вищої Біни, МІ, які за важливістю своєю є рівними самим ҐАР. І вони не потребують Хохми, як і вища Іма, і вони святі тому, що ҐАР називаються святістю.

І тому на ангелів взагалі не впливає мова перекладу, яка розкриває МА в ЗОН і повертає ЗОН в стан ВАК, з двох причин:

– по-перше, навіть коли у ЗОН є ҐАР мови святості, вони не отримують від неї ҐАР, оскільки прагнуть лише до світла хасадім, як і вища Іма;

– по-друге, розкриття зворотного боку (ахораїм) МА не стосується їх, адже в них немає нічого від МА.

І тому святі ангели не чують мови перекладу, і не знають її. Вони не потребують її, бо нічого не втрачають через неї. І нічого не виграють від її зникнення, оскільки вони і так знаходяться лише в стані ВАК. І не знають її тому, що немає в них нічого від властивості МА[466].

«І не будуть заздрити людині і завдавати їй зла», – адже в цьому реченні[467] проклинаються інші божества, що заважають

---

466 Це допоможе зрозуміти сказане в Зогарі, в главі Лех Леха, п.п. 289-295.
467 Пророки, Єрміягу, 10:11. «Так оголосіть їм: "Божества, які не зробили неба й землі, згинуть з землі та з піднебесся цього"».

розкриттю мохін де-ҐАР, які сходять від Хохми. Тому вони повинні зникнути «з землі та з-під небес цих (ЕЛЄ)»[457]. Та оскільки у вищих ангелів теж немає ҐАР Хохми, а лише ҐАР хасадім, вони будуть відчувати внаслідок цього ницість свого ступеню та відчувати до нас заздрість тому, що ми занадто високо себе цінуємо.

Тому сказано: «Оскільки й вони називаються "Елокім" та включені в поняття "Елокім", але вони "не створили неба й землі"». Вони називаються «Елокім» тому, що походять від Іми, званої «Елокім», і тому «вони включені в поняття "Елокім"». І вони «не створили неба й землі», – бо вони теж не можуть заснувати небо і землю властивістю ҐАР Хохми. Та існування «неба й землі» для поселення людей, які не припиняють «сіяння та жнив», можливе лише за допомогою мохін ҐАР Хохми. Виходить, що і вони «не створили неба і землі».

153) «І землі (арка)» – використано назву Арка замість звичайного Ара. Оскільки Арка (досл. прірва) – це одна з семи земель внизу. І в цьому місці є нащадки синів Каїна, бо після того, як він був вигнаний з лиця землі, він опустився туди та здійснив породження. І там його знання настільки заплуталося, що він вже нічого не знав. І це подвійна земля, яка склалася з темряви та світла.

Пояснення. ЗАТ (сім нижніх сфірот) взаємно включені одна до одної, і в кожній з них є сім сфірот ХАҐАТ НЕГІМ[468], які містяться також і в Малхут. І також в нижній землі є сім видів землі: Ерец (поверхня землі), Адама (ґрунт), Арка (прірва), Ґей (долина), Нешія (могильна земля), Ція (суша), Тевель (земний світ). Наша земля – це Тевель (земний світ), найвища з семи цих земель. Арка (прірва) – це третя з семи земель. А душі Каїна та Евеля походять від імені Елокім. Однак через нечистоту, що була внесена змієм до Хави, спочатку з'явилася душа Каїна від букв ЕЛЄ, а потім з'явився Евель від букв МІ. І вони повинні були спочатку з'єднатися один з одним за допомогою милосердя, і тоді перебувало б ім'я Елокім над ними обома разом, як завжди поєднуються букви МІ (מי) і ЕЛЄ (אלה) в імені Елокім (אלהים).

---

468 Хесед-Ґвура-Тіферет-Нецах-Год-Єсод-Малхут.

Але сила нечистоти змія, яка з'явилася разом з душею Каїна, привела його до звинувачень брата свого Евеля, який відноситься до властивості МІ імені Елокім, і тоді «повстав він на нього і вбив його»[469], бо привів до віддалення букв МІ від ЕЛЄ, що і називається «вбивством Евеля». А ЕЛЄ, котрі є його власними властивостями, впали в кліпот. І він був вигнаний з лиця землі, бо впав з рівня землі святості, спустившись звідти в Арку, – в місце кліпот. «І здійснив породження, і там його знання настільки заплуталося, що він вже не знав нічого», оскільки створював породження під владою кліпот. І тому змішалася мова святості в устах його з мовою перекладу «так, що він вже не знав нічого», – тому що втратив розум (даат), адже кліпот позбавлені розуму, бо мохін Хохми й Біни в них – без Даат (розуму).

І сенс вбивства Евеля полягає в наступному. Лише за допомогою МАН, що піднімаються в чистоті, притягуються МІ в ЗОН, а потім притягуються букви ЕЛЄ і доповнюється ім'я Елокім в ЗОН так само, як в Аба ве-Імі. Тоді й Нуква, так само як Іма, завершується облаченнями захару внаслідок виходу «гей ה» та підйому «йуд י»[470]. Це не означає, що «гей ה» властивості МА (מה) Нукви виходить остаточно, але ця «гей ה» входить у прихованому вигляді в Нукву, а ззовні проявляється «йуд י» властивості МІ (מי). І в такому вигляді святе ім'я Елокім знаходиться також і в ЗОН, званих «небо й земля».

Але Каїн підняв МАН, не перебуваючи в стані чистоти, і бажав посилити букви ЕЛЄ, що відносяться до його власних властивостей, заради самонасолоди. І це є сенсом мовленого: «І повстав Каїн на Евеля, брата свого»[469] – оскільки поставив себе вище, маючи владу над МІ, тобто Евелем. І тоді відразу ж розкрилися властивості «зворотної сторони (ахораїм)» Нукви, тобто «гей ה» де-МА (מה), яка була прихована, а ім'я МІ віддалилося, залишивши Нукву. І тоді душа Евеля, яка походила від МІ цієї нукви, теж вийшла нагору, тому сказано: «І вбив його»[469].

---

469 Тора, Берешит, 4 :8.
470 Див. вище, статтю «Мати позичає свої шати дочці», п.17.

І йдеться в Зогар, що Каїн убив Евеля, упившись в нього зубами, подібно до змія[471].

І оскільки нечистота цього змія була в ньому, він захотів посилити букви ЕЛЄ (אלה) і усунути МІ (מי) та підпорядкувати його (Евеля) собі. І тому відкрив «ахораїм (зворотну сторону)», тобто МА (מה), в Нукві, і видалилися з неї МІ, залишивши її. Тому віддалилася душа Евеля, що походить від неї, «і вбив його»[469]. А сам Каїн, тобто ЕЛЄ (אלה), потрапив під владу кліпот, званих Арка (прірва), котра зветься в Писанні землею Нод (поневіряння), як сказано: «І він оселився на землі Нод»[472].

Тому сказано: «І це подвійна земля, яка сформувалася з пітьми та світла», – бо світло й темрява використовуються там у змішанні, без кордонів між ними, оскільки є там два правителя, котрі в рівній мірі панують на цій землі:

1. правитель пітьми, і він викликає там цю темряву;

2. правитель світла, і він викликає там світло.

154) Там панують два правителя, один править пітьмою, інший править світлом. І вони ворогували між собою. Але в час, коли опустився туди Каїн, вони об'єдналися одне з одним, прийшовши до взаємної згоди. І всі побачили, що це породження Каїна. І тому дві голови в них, як дві змії. Крім того часу, коли до влади приходить той, хто править світлом – він опановує своїм, тобто світлом, та опановує іншим, тобто тим, хто править пітьмою. І тому включилися ті, які перебувають у темряві, в тих, хто у світлі, і стали одним цілим.

Пояснення сказаного. При виході святого імені Елокім (אלהים) спочатку піднімаються букви ЕЛЄ (אלה) та з'єднуються з МІ (מי), залишаючись прихованими в імені, оскільки вони позбавлені хасадім. Але святість, тобто Хохма, не може вдягтися в них без

---

471 Див. Зогар, главу Берешит, частина 2, п.341.
472 Тора, Берешит, 4:16. «І відійшов Каїн від імені Творця, і оселився він на землі Нод, на схід від Едену».

облачення хасадім, тому вони вкриті в імені Елокім. А потім відбувається другий зівуґ в МІ для залучення хасадім, і тепер Хохма вдягається в хасадім, та доповнюється ім'я Елокім. І сказане: «Хто (МІ) створив це (ЕЛЄ)»[473] означає, що Він створив світло для Свого світла, – тобто величне вбрання хасадім, – і вдягнувся в нього, – та з'єдналися ЕЛЄ (אלה) з МІ (מי) і доповнилося ім'я Елокім (אלהים).

Бо в МІ, тобто в Біні, є ҐАР, звані «вищі Аба ве-Іма», які встановилися у властивості «чисте повітря (авіра дахья)», оскільки «бажає милості (хафец хесед) Він»[474], і не отримують Хохму. І лише ЗАТ де-МІ, звані ІШСУТ, отримують Хохму. Тому на початку підйому букв ЕЛЄ в МІ, вони піднімаються в ЗАТ де-МІ, котрі отримують Хохму. І тоді вони є укритими в імені Елокім. Але потім відбувається другий зівуґ в ҐАР де-МІ, – у властивості «чисте повітря (авіра дахья)», – вони передають величне вбрання, яке світить в ЕЛЄ. І тоді доповнюється святе ім'я Елокім.

А душа Каїна відноситься до властивості ЕЛЄ в той час, коли вони ще приховані в імені, і тому святість, Хохма, була ще вкрита над ним через відсутність облачення хасадім. І тому мало того, що він не підняв МАН аби притягнути МІ де-хасадім, але ще й забажав притягнути Хохму від властивості вищих Аба ве-Іми, і цим вбив Евеля, оскільки оголив «ахораїм» Нукви Зеір Анпіну, та сам кинув душу свою у кліпот, тобто в ЕЛЄ. І місце цих кліпот – в землі Арка (прірва).

І два правителя, що панують там, відносяться до ЕЛЄ де-кліпот, оскільки «одне на противагу іншому створив Творець»[475]. Адже в Нукві приховані ахораїм властивості МА та розкриті ахораїм властивості МІ. І тоді вона може випромінювати душам світло святого імені Елокім у повній досконалості, тому що Хохма, котра належить буквам ЕЛЄ, яку вони отримали від ЗАТ де-МІ, вдягається тепер в хасадім, що належать ҐАР де-МІ, та розкривається святе ім'я.

---

473 Пророки, Єшаягу, 49:26.
474 Пророки, Міха, 7:18.
475 Писання, Коелет, 7:14.

Але в буквах ЕЛЄ сітри ахра, яка отримує все живлення від зворотної сторони (ахораїм) святості, МА, є два недоліки:

1. в них повністю відсутні хасадім;

2. навіть Хохма, що наявна в ЕЛЄ, не може вдягтися там через відсутність хасадім де-МІ, і тому вони перебувають у пітьмі, а не в світлі.

І це – захар властивості ЕЛЄ кліпи. Адже його келім – це келім Хохми, тобто ЕЛЄ, але вони позбавлені Хохми через відсутність хасадім де-МІ. І він, таким чином, є пітьмою, що позбавлена як Хохми, так і хасадім. І в нього є велика перевага в келім, здатних отримати Хохму, якби він міг отримати вбрання хасадім. А нуква властивості ЕЛЄ кліпи відноситься до ахораїм де-МА Нукви святості, і вона являє собою клі хасадім. Однак в кліпі у неї є дуже великі недоліки, – адже вона є коренем розділення, оскільки обманює ім'ям Царя, і є в неї багато імен нечистої сторони, що відповідають її зіпсованості. Однак є в неї тонке світіння завдяки тому, що її келім належать до зворотної сторони (ахораїм) де-МА, котрі в корені своєму – келім де-хасадім.

І ми повинні знати, що захар та некева властивостей ЕЛЄ кліпи – це два правителя, які панують в землі Арка. Захар править пітьмою, а некева – світлом, наявним там. І звинувачують вони одне іншого тому, що є протилежними одне одному. Захар, келім якого позбавлені світла Хохми букв ЕЛЄ, ненавидить силу обману та розділення, наявну в келім його нукви, і вважає за краще пітьму, яка є в ньому. А некева, в якій є слабке світіння хасадім, зовсім не бажає світла Хохми і, тим паче, темряви захару, і тому звинувачує його та уникає його.

І тому сказано: «Там панують два правителя, один править пітьмою, інший править світлом; і вони ворогували між собою», – оскільки захар панує у пітьмі, а нуква – в світлі. І вони звинувачують і ненавидять одне одного. І оскільки вони відокремлені один від одного, вони не можуть поширюватися зовсім, і немає в них сили заподіяти шкоду.

Однак після того, як прогрішив Каїн, увергнувши в кліпот землі Арка букви ЕЛЄ святості, що містяться в душі його, вдяглися його букви ЕЛЄ, котрі теж закриті від хасадім, в світло нукви де-ЕЛЄ кліпи, тим самим ожививши слабкі іскри, що залишилися в келім ЕЛЄ Каїна, котрі відносяться до Хохми, тому що світло цієї порочної кліпи оживляє їх подібно до світла хасадім святості. І внаслідок цього, також і захар де-ЕЛЄ кліпи здійснює зівуґ з цією нуквою, яка вдягнула властивості ЕЛЄ Каїна, оскільки в нього такі ж самі келім, що і в Каїна. І завдяки цьому зівуґу Каїн здійснив породження, які виходять від іскор святості, котрі залишилися в його буквах ЕЛЄ, змішаних з келім властивостей ЕЛЄ захара кліпи, що вдяглися у світло порочної нукви кліпи.

Тому мовлено: «Але в час, коли опустився туди Каїн, вони поєдналися одне з одним, прийшовши до взаємної згоди», – тому що іскри Хохми, що залишилися у властивостях ЕЛЄ Каїна, вдяглися у світло некеви кліпот, в результаті чого забажав її також і захар кліпи, прагнучи наповнитися і насолодитися іскрами Хохми, котрі належать властивостями ЕЛЄ Каїна. І тоді вони зробили одне з одним зівуґ (злиття), тобто поєдналися разом, наповнюючись одне від іншого немов одне ціле. «І побачили всі, що вони – породження Каїна», – внаслідок цього зівуґу вийшли породження, що утворилися від цього облачення іскор ЕЛЄ Каїна в світло кліпи. І в результаті розкрилися іскри Хохми душі Каїна, «і побачили всі, що вони – породження Каїна», тобто народилися від цього порочного зівуґу.

«І тому дві голови в них, як дві змії». Через те, що вони походять від поєднання захару й некеви властивостей ЕЛЄ кліпи, які в корені своєму є протилежними одне іншому, породження, здійснені Каїном за допомогою цього з'єднання, мають дві такі ж голови, як у цих двох кліпот:

1. одна тягнеться в сторону пітьми, що виникає в келім Хохми;

2. інша тягнеться до світла, що міститься в нечистих келім нукви кліпи.

І тому сказано, що вони як дві змії, бо протистоять двом тваринам у меркаві (будові), – бику й орлу.

Дві голови у них є тільки під час влади захара, влади пітьми, тому що в результаті його облачення в світло нукви з метою насолодитися іскрами Хохми Каїна, він виявляється таким, що мимоволі втілює також і владу своєї нукви, бо потребує світла Каїна. Внаслідок цього і потомство народжується з двома головами, одна тягне в одну сторону, а друга – в іншу. На відміну від нього, нуква кліпи взагалі не має потреби у своєму захарові, – адже він абсолютно нічого не може їй дати, будучи суцільною темрявою. Тому, коли влада у нукви, і вона прагне підкорити своєю нечистотою, у неї є повна перевага, і вона вже нічого не залишає від властивості захара, і тоді дві голови у породжень Каїна знову стають однією.

І тому сказано: «Крім того часу, коли до влади приходить той, хто править світлом, – він опановує своїм, тобто світлом, та опановує іншим, тобто тим, хто править пітьмою», – тобто в той час, коли панує нуква кліпот; і вона володіє цим світлом та зміцнюється, щоб опанувати захаром, другий повелителем. «Оволодіває своїм», – тобто опановує своєю силою, і також «опановує іншим», – опановує також іншим правителем, тобто захаром. Бо вона опановує захаром, повністю підпорядковуючи його своїй владі. «І тому включилися ті, які перебувають у пітьмі, в тих, що у світлі, і стали одним цілим», – і тому включилася влада захару, тобто пітьми, у владу некеви, світла, і дві голови стають однією.

155) Імена цих двох правителів Афріра та Кастімон, і на вигляд вони схожі на святих ангелів з шістьма крилами. У одного з них лик бика, в іншого лик орла, і коли вони поєднуються одне з одним, то стають ликом людини.

Захар називається Кастімоном. Це ім'я походить від слова «кустей», що означає «руйнування», і зветься він так тому, що є пітьмою та непридатний для поселення людей. Некева називається Афрірою, від слова «афар (прах)», який не придатний для посіву. Ім'я її вказує на те, що навіть коли є в ній світло, його все ж недостатньо для посіву та жнив, щоби живити людей. І на вигляд вони схожі на шестикрилих ангелів, оскільки протистоять вищим ангелам, у яких є шість крил, відповідно до букви «вав ו» імені АВАЯ (הויה), на відміну від святих тварин, у яких є всього лише чотири крила, відповідно до літер імені Адні (אדני). Це вказує на величину тих кліпот, які протистоять вищим святим ангелам.

У захара, Кастімона, – лик бика, оскільки він є першим облаченням, в яке вдягається сітра ахра. І сказано в Зогарі[476], що з осадів вина виходить один наклепник та обвинувач, головний шкідник у світі, – в образі людини, коли він наближається до святості. Після того, як він відходить від святості, і хоче опуститися вниз, щоб одягатися в шати шкідника світу, він опускається разом зі своїми обличчями. Перше взяте ним обличчя – це лик бика. І найперший з чотирьох існуючих прообразів шкідників – це бик.

Пояснення. Вищі мохін називаються «вино, що радує Творця і людей». І в їхньому закінченні є непридатні залишки, звані «осади вина». З цих покидьків виходить перший шкідник у світі. І оскільки він приліпився до святості, тобто до (її) осадів, у нього вигляд людини. А коли він опускається аби шкодити людям, він приймає обличчя бика. І тому бик є першим з чотирьох прообразів шкідників.

«Кастімон – це шкідник у вигляді бика» – вказує на те, що він – основа всіх шкідників, званих «бик кліпи», і він відноситься до покидьків вищих мохін святого імені Елокім, до властивостей ЕЛЄ кліпот, котрі протистоять властивостями ЕЛЄ імені Елокім, будучи покидьками й осадами, які перебувають під ними. «І оскільки він приліпився до святості, тобто до (її) осадів, у нього вигляд людини», – тому що ці мохін де-Елокім представляють собою образ (целем) людини, про який сказано: «В образі (целем) Всесильного (Елокім) створив Він людину»[477]

---
476 Див. Зогар, главу Кі тіса, статтю «І тепер залиш мене», п.57.
477 Тора, Берешит, 9:6.

Але коли відділяється від святості і опускається на своє місце в Арці (прірві), він приймає обличчя бика.

А у некеви його в землі Арка вигляд орла (нешер), тому її завдання – віднімати (ленашер) душі людей, що потрапили під її владу. Адже слово «орел (нешер)» близьке за значенням до «опадання (нешира) листя дерев». Оскільки завдання її (некеви) полягає в тому, щоби нишпорити по світу і доводити обраних нею людей до «опоганення від нічної випадковості», щоби порушити «союз святості», і внаслідок цього порушення падають вниз душі людей, відірвавшись від них. «І коли вони з'єднуються одне з одним, то стають ликом людини», – якщо вони знову з'єднуються зі святістю, щоб бути там «осадами, які перебувають під вином», вони знову приймають вигляд людини, – такий саме, який був у них перш ніж опустилися в Арку, ставши шкідниками[478].

156) Перебуваючи у пітьмі, вони перетворюються на змія з двома головами, і рухаються подібно до змія. І вони залітають всередину безодні, омиваючись у великому морі. А коли досягають ланцюгів Ази та Азаеля, вони викликають їхній гнів, і пробуджують їх. Ті намагаються вискочити з ув'язнення в горах пітьми та думають, що Творець бажає притягнути їх до суду.

Пояснення. Це пов'язане зі сказаним вище: «Крім того часу, коли до влади приходить той, хто править світлом, – він опановує своїм, тобто світлом, і опановує іншим, тобто тим, хто править темрявою. І тому включилися ті, які перебувають у пітьмі, в тих, що у світлі, і стали одним цілим», – тобто під час правління нукви, яка є властивістю світла, дві голови знову стають однією.

Але «перебуваючи у пітьмі», – під час правління захара Кастімона, – «вони перетворюються на змія з двома головами»: захар не може скасувати владу нукви, оскільки він повинен одягатися в її світло, і тому вони схожі на змія з двома головами. «І рухаються подібно до змія», – іншими словами, завдають шкоди

---

[478] Див. Зогар, главу Кі тіса, статтю «І тепер залиш мене», п.57. І також Зогар, главу Насо, розділ Ідра раба, статтю «Загальна властивість людини», п.336.

способом, що властивий змію, тобто тим способом, яким змій спокусив Хаву покуштувати від Древа пізнання.

Під впливом рош (голови) нукви цієї кліпи «вони залітають всередину безодні» – туди, де знаходиться корінь кліпот, званий безоднею. І це – падіння, нижче за якого не буває, як сказано: «Злітали до небес і падали в безодню»[479]. А під впливом рош (голови) захара цієї кліпи «омиваються у великому морі» – у властивості Хохми цієї кліпи, тому що морем називається Хохма. Саме тому Арка (прірва) називається землею Нод (поневірянь). Оскільки вони завжди метушаться під впливом двох голів цих правителів, то піднімаючись у велике море, то опускаючись у безодні.

А тепер з'ясуємо, що являють собою ангели Аза і Азаель. Нам треба знати, що Аза і Азаель належать до найбільш піднесених ангелів. Адже навіть після того, як вони впали з небес в цей світ, у гори пітьми, і були закуті в залізні ланцюги, Білам з їхньою допомогою досягнув всіх ступенів свого пророцтва. І до них відноситься сказане: «Хто бачить явище Всемогутнього»[480], – тобто завдяки силі осягнення ним цих ангелів, він називається таким, що «падає та провіщає»[480].

Аза називається таким, що «падає» через його падіння з небес на землю. А Азаель зветься таким, що «провіщає» у порівнянні з Азою, якому Творець кидає темряву в обличчя. І якщо заперечити, що невеликою є ступінь пророцтва Білама, адже сказано: «І не повстав більш в Ісраелі пророк, подібний до Моше»[481], – в Ісраель не "повстав", зате «повстав» серед народів світу, і це – Білам.

Причиною їхнього падіння з неба на землю було звинувачення людини під час її створення. Однак необхідно зрозуміти, – адже

---

[479] Писання, Псалми, 107:26. «Злітали до небес і падали в безодню, в лиху знемагала душа їхня!».
[480] Тора, Бемідбар, 24: 4. «Ось вислів Білама, сина Беора, чоловіка далекоглядного – вислів того, хто чує мови Всесильного, знає думку Всевишнього, бачить явище Всемогутнього, падає та провіщає».
[481] Тора, Дварім, 34:10.

багато ангелів звинувачували тоді, – і запитують мудреці: «Чому ж Творець скинув (на землю) тільки Азу і Азаеля?»[482].

Але в час, коли у Творця виникло бажання створити людину, Він скликав «стани вищих ангелів» і, посадивши їх перед Собою, сказав: «Я хочу створити людину». Заперечили Йому: «Що являє собою людина, щоби згадувати про неї»[483], тобто, – чим особлива ця людина? Відповів їм: «Людина створена за образом Нашим, і мудрість її перевершить вашу мудрість».

Справа в тому, що душа людини складається з усіх вищих ангелів і ступенів так само, як тіло його включає всі створіння цього світу. І тому під час створення душі людини Він скликав усіх вищих ангелів, щоб вони включили себе до душі людини. Як сказано: «Створімо людину за образом і подобою Нашою»[484], – тобто Він залучив усіх ангелів, щоби вони були включені до «образу (целем) і подоби» людини. І вони запитали Творця: «Чим особлива ця людина?», – тобто що ми виграємо від того, що будемо включені до неї?

І Він відповів їм: «Людина створена за образом Нашим, і мудрість її перевершить вашу мудрість». Іншими словами, Він запевнив їх: «Мудрість людини, яка буде містити в собі Наш образ, перевищить вашу мудрість. Таким чином і ви виграєте те велике осягнення, якого вам бракує зараз». Оскільки в прийдешньому майбутньому достойності Ісраелю будуть вищими за достоїнства ангелів. І тому всі вони були залучені до цього і включені до образу людини.

А після того, як Він створив людину, і та прогрішила, з'явилися до Нього Аза і Азаель і сказали: «Ми маємо право сказати Тобі, що людина, котра створена Тобою, згрішила перед Тобою». Відповів їм: «Якби ви були на її місці, – були б гіршими за неї». І скинув їх Творець з рівня святості, на якій вони були, з небес.

---

482 Докладне пояснення цього питання можна знайти в Зогар, у главі Балак, в статті «Аза і Азаель, "той, хто падає та провіщає"», п.п. 416-425.
483 Писання, Псалми, 8:5.
484 Тора, Берешит, 1:26.

А коли скинув їх Творець з рівня святості, вони почали тягатися з жінками цього світу та спокушали жителів світу.

Пояснення сказаного. Звідси видно, що не всі ангели прийшли скаржитися Творцеві після прогріху людини, а лише Аза та Азаель, оскільки знали, що людина здійснить повернення. Однак знали Аза і Азаель, що шкода, яка заподіяна прогріхом людини, не буде виправлена внаслідок її повернення. Мало того, їм навіть краще, аби вона взагалі не здійснювала повернення. Тому саме вони поскаржилися на гріх людини. Адже їм видається пороком те, що людина не може виправитися, та недоліком, який неможливо врахувати.

Справа в тому, що розбиття келім та прогріх Адама Рішона є одним й тим же поняттям. Тільки щодо світів це називається розбиттям келім, а щодо душ це є наслідком прогріху Адама. І відомо, що розбиття келім сталося під час «правління восьми царів (мелахім)»: мелех Даат і ЗАТ – ХАҐАТ НЕГІМ. І кожен з царів містить сорок властивостей, тобто десять сфірот, в кожній з яких чотири властивості ХУБ ТУМ. Таким чином, вісім разів по сорок – це триста двадцять властивостей. І називаються вони трьомастами двадцятьма іскрами, які розсіялися в кожній зі сторін під час розбиття келім.

Сенс повернення полягає в тому, що за допомогою підйому МАН ми знову піднімаємо ці іскри з кліпот на їхнє місце в Ацилут, як це було до гріхопадіння Адама Рішона. Однак у нас немає достатньо сил для того, щоби з'ясувати властивості малхут цих восьми царів, оскільки їхні недоліки повністю перевершують наші сили. Тому в нашому розпорядженні є лише можливість з'ясувати двісті вісімдесят вісім іскор під час нашого повернення, тобто тільки дев'ять разів по тридцять два. Але тридцяти двох властивостей Малхут в них навіть заборонено торкатися. І вони називаються «лев а-евен (досл. кам'яне серце)».

В силу цього були приховані ҐАР Аба ве-Іми, звані «внутрішні Аба ве-Іма». Адже ці тридцять дві іскри відносяться до них і потрібні для доповнення десяти їхніх сфірот, і весь той час, поки їх бракує, в них не відбувається зівуґ (зліття). Але після того, як завершиться виявлення всіх двохсот вісімдесяти восьми іскор, з'ясування «лев а-евен» відбудеться саме собою, не вимагаючи наших дій. Про це сказано: «І видалю Я кам'яне серце з вашої плоті»[485]. І тоді внутрішні Аба ве-Іма досягнуть своїх мохін. І це станеться під час остаточного виправлення. Однак до остаточного виправлення не зможуть ахораїм Аба ве-Іми отримати якесь виправлення внаслідок нашого повернення.

І знай, що ці ангели, Аза та Азаель, відносяться до ахораїм Аба ве-Іми, які були анульовані під час розбиття келім. Але перед гріхом Адама Рішона вони здебільшого знову виправилися. А після прогріху Адама Рішона знову анулювалися. І більше не можуть виправитися до остаточного виправлення. І тому поскаржилися Аза та Азаель Творцеві на те, що вони втратили свої мохін через прогріхи людини, оскільки бачили, що немає в них ніякої надії на те, що людина зможе виправити їх за допомогою свого повернення.

Мало того, вони ще бачили, що Адам Рішон своїм поверненням скине їх ще нижче з їхнього ступеню. Адже все повернення повинно здійснюватися за допомогою двохсот вісімдесяти восьми іскор, без торкання властивостей «лев а-евен», котрі відносяться до виправлення внутрішніх Аба ве-Іми, до яких відносяться мохін цих ангелів. І вся дія по поверненню та підйому МАН полягає в тому, щоби видалити цю покидь, – тридцять дві іскри, – з їжі, – двохсот вісімдесяти восьми іскор. Таким чином, Азу та Азаеля опускають зі святості ще більше за допомогою остаточного усунення покидьків, тобто «лев а-евен». І тому вони скаржилися, не даючи людині зробити повернення, оскільки її повернення опускає їх ще більше. Адже тридцять дві ці іскри належать їхній будові.

І оскільки бачив Творець, що їхня скарга послабить людину, не дозволяючи їй здійснити повернення, сказав їм: «Якби ви опинилися поруч з ними, були б ще гірше за них». Адже Адам Рішон абсолютно не зіпсував їх своїм гріхом, і хоча є у

---
485 Пророки, Єхезкель, 36:26.

них святий ступінь, оскільки вони знаходяться на небесах, де немає зв'язку з кліпот, це не є повною досконалістю, оскільки вони не можуть перебувати в цьому нашому світі, в місці кліпот. Тому сказав їм Творець: «Ви нічого не втратили через прогріхи людини, бо, так чи інакше, ви нічим не кращі за неї, адже вся ваша достойність обумовлена лише місцем».

А мова Творця є дією. Тут же впали вони з небес на нашу землю. «А коли скинув їх Творець з рівня святості, вони почали тягатися з жінками цього світу, і спокушали жителів світу». Іншими словами, коли вони прийшли в цей світ, почали виявляти те, що відноситься до властивості «лев а-евен», який міститься в дочках людських. Як сказано: «І побачили ангели Творця дочок людських, що хороші вони, і взяли собі в дружини, з усіх, яких вибирали»[486], – бо не хотіли відокремлювати покидь, що належить до «лев а-евен», вибираючи тільки РАПАХ ([288]), – але брали «з усіх, яких вибирали», тобто також і «лев а-евен». І тоді вони теж потрапили під владу порочної нукви Ліліт, і хотіли спокусити світ своїми порочними діяннями, бо не бажали аби людина вчинила повернення, оскільки це є протилежним їхньому кореню.

Що зробив Творець? «Побачивши, що Аза та Азаель спокушають світ, Він закував їх у залізні ланцюги в горах пітьми», – оскільки бачив Творець, що якщо вони набудуть сил повернутися на небеса після цього прогріху, слідом за ними оступляться всі люди і не зможуть здійснити повернення, бо влада їхня буде дуже великою. Тому, незважаючи на їхній дуже піднесений корінь, Він дав владу кореню кліпот, званому «барзель (залізо)», як сказано: «Ніякого залізного знаряддя не було чутно в Храмі при зведенні його»[487]. І оскільки ця кліпа пристала до них, вони тепер немов залізними ланцюгами прикуті до неї в глибині гір пітьми, і не зможуть піднятися звідти до кінця виправлення.

Тому сказано: «Коли досягають ланцюгів Ази та Азаеля, вони викликають їхній гнів, і пробуджують їх», – оскільки, омиваючись у великому морі, у властивості Хохма кліпот, вони (Афріра

---
[486] Тора, Берешит, 6:2.
[487] Пророки, Мелахім 1, 6:7.

та Кастімон) отримують сили з'єднатися з Азою та Азаелєм, які перебувають у горах пітьми, – щоби отримати від них Хохму. І вони пробуджували їх аби ті дали їм від своєї Хохми. «Вони викликають їхній гнів, і пробуджують їх», – це пробудження «четвертої стадії», що є великим бажанням отримати, званим «гнів і лють». Як сказано: «Ненаситність призводить до гніву». «Ті намагаються вискочити з ув'язнення в горах пітьми та думають, що Творець бажає притягнути їх до суду», – вони не могли піднятися до свого коріння, щоб отримати для них Хохму через залізні ланцюги, в яких вони закуті.

Тому мовиться про те, що вони намагалися вискочити наверх і знову падали; і тому їх ув'язнили до ще більш глибокого місця в горах пітьми; і вони думали, що Творець знову побажав застосувати до них силу суду в покарання за їхні спроби вискочити та отримати від свого кореня, і тому перестали вискакувати. Але, разом з тим, «ці два правителя пропливають по великому морю»[488], – тобто хоча в дійсності ті нічого не можуть їм дати, адже вони тільки вискакують та падають, разом з тим, двом володарям цього було цілком достатньо, щоби отримати від них Хохму і проплисти по великому морю. І зараз з'явилися у них сили проплисти там, в морі Хохми кліпи, тоді як раніше у них були сили лише тільки омитися там.

Справа в тому, що у всіх цих піднесених кліпот немає діяння. І всі їхні дії завершуються лише в думці й бажанні, бо вони є силами розділення. І перш ніж вони встигають досягти дії, святість вже залишає їх. І тому вони ніколи не зможуть досягти дії. Тому і в поклонінні іншим богам Творець теж звинувачує тільки за думку чи бажання, як сказано: «Щоби сприйняв будинок Ісраеля серцем своїм»[489]. Як сказано: «Людина отримує покарання за поклоніння іншим богам в серці своєму, як за дію». Тому досить було стрибків Ази та Азаеля, щоби отримати їхню Хохму, хоча в дійсності їм нічого не давали.

---

488 Див. п.157
489 Пророки, Єхезкель, 14:5.

157) І ці два правителя пропливають великим морем, а потім, здійнявшись, прямують вночі до Наами, матері демонів, якою захоплювалися перші з божественного роду, та бажають наблизитися до неї. Але вона долає стрибком шістдесят тисяч парсаот, і перетворюється, приймаючи вигляд багатьох з людей для того, щоби повести за собою людей.

Пояснення. Бо після того, як вони отримали силу від Ази і Азаеля, вони можуть вдатися до злиття з Наамою. Перші ангели, Аза і Азаель, теж піддалися її чарам. І внаслідок цього злиття (зівуґу) Наама породжує всіх злих духів і демонів в світі. І тому сказано, що нею «захоплювалися перші з божественного роду», – тобто Аза і Азаель, які відносяться до божественного роду, як сказано в Писанні[490].

І необхідно зрозуміти сказане. Якщо вони були вищими ангелами, як же вони зробили помилку, злигавшись з Наамою? І ще, чому Наама породжує в результаті цього лише демонів і духів, а не людей? Але справа в тому, що вищий світ, Аба ве-Іма, створений за допомогою «йуд», тобто властивістю захар, і немає в них нічого від «четвертої стадії». Однак ЗОН, що представляють собою нижній світ, створені за допомогою «гей», що містить в собі й «четверту стадію». Аба ве-Іма, тобто властивість Біни, завжди жадають світла хасадім, тому що Біна вийшла в такому вигляді на початку, – в чотирьох стадіях прямого світла.

Але ЗОН потребують світла Хохми, тому що в такому вигляді був створений Зеір Анпін прямого світла – в світінні хохма всередині цих хасадім. І від зівуґу Аба ве-Іми вийшли ангели, що знаходяться, як і вони, в закінченні «йуд» та жадають теж, як і вони, тільки хасадім, а не Хохми. А душі людей походять від нижнього світу, ЗОН, і опиняються душі в закінченні «гей», на яку було зроблене скорочення, щоби не отримувати Хохму, через те, що міститься в ній «четверта стадія». І в них вже є потреба й бажання отримати Хохму, як і у ЗОН, оскільки вони походять від них.

---

490 Тора, Берешит, 6:4.

В момент народження Адама Рішона від ЗОН, ЗОН вдягали вищий світ, Аба ве-Іму, і теж закінчувалися в «йуд». Але ця «гей» була прихована в їхніх ахораїм. Тому ступінь Адама Рішона був дуже високим. Бо, перебуваючи в ЗОН, що піднялися у вищий світ, та закінчуючись в «йуд», він немов перебував на тому ж ступені, що й вищі ангели, які народжуються від Аба ве-Іми. І разом з тим отримував вищу Хохму, відносячись до ЗОН. І перебувало над ним ім'я Елокім, Хохма, в досконалості вищого світу, оскільки в «йуд» відсутні скорочення й «четверта стадія». І від цієї властивості він породив Каїна та Евеля: Каїна – від ЕЛЄ, Евеля – від МІ. І в них обох ще не проявилася нижня «гей», а лише тільки «йуд», і тому була в них вища Хохма. А основний носій властивості хохма – це ЕЛЄ, ЗАТ Біни, інакше кажучи, – «душа» Каїна.

Однак Каїн приревнував до більшої відповідності, котра прихована в МІ, бо в цій «йуд» знаходиться у вкритті нижня «гей», і Каїн бажав здійснити з нею зівуґ, тобто хотів притягнути свою Хохму в «четверту стадію», укриту в душі Евеля, і цим вбив Евеля. Адже після того, як розкрилася нижня «гей», розкрилося й скорочення, що тяжіє над нею, – що заборонено користуватися нею для отримання вищого світла. І тому ім'я Елокім віддалилося від них обох. Однак МІ, котре є властивістю ҐАР, видалилося нагору, і це називається «вбивством Евеля», а ЕЛЄ Каїна, що відноситься до властивості ЗАТ, впало в місце кліпот, зване Арка. І хоча воно впало в кліпот, все ж залишилися в келім нечисленні іскри Хохми, та й тим паче, в його властивостях Біни, котрі не зазнали таких великих втрат, залишилося ще більше іскор від Біни.

Наама, одна з дочок Каїна, була видом своїм прекраснішою з усіх дочок людських. Бо основний тягар гріха ліг на чоловіче потомство Каїна (захарім), а не на жіноче (некевот), яке представляє собою властивість «ґрунт (карка) світу». І тому після того, як кинув Творець Азу і Азаеля в цей світ, створений за допомогою «гей», і вони побачили Нааму, загорілося в них нове пристрасне бажання, якого вони ніколи раніше не відчували, – пристрасть до світла Хохми, – оскільки за своїм коренем вони прагнуть лише до хасадім. І один тільки вигляд Наами породив в них нову пристрасть, – притягнути світло хохма.

І оскільки в їхній власній будові не міститься нижньої скороченої «гей», а також і в будові Наами нижня «гей» не була проявлена, бо вона походить від властивостей ЕЛЄ Каїна, – тому вони помилково думали, що вона є гідною отримання Хохми, і здійснили з нею зівуґ (злиття).

Вони зробили подвійну помилку.

По-перше, хоча і немає нижньої «гей» в їхній власній будові, все ж місце є визначальним. І оскільки вони знаходяться в цьому світі, нижня «гей» панує над ними, і їм неможна було притягати світло хохма.

По-друге, вони думали, що і в будові Наами немає нижньої «гей», оскільки її нижня «гей» насправді перебувала в утаєнні, і тому вийшли від їхнього зівуґу (злиття) всі демони і духи, які шкодять світу.

Таким чином, стає зрозумілим, чому демони виглядають як напівангели-напівлюди. Зі сторони своїх прабатьків, Ази та Азаеля, вони нагадують ангелів, а з боку праматері Наами, – нагадують людей. Однак вона не могла народити людей через те, що не було в ній чоловічого сімені, а лише тільки від ангелів. А шкідниками вони є тому, що походять від перелюбу, що відноситься до найбільшого розділення у світі. Тому несуть вони з собою свою нечистоту, завдаючи шкоду всюди, де тільки можливо.

І сказано: «Прямують вночі до Наами, матері демонів, якою захоплювалися перші з божественного роду». Адже коли вони отримують сили від цих ангелів, які першими зробили перелюб з цією Наамою, вони теж можуть чинити перелюб з нею, як і ті. І сказано: «Прямують вночі», – оскільки сила Хохми кліпот панує лише тільки в темряві та вночі, коли переважають суди, і також тому, що їхній корінь – це Аза і Азаель, котрі закуті в ланцюги в горах пітьми.

«І бажають наблизитися до неї. Але вона долає стрибком шістдесят тисяч парсаот», – після того, як вони віддалися блуду з нею, вона подолала стрибком шістдесят тисяч парсаот, тобто піднесла непристойність свою настільки, що бажала скасувати парсу, котра розкинулася над ВАК Аріх Анпіну, кожна зі сфірот якого обчислюється десятками тисяч (рібо). Таким чином, протяжність його ВАК становить шістдесят тисяч парсаот. Однак не мовиться, що вони «наблизилися до неї», а лише «бажають наблизитися до неї». І не сказано, що вона пролітає шістдесят тисяч парсаот, а тільки «долає стрибком шістдесят тисяч парсаот».

Вона лише зробила стрибок, але одразу ж знову впала вниз, не торкнувшись їх. Оскільки в цих високих кліпот не відбувається ніякої дії. І всі їхні пороки – лише в думці та бажанні. Однак разом з тим, у неї вже є сила повести за собою людей. І хоча вона і не призводить людину до скоєння дії, а тільки до думки й бажанню, як і в неї самої, Творець в даному випадку карає за думку, як за дію. Як сказано: «Щоб сприйняв дім Ісраеля серцем своїм»[489].

158) І ці два правителя здіймаються й тиняються по всьому світу, і повертаються на своє місце. І вони пробуджують нащадків синів Каїна духом нечестивих бажань продовжувати свій рід.

«І тиняються по всьому світу», – щоби шкодити людям, бо доводять людей до опоганення від нічної випадковості. А після того, як вводять у гріх жителів цього світу, повертаються на своє постійне місце, в землю Арка, і змушують там нащадків синів Каїна продовжувати рід в нечистоті своїй. Це означає, – крім того, що вони вводять в гріх нащадків Каїна в землі Арка, вони ще літають по нашому, земному світу (Тевель), і вводять в гріх тих, хто живе на цій землі.

159) Небеса, які панують там, відрізняються від наших небес. Вони не дають сили землі, щоб здійснювати на ній сівбу та жнива, як у нас, і насіння може вирости знову лише через довгий період, який триває роками. І про них сказано: «Божества

(Елокім), які не зробили неба і землі, згинуть з цієї землі»[491], – з вищої землі, званої Тевель, – щоб їм не панувати і не літати в ній, і не доводити людей до опоганення в результаті нічної випадковості. І тому «згинуть з цієї землі і з-під небес»[491], – створених ім'ям ЕЛЄ.

Пояснення. «Наші небеса» отримують наповнення від Зеір Анпіну, у якого є мохін породження. І тому «наша земля», яка отримує наповнення від його Нукви, дозволяє здійснювати сівбу й жнива. Однак небеса землі Арка не володіють мохін породження через владу наявних там кліпот. Тому «не дають вони сили землі, щоби здійснювати на ній сівбу й жнива, як у нас», – бо немає сил у цій землі, прийнявши насіння, виростити врожай і провести жнива, як у нашій землі. «І насіння може вирости знову лише через довгий період, що триває роками», – оскільки не виросте посаджене там насіння інакше, як «через довгий період, що триває роками».

І сказано про цих двох повелителів, Афріру й Кастімона, що це «божества (Елокім), які не зробили неба і землі»[491], – тобто вони не можуть виправити ці небеса і землю Арка, щоби вона стала придатною давати плоди. І тому немає у них права тинятися і вводити в гріх людей на нашій землі, Тевель. Бо, перебуваючи тут, вони руйнують нашу землю, перетворюючи її на «небеса і землю» такі ж само, як у них.

«"Згинуть з цієї землі"[491] – з вищої землі, званої Тевель», – тобто згинуть з нашої землі, яка зветься Тевель, «щоб їм не панувати і не літати в ній, і не доводити людей до опоганення від нічної випадковості», – тому що своїми блуканнями над нашою землею Тевель вони призводять людей до осквернення від нічної випадковості. І це – прокляття, що перебуває над Аркою через те, що вони панують там.

«І з-під небес» наших, «створених ім'ям ЕЛЄ». Тому що наші небеса отримують від виправлених ЗОН, які «створені ім'ям ЕЛЄ». Як сказано: «Спочатку створив Всесильний (Елокім

---

491 Пророки, Єрміягу, 10:11.

אלהים)»⁴⁹², – тобто МІ (מי) взаємодіють з ЕЛЄ (אלה), тому і наша земля виправляється за допомогою вищої святості. Адже завдяки цьому вкриттю може існувати світ. І тому немає права у цих двох правителів тинятися тут.

160) І це речення наведене мовою перекладу, щоби вищі ангели не подумали, що йдеться про них, і не ворогували з нами. Слово ЕЛЄ (אלה) є святим словом, і воно не змінюється в мові перекладу, тому все речення написане мовою перекладу, крім слова ЕЛЄ (אלה). І сказано: «Згинуть з цієї землі та з-під небес цих (ЕЛЄ)»⁴⁹¹, оскільки у цього слова немає перекладу, тому що поєднання ЕЛЄ з МІ притягує вищі мохін Хохми. І якщо вони оскверняють букви ЕЛЄ, подібно до Каїна, то падають у кліпот, і навіть святості перекладу не залишається в них, – так, що нездатні почути мову перекладу, котрий являє собою ВАК святості⁴⁹³.

---

492 Тора, Берешит, 1:1.
493 Див. вище, п.152.

Серед всіх мудреців народів немає таких, хто є подібним до Тебе

161) Сказав рабі Ельазар: «Сказано: "Хто не убоїться Тебе, Царю народів, як і належить Тобі"[494]. Що це за хвала?». Сказав йому рабі Шимон: «Ельазар, син мій, цей вислів приведений в декількох місцях. Однак, звичайно ж, його сенс криється не в буквальному розумінні. Сказано: "Серед усіх мудреців народів і в усьому їхньому царстві немає таких, хто є подібним до Тебе". Це дає привід висловлюватися нечестивцям, – тим, хто думає, що Творець не знає про їхні сумніви й думки.

А тому слід розповісти про дурість їхню. Одного разу прийшов до мене один філософ з народів світу і сказав: "Ви кажете, що ваш Творець панує у всій небесній височині і усі сили небесні та стани не осягають та не відають місця Його. Це не дуже-то примножує славу Творця. Адже сказано: "Серед всіх мудреців народів і в усьому їхньому царстві немає таких, хто є подібним до Тебе". Що ж це за порівняння з людьми, котрі є смертними?"».

Сказано про це: «І кажуть: "Звідки знає Творець? І чи є знання у Всевишнього? Адже ті, хто грішать та завжди є безтурботними досягають успіху"»[495]. Про те ж каже й філософ. Цей філософ був великим з мудреців народів, і він прийшов до рабі Шимона аби висміяти мудрість Ісраеля та нашу роботу у повній вірі, котра здійснюється у найбільшій чистоті, бо думка не осягає Його зовсім. Мудрець цей був з тих філософів, які стверджують, що головним в роботі Творця є Його пізнання, оскільки, на їхню думку, вони осягають Його. І прийшов він, щоби посміятися над нами.

---

494 Пророки, Єрміягу, 10:7. «Хто не убоїться Тебе, Царю народів, як і належить Тобі, бо серед всіх мудреців народів і в усьому їхньому царстві немає таких, хто є подібним до Тебе».
495 Писання, Псалми, 73: 11-12.

І тому каже: «Панує у всій небесній височині». Іншими словами, Він здіймається над всяким людським розумом, будучи Володарем у цій височині, і Він заповідав вам працювати перед Ним у вірі й чистоті, і не сумніватися в Ньому зовсім. «Всі воїнства та стани не осягають...», – тобто не лише людський розум не осягає Його, але навіть вищі раті й ангели ніколи не осягнуть Його, «та не відають місця Його», – навіть місця Творця вони не осягають. І тому вони кажуть: «Благословенна слава Творця з місця Його»[496], – бо не знають, де Його місце.

І він наводить свої аргументи проти цього, кажучи, що цей вислів не дуже-то примножує славу Творця. Сказано: «Серед усіх мудреців народів і в усьому їхньому царстві немає таких, хто є подібним до Тебе». Якщо це пророцтво покликане прославити Творця Ізраеля, і Він є важливішим за тих богів, котрих осягають мудреці народів своїми власними силами і своєю мудрістю, – це не дуже-то примножує Його славу. Тобто така хвала не дуже-то примножує Його славу. Адже як можна порівнювати та прирівнювати Творця до простих смертних? Хіба не криється тут велике презирство до вашого Творця, якщо Його оцінюють мірками мудреців народів, – людей смертних?

162) І ще сказав філософ: «Ви витлумачуєте слова "не вставав більш пророк в Ізраелі, подібний до Моше"[497], – не вставав в Ізраелі, але вставав серед народів світу. Але ж і я стверджую те ж саме – серед всіх мудреців народів немає таких, хто є подібним до Нього, а серед мудреців Ізраеля є такі, хто подібний до Нього. А раз так, Творець, подібних до якого можна знайти серед мудреців Ізраеля, не є вищим Володарем". Поглянь в Писання і побачиш, що я привів його з достатньою точністю».

Пояснення. Тут він заговорив хитромудрою мовою: «Поглянь в Писання і побачиш, що я привів його з достатньою точністю», – оскільки він зрозумів, що можна легко відповісти на його запитання. І сказане означає, що «серед усіх мудреців народів і в усьому їхньому царстві» нема кому осягнути Тебе тому, що

---

496 Пророки, Єхезкель, 3:12.
497 Тора, Дварім, 34:10.

«немає подібних до Тебе». І це відповідає фразі: «Якби я знав Його, то був би Ним». Але якщо мудреці народів хизуються, що осягають Його, може вони є подібними до Нього?! І тому сказано, що брехню вирікали вони і не подібні вони до Нього тому, що не осягають Його, але лише вводять себе в оману.

І тому він ще більш ускладнив своє питання: адже це означає, що тільки серед мудреців народів немає подібних до Нього, а серед мудреців Ісраеля є такі, хто подібний до Нього? Тобто вони осягають Його! «А раз так, Творець, подібних до якого можна знайти серед мудреців Ісраеля, не є вищим Володарем». Іншими словами, як ви можете говорити в такому випадку, що думка зовсім не може осягнути Творця Ісраеля, і що Він панує над рабами Своїми силою віри у Його піднесеність? Адже сказано, що серед мудреців Ісраеля є подібні до Нього, що є мудреці в Ісраелі, які осягають Його. Виходить, Писання суперечить вам?

163) «Я відповів йому: "Без сумніву, ти вірно сказав, що є серед Ісраеля такі, хто подібний до Нього. Адже хто воскрешає мертвих? Хіба не сам Творець? Прийшли Еліягу та Еліша й оживили мертвих. Хто посилає дощі? Хіба не сам Творець? Прийшов Еліягу та запобіг їм і викликав їх своєю молитвою. Хто створив небеса і землю? Хіба не сам Творець? Прийшов Авраам, і завдяки йому небо й земля набули життєвих сил"».

Інакше кажучи, рабі Шимон пояснив йому: «Ти вірно сказав – серед Ісраеля є такі, хто подібний до Нього. В цьому ти безсумнівно прав, і, разом з тим, це зовсім не суперечить нашій щирій вірі, і ми не осягаймо Його абсолютно. І Він панує у всій небесній височині, – тобто вищі ангели теж не осягають Його та не відають місця Його.

Однак, тому Він і дав нам Тору й заповіді, щоби займаючись Торою і заповідями в ім'я неї (лішма), Ісраель удостоїлися справжнього злиття з Ним, і Шхіна Його вдягається в них настільки, що вони починають здійснювати ті ж дії, котрі робить Творець. Вони відроджують мертвих, викликають дощі, підтримують існування неба й землі. І в цьому сенсі вони насправді є подібними до Нього, як сказано: "З дій Твоїх пізнаємо Тебе". Однак все це вони осягають лише у досконалій та чистій вірі, навіть не думаючи осягнути Його своєю мудрістю, як прийнято у мудреців світу».

164) «Хто управляє сонцем? Хіба не один лише Творець? Прийшов Єгошуа і приборкав його, і наказав йому стояти на місці, і воно вгамувалося, як сказано: "Зупинилося сонце, і місяць стояв"[498]. Творець виносить вирок, – і Моше також виніс вирок, який виповнився. І ще: Творець дає повеління, а праведники Ізраеля скасовують їх, як сказано: "Праведник, який панує богобоязливо"[499]. І ще: Творець заповідав їм в точності слідувати Його шляхами, уподібнюючись до Нього у всьому. Пішов цей філософ і навчався мудрості віри у Кфар-Шахалаїм, і назвали його "маленький Йосі". Він багато вивчав Тору та увійшов в число мудреців і праведників в тому місці.

Хіба через це вони не зменшують в результаті силу своєї щирої віри, удостоюючись бути повністю подібними до Нього? Однак вони вчиняють так тому, що Він заповідав їм робити це й осягати Його за допомогою Його дій. Тобто Творець заповів їм в точності слідувати Його шляхами, як сказано: "Будеш ходити шляхами Його"[500]. І настільки ця істина вразила філософа, що він перейшов на бік віри і прийняв на себе тягар Тори і заповідей».

165) «А тепер нам необхідно звернутися до Писання, адже сказано: "Всі народи як ніщо перед Ним". Так в чому ж наша перевага тут? І відповідає, – але ж сказано: "Хто не убоїться Тебе, Царю народів?!". Адже Він – Цар народів, а не цар Ізраеля? Однак в будь-якому місці Творець бажає возвеличитися в Ізраелі. І називається по імені тільки над Ізраїлем. Як сказано: "Творець (Елокім) Ізраеля", – Творець євреїв. І сказано: "Так сказав Творець, Цар Ізраеля". Цар Ізраеля, звісно. Сказали народи

---

[498] Пророки, Єгошуа, 10:13.
[499] Пророки, Шмуель 2, 23:3.
[500] Тора, Дварім, 28:9.

світу: "Інший захист є у нас в небесах, бо Цар ваш панує лише над вами, над нами ж Він не має влади"».

Пояснення. «А тепер», – тобто в ту ніч, коли наречена готується увійти під хупу, знаходиться там рабі Шимон і бажає аби тепер наречена вбралася, одягнувши свої прикраси. Нам потрібно по-новому поглянути на сказане: «Хто не убоїться Тебе, Царю народів», і пояснити його відносно прикрас нареченої. І повертається до початку написаного, де сказано: «Хто не убоїться Тебе, Царю народів». Так в чому ж наша перевага тут? Адже сказано: «Всі народи як ніщо перед Ним». Що ж нам хочуть сказати цим? Сказали народи світу: «Інший захист є у нас в небесах», – бо ці народи утискають Ісраель, кажучи, що є у них хороший захисник і управитель на небі, який дає їм мудрість і владу. І Цар Ісраеля не владний над ними.

166) Сказано в Писанні: «Хто не убоїться Тебе, Царю народів», – тобто вищий Цар над ними, покликаний панувати над ними і карати їх, та вчиняти з ними по Своїй волі. «Як і належить Тобі», – щоби боятися Тебе нагорі й внизу. «Бо серед усіх мудреців народів», – тих, хто володарює та управляє нагорі, тих, кого призначено над ними, – «і в усьому їхньому царстві», – тобто в тому царстві (Малхут), яке нагорі. Чотири правлячих царства є нагорі, що володарюють з волі Творця над усіма іншими народами, і в той же час, немає серед них того, хто зробив би навіть саму малість без того, аби Він так повелів їм, як сказано: «З волі своєї вчиняє Він як з небесними світилами, так і з тими, хто живе на землі». «Мудреці народів» – це ставленики і правителі нагорі, від яких виходить мудрість народів. «В їхньому царстві» – це Малхут, яка панує над ними. І це – просте тлумачення сказаного.

Пояснення сказаного. Це вислів пояснює, як наречена готується в дні вигнання увійти під хупу в кінці виправлення. Адже всі сили народів спрямовані на те, щоби нас поневолити у вигнанні, підпорядкувавши своїй владі. І вони домагаються цього за допомогою своєї мудрості (хохма) і панування (малхут), тобто вищих правителів, призначених в небесах кліпот, що дають їм (народам) мудрість і владу. І за допомогою своєї мудрості вони приводять нас до поганих думок, – бажати зрозуміти Творця в усіх відношеннях: Його самого та шляхи Його, і думки Його, без всякого остраху і без всякого прославлення величі панування Його.

Через ці погані думки ми повністю втрачаємо все святе наповнення, і наповнення переходить до їхньої Малхут. Як сказано: «Цур наповнюється лише на спустошенні Єрушалаїму», – оскільки цим вони набувають сили пригнічувати й бичувати нас, та підкоряти своїй волі. І це – основа цих чотирьох царств, які поневолюють нас в чотирьох вигнаннях, під якими маються на увазі чотири їхні властивості ХУБ ТУМ (Хохма і Біна, Тіферет та Малхут), і на які вказує ідол, який наснився Навухаднецарові, як сказано: «(Ось) ідол цей: голова його з чистого золота, груди і руки зі срібла, черево і стегна з міді, гомілки з заліза, а ступні його частково з заліза, а частково з глини»[501].

І під час влади цього ідола вони насміхаються над нами: «Є у них інший захисник на небесах». Але про все це сказано: «Творець вчинив так, щоби боялися Його»[502], тому що Шхіна називається страхом Творця. Це говорить про те, що у нас немає ніякої іншої можливості злитися з Творцем назавжди, як тільки за допомогою великого страху Його величі, прийнявши на себе тягар Тори й заповідей у повній і чистій вірі, в жодному випадкові не сумніваючись у властивостях Його, щоби ніщо в світі не приховало Його від нас.

Бо тоді ми зливаємося з Ним навічно, у нерозривному зв'язку, і тоді Творець теж надасть нам благо в усьому, в чому задумав насолодити нас в задумі творіння, і ми удостоюємось повного визволення та кінця виправлення. Але до цього: «Кожен, хто наймається, заробляє задля дірявого гаманця»[503], – бо у ситри ахра завжди є сила забрати насолоди, які ми отримували в

---

501 Писання, Даніель, 2:32,33.
502 Писання, Коелет, 3:14.
503 Пророки, Хаґай, 1:6.

результаті поганих думок, які нею ж і викликаються, згідно з правилом: «Цур наповнюється лише на спустошенні Єрушалаїму».

Однак, ці покарання аж ніяк не на зло нам, а для того, щоб удостоїти нас страху Творця за допомогою численних випробувань, що трапляються з нами у вигнанні, доки ми не удостоюємось прийняти віру Його у досконалості і в остраху величі Його. Тоді сказано: «Згадає Він милість Свою та Свою вірність дому Ісраеля, і побачать усі нікчемні на землі спасіння від Творця Свого»[504], – бо в кінці днів згадає для нас Творець всі милості Свої і проявить досконалість віри Його усім відразу.

І після того, як ми отримали силу прийняти Його віру повністю, відбудується Єрушалаїм на руїнах Цуру, бо усі ті милості й наповнення, які всі правління сітри ахра забрали в нас у дні вигнання, будуть повернуті нам повністю після того, як стане досконалою віра наша, і не буде відчуття навіть найменшого недоліку. І тоді «побачать всі нікчемні на землі спасіння від Творця Свого», – оскільки побачать усі народи, що й досі вони беззавітно зберігали наше багатство аби повернути нам його у відповідний час.

І виходить, що «коли людина панує над людиною, – це на зло їй»[505], – оскільки тяготи поневолення, що охопили нас в той час, коли панує нечестивець над праведником, були лише на зло цьому нечестивому, адже завдяки цьому ми прискорили досягнення віри Творця, зажадавши в нього все награбоване, що забране їм у нас.

І про цей час сказав пророк: «Хто не убоїться Тебе, Царю народів». І тепер розкрилося, що Ти Цар народів, «покликаний панувати над ними і карати їх, та вчиняти з ними по своїй волі». Адже хоча і здавалося нам раніше, що вони пригнічують нас, тепер відкрилося це у повній протилежності, – що вони служили нам і були нашими рабами для того, аби привести нас до повної віри. І хоча нам здавалося при цьому, що вони утискають

---

504 Писання, Псалми, 98:3.
505 Писання, Коелет, 8:9.

нас, розкрилося тепер зворотне, що вони покарали самих себе, оскільки цим вони лише прискорили наш прихід до досконалості та своє наближення до гіркого кінця.

Там, де здавалося, що вони повставали проти Творця і здійснювали все по своїй волі й бажанню, змушуючи нас виконувати дурні бажання, і думати, що немає правосуддя і немає того, хто судить, розкрилося тепер, що в усьому виконували тільки волю Творця, ведучи нас до досконалості. Таким чином, з'ясувалося, що Ти – Цар народів, – від самого початку й до кінця. Адже Ти завжди володарював над ними, змушуючи їх виконувати свою волю, як Цар – рабів своїх. А зараз розкрився страх перед величчю Твоєю у всіх народів, як сказано: «Хто не убоїться Тебе, Царю народів».

«Серед усіх мудреців народів» – маються на увазі володарі і правителі, котрі призначені над ними. І це – володарі Афріра та Кастімон, які правлять на землі, а також Аза і Азаель, у яких черпають мудреці народів свої знання. І утискають Ісраель, як їм заманеться.

Як сказано: «У всіх царствах їхніх – чотири царства влади є нагорі. І володарюють вони з волі Творця над усіма іншими народами. І на ці чотири царства вказують властивості, що описані в ідолі, який наснився Навухаднецарові:

1. голова його з чистого золота;

2. груди і руки із срібла;

3. черево й стегна з міді;

4. гомілки з заліза, а ступні його частково з заліза, а частково з глини.

Ці чотири властивості відповідають ХУБ ТУМ кліпи, і вони володарюють над усіма сімдесятьма народами, що живуть у світі.

«І разом з тим, немає серед них того, хто зробив би навіть зовсім трохи без того, аби Він повелів їм», – оскільки розкриється в кінці днів, що все поневолення й утиски, за допомогою яких вони віддалили Ісраель від їхнього Отця небесного, були не чим іншим, як відданим служінням аби наблизити їх (Ісраель) до Отця небесного. Таким чином, робили вони лише те, що Ти наказав їм. Як сказано: «З волі своєї вчиняє Він як з небесними світилами, так і з тими, хто живе на землі».

І зробив Він це аби привести нас до повної віри та удостоїти отримання всіх милостей Його, як сказано: «Згадає Він милість Свою, та Свою вірність дому Ісраеля, і побачать усі нікчемні на землі спасіння від Творця Свого». І тоді був розтрощений ідол, як сказано: «Поки ти дивився, зірвався камінь без допомоги чиїхось рук і вдарив ідола по ногах його з заліза та глини, і роздробив їх. Тоді скришилися відразу залізо, глина, мідь, срібло й золото, і стали подібними до полови на літньому току, і уніс їх вітер, і не залишилося від них сліду. А камінь, який розбив ідола, перетворився на гору та заповнив всю землю»[506].

Свята віра зветься каменем, що не потребує допомоги чиїхось рук. І після того, як згадав милість та віру Його, тоді «зірвався камінь без допомоги чиїхось рук і вдарив ідола по ногах його з заліза та глини, і роздробив їх». «І стали подібними до полови на літньому току, і уніс їх вітер, і не залишилося від них сліду». Як сказано: «І побачать усі нікчемні на землі спасіння від Творця свого». І цей «камінь перетворився на гору і заповнив всю землю». Як сказано: «Бо наповниться земля знанням Творця, як повне море водами»[507].

167) «Всі мудреці народів та всі царства їхні» – це вищі стани і воїнства, і хоча вони були призначені відповідальними за те, що відбувається в світі, і повелів Він кожному з них виконувати роботу Його, хто може зробити її, – хто з них може зрівнятися з Тобою? Бо проявлені достойності Твої, і проявлені діяння Твої над всім сущим. Це означає – «немає подібних до Тебе,

---

506 Писання, Даніель 2:34-35.
507 Пророки, Єшаягу, 11:9.

Творець!». Хто утаєний та святий нагорі і внизу, щоби чинив діяння, як Ти, і був подібним до Тебе в кожній дії святого Царя на небесах і на землі?! «Але всі вони – порожнеча, а кумири – нікчемні». Про Творця сказано: «Спочатку створив Всесильний небо і землю»[508]. Про їх царства сказано: «Земля ж була – сум'яття й пустельність»[509].

168) Сказав рабі Шимон товаришам: «Ви учасники цього весілля, і кожен з вас повинен прикрасити однією прикрасою наречену». Сказав рабі Ельазару, синові своєму: «Ельазар, дай один подарунок нареченій, адже завтра буде дослухатися Він», Зеір Анпін, «увійшовши під весільний полог, до тих оспівувань та прославлянь, які піднесуть їй сини цього чертогу, коли постане вона перед Ним».

---

508 Тора, Берешит, 1:1.
509 Тора, Берешит, 1:2.

Хто вона

169) Проголосив рабі Ельазар, сказавши: «Хто вона, котра підіймається з пустелі?»[510] «Хто вона? (МІ ЗОТ)» – це сукупність двох видів святості, котрі відносяться до двох світів, – Біни й Малхут у єдиному поєднанні та в єдиному зв'язку. «Підіймається» – та, яка дійсно підноситься до того, аби стати святая святих, оскільки МІ, Біна, – це святая святих, і вона поєдналася із ЗОТ, з Малхут, для того, щоб Малхут стала «тією, що підіймається», тобто – властивістю «святая святих». «З пустелі», – тому що від «пустелі» перейняла ЗОТ властивості аби стати нареченою та увійти під хупу.

Пояснення. У реченні «хто вона, котра підіймається з пустелі, яка горнеться до коханого свого?»[510] – мовиться про остаточне виправлення в той час, коли наречена сходить до хупи. І тут пояснюється, що «хто вона (МІ ЗОТ)» – вказує на Біну, звану МІ, і на Малхут, звану ЗОТ. І йдеться, що тоді вони стануть «МІ ЗОТ», тобто будуть перебувати в єдиній злуці, поєднанні двох видів святості. Адже до остаточного виправлення лише Біна зветься святістю, а Малхут, яка піднімається до Біни, тільки отримує святість від Біни. Але по завершенні виправлення буде також і сама Малхут святістю, як і Біна. І буде «хто вона (МІ ЗОТ), котра підіймається» сукупністю двох видів святості, що відносяться до двох світів, Біни й Малхут, які перебувають в єдиній злуці та єдиному зв'язку.

«Зв'язок» – це вузол життя, тобто закінчення Малхут та екран, який піднімає відбите світло і зв'язує всі сфірот в одне ціле. І вона завжди вже буде закінчуватися в «йуд», нарівні з Біною. І це називається єдиним зв'язком та єдиною злукою, тому що ступінь світла в Малхут буде поєднана зі ступенем Біни як одне ціле. Адже тоді вона «дійсно підноситься до того, аби

---

510 Писання, Пісня пісень, 8:5. «Хто вона, котра піднімається з пустелі, яка горнеться до коханого свого? Під яблунею я тебе пробудила, там тобою мучилася мати твоя, там в муках була твоя породженниця».

стати святая святих», – тобто Малхут підіймається, щоби повністю стати святая святих, як і Біна.

«Дійсно підноситься (ола)» – як жертва (ола), яка зараховується до найсвятіших, бо МІ, Аба ве-Іма, – це «найсвятіше», і ця МІ з'єдналася з ЗОТ, Малхут, для того аби Малхут стала як жертва всеспалення, яка відноситься до найсвятіших. І тоді утворюється поєднання МІ з ЗОТ для того, щоби зробити саму ЗОТ святая святих. І після цього вже не може бути жодного зменшення в Малхут, оскільки вона сама стала властивістю «святая святих», як і Біна. І про це сказано: «Знищить Він смерть навіки»[511].

І тому сказано, що «від "пустелі" перейняла ЗОТ властивості, аби стати нареченою і увійти під хупу». «Пустеля» – це місце «зміїв, аспідів і скорпіонів»[512]. І вважається, що ті, хто підтримує Тору, в основному і створюють її[513]. Таким чином, цей великий зівуґ кінця виправлення виходить саме від «пустелі».

170) З пустелі вона підіймається, як сказано: «Чудова мова твоя»[514], – за допомогою мовлення пошепки, вона підіймається. Бо «пустеля (мідбар)» означає «мовлення (дібур)». Як сказано: «(Хто врятує нас від руки) Творця всемогутнього! Це Творець, покарав єгиптян усілякими карами в пустелі!»[515]. Хіба те, що зробив для них Творець, було в пустелі, а не в місці поселення?

Однак «у пустелі (бе-мідбар)» означає «за допомогою мовлення (бе-дібур)». Як сказано: «Чудова мова твоя»[514]. І сказано:

---

511 Пророки, Єшаягу, 25:8.
512 Тора, Дварім, 8:15. «Коли ти будеш їсти й наситишся, ...то гордовитим стане серце твоє, і забудеш Творця твого, ...котрий вів тебе цією великою пустелею, яка збуджує страх, де змії, аспіди і скорпіони, посуха та безводдя, який добував для тебе воду зі скелі кременистої».
513 Див. Вище, статтю «Дві точки», п.124.
514 Писання, Пісня пісень, 4:3.
515 Пророки, Шмуель 1, 4:7-8. «І застрашилися пліштім, бо сказали вони: "Творець прибув до табору!". І сказали вони: "Горе нам, адже не було такого вчора і третього дня! Горе нам, хто врятує нас від руки Творця всемогутнього?! Це Творець, який покарав єгиптян усякими карами в пустелі!"».

«Від пустелі – піднесення»⁵¹⁶. І також «підіймається з пустелі», – звичайно ж «від мовлення», тобто завдяки слову, яке виходить з уст, Малхут підіймається і входить між крил Іми, тобто Біни. А потім, за допомогою мовлення, Малхут сходить і перебуває над головами святого народу.

Пояснення сказаного. До завершення виправлення, коли Малхут називається Древом добра і зла, все її виправлення відбувається завдяки тим МАН, за допомогою яких праведники піднімають Малхут в Біну. І внаслідок цього підйому, Малхут тимчасово стає святою, як Біна. І ці МАН називаються «молитва пошепки». Малхут називається мовленням. І мовленням добрим, без усякого зла, вона може бути лише тоді, коли «голос», що вимовляє цю «промову», виходить від Біни. І це – єдність «голосу» й «мовлення», зівуґ ЗОН в ґадлуті, тому що Зеір Анпін отримує «голос» Іми та передає його «мовленню», Малхут, і тоді це «мовлення є повністю добрим, без усякого зла», і вона отримує мохін святості.

Однак, без цього підсолоджування, одержуваного від голосу Біни, голос Малхут відноситься до властивості «добро і зло», і в Малхут є присмоктування кліпот, і вона не може отримувати від святості. І тому МАН, які праведники піднімають в молитві, здійснюються «пошепки», тобто «мовленням без голосу». Як сказано: «Тільки губи її ворушилися, голос же її не був чутний»⁵¹⁷. Бо тоді немає ніякого присмоктування в МАН, які вони підносять, і вони можуть підняти також і Малхут до Біни для того, щоби вона отримала «голос» від Біни. І тоді вона стає святою будовою та отримує мохін у зівузі «голосу» й «мовлення», і святість її «мовлення» перебуває над головами праведників, які виправили їх таким чином.

І тому сказано тут: «З пустелі вона підіймається, як сказано: "Чудова мова твоя"⁵¹⁴». Адже наречена зараз присвячена великому зівуґу, піднесенню до хупи шляхом підйому МАН

---

516 Писання, Псалми, 75:7. «Бо не зі сходу, і не з заходу, і не від пустелі надійде піднесення».
517 Пророки, Шмуель 1, 1:13.

праведниками. І про це сказано: «Чудова мова твоя»⁵¹⁴, – оскільки вони залучили до «мовлення» Малхут «голос» Іми. І завдяки цьому вона (наречена) перетворюється, стаючи з «мовлення» Малхут чудовою й прекрасною як Біна. Бо всі ті зівуґи, які здійснювалися до цього, слідуючи один за іншим, зібралися зараз у великій зівуґ, що вводить її до хупи. І «за допомогою мовлення пошепки, вона підіймається» – за допомогою МАН, які піднімали раніше «пошепки», «мовленням без голосу». Адже «голос» її був ще у властивості «добро і зло», і вони притягли до неї «голос» Іми. І завдяки всім цим добрим діянням, був здійснений зараз великий зівуґ аби вона могла увійти під хупу, оскільки зараз і її власний «голос» теж став властивістю «добро, в якому немає ніякого зла». І стала вона «святая святих», як і Іма.

«Речення, яке вимовлене пошепки», називається словом, що походить з уст, – тобто без участі піднебіння, горла, язику й зубів, а лише за допомогою вимовляння губами і ротом. Як сказано: «Голос же її не був чутний»⁵¹⁷. І тому «завдяки слову, яке виходить з уст, Малхут підіймається», – тому що таким шляхом піднімаються МАН. І тоді «входить між крил Іми», – і вона піднімається між крил Біни, інакше кажучи, набуває «звучання» крил Іми в «промовах» своїх. А потім, завдяки набутому «мовленню», вона опускається і перебуває над головами святого народу. Адже після того, як набула «голосу» властивості милосердя Іми, вона стала такою ж святістю, як і Іма. І святість її повертається до тих, хто виправив її. І вони теж називаються святим народом, як і вона, тому що «мовлення» її зараз таке саме святе, як і «мовлення» Іми.

171) Як підіймається Малхут в «мовленні» своєму? Спочатку, коли людина встає вранці, вона повинна благословити Володаря свого в час, коли відкриває очі свої. Як вона благословляє? Так учиняли перші праведники: вони ставили перед собою посудину з водою, і в час, коли пробуджувалися вночі, робили обмивання рук, вставали і займалися Торою, благословляючи на вивчення її. І в час, коли лунає крик півня, що сповіщає про настання півночі, збирається Творець з праведниками в Еденському саду. А

вранці заборонено благословляти, коли руки забруднені скверною. І так само – в будь-який час.

Пояснення сказаного. Якщо початок виправлення Малхут має здійснюватися «пошепки», то як же в момент пробудження від сну ми благословляємо вголос, – адже слід було б благословляти пошепки, притягнувши спочатку «голос» від Іми, щоби піднести Малхут в мовленні її за допомогою «голосу» Іми ?

Перші праведники робили це виправлення шляхом дії, тому що підйом МАН здійснюється за допомогою дії або мовлення[518]. Адже під час сну людини звітрюється дух святості, і дух нечистоти первородного змія перебуває над нею, тому що сон – це шістдесята частина смерті[519]. А смерть походить від нечистоти первородного змія.

Тому під час пробудження людини від сну цей злий дух ще не покинув її остаточно і перебуває над кінчиками пальців рук. Тому що до найсвятішого найбільше пристає сітра ахра. А кінчики пальців мають святість більшу, ніж решта тіла, тому що там місце перебування хохма (мудрості), як сказано: «А кожна жінка, мудра серцем, своїми руками пряла»[520].

Тому сітра ахра, що відноситься до властивості «смерть», не йде звідти навіть після пробудження. І людині необхідна дія, звана «обмивання рук». Потрібно підготувати два види келім (судин):

1. верхнє клі, зване «натла»[521];

2. нижнє клі, яке приймає нечистоту.

Верхнє клі, зване «натла», вказує на клі Біни: адже оскільки сітра ахра тікає від світла Біни, обмивання пальців водами

---

518 Див. Зогар, главу Бехукотай, п.5.
519 Вавилонський Талмуд, трактат Брахот, арк. 57:2.
520 Тора, Шмот, 35:25.
521 Натла – кухоль для обмивання рук.

Біни змушує сітру ахра бігти звідти, позбавляючи Малхут зла, що розкрилося в ній, та залишаючи лише добро. І тоді можна займатися Торою та благословляти на Тору. Таким чином, дія з «обмивання рук» є подібною до підйому МАН до «крил» Іми, що піднесений «пошепки».

«У момент, коли лунає крик півня, який сповіщає про настання півночі». Це відноситься до сказаного в Писанні: «Світило велике – для правління днем, а світило мале – для правління вночі»[522], тому що свята Шхіна, тобто клі Малхут, зменшилася до стану «мале світило» та вдяглася у кліпот. Про це сказано: «Ноги її до смерті спускаються»[523]. Тобто, до Древа добра і зла, – «якщо удостоїлася людина, то (воно) – добро, якщо не удостоїлася – зло»[524].

Таким чином, є в Малхут дві половини: добро і зло. Половина, в якій удостоюється, і половина, в якій не удостоюється. Тому і правління її (Малхут), яке зветься «ніч», теж ділиться на дві половини:

1. перша половина ночі, що відноситься до властивості «якщо не удостоївся – зло», як сказано: «Ти насилаєш тьму, і настає ніч, коли весь ліс кишить звірами»[525];

2. друга половина ночі, що відноситься до властивості «удостоївся – добро».

І ось перше виправлення для половини, яка відноситься до «добра», відбувається саме в точці настання півночі, тому що Малхут тоді отримує голос Біни. Тобто Малхут, піднявшись, отримує підсолодження в Малхут де-Іма, і суд, правлячий в самій Малхут, стає судом святості, – з боку добра, без всякого зла. Досягається це тим, що суд всією своєю тяжкістю звертається на сітра ахра, але для Ісраеля він стає милосердям.

---

522 Тора, Берешит, 1:16.
523 Писання, Притчі, 5:5.
524 Див. вище, статтю «Дві точки», п.123.
525 Писання, Псалми, 104:20.

І сказано в Зогарі: «Опівночі у стовпі Іцхака виходить полум'я і шмагає півня, званого "гевер (боєць)", що є подібним до вищого "гевера", який знаходиться над ним»[526]. «Полум'я стовпу Іцхака» – суд Біни. Ангел Гавріель, «півень, тобто гевер (боєць)», – це властивість Гвура, яку використовує «гевер», що знаходиться вище за нього, – Малхут світу Ацилут, звана «мале світило». І суд Біни вдаряє під крила Гавріелю, і тоді Малхут за допомогою нього отримує голос Біни.

«В час, коли видає поклик Гавріель, видають крик все півні в цьому світі, і виходить від нього інше полум'я, наздоганяючи їх ударом під крила, і вони видають клич»[527], – тобто час, коли Гавріель підносить голос Біни до вищого «гевера», до Малхут, виходить полум'я від Гавріеля і наздоганяє усіх птахів у цьому світі, – тобто суди, що діють в межах цього світу. І всі вони видають заклик, але тільки голосом, який підсолоджений властивістю милосердя, Біни, – так, що властивість «голос», котра є судом Малхут, вже не панує у другій половині ночі. І її місце займає голос Біни, і на це вказує поклик, що видається півнями в цьому світі. Тому сказано тут: «В час, коли лунає крик півня, який сповіщає про настання півночі», – бо голос півня вказує на те, що Малхут вже отримала голос Біни. І тоді це точка настання півночі, в якій починається половина ночі, котра є «добром без всякого зла».

А після того, як Малхут отримує голос Біни, праведники піднімають МАН за допомогою заняті Торою після опівночі. І вони піднімають її до ґурот вищої Іми, котрі приносять радість. Як сказано: «Встає вона ще вночі»[528], – бо розкривається вона тоді у всій своїй красі і пишноті. Адже святий Малхут властиво розкриватися тільки вночі, як сказано: «І вона йде вдень і з'являється вночі, і ділить їжу вранці»[529].

---

526 Зогар, глава Шлах Леха, п.267.
527 Зогар, глава Шлах Леха, п.268.
528 Писання, Притчі, 31:15. «Постає вона ще вночі, роздає їжу в домі своєму і урок служницям своїм».
529 Зогар, глава Пінхас, п.675.

І розкриття її відбувається тільки в Еденському саду лише для тих праведників, які виправляють її тим, що займаються Торою, вивчаючи її після опівночі. Тому сказано, що Творець перебуває з праведниками в Еденському саду, тому що свята Шхіна виправляється в Еденському саду, зрошувана річкою насолод, тобто Хохмою, і радіє разом з праведниками, котрі включені до її МАН.

Тому сказано: «Заборонено благословляти вранці, коли руки забруднені скверною, і так само, – у будь-який час», – оскільки дух нечистоти первородного змія перебуває на пальцях людини, навіть коли вона прокидається від сну. І ця скверна усувається лише обмиванням з клі (судини). «І так само – у будь-який час», – не обов'язково після сну, але вся скверна і бруд є місцем прилипання сітри ахра. І благословляти дозволяється лише після обмивання водою.

Той, хто радіє в свята, але не подає бідним

174) Заговорив рабі Шимон, проголосивши: «Той, хто радіє в свята, але не дає частину Творцеві, того переслідує недоброзичливець, Сатан, і звинувачує його та уводить його зі світу. Скільки ж бід він заподіює йому, одну за однією».

Пояснення сказаного. У кліпот є захар та нуква, і захар не такий зіпсований, як нуква. Він не вводить в оману людей, обманюючи їх ім'ям Творця, і навіть навпаки, — пробуджує людину виконувати заповіді, але тільки не в чистоті, — заради надання відради Творцеві, — а коли до цього домішана самонасолода. Як сказано: «Не їж хліба недоброзичливця. "Їж і пий!" — скаже він тобі, а серце його не з тобою»[530], бо він не має наміру завдавати насолоди тобі. І виходить, що ця заповідь позбавлена будь-якого смаку, і немає в ній любові та страху, тобто — немає там серця.

Але оскільки він вже затягнув людину до свого володіння, у нього є сила зробити зівуґ зі своєю нуквою, великою безоднею, кліпою, що несе зло й гіркоту, обманює ім'ям Творця, і тоді вона забирає душу людини. Тому сказано: «Того переслідує недоброзичливець, Сатан, і звинувачує його та уводить його зі світу». Бо після того, як ввів людину в оману відносно заповіді «радіти у свята», — мовляв, вона не заради надання відради Творцеві, і це видно по тому, як людина їсть одна, не піклуючись про те, щоби насолодити бідних, — після цього він здійснює зівуґ зі своєї нуквою та забирає душу людини.

175) «Частину Творцеві» — означає радувати бідних, наскільки людина може це робити. Адже в ці дні, в свята, Творець з'являється аби оглянути розбиті келім Свої. Він заходить до них і бачить, що їм нема від чого радіти. І Він плаче про них, і піднімається нагору, щоби зруйнувати світ.

---

530 Писання, Притчі, 23: 6-7

При створенні світу, коли Він сказав ангелам: «Створімо людину за образом Нашим», Милосердя (хесед) погодилося: «Можна створити, бо вона проявляє милосердя». Правда сказала: «Не можна створювати, бо вся вона є брехнею». Справедливість сказала: «Можна створити, оскільки вона діє по справедливості». Мир заперечив: «Не можна створювати, оскільки вона є суцільними чварами». Що ж зробив Творець? Взяв Він Правду і опустив її на землю, як сказано: «І правда скинута буде на землю»[531].

Відомо, що людина повинна завжди займатися Торою і заповідями, навіть «не заради неї (ло лішма)», тому що займаючись «не заради неї (ло лішма)» вона прийде до занять «в ім'я неї (лішма)»[532]. Адже через ницість свою людина не може відразу ж почати займатися заповідями з метою завдання відради своєму Творцеві, оскільки її природа не дозволить їй зробити навіть найменший рух, якщо він не заради власної вигоди. Тому людина змушена спочатку займатися заповідями «ло лішма (не заради Тори)», виходячи з власної вигоди. Але разом з тим вона притягує наповнення святості за допомогою виконання заповідей і завдяки притягуваному наповненню вона прийде в кінці до виконання заповідей «лішма (заради Тори)», тобто – заради завдання відради Творцеві.

Тому Правда заперечувала проти створення людини, сказавши, що «вся вона є брехнею», адже була обурена – «як можна створювати людину, яка з самого початку буде займатися Торою і заповідями у повній брехні, тобто "ло лішма (не заради Тори)"».

Але Милосердя (хесед) сказало: «Можна створити, бо вона проявляє милосердя». Оскільки виконувана нею заповідь «проявляти милосердя» є з'ясованою дією віддачі і за допомогою цієї дії вона раз по разу виправляється, поки не навчиться виконувати всі заповіді заради віддачі. І в цьому випадкові вона може бути впевненою, що в кінці досягне своєї мети – займатися (Торою)

---

531 Писання, Даніель, 8:12.
532 Вавилонський Талмуд, трактат Псахім, арк. 50:2.

«в ім'я неї (лішма)». І тому Милосердя (хесед) стверджувало, що потрібно створювати.

І також Мир заперечував, тому що «людина є суцільними чварами». І оскільки не може виконувати заповіді заради віддачі, не домішуючи до них самонасолоди, вона знаходиться через це завжди у чварах з Творцем, бо здається собі такою, що є завершеним праведником, і зовсім не відчуває своїх недоліків, – тобто не відчуває, що всі її заняття Торою і заповідями – «не в ім'я неї (ло лішма)». І починає обурюватися Творцем, – чому Він не чинить для неї добро так, як належить відплачувати завершеному праведникові?! Таким чином, вона коливається між двома думками: вона то у мирі з Творцем, то в незгоді. Тому Мир стверджував, що не можна створювати (людину).

Однак Справедливість сказала: «Можна створити, бо людина діє по справедливості», – тому що завдяки дотриманню заповіді подаяння знедоленим, вона раз по разу наближається до властивості віддачі, поки не приходить до виконання «лішма (заради Тори)» і удостоюється постійного миру з Творцем. Тому – «можна створити».

Вислухавши їхні доводи, Творець погодився з ангелами Милосердя та Справедливості, і опустив Правду на землю. Іншими словами, Він дозволив займатися заповідями спочатку «ло лішма (не в ім'я Тори)», хоча це і є оманою. І Він опустив Правду на землю з тієї причини, що прийняв доводи Милосердя і Справедливості, – що за допомогою заповіді проявляти милосердя та заповіді подаяння знедоленим людина врешті-решт прийде до правди: служити Творцеві лише з метою завдання Йому відради. Таким способом вона в кінці прийде до «лішма (заради Тори)» і тоді Правда виросте із землі.

І це було також причиною розбиття келім, що сталося до створення світу. Адже внаслідок розбиття келім святості і падіння їх у світи БЄА розділення, впали разом з ними в кліпот й іскри святості. І через ці келім потрапляють під владу кліпот утіхи та любов всіляких видів, тому що вони передають ці іскри людині задля отримання й насолоди. І вони призводять тим самим до всякого роду злочинів, таких, як крадіжка, грабіж і вбивство.

Але разом з тим, Він дарував нам Тору і заповіді. І навіть якщо людина починає займатися ними «ло лішма», заради самонасолоди, для наповнення своїх ницих бажань, сили розбиття келім діють так, що вона, завдяки їм, все ж прийде в кінці кінців до «лішма», і удостоїться мети творіння – отримати всю насолоду і благо, що вготовані у задумі творіння, для завдання відради Творця.

І сказано: «Адже в ці дні, в свята, Творець з'являється аби оглянути розбиті келім Свої». Тому що в свята, коли людина виконує заповідь «радіти в свята величезній кількості блага, яке дароване їй Творцем», Творець відправляється оглядати Його розбиті келім, за допомогою яких людині надана можливість виконувати заповіді «ло лішма». І Він бажає перевірити, як вони виконали своє завдання – привести людину до стану «лішма». «І бачить (Він), що їм нема від чого радіти», – цим розбитим келім. «І Він плаче про них» – оскільки бачить, що в них ще не виявлено нічого, – тобто вони анітрохи не наблизили людину до стану «лішма» і вона виконує заповідь «радіти святам» лише заради самонасолоди.

І тоді «Він плаче про них», тобто нібито жалкує про них, – про те, що розбив їх. Адже Він розбив їх і також опустив Правду на землю лише заради людини, щоб та могла почати роботу з «ло лішма», а потім прийти до «лішма». А коли Творець бачить, що людина ні в чому не готова поступитися власною вигодою, – Він неначе розбив їх марно, і тоді Він плаче про них.

«І піднімається нагору, щоб зруйнувати світ», – неначе піднімається, щоб видалити все благо зі світу та зруйнувати світ, бо в той час, коли стан «ло лішма» нездатний привести людину до «лішма», саме благо перевертається на зло їй. Адже через нього вона ще глибше грузне у кліпі отримання, і тому краще для цієї ж людини – відірвати її від насолоди та остаточно знищити цю кліпу.

176) Постали перед Ним члени зібрання та звернулися до Нього: «Владика світу! Ти звешся милосердним і милостивим! Прояви милосердя до синів Твоїх!». Відповів їм: «Хіба не створив Я світ, заснувавши його лише на милосерді (хесед), коли Я сказав: "Милосердям буде зведений світ"[533], і на цьому тримається світ. А якщо вони не вчинюють милосердно з бідними, Я знищу світ». Звернулися до Нього вищі ангели: «Владика світу! Ось ця людина їла та пила вдосталь, і може проявити милосердя до бідних, але нічого не дала їм». З'являється обвинувач і, отримавши дозвіл, починає переслідувати цю людину.

Пояснення. Вищі душі, звані членами зібрання, звертаються з молитвою за нижніх аби не віддалялося благо від них. І просять Його про милосердя до синів Своїх. І вони намагаються виправдати їх перед Ним, кажучи, що виконання ними Його заповідей у вірі дає їм право називатися «синами Творця (досл. місця)», і тому вони заслуговують милосердя, «як милостивим є батько до синів»[534].

Відповів їм Творець: «Хіба не створив Я світ, заснувавши його тільки на милосерді? І світ тримається лише на милосердя». Іншими словами, за допомогою блага не прийде до них ніяке виправлення, якщо вони не насолоджують бідних. Адже створення світу засноване на тому, що Я погодився з ангелами Милосердя, і завдяки наданню милості однією людиною іншій існуватиме світ, і прийдуть вони до стану «лішма». А тепер, коли вони не відплачують милосердям, не вийде з цього ніякого виправлення.

І тоді звернулися до Нього вищі ангели: «Владика світу! Ось ця людина їла та пила вдосталь, і може проявити милосердя до бідних, але нічого не дала їм». Іншими словами, також і вищі ангели, ангели Милосердя та Справедливості, і всі ті, хто був згоден зі створенням людини, почали звинувачувати її. Адже вони були згодні на дію творіння шляхом «ло лішма» лише для

---

533 Писання, Псалми, 89:3.
534 Писання, Псалми, 103:13.

того, щоби (люди), поступаючи милосердно і по справедливості, могли прийти з їхньою допомогою до «лішма».

Але тепер, коли люди цього не роблять і нездатні прийти до «лішма», ангели шкодують про свою згоду і звинувачують людину. І тоді є обвинувач і починає переслідувати цю людину, отримавши дозвіл на це. Бо тільки-но з'ясовується, що людина не гідна прийти до «лішма» зі своїми заповідями, обвинувачу надається право діяти на власний розсуд.

177) Немає в світі того, хто може зрівнятися з величчю Авраама, який проявляв милосердя до всіх створінь. У день, коли він влаштував учту, сказано: «Дитина виросла й була віднята від грудей, і влаштував Авраам учту велику у день віднятя Іцхака від грудей»[535]. «Влаштував Авраам учту» і скликав усіх великих людей покоління на цю трапезу. І на будь-який урочистій трапезі здійснює огляд обвинувач, чи виявила ця людина насамперед милість до бідних. І якщо є бідні в цій домівці, то обвинувач залишає її, не зайшовши до неї. А якщо немає, і обвинувач, увійшовши туди, бачить веселе збіговисько, в якому немає бідних, і не проявлена в першу чергу милість до бідних, він підноситься вгору та звинувачує цю людину.

178) Коли Авраам запросив великих людей покоління, спустився обвинувач і став біля входу в образі жебрака. Але ніхто навіть не глянув на нього. Авраам обслуговував царів і правителів. Сара годувала грудьми всіх маляток, тому що ніхто не вірив, що вона народила, і сказали, що Іцхак – знайда, і що підібрали його на ринковій площі. І тому привели своїх малюків разом з собою, а Сара взяла їх і годувала їх грудьми при них. І про це сказано: «Хто мовив до Авраама: "Годувати синів буде Сара"?!»[536].

Слід було сказати: «Годувати сина буде Сара». Але, звичайно ж, «синів» – синів усіх гостей. І цей обвинувач стояв біля входу.

---
[535] Тора, Берешит, 21: 8.
[536] Тора, Берешит, 21:7.

Сказала Сара: «Посміявся наді мною Творець»⁵³⁷. Негайно ж вознісся обвинувач і постав перед Творцем, сказавши йому: «Владика світу! Ти говориш: "Авраам, люблячий Мене"⁵³⁸. Ось, він влаштував трапезу, і не виділив нічого ні Тобі, ані бідним. І не приніс у жертву Тобі навіть й одного голуба. А Сара, до того ж, каже, що посміявся Ти над нею».

Необхідно зрозуміти сказане. Адже Авраам, який головним чином відрізнявся гостинністю та милосердям, і всі дні, стоячи на роздоріжжі, запрошував гостей⁵³⁹, – як може бути, щоби він допустив промах, не давши милостині бідним? І крім того, чому так старався обвинувач, вбравшись у жебрака, адже по відношенню до інших він не поводиться так? Але тут все не так просто, і в цьому місці криється велика таємниця, що розкривається тим, хто досягнув вищої святості⁵⁴⁰.

Справа в тому, що остаточно знищити сітру ахра до завершення виправлення не можуть навіть вищі святі праведники. І як би не старався праведник виконати заповідь у чистоті, все ж залишається сила сітри ахра (іншої сторони) звинувачувати його та вказати на місце недоліку в заповіді. І тому Творець приготував для праведників інший спосіб приборкати обвинувача, щоб той не виступав проти: дати цьому обвинувачеві малу частку від святості, яка залишилася. І тоді він не може відкрити рот для звинувачення, щоби не втратити частку святості, яку він отримає завдяки цій заповіді. І тому в тфілін має бути видним волос тільця, який виступає назовні. І з цим пов'язана заповідь козла відпущення та червоної телиці⁵⁴¹.

І сказано: «Спустився обвинувач і став біля входу в образі жебрака. Але ніхто навіть не глянув на нього». Зрозуміло, Авраам нагодував всіх жебраків на своїй трапезі, як і прийнято завжди поступати на прийомі гостей. Однак відвадити цього

---

537 Тора, Берешит, 21:6.
538 Пророки, Єшаягу, 41:8.
539 Див. Зогар, главу Емор, статтю «Свято Сукот», п.279.
540 Див. Зогар, главу Пкудей, статтю «Волос у тфілін», п.329.
541 Див. Зогар, главу Пкудей , статтю «Волос у тфілін», п.332, а також Зогар, главу Емор, статтю «День Спокути», п.235.

обвинувача нездатна жодна чистота, а лише незначна насолода від святості. І він постав тут у вигляді жебрака, оскільки хотів отримати свою частку від святості. Але Авраам не хотів дозволити сітрі ахра навіть в незначній мірі насолодитися від святості, і мав намір прогнати його остаточно, придушивши силу його. І ось тоді піднявся обвинувач і поскаржився. Тому сказано: «Спустився обвинувач і став біля входу в образі жебрака», – бо насправді він не був жебраком, але мається на увазі, що обвинувач прикинувся бідним і вимагав догодити йому від святкової трапези Авраама.

Однак Авраам відчув, що той відноситься до властивості сітри ахра, і тому нічого не побажав дати йому, «навіть одного голуба». У цих словах міститься чудовий натяк. Адже згідно з порядком жертвування можна приносити тільки двох голубів, що відповідає двом точкам, котрі включені разом до Малхут, яка підсолоджена властивістю милосердя. Це означає, що в ній є суд і милосердя одночасно, і суд в ній захований та укритий, а милосердя знаходиться у розкритті. І без цього підсолодження світ не міг би існувати.

Тому можна приносити в жертву тільки двох голубів[542]. А «один голуб» побічно вказує на голуба, якого Ноах випустив з ковчега, «і той вже більше до нього не повернувся»[543], тому що «один голуб» – це натяк на властивість суду в Малхут, яка не підсолоджена властивістю милосердя. Але оскільки Ноах не може зробити в ньому ніякого виправлення, «той вже більше до нього не повернувся».

І вже з'ясувалося, що домагання обвинувача отримати свою частку від трапези Авраама в день відняття сина від грудей, є виправленням недоліку, який неможливо виправити іншим чином до завершення виправлення. І це – властивість суду в Малхут, з якою світ не може існувати. І вона повинна знаходитися в приховуванні, як і голуб, котрий більше не повернувся до Ноя. Однак Авраам міг виправити його (цей недолік), і на нього було покладено

---

542 Тора, Бемідбар, 6:10.
543 Тора, Берешит, 8:12.

виправлення його таким чином, щоби дати щось обвинувачеві, змусивши його замовкнути. І оскільки він нічого не дав обвинувачу, той вознісся і поскаржився.

Тому сказав обвинувач, що він (Авраам) «не дав нічого ні Йому, ані бідним», звинувативши його тим самим, що на цій трапезі він нічого не виправив у властивості суду Малхут, яка зветься «бідною», оскільки немає у неї нічого свого. Але ж це – частина Творця, бо вона є сутністю сфіри Малхут Нукви Зеір Анпіну, тобто Творця, адже Він підсолодив її властивістю милосердя лише для того, щоб світ міг існувати. Тому мохін, що притягуються властивістю милосердя, вважаються ніби часткою жителів світу, і за допомогою цього вони виправлять також і сутність Малхут, яка є частиною одного лише Творця.

І оскільки завдяки великому чуду Сара змогла годувати грудьми синів, Авраам притягнув всі мохін, що наявні у властивості милосердя, і тоді зміг виправити властивість «бідна», котра відноситься до Малхут, яка є частиною Творця. Тому скаржився обвинувач, що Авраам «не відділив нічого ні Тобі», тобто частки, що належить Творцеві, «ані бідним», – частини суті Малхут, яка перебуває у бідності, оскільки жителі світу не можуть зробити виправлення в ній. «І не приніс в жертву Тобі навіть одного голуба», – того голуба, якого Ноах не міг виправити.

«А Сара, до того ж, каже, що посміявся Ти над нею», – бо Сара уособлює властивість Біни та міру милосердя, що світиться в Малхут. І сказавши: «Посміявся наді мною Творець, – кожен, хто почув, буде насміхатися з мене»[537], вона притягнула довершене світло й настільки велике підсолодження, що перестав виявлятися будь який недолік у самій властивості Малхут. Але внаслідок цього виникло побоювання, що це не дасть можливості побачити, як виправити саму Малхут. І це є подібним до тлумачення сказаного: «Як би не взяв він від Древа життя і не скуштував та не став би жити вічно»[544], – тобто як би не перестав відчувати всі недоліки, адже тоді він не буде відчувати необхідність виправити порок, що міститься в Древі пізнання.

---

544 Тора, Берешит, 3:22.

179) Сказав йому Творець: «Нема в світі того, хто подібний до Авраама». Але обвинувач не пішов звідти, поки не розігнав всю цю радість. І Творець наказав принести в жертву Іцхака, і постановив, що Сара помре, уболіваючи про сина свого. І все це нещастя він накликав тим, що не дав нічого бідним.

Пояснення. Жертвопринесення Іцхака було необхідно для виправлення самої Малхут – того, що не було виправлено під час великої учти, в день відняття від грудей Іцхака. А смерть Сари наступила через великі світла, що були притягнуті її словами: «Посміявся наді мною Творець», які перешкодили виправленню Малхут.

Тора і молитва

180) Заговорив рабі Шимон, проголосивши: «Тоді звернув Хізкіягу лице своє до стіни та молився Творцеві»[545]. Подивися, наскільки великою є сила Тори і наскільки вона – понад усе. Адже кожен, хто займається Торою, не боїться ані вищих, ані нижніх, і не боїться поганих хвороб у світі, тому що пов'язаний з Древом життя та вчиться у нього кожен день.

181) І Тора навчає людину йти шляхом істини та дає їй настанову, як звернутися до лику Володаря свого аби скасувати вирок. І навіть якщо було прийняте рішення про неї, що вирок не буде скасований, він тут же скасовується і звинувачення знімається з неї та не перебуває над людиною в цьому світі. Тому людина повинна займатися Торою вдень і вночі та не залишати її. Як сказано: «Вивчай її вдень і вночі»[546]. І якщо людина залишає її, або відстороюється від неї, – вона немов відстороюється від Древа життя.

Пояснення сказаного. Він почав з молитви, зі сказаного: «Тоді звернув Хізкіягу лице своє до стіни»[545], і тлумачить його лише за допомогою Тори. Сказано в іншому місці[547], що молитва його була прийнята тому, що вже не було нічого, що розділяє між ним та стіною, тобто святою Шхіною. І тому він каже тут, що ця порада прийшла до нього тільки завдяки силі Тори, за допомогою якої він прийшов до повного розкаяння, поки не стало нічого, що розділяє між ним та стіною, святою Шхіною, і тому була прийнята його молитва й скасований смертний вирок. І закінчує: «Тому», – оскільки ми бачимо, що сила Тори є великою настільки, що здатна скасувати смертний вирок, – «людина повинна займатися Торою вдень і вночі, і не залишати її»[546].

---

545 Пророки, Єшаягу, 38:2.
546 Пророки, Єшаягу, 1:8.
547 Зоґар, глава Ваетханан, п.11.

182) Дивись же – ось порада людині, коли вона сходить вночі на ложе своє: вона повинна прийняти над собою вище царство (Малхут) всім серцем, і негайно передати душу свою у заставу Творцеві. Так вона відразу ж позбавляється від усяких поганих хвороб і злих духів, котрі тепер не владні над нею.

Пояснення сказаного. «Назвав Творець світло – днем»[548] – це світло злиття і святості, одержуване нами від Творця. І це – «правління дня»[549]. А «пітьму назвав – ніччю»[548], – тобто сили розділення, що віддаляють нас від світла Його, – це «правління ночі»[549]. Тому ми спимо вночі, і це – одна шістдесята частина смерті, що є правлінням іншої сторони (ситри ахра). І через те, що є два правління, ми не можемо злитися з Творцем навіки, оскільки перериваємо злиття з Ним під впливом «правління ночі», яке весь час повертається до нас, відриваючи нас від служіння Йому.

І щоби виправити це, рабі Шимон дає пораду – щоночі, перш ніж людина відходить до сну, вона повинна прийняти на себе вищу Малхут всім серцем. І лише коли ніч є виправленою так само, як в дії початку творіння, про яку сказано: «І був вечір, і був ранок, день один»[548], де ніч і день об'єднані разом в єдину сутність, ставши одним днем, тоді ця ніч називається правлінням Малхут, і ніяка кліпа не може примішатися до неї.

Тому людина теж повинна прийняти на себе цю вищу Малхут всім серцем, аби не було нічого, що розділяє між нею й Малхут. Інакше кажучи, вона повинна прийняти над собою небесне царство (Малхут) навіть, якщо це питання життя і смерті. І ніщо в світі не змусить її відійти та віддалитися від вищої Малхут. Як сказано: «Полюби Творця твого всім серцем своїм, всією душею своєю і всією суттю своєю»[550]. І якщо людина прийняла це на себе всім серцем, вона вже впевнена сама, що не може більше виникнути нічого, що розділяє між нею та Творцем.

---

548 Тора, Берешит, 1:5.
549 Тора, Берешит, 1:16.
550 Тора, Дварім, 6:5.

І тоді вважається, що вона вже приступила до передачі в заставу Творцеві душі своєї, оскільки поспішала довірити душу свою в руки Творця, – тобто виконати заповіді в усій довершеності, аж до пожертвування своєю душею. І тому, коли вона спить і дух її відсторонюється від неї, вона відчуває вже в цьому не шістдесяту частку смерті, тобто силу сітри ахра, а тільки душевну самопожертву шляхом заповіді, тому що сила смерті вже невладна над нею, оскільки вона включила її в силу душевної самопожертви цієї заповіді.

І якщо вона робить це, нічне правління в жодному разі не може нашкодити їй та відірвати від радості служіння Творцеві, бо в неї вже вечір і ранок – день один. І немає ночі, а лише – невід'ємна частина дня. І тому вона відразу ж позбавлена від усіх поганих хвороб і від усіх злих духів, котрі не владні над нею, бо ніч її вже вийшла з-під влади сітри ахра, – адже не залишилося нічого, що розділяє між нею та святою Шхіною. І сили сітри ахра та суду вже більше не владні над нею.

183) А вранці, коли піднімається зі свого ложа, людина повинна благословити Володаря свого та увійти в дім Його, і схилитися перед Храмом Його у великому трепоті, а потім піднести молитву Йому. І вона повинна скористатися порадою святих праотців, як сказано: «А я, з великої милості Твоєї, прийду до дому Твого, поклонюся святому Храму Твоєму в трепоті перед Тобою»[551].

Пояснення. «А я, з великої милості Твоєї» – благословення Володаря свого за проявлене до людини милосердя, «прийду до дому Твого» – входження в дім Його, «поклонюся святому Храму Твоєму» – схиляння перед Храмом Його, «в трепоті перед Тобою» – у великому тремтінні. А потім – піднести молитву Йому.

І тому сказано, що «вона повинна скористатися порадою святих праотців», – тому що молитва, яку ми підносимо, є виправленням святої Шхіни аби притягнути до неї наповнення благом, що рятує її від усіх недоліків. Саме тому всі прохання – у

---

551 Писання, Псалми, 5:8.

множині, такі як: «І даруй нас знанням Твоїм», «і поверни нас, Батько наш, до Тори Твоєї».

Адже молитва підноситься за спільність Ісраеля, і все, що є в святій Шхіні, є у всього Ісраеля. І все, що їй бракує, бракує всьому Ісраелю. Таким чином, коли ми молимося за весь Ісраель, ми молимося за святу Шхіну, тому що це – те ж саме. І тому перед молитвою ми повинні побачити те, чого недостає Шхіні для того, аби знати, що саме необхідно виправити в ній і чим наповнити її.

Однак всі покоління народу Ісраеля включені до святої Шхіни. І ті виправлення, які вона отримала від попередніх поколінь, ми більше не повинні здійснювати в ній, але тільки завершити їх, – виправити те, що залишилося у нестачі в ній після їхніх виправлень.

І святі праотці містять в собі весь Ісраель, оскільки є трьома коренями всіх шістдесяти рибо (десятків тисяч) душ Ісраеля в кожному поколінні до завершення виправлення. І всі притягання й впливи, які здійснені та отримані народом Ісраеля в усіх поколіннях, отримані спочатку святими праотцями, і від них приходить наповнення до всього Ісраеля в тому поколінні, яке притягнуло це наповнення. Бо такий порядок в духовному – будь-яка віта може отримати наповнення лише через свій корінь. І головне світіння залишається в корені, а тільки частина його сходить до віти. Таким чином, всі виправлення, які вже зроблені в святій Шхіні, знаходяться та існують в душах наших святих праотців.

Тому мовиться про те, що «людина не повинна входити в будинок молитовного зібрання, перш ніж звернеться за порадою до Авраама, Іцхака та Якова»[552], оскільки наша молитва повинна лише доповнити те, чого ще бракує Шхіні після всіх виправлень, зроблених в ній до цього часу. Тому необхідно перш за все осягнути всі ті виправлення, які були зроблені в святій Шхіні

---

552 Див. п.184.

та притягнути їх до неї, і тоді ми будемо знати, що саме необхідно ще додати до них.

І тому людина не повинна входити в будинок молитовного зібрання, не запитавши поради у святих праотців, оскільки потрібно дізнатися, порадившись з ними, що саме необхідно ще виправити. І це стане можливим лише після того, як ми притягнемо до святої Шхіни все те, що святі праотці вже виправили в ній, і тоді виявляється те, чого їй ще бракує.

Тому сказано, що вони виправили молитву[552], тобто святу Шхіну. Виправлення Авраама називається «шахаріт (ранкова молитва)», виправлення Іцхака – «мінха (полуденна молитва)», виправлення Яакова – «аравіт (вечірня молитва)». І з цієї причини нам необхідно спочатку притягнути всю міру виправлення, яку вони вже зробили в молитві. І тоді ми будемо знати, про що нам ще необхідно молитися і як виправити те, чого бракує їй.

184) Людина не повинна входити в будинок молитовного зібрання, перш ніж звернеться за порадою до Авраама, Іцхака і Якова та отримає дозвіл. Оскільки вони виправили молитву до Творця. Як сказано: «А я, з великої милості (хесед) Твоєї, прийду до дому Твого»[551] – це Авраам, властивість Хесед, «поклонюся святому Храму Твоєму»[551] – це Іцхак, зі сторони якого Малхут називається Храмом. «В трепоті перед Тобою»[551] – це Яаков, властивість Тіферет, звана «Страшний». І необхідно включитися спочатку в них, а потім вже увійти в місце зібрання та піднести молитву. Тоді сказано: «І сказав мені: "Ти раб Мій, Ісраель, в якому Я прославлюся"»[553].

Тут з'ясовуються три загальних виправлення, що здійснені праотцями в святій Шхіні.

Авраам виправив її у властивості «дім», що означає – «постійне місцеперебування», коли людина може знаходитись в постійному злитті з нею, – так само як і в своєму домі людина перебуває постійно.

---

553 Пророки, Єшаягу, 49:3.

Іцхак додав виправлення, виправивши її у властивості «святий Храм», і це означає, що Цар знаходиться там постійно, тому що Цар завжди перебуває в чертозі своєму.

Яаков додав виправлення, виправивши її у властивості «страх», і це як врата до оселі, тобто вхід, подібно до входу в «дім», який в ній (Шхіни), або – до входу в «святий Храм» в ній. Як сказано: «Яке страшне місце це! І це – врата небес»[554].

А після того, як людина вже включилася повністю в ці три виправлення праотців, вона може дізнатися всю міру виправлення, наявну в святій Шхіні. І тоді вона може увійти в будинок зібрання та піднести свою молитву, виправивши в Шхіні те, чого їй ще бракує.

Пояснення сказаного. Авраам є основою Хеседа, що знаходиться в душах Ісраеля, тому що він виправив святу Шхіну як місце отримання світла Хесед. І вона отримала хасадім за всі душі Ісраеля у всій їхній повноті. Якби це збереглося, весь Ісраель були б з'єднані з Творцем у безперервному злитті, а святая Шхіна була б «царським домом, повним всіх благ і насолод». І жодна людина навіть на мить не хотіла би розлучатися з нею.

Однак все виправлення Авраама полягало в тому, що він створив досконале місце отримання, в якому не може бути навіть найменшої шкоди для світла хасадім, тобто підняв її (Шхіну) до властивості віддачі й завдання насолоди Тому, хто створив нас, та не отримував нічого заради власного задоволення. І це є властивістю світла Хесед та місцем для його отримання. Як сказано: «Хто каже "моє – твоє" і "твоє – твоє", називається праведником (хасідом)»[555], – тобто таким, хто взагалі нічого не вимагає заради власного задоволення.

І оскільки всі скорочення та все утримання сітри ахра відбувається лише в отриманні заради себе, то виходить, що він остаточно усуває всю нечистоту кліпот та сітри ахра. І Шхіна

---

554 Тора, Берешит, 28:17.
555 Мішна авот, 5:10.

встановлюється у повній чистоті. Однак на цьому ще не довершується задум творіння, оскільки основним у задумі творіння було бажання завдати насолоди створінням. І величина насолоди залежить та вимірюється тільки в міру прагнення отримувати. Іншими словами, відповідно до величини прагнення отримати вимірюється і міра насолоди від отримання.

Тому після того, як Шхіна вже виправлена лише у вигляді клі віддачі, без усякого отримання заради себе, – тобто повної відмови від отримання від Творця, а лише віддача Йому, – ще не зроблене ніяке виправлення щодо основи задуму творіння, і відбувається воно тільки коли відкривається пристрасне бажання отримувати.

І це означає, що Авраам породив Ісака, бо після того, як Іцхак побачив Шхіну в повній досконалості та наповненні світлом Хесед завдяки виправленням Авраама, він відчув наявний в ній недолік, – що вона ще не готова отримати все вміщене в задумі творіння. Тому він просунувся далі і виправив її в якості місця отримання таким чином, щоби вона була готова для отримання всієї бажаної досконалості, включеної до задуму творіння. Тобто він пробудив також і бажання отримувати від Творця, але тільки в отриманні в ім'я віддачі. Це означає, що він прагне отримати, – але лише тому, що таким є бажання Того, хто дає. І якби Той, хто дає не бажав цього, не було б у нього ані найменшого бажання отримувати від Нього.

Відомо, що отримання заради віддачі вважається істинною віддачею. І в такому бажанні отримання немає більше місця для сітри ахра. І завдяки йому свята Шхіна остаточно встановилася в усій величній досконалості, тому що тепер вона є гідною отримати все задоволення й насолоду від усього, чим задумав Творець насолодити Свої створіння в той момент, коли виник задум їхнього створення.

Тому свята Шхіна називається зараз Храмом святості, адже тепер Цар у всій своїй красі і величі перебуває в ній, як у чертозі своєму. Однак з боку виправлення Авраама вона називається тільки домом, тобто царським домом, оскільки там ще не була виявлена вся Його велич й краса. І велич Царя проявляється лише у чертозі, що призначений для Нього.

І вважається, що Іцхак виправив тим самим всі ґвурот, котрі наявні в душах Ісраеля, що означає – підсолодив усі суди, які проявляються в управлінні Творця. Адже всі обмеження, страждання і покарання приходять в світ тільки для виправлення келім отримання душ, щоби вони були гідними отримати все благо, яке включене в задум творіння. І завдяки тому, що Іцхак вже виправив свого часу Шхіну в цій досконалості, виправилися тим самим і всі ґвурот, оскільки вже досягли своєї мети.

Але його виправлення теж не збереглося, тому що світ ще не був готовий до остаточного виправлення. І тому від нього постав грішник Есав, який зіпсував його виправлення і не втримався в ньому, – щоб отримувати тільки заради віддачі, як було встановлене Іцхаком, – та впав в отримання заради себе. Іншими словами, навіть в той час, коли відкрилося йому, що Той, хто дає, не бажає його отримання, все ж таки бажав отримати заради самонасолоди. І це призвело до того, що пристали до нього сітра ахра й кліпот, і тому сказано, що увесь він був червоний[556] та покритий волоссям[557]. І, тим самим, він знову опустив раглаїм (досл. ноги) Малхут у кліпот, як сказано: «Ноги її сходять до смерті»[558].

І коли Яаков побачив шкоду, заподіяну грішником Есавом, він здійснив виправлення святої Шхіни у властивості «страх». Як сказано: «А рука його схопила п'яту Есава»[559] – тобто, бачачи шкоду, заподіяну Есавом Шхіні, Яаков виправив себе у великому страсі так, що підняв Шхіну, зробивши її вінцем над своєю головою. І, завдяки цьому, він дотримувався одночасно двох виправлень, – Авраама та Іцхака, – і з його боку не було нанесено жодної шкоди. Однак це виправлення ще не є кінцевим виправленням, тому

---

556 Тора, Берешит, 25:25.
557 Тора, Берешит, 27:11.
558 Писання, Притчі, 5:5.
559 Тора, Берешит, 25:26.

що такий страх подібний до страху прогріху, – адже «п'ята Есава» привела його до цього страху, без того, щоби він сам прогрішив, як Есав.

Однак кінець виправлення настане після того, як буде усунута «п'ята Есава», як сказано: «Знищить Він смерть навіки»[511], оскільки страх в цей час буде лише тому, що Творець – великий та править усім. І, звичайно ж, Яаков для себе досяг цього істинного страху, але щодо всього Ісраелю це виправлення залишилося всім поколінням після нього, до кінця виправлення.

І тому сказано: «"А я, з великої милості (хесед) Твоєї, прийду до дому Твого"[551] – це Авраам, властивість Хесед», тому що Авраам виправив її (Шхіну) у властивості «царський дім, повний усіх благ», – в світлі хасадім.

«"Вклонюсь святому Храму Твоєму"[551] – це Іцхак, зі сторони якого Малхут називається Храмом», тому що Іцхак виправив її у властивості «Храм святості, який прославляє велич Царя», як і личить Творцеві.

«"В трепоті перед Тобою"[551] – це Яаков, властивість Тіферет, звана "Страшний"», тому що Яаков виправив її у властивості «страх», і тим самим він виправив її в якості місця отримання всіх виправлень Авраама та Іцхака разом. І необхідно спочатку включитися до них, – адже як людина дізнається, що саме залишилося ще виправити в Шхіні, якщо не включить себе в ці три виправлення, які вже зробили в ній святі праотці. Інакше кажучи, вона повинна взяти на себе виконання всіх дій згідно з цими виправленнями, що і називається її включенням до їхніх властивостей.

І тільки після того, як включилася людина в усі ці три виправлення святих праотців, вона може почати виправляти Шхіну з того місця, яке встановив нам праотець Яаков: підняти страх, зробивши його високою якістю тому, що «Творець великий і править усім», а потім вже увійти в будинок зібрання та піднести молитву. Тобто вона повинна підносити молитву і притягувати у Шхіну вищі світла разом зі страхом величі аби привести її до кінця виправлення. І про це написано: «І сказав мені : "Ти раб Мій, Ісраель, в якому Я прославлюся"»[553].

Вихід рабі Шимона з печери

185) Рабі Пінхас зазвичай зустрічав рабі Рахумая на березі моря Кінерет. Великою людиною був рабі Рахумай, він був у похилому віці і зір його притупився. Звернувся він до рабі Пінхаса: «Чув я достовірно, що у друга нашого, Йохая, є перлина, дорогоцінний камінь», – тобто син, «вдивився я в сяйво цієї перлини – воно є подібним до світла сонця, що виходить зі свого укриття та осяває весь світ».

Пояснення сказаного. Малхут у всіх своїх виправленнях називається дорогоцінним каменем і називається перлиною. І каже: «У нашого друга Йохая є перлина, дорогоцінний камінь», – тобто син, який вже удостоївся Малхут у всіх її виправленнях та прикрасах. І завдяки духу святості він розглянув у сяйві цієї перлини, що «воно є подібним до світла сонця, що виходить зі свого укриття», – тобто, що Малхут прийде до такого виправлення, коли «світло місяця стане як світло сонця»[560], і тоді вона осяє повністю весь світ.

І ось після того, як світло Малхут перетворилося на світло сонця, і піднялося до небес у своїй найвищій точці, почала вона світити від небес і до землі в одному світловому стовпі, що світить абсолютно всьому світові. «Він світив, не перестаючи, доки не досяг рабі Шимон виправлення престолу Атіка Йоміна у належному вигляді», – мається на увазі, що він вже удостоївся двох розкриттів, котрі відносяться до кінця виправлення. І це шість речень, від «небеса розповідають»[561] і до «вчення Творця є довершеним»[562], та шість імен, що написані, – від речення «ніщо не приховане від тепла його»[563] і до кінця псалму. І слова «світло стоїть від неба і до землі та осяває весь світ» опосередковано вказують на ці шість висловів, а слова «доки не

---
560 Пророки, Єшаягу, 30:26.
561 Писання, Псалми, 19:2.
562 Писання, Псалми, 19:8.
563 Писання, Псалми, 19: 7.

з'явиться Атік Йомін, сівши на троні, як личить» вказують на ці шість імен[564].

186) «І це світло стоїть від неба і до землі та осяває весь світ, доки не з'явиться Атік Йомін, Кетер, сівши на троні, як личить» – тобто до кінця виправлення. «І все це світло з'єдналося з домом твоїм», – тобто з його дочкою, бо дочка рабі Пінхаса була дружиною рабі Шимона бен Йохая. «І від світла, що поєдналося з домом твоїм, виходить світло тонке і слабке», – і це син його доньки, рабі Ельазар. «І вийшовши назовні, воно освітлює весь світ. Щаслива доля твоя! Виходь, син мій, виходь! Іди слідом за цією перлиною, яка осяває світ, бо час сприяє тобі!».

Пояснення. Дочка рабі Пінхаса була дружиною рабі Шимона. Таким чином, рабі Шимон поєднаний з дочкою рабі Пінхаса бен Яіра. Тут мається на увазі рабі Ельазар, який народився від світла, котре поєдналося з домом рабі Пінхаса бен Яіра, – тобто від рабі Шимона та дружини його. І рабі Ельазар вийшов та осяяв весь світ цілком.

187) Він вийшов від нього і зібрався зійти на корабель. З ним було двоє людей. Побачив він двох птахів, які наближалися, летячи над морем. Підвисивши свій голос, він вигукнув: «Птахи, птахи! Адже ви літаєте над морем! Може ви бачили місце, де знаходиться бен Йохай?!». Почекавши трохи, сказав: «Птахи, птахи! Відправляйтеся і принесіть мені відповідь». Полетіли вони, віддаляючись і йдучи все далі в море, та зникли з очей.

Пояснення. Рабі Шимон, рятуючись втечею від царства, яке видало указ стратити його, сховався разом зі своїм сином в одній печері, і ніхто не знав, де він. Тому рабі Пінхас бен Яір вийшов запитати про нього у тих, хто прибуває з моря.

188) Не встиг він піднятися на корабель, як птахи вже з'явилися. І в дзьобі однієї з них – лист, в якому написано, що рабі Шимон вийшов з печери разом з рабі Ельазаром, сином своїм. Відправився до нього рабі Пінхас та знайшов його зміненим, і

---

[564] Див. вище, п.145.

тіло його повністю покрилося ранами та виразками від тривалого перебування у печері. Став він плакати про нього і сказав: «Мені гірко, що я бачу тебе в такому стані». Відповів йому рабі Шимон: «Благословенна доля моя, що ти побачив мене у такому стані. Адже якби ти не побачив мене таким, я б не став таким». Заговорив рабі Шимон про заповіді Тори, вимовивши: «Заповіді Тори, які дав Творець Ісраелю, всі вони записані в Торі в загальному вигляді».

Пояснення. Протягом довгих років перебування в печері, він був змушений сидіти там у піску, щоб укрити свою наготу, та займатися Торою. Через це плоть його вкрилася ранами й виразками. Став плакати про нього рабі Пінхас і вимовив: «Мені гірко, що я бачу тебе в такому стані». Відповів йому рабі Шимон: «Благословенна до моя, що ти побачив мене в такому стані. Адже якби ти не побачив мене таким, я б не став таким», – тобто не заслужив би розкриття таємниць Тори, адже всієї височини своєї великої мудрості він удостоївся протягом тих тринадцяти років, що переховувався у печері.

Заговорив рабі Шимон: «Усі заповіді Тори, які дав Творець Ісраелю, всі вони описані в Торі в загальному вигляді у реченні "Спочатку створив Творець "до слів" і стало світло"[565]». І далі він пояснює, що вислів «спочатку створив Творець» – це заповідь страху та покарання за недотримання її, і в неї включені всі заповіді Тори.

---

565 Тора, Берешит, 1:1-3.

Заповіді Тори

Заповідь перша

189) «Спочатку створив Творець»[566] – це найперша заповідь з усіх. Ця заповідь називається «страх Творця», і зветься початком. Як сказано: «Початок мудрості – страх Творця»[567], а також: «Страх Творця – початок пізнання»[568]. Бо страх називається початком, і це – врата, що відкривають вхід до віри. І на цій заповіді тримається весь світ.

Пояснення. Незрозуміло, чому Писання в одному місці називає страх початком мудрості, а в іншому – початком пізнання. І пояснюється, що страх є початком кожної сфери, і осягнути будь-яку сферу можна, лише прийшовши спочатку до осягнення страху.

Тому мовиться про те, що це «врата, що відкривають вхід до віри». Адже неможливо досягти повної віри, не перебуваючи у страсі перед Творцем. І мірі страху відповідає й міра набутої віри. І тому «на цій заповіді тримається весь світ», – тому що світ може стояти лише на Торі й заповідях, як сказано: «Якби не Мій союз вдень і вночі, не затвердив би Я законів неба і землі»[569].

І оскільки страх, будучи вратами віри, є початком і вратами будь якої заповіді, на страху тримається весь світ. Як сказано: «Спочатку створив Творець небо і землю»[566], – тобто за допомогою страху, званого «початок», в який включені всі заповіді, «створив Творець небо і землю»[566]. І якби не страх, Творець не створював би нічого.

---

566 Тора, Берешит, 1:1.
567 Писання, Псалми, 111:10.
568 Писання, Притчі, 1:7.
569 Пророки , Єрміягу, 33:25.

190) З'ясовуються три види страху, два з яких не містять в собі істинного кореня, третій же є коренем страху. Буває, що людина перебуває перед Творцем у страсі за синів, щоби жили вони та не померли, або боїться покарання тіла, або грошового покарання, і тому перебуває у страсі перед Ним постійно. Виходить, що страх, який відчувається нею перед Творцем, вона не бере до основи, тому що основою її є власне благополуччя, а страх є породженням. А буває, коли людина відчуває страх перед Творцем через острах покарання в тому світі та покарання пекла.

Два ці види страху: страх перед покаранням цього світу і страх перед покаранням майбутнього світу – не є основою і коренем страху.

191) Страх, який є основою, – коли людина відчуває страх перед Володарем своїм тому, що Він великий та править усім. Такий страх є основою і коренем усіх світів, і все вважається як ніщо перед Ним. Як сказано: «А всі, хто живе на землі, вважаються як ніщо»[570]. Тому все своє прагнення необхідно спрямувати до місця, яке називається «страх».

Є три види страху Творця, і тільки один з них вважається істинним страхом.

1. Коли відчуває страх перед Творцем і дотримується заповідей Його для того, щоби жили сини його, і він сам був захищений від тілесного та грошового покарання. Страх перед покараннями цього світу.

2. Коли боїться також покарань пекла.

І ці два види не є істинним страхом, адже він боїться не за Творця, а за власне благополуччя. Таким чином, власний добробут є коренем, а страх – вітою, що виходить із власного благополуччя.

---

570 Писання, Даніель, 4:32.

3. Страх, що є основою, – коли людина відчуває страх перед Володарем своїм тому, що Він великий і править усім, та є основою і коренем усіх світів, і все вважається як ніщо перед Ним. «Він великий», – оскільки Він – корінь, з якого поширюються всі світи, і велич Його проявляється над діяннями Його. «Він править усім», – оскільки всі створені Ним світи, як вищі, так і нижні, вважаються як ніщо перед Ним, – тобто не додають нічого до Його суті.

І сказано: «Все своє прагнення необхідно спрямувати до місця, що зветься "страх"», – тобто людина повинна направити серце і прагнення своє до того місця, яке називається «страх», щоб пристати до страху Творця всім бажанням і стремлінням, приведеним у відповідність та гідним заповіді Царя.

192) Заплакав рабі Шимон і сказав: «Погано, якщо я відкрию це, і погано, якщо не відкрию! Якщо відкрию, то дізнаються грішники, як служити Володареві своєму! Якщо ж не відкрию, то товариші будуть позбавлені цього!». Адже місцю, в якому перебуває страх, відповідає внизу поганий страх – такий, що б'є, крушить та засуджує. І це – батіг для нанесення ударів грішникам у покарання за їхні гріхи. Тому він боявся розкрити: щоб не пізнали грішники, як уникнути покарання. Адже покарання – це очищення для них.

Дає зрозуміти, що не може в цьому місці повністю розкрити зміст своїх слів, оскільки боїться нашкодити цим грішникам. Адже він збирається повідомити тут, як пристати до Древа життя, і ніколи не торкатися Древа смерті. Цього заслуговують лише ті, хто вже виправив гріх, пов'язаний із Древом пізнання добра і зла. Але грішникам, котрі ще не виправити гріх Древа пізнання добра та зла, заборонено це знати, оскільки спочатку вони повинні працювати у виконанні всіх видів робіт, поки не виправлять гріх, що стосується Древа пізнання. Як сказано: «Щоб не простяг руку свою і не взяв від Древа життя – адже, покуштувавши з нього, він стане жити вічно»[571]. І після того, як Адам згрішив, покуштувавши від Древа пізнання, він був вигнаний з Еденського саду через побо-

---

571 Тора, Берешит, 3:22.

ювання, що може пристати до Древа життя та буде жити вічно, а шкода, що заподіяна Древу пізнання, назавжди залишиться без виправлення. І тому, аби не позбавити цього праведників, гідних знати про це, він розкрив це як натяк.

193) І той, хто боїться покарання побоями та пред'явлення звинувачення, – перебуває над ним не страх Творця, званий «страх Творця, що веде до життя»[572], а поганий страх, який є «батогом», але не страхом Творця.

194) Тому місце, зване «страх Творця»[568], називається «початком пізнання»[568]. І тому включена сюди ця заповідь. І вона є коренем та основою для всіх інших заповідей Тори. Той, хто береже цей страх, зберігає все. А той, хто не береже цього страху, – не зберігає заповідей Тори, тому що цей страх – врата до всього.

Повертається до того, що Писання в одному місці називає страх початком мудрості, а в іншому – початком пізнання. І пояснює, що там, де закінчується святий страх, званий «страх Творця, котрий веде до життя»[572], є там, внизу, поганий страх – такий, що б'є, крушить та засуджує. І це – батіг для нанесення ударів грішникам, як сказано: «І ноги її до смерті спускаються»[573]. А той, хто виконує заповідь страху тому, що Творець – великий і править всім, виявляється таким, що приліплений до «страху Творця, котрий веде до життя»[572].

Але про тих, у кого причиною страху є покарання побоями, а не заповідь, сказано: «Чого боїться грішник, то й прийде до нього»[574], – тому що страх кінця панує над ним і крушить його. А оскільки кінець цього страху міститься у злому батозі, що б'є грішників, називається також і святий вищий страх «початок пізнання – страх Творця»[568]. І це вказує нам, що потрібно пристати лише до його початкової властивості, – «страху Творця, що веде до життя», – та берегти себе від першого страху, тоб-

---

572 Писання, Притчі, 19:23.
573 Писання, Притчі, 5:5.
574 Писання, Притчі, 10:24.

то «злого батогу». І за допомогою цього виправляється гріх, що пов'язаний з Деревом пізнання.

195) Тому сказано: «Спочатку», – у страсі, – «створив Творець небо і землю»[566]. Бо той, хто порушує його, порушує всі заповіді Тори. І покарання того, хто порушує його, полягає в тому, що цей «злий батіг», – поганий страх, – б'є його. І в реченні: «Земля ж була пуста та хаотична, і пітьма перебувала над безоднею, і дух Творця...»[575] йдеться про чотири види покарань, яким піддаються грішники.

196) «Пуста» – це удушення, як сказано: «смуга спустошення»[576] і «мотузка для вимірювання»[577].

«Хаотична» – побиття камінням, тобто камені, що падають у велику безодню для покарання грішників.

«І пітьма» – це спалення, як сказано: «І було, коли ви почули голос з мороку»[578] «а гора палала вогнем до серця небес – пітьма, хмара та імла»[579]. І це – сильний вогонь, що посилається на голови грішників, щоби спалити їх.

Але ті, хто виконує заповіді страху Творця не через заповіді Царя, а лише через страх покарання, потрапляють у пастку кліпи порожнечі, та дивуються при цьому, – чому ж вони не розуміють думок й мови Творця. Ця кліпа називається «мотузка для удушення», яка накинута на шию людини і припиняє людині доступ повітря святості до дихання життя. І сказано: «смуга спустошення»[576], «мотузка для вимірювання»[577]. У першому уривку сказано: «смуга спустошення», а в другому: «мотузка

---

575 Тора, Берешит, 1:2.
576 Пророки, Єшаягу, 34:11. «З роду в рід порожній буде, ...і Він простягне по ній смугу спустошення та каміння руйнування».
577 Пророки, Зехарія, 2:5. «І звів я очі свої і побачив перед собою людину, а в руці його – мотузка для вимірювання».
578 Тора, Дварім, 5:20. «І було, коли ви слухали голос з мороку, а гора палала вогнем, то підійшли ви до мене, всі глави колін ваших і старійшини ваші».
579 Тора, Дварім, 4:11. «І ви наблизилися, і стали під горою, а гора палала вогнем до серця небес – пітьма, хмара та імла».

для вимірювання». І одне пояснює інше, тобто значенням слів «смуга спустошення» є слова «мотузка для вимірювання». Бо, згідно зі смугою – і міра спустошення його, така й міра мотузки, яку накидає на його шию сітра ахра (інша сторона) і душить його. Як сказано: «Ті, хто тягне гріх вервями суєтності»[580].

Тому «хаос» – це побиття камінням. Коли він вже спійманий сітрою ахра (іншою стороною), котра накинула зашморг на шию його, у них (у кліпот) є сили чинити з ним так, як їм заманеться: або побити його камінням, або спалити, або покарати відсіканням голови. «Побиття камінням» означає, що голова його забита поганими бажаннями й думками, що тягнуть його у велику безодню аби покарати його.

«"Пітьма" – сильний вогонь, що посилається на голови грішників, щоби спалити їх», – тобто сітра ахра крутить їх на сильному вогні до тих пір, поки не спалює в них всю життєву силу святості.

197) «І дух» – це відсікання голови мечем. Тому що «руах сеара (ураганний вітер)» – це гострий меч, який спалює все всередині. Як сказано: «Полум'я обертового меча»[581]. І називається «дух». Це покарання тому, хто порушує заповіді Тори, котрі перераховані після страху, який зветься початком та є сукупністю всього. Адже за словом «спочатку», що означає «страх», слідують «пустота», «хаос», «пітьма» й «дух», – і це чотири види страти. А звідси й далі – інші заповіді Тори.

Пояснення. сітра ахра насилає на нього «ураганний вітер», який немов гострий меч відтинає голову його від тіла, припиняючи життя його. І це – покарання тому, хто порушує заповіді Тори, що перераховані після страху, тобто «початку», який є сукупністю всього. Адже всі заповіді Тори включені у два перших речення, від «спочатку» і до «сказав Творець: "Нехай буде світло!"»[582]. А згадане покарання встановлене тому, хто порушує

---

580 Пророки, Єшаягу, 5:18.
581 Тора, Берешит, 3:24.
582 Тора, Берешит, 1:3.

заповіді Тори, і це – чотири види смерті, що маються на увазі в словах «пустота», «хаос», «пітьма» і «дух», та перераховані після страху, званого «початок», що мається на увазі в уривку: «Спочатку створив Творець»[566].

Таким чином, перше речення – це страх, «початок», основа «страху, що веде до життя», а друге речення – це покарання тому, хто не приліпився до страху, «початку». І вони – сукупність усього, оскільки вони є вратами до віри Творця. І виходить, що всі заповіді в Торі є включеними до неї. Звідси і далі – інші заповіді Тори, починаючи з уривку «І сказав Творець: "Нехай буде світло"»[582] і далі. Іншими словами, всі заповіді в Торі є окремими проявами заповіді страху.

Заповідь друга

198) Друга заповідь – це заповідь, яка включена до заповіді страху, і ніколи не виходить за межі її. І це заповідь любові: повинна людина любити Володаря свого довершеною любов'ю. Що означає – «довершена любов»? Це велика любов, про яку сказано: «Ходи переді Мною і будь непорочним»[583]. «Непорочний» означає – довершений в любові. Слова Писання: «І сказав Творець: "Нехай буде світло"»[582] повідомляють про довершену любов, звану «великою любов'ю». А тут – це заповідь: аби людина належним чином любила Владику свого.

Пояснення сказаного. Є залежна любов, яка приходить внаслідок безлічі благ, дарованих їй Творцем, і завдяки цьому людина зливається з Ним серцем і душею. Але, хоча вона і злита з Творцем в абсолютній досконалості, все ж така любов вважається недовершеною. І про це сказано: «Лише з Творцем ходив Ноах»[584], – тобто Ноах потребував зміцнення, бо його підтримувала та безліч благ, якими наповнював його Творець. Однак Авраам не потребував зміцнення, як сказано: «Ходи переді Мною і будь непорочним»[583]. «Ходи переді Мною» означає – без підтримки, лише «переді Мною», – хоча ти і не будеш зна-

---

583 Тора, Берешит, 16:1.
584 Тора, Берешит, 6:9.

ти, чи йду Я за тобою, щоби підтримати тебе. Це – довершена любов, велика любов: навіть якщо Я не даю тобі нічого, – все ж твоя любов буде довершеною, щоби злитися зі Мною всім серцем і душею.

199) Сказав рабі Ельазар: «Батько мій, я чув, що означає – любов у довершеності». Відповів йому: «Розкажи це, син мій, у присутності рабі Пінхаса, оскільки він знаходиться на цьому ступені». Сказав рабі Ельазар: «Велика любов – це довершена любов, яка перебуває у досконалості з обох сторін, і якщо немає її в обох сторонах, вона не є любов'ю довершеною, як личить».

Пояснення. Попросив його розповісти про властивості великої любові в присутності рабі Пінхаса, оскільки той вже досяг властивості великої любові в усій її довершеності, і у всіх деталях зрозуміє сказане ним, що довершена любов знаходиться у досконалості з обох сторін – як суду, так і милосердя. І навіть якщо Він забирає душу твою, – твоя любов до Творця повинна бути в повній довершеності, як і в той час, коли Він дарує тобі всі блага в світі.

200) Розглядаються дві сторони любові до Творця: є такі, хто любить Його за дароване багатство, довголіття, за те, що він оточений синами, має владу над своїми ворогами, за те, що він є щасливим на шляхах своїх, – завдяки всьому цьому він любить Його. Але якщо все зміниться, і Творець зробить так, що колесо удачі обернеться для нього суворим судом, він зненавидить Його, і зовсім не буде відчувати до Нього почуття любові. І тому така любов не має під собою основи.

І оскільки корінь любові його має під собою якусь основу, – коли усувається ця основа, анулюється і любов.

201) Довершена любов – це любов з обох сторін, як суду, так і милосердя, тобто удачі на шляхах його. І якщо він буде любити Творця навіть коли Він забере душу його, це називається довершеною любов'ю, яка присутня в обох сторонах, – як суду, так і милосердя. Тому світло початку творіння спочатку вийшло,

а потім було вкрите. І коли укрилося воно, проявився суворий суд. І з'єдналися разом обидві сторони, милосердя і суд, щоби розкрити довершеність. Такою має бути любов.

Пояснення. Світло, яке було створене в шість днів початку творіння, тобто в результаті речення: «Нехай буде світло!»[582], знову було вкрите. І сказано, що речення «нехай буде світло» відноситься до цього світу, а речення «і з'явилося світло» – до майбутнього світу[585]. Бо світло приховане від цього світу, і розкривається воно лише праведникам в майбутньому світі. Навіщо ж воно було укрите? Тому що з укриттям світла проявився суворий суд в цьому світі, і завдяки цьому «поєдналися разом дві сторони, – милосердя і суд, – аби розкрити довершеність», – тобто було надане місце, де дві протилежності можуть з'єднатися як одне ціле. Бо тепер з'явилася можливість розкрити довершеність його любові навіть в той час, коли Творець забирає його душу, і дається місце для довершеності любові. А якби світло не було укрите і не проявився суворий суд, позбулися б цієї великої любові праведники, і вона вже ніколи не змогла б розкритися.

202) Пригорнув його до себе рабі Шимон й поцілував. Підійшов рабі Пінхас і, поцілувавши, благословив його. Сказав: «Безсумнівно, Творець послав мене сюди. Це те тонке світло, про яке сказали мені, що воно знаходилося в моєму домі, а потім осяяло весь світ[586]». Сказав рабі Ельазар: «Звичайно ж, не повинен забуватися страх ні в яких заповідях. І вже, тим більше, в заповіді любові страх повинен бути поєднаний з любов'ю. І як він з'єднується з нею? Любов хороша з одного боку, – коли Він дає багатства і блага, довголіття, синів і прожиток. І тоді необхідно збудити страх та боятися своєї провини, щоби колесо долі не обернулося проти нього. Про це сказано: "Щасливою є людина, яка завжди перебуває у страху"[587], тому що цей страх включений до любові».

---

585 Див. Зогар, главу Берешит, частину 1, статтю «Вкрите світло», п.351.
586 Див. вище, статтю «Вихід рабі Шимона з печери», п.186.
587 Писання, Притчі, 28:14. «Щасливою є людина, яка завжди перебуває в страху, а той, хто робить запеклим серце своє, потрапить у біду».

203) «І так необхідно пробуджувати страх з іншого боку, зі сторони суворого суду. Адже коли бачить, що перебуває над ним суворий суд, він повинен пробудити страх, аби відчувати належний страх перед Владикою своїм і не озлобити серце своє. Про це сказано: "А той, хто робить запеклим серце своє, потрапить у біду"[587], – тобто потрапить під владу іншої сторони, званої "біда"». «Таким чином, страх присутній у двох сторонах», – в стороні добра і любові, та в стороні суворого суду, «і складається з них». І якщо страх включений в сторону добра і любові, така любов дійсно є довершеною.

Пояснення сказаного. Страх – це заповідь, що включає до себе всі заповіді Тори, оскільки вона є вратами до віри Творця. Адже в мірі пробудження страху, перебуває над ним віра в управління Творця. Тому в жодній заповіді не можна забувати про страх, і вже, тим більше, в заповіді любові: необхідно пробудити разом з нею страх, бо в заповіді любові страх дійсно стає її невід'ємною частиною. Тому необхідно пробуджувати страх в двох сторонах любові: як в любові під час прояву милосердя і удачі на шляхах його, так і в любові під час суворого суду.

Тому сказано: «Страх повинен бути поєднаний з любов'ю. І як він з'єднується з нею?». Щоб ми не розуміли помилково сказане ним, що довершеною любов буває в той час, коли Творець забирає його душу під час суворого суду, і не подумали, що мається на увазі: анітрохи не боятися суворого суду, а лише приліпитися до Нього у самовідданій любові без усякого страху. І тому він пояснює, що «страх повинен бути поєднаний з любов'ю. І як він з'єднується з нею?». Страх теж потрібно пробуджувати в цей час так само, як він пробуджує і довершену любов.

І він знову нагадує про дві сторони любові, як під час суду, так і під час прояву милосердя та удачі на шляхах його, і каже, що необхідно пробуджувати страх з обох сторін любові. Що під час милосердя і удачі на шляхах його необхідно пробуджувати страх перед Творцем: як би не прийти до прогріху та не охолонути в любові до Творця. І тоді він цим з'єднує страх з любов'ю.

І так само – з іншої сторони любові: під час суворого суду, він повинен пробуджувати страх перед Творцем, щоб не стало запеклим серце його, переставши слухати суд. Тоді і тут він поєднує страх з любов'ю. Якщо він так діє, то завжди перебуває в довершеній любові, як і личить. І про включення страху до любові з боку милосердя він наводить вислів: «Щасливою є людина, яка завжди перебуває у страху»[587]. І пояснює слово «завжди», кажучи, що навіть в той час, коли Творець добрий по відношенню до нього, він повинен все одно боятися Його, – як би не прийти до прогріху.

А щодо того, як включити страх до любові з боку суду, він наводить вислів: «А той, хто робить запеклим серце своє, потрапить у біду»[587], який означає, що не можна робити запеклими серце своє під час суду, – що би не сталося у світі. Адже тоді він впаде у сітру ахра, яка називається «бідою». Але потрібно тоді як можна сильніше пробуджувати страх, відчуваючи острах перед Творцем, та зв'язати страх з досконалою любов'ю його в цей час. Але як перша, так і друга любов у нього – не заради власної вигоди, а єдине зі страху: як би не зменшилося завдання насолоди його Творцеві.

Таким чином, з'ясувалися дві перші заповіді. Перша заповідь – страх, є сукупністю всієї Тори і заповідей. Вона називається «Спочатку», і з'ясовується у найпершому уривку: «Спочатку створив Творець небо і землю», – що зі страху, «початку», вийшли небо і земля, тобто ЗОН, та віти їхні – БЄА. А другий уривок означає покарання – чотири види смерті. «Пуста» – означає задушення, «хаотична» – побиття камінням, «пітьма» – спалення, «дух» – відсікання голови.

А друга заповідь – це любов. Вона з'ясовується в уривку: «І сказав Творець: "Нехай буде світло!"»[582]. І в ній є дві сторони. Перша сторона – в даруванні багатства, блага, тривалості днів, синів та прожитку. Друга сторона – любити Творця всією своєю душею і сутністю: навіть в той час, коли Він забирає душу і все надбання твоє, людина повинна любити Його, як і в той час, коли Він дає їй багатство і довголіття.

І для того, щоб розкрити цю любов, було заховане світло початку творіння. А коли воно сховалося, проявився суворий суд. Необхідно також включити страх до любові з двох її сторін: з одного боку потрібно боятися, щоби не прийти до прогріху і не втратити силу любові, з іншого боку, потрібно боятися цього вкриття як суду, яким Творець засуджує його. І це – відповідно до простого розуміння того, що сказане в Зогарі. Але для того, щоби продовжити з'ясування інших заповідей, необхідно з'ясувати більш глибокий сенс цих слів – на вищих ступенях Ацилуту.

Чотири літери АВАЯ (היוה), ХУБ ТУМ, називаються в Зогарі страх-любов-Тора-заповідь. «Йуд י», тобто Хохма, – це страх. Перша «гей ה», Біна, – любов. «Вав ו» – Тора. Нижня «гей ה» – заповідь.

І сказано: «Спочатку створив Творець» – це перша з усіх заповідей, і заповідь ця називається страхом Творця, «початком». Бо парцуф Аріх Анпін є спільністю усього світу Ацилут, який світить всім світам через свої облачення, звані Аба ве-Іма, ІШСУТ та ЗОН. І називається він також «укрита Хохма (Хохма стімаа)», бо Хохма його вкрита в його рош, і він зовсім не наповнює нею світи. І лише Біна Аріх Анпіну світить світам.

Тому Біна називається «початок», оскільки є початком і коренем усіх світів. І вона називається страхом Творця, страхом величі, оскільки Він великий і править усім, і є основою та коренем усіх світів, і все вважається як ніщо перед Ним. І від неї вийшли ЗОН, звані «небо і земля». Таким чином, ми з'ясували сказане: «Спочатку», – тобто страхом, – «створив Творець небо і землю»[566], – тобто ЗОН.

Сказано: «Початок мудрості – страх Творця»[588], і сказано: «Страх Творця – початок пізнання»[589], – бо страх називається початком. Оскільки мохін – це ХАБАД, але Хохма цих мохін – це не сама Хохма Аріх Анпіну, а тільки Біна Аріх Анпіну. Тому що Біна Аріх Анпіну, коли вона піднімається в рош Аріх Анпіну, знову стає там Хохмою і передає Хохму парцуфам. Таким чином

---

588 Писання, Псалми, 110:10.
589 Писання, Притчі, 1:7.

Біна, котра є страхом, – це початок Хохми. Сказано: «Початок мудрості (хохма) – страх Творця»[588]. І вона також є початком пізнання (даат), тому що Даат – це корінь ЗОН, які піднімають його в рош Аріх Анпіну для отримання Хохми. Тому також і ЗОН отримують від неї Хохму. Як сказано: «Страх Творця – початок пізнання (даат)»[589].

І сказано: «Друга заповідь – це заповідь, яка включена до заповіді страху, і ніколи не виходить за межі її. І це заповідь любові: людина повинна любити Владику свого довершеною любов'ю». Хохма називається любов'ю, бо «йуд '» імені АВАЯ (היה) є сутністю Біни, тобто ҐАР в ній, вищі Аба ве-Іма, властивість «чисте повітря», і світло Хохми приховане в них. Але розкриття світла Хохми походить від ЗАТ Біни, званих ІШСУТ, тобто від першої «гей» імені АВАЯ, – тому вони називаються «любов'ю». Це друга заповідь, що йде слідом за страхом, оскільки ця Хохма отримана не від самої Хохми Аріх Анпіну, а від Біни, страху. І заповідь страху є основою її, і ніколи не залишає її. Адже Біна завжди з'єднана з Хохмою і не розлучається з нею ніколи. У будь-якому місці, де є присутньою Біна, обов'язково знаходиться разом з нею також і Хохма. Адже Хохма і Біна завжди злиті одна з одною, і не буває ніколи Хохми без Біни або Біни без Хохми.

Звідси необхідно зрозуміти: хоча і сказано, що перша заповідь – це страх, Біна, – не помилися, думаючи, що це Біна без Хохми. І також в другій заповіді, – і це любов, тобто Хохма, – не помилися, думаючи, що це Хохма без Біни. Але так само як є Хохма в першій заповіді, так само є і Біна в другій заповіді, бо Хохма і Біна (ХУБ) пов'язані одна з одною та приходять разом, не розлучаючись ніколи. Але ми їх визначаємо по тому, що переважає, оскільки в першій заповіді, у вищих Аба ве-Імі, в ҐАР Біни, які є сутністю Біни, переважає головним чином Біна, і тому вона називається заповіддю «страху», а в другій заповіді переважає в основному Хохма, і тому ми називаємо її заповіддю «любові».

Що означає – «довершена любов»? Це велика любов. Про це написано: «І сказав Творець: "Нехай буде світло!"»[582]. Пояснення. Уривок «Спочатку (Берешит)» містить прихований сенс. І основне розкриття поняття «Берешит» починається зі слів: «Нехай буде світло», які означають підйом Біни, котра є початком, в рош Аріх Анпіну, де вона повертається до Хохми. І тоді Хохма і Біна (ХУБ) разом називаються «велика любов». Це означає: «Нехай буде світло!»[582], тому що Біна піднялася в Аріх Анпін та наповнює всі світи світлом, тобто «великою любов'ю», – Хохмою і Біною.

Сказане вище, що «розглядаються дві сторони любові до Творця: є такі, хто любить Його за дароване багатство, довголіття, за те, що людина оточена синами, має владу над своїми ворогами, за те, що вона є щасливою на шляхах своїх, – завдяки всьому цьому вона любить Його». А «довершена любов – це любов з обох сторін, як суду, так і милосердя, тобто удачі на шляхах його. І якщо людина буде любити Творця навіть коли Він забере душу її, це називається довершеною любов'ю, яка присутня в двох сторонах, – як суду, так і милосердя». Тому світло початку творіння спочатку вийшло, а потім було утаєне, і в результаті його утаєння проявився суворий суд.

Тому сказано: «Нехай буде світло»[582], – в цьому світі, «і стало світло»[582], – в майбутньому світі. І оскільки побачив Він, що світ не гідний того, аби користуватися ним, то зупинився і приховав його для світу майбутнього, тобто вище від парси, у внутрішніх властивостях Аріх Анпіну, де знаходиться властивість «майбутній світ», в місці встановлення вищих Аба ве-Іми, ҐАР Біни, які закінчуються в хазе Аріх Анпіну. І там знаходиться парса, яка розділяє між «вищими водами», вищими Аба ве-Іма, та «нижніми водами», – ІШСУТ і ЗОН. Тому що від хазе Аріх Анпіну й нижче світло померкло і більше не світить. І в ІШСУТ, що стоять від хазе Аріх Анпіну до табуру, в ЗАТ Біни, – світло вкрите там і не світить в них.

Таким чином, Біна розділилася на дві сторони. Тому що в її ҐАР, вищих Аба ве-Імі, які знаходяться вище від хазе Аріх Анпіну, тобто у вищих водах, світло проявляється. І той, хто удостоївся ступеню вищих Аба ве-Іми, отримує багатство, довголіття і «синів, які оточують стіл його подібно до саджанців олив»[590], має владу над ворогами його, «щасливий на шляхах своїх»[591] та досягає успіху у всіх справах своїх.

Однак від ЗАТ Біни, які стоять нижче від хазе Аріх Анпіну, і званих «нижні води», світло вже приховане. І ті, хто отримують від них, повинні любити Творця навіть коли Він забирає їхню душу.

Так зароджуються дві сторони любові, – ҐАР і ЗАТ Біни щодо «правої» в ній, тобто любові. Це відбувається за допомогою утаєння світла початку творіння. І той, хто удостоївся стати довершеним в любові Творця, – як у властивості любові вищих Аба ве-Іми, так і у властивості любові ІШСУТ, – осягає любов як належить.

І треба включити страх в обидві сторони любові. З боку милосердя (хеседу) вищих Аба ве-Іми необхідно пробудити страх аби не прийти до прогріху. І також з боку любові ІШСУТ необхідно пробудити страх у стороні суворого суду ІШСУТ. Адже коли він бачить, що над ним перебуває суворий суд, він повинен пробудити страх, і тоді буде відчувати страх перед Володарем своїм як личить, і не озлобиться серце його. Адже Хохма та Біна (ХУБ), звані «любов» і «страх», завжди є злитими один з одним, і тому потрібно включити властивість Біни, тобто «любов», як у ҐАР Біни, Аба ве-Іму, так і в ЗАТ Біни, ІШСУТ.

«Таким чином, страх присутній в двох сторонах, в стороні добра і любові, і в стороні суворого суду, і складається з них. І якщо страх включений до сторони добра і любові, така любов дійсно є довершеною». Тут є дві властивості, котрі представляють собою чотири. Адже немає любові, якщо вона не проявлена з двох сторін – тобто ҐАР і ЗАТ Біни. І любов цих двох

---

[590] Писання, Псалми, 128:3.
[591] Писання, Притчі, 4:26.

сторін є недосконалою, якщо в кожній з них не присутній страх, оскільки не може бути Хохми без Біни, тобто любові без страху.

Заповідь третя

204) Третя заповідь: знати, що є великий Творець, котрий править світом. І кожен день встановлювати належним чином єдність Його в шести вищих закінченнях, ХАҐАТ НЕГІ Зеір Анпіну, приводячи їх до повної єдності в шести словах відозви «Шма Ісраель (слухай, Ісраель)»[592], спрямовуючи з ними своє бажання наверх. Тому слід слово «один» вимовляти протяжно, у відповідності до розміру всіх шести слів.

Тут Зогар говорить про дві умови:

1. необхідно знати, що є великий Творець, який править світом;

2. кожен день встановлювати належним чином єдність Його.

Спочатку треба пізнати дві сторони, що розкриваються в любові, – вищі Аба ве-Іма та ІШСУТ. «Що є великий Творець», – тобто вищі Аба ве-Іма, котрі є парцуфом великим та величним в хасадім, «який править світом» – це ІШСУТ, звані «правитель», що вказує на суди, які виходять внаслідок них, коли світло вкривається від них, і проявляється суворий суд. Бо слова «правлячий» і «пануючий» вказують на суди.

І пояснюється, що необхідно пізнати ці дві сторони любові та включити в кожну з них страх, і тоді він набуде любові Творця як в милосерді та удачі на шляхах його, так і в суді, і тоді ця любов вважається довершеною.

А потім «необхідно щодня належним чином встановлювати єдність в шести вищих закінченнях», – тобто піднімати МАН в ЗОН, а ЗОН в ІШСУТ. І тоді піднімаються ІШСУТ і ЗОН,

---

592 Тора, Дварім, 6:4. «Слухай, Ісраель! Творець Всесильний наш, Творець єдиний».

з'єднуючись як одне ціле з Аба ве-Іма, званими «шість вищих закінчень», оскільки вони вдягають ВАК Аріх Анпіну. І завдяки цій єдності піднімаються ІШСУТ на місце Аба ве-Іми, – вище від парси Аріх Анпіну, де знаходяться «вищі води», і світло не укрите від них. І коли ІШСУТ наповнюються світлом, вони наповнюють ЗОН, а ЗОН – усі світи, і тоді розкриваються хасадім у світах. І це – внутрішній зміст відозви «Шма».

Шість слів відозви «Слухай (Шма), Ісраель»[592] – це шість закінчень ЗОН. І необхідно об'єднати ці шість закінчень ЗОН так, щоби вони з'єдналися як одне ціле з шістьма вищими закінченнями, – тобто Аба ве-Іма та ІШСУТ. І необхідно спрямувати з ними бажання наверх, тобто направити бажання і НАРАН аби вони включилися разом з ними до МАН.

І для того, щоби встановити їх у повній єдності з ВАК Зеір Анпіну, які представляють собою шість слів відозви «Шма Ісраель»[592], потрібно слово «один» вимовляти протяжно, тобто потрібно притягнути Хохму словом «один». Бо світло Хохми, яке сходить з Нескінченності до вищих ВАК, тобто Аба ве-Іми та ІШСУТ, об'єднує ВАК Зеір Анпіну зі світлом Нескінченності. Оскільки «один (ехад אחד)» в гематрії «йуд-ґімель 13) י)», що вказує на притягання світла хохма. І тому необхідно за допомогою слова «один» мати намір притягнути Хохму до ВАК Зеір Анпіну.

Однак не мається на увазі притягнути в цій єдності ҐАР Зеір Анпіну, а лише збільшити ВАК Зеір Анпіну за допомогою його включення до вищих ВАК. «Тому потрібно слово "один (ехад)" вимовляти протяжно, відповідно до розміру всіх шести слів». «Вимовляти протяжно» – означає притягнути Хохму, «в розмірі всіх шести слів» – до ВАК Зеір Анпіну, і тим самим ВАК його стає ВАК ґадлуту. Бо шість слів «Шма Ісраель»[592] відповідають ВАК Зеір Анпіну, а за допомогою цієї єдності, що збільшує його в ВАК ґадлуту, можна, слідом за цим, притягнути також і ҐАР до Зеір Анпіну.

205) І це означає сказане: «Нехай стечуть води під небесами в єдине місце»⁵⁹³, – тобто зберуться ступені, що знаходяться під небесами, в одне місце аби стати досконалими в шести закінченнях. І разом з тим, за допомогою єдності «Шма Ісраель» необхідно пов'язати з ним страх – тобто треба вимовляти протяжно букву «далет ד» в слові «ехад (אחד один)». І тому в слові «ехад (אחד один)» – велика «далет ד», як сказано: «І з'явиться суша»⁵⁹³. «З'явиться» та зв'яжеться «далет», звана «суша», з цією єдністю.

Єдність «Шма» означає – притягнути ВАК ґадлуту, як сказано: «Нехай стечуть води під небесами в єдине місце»⁵⁹³, – тобто зберуться ступені, що знаходяться під небесами, в єдине місце аби стати досконалими в шести закінченнях. «Єдине місце» – це вищий ВАК, де світло Нескінченності світить світлом Хохми. І сказано, що «зберуться ступені, що знаходяться під небесами» – шість закінчень Зеір Анпіну, які знаходяться під Біною, званою «небом» по відношенню до Зеір Анпіну, «в єдине місце» – шість вищих закінчень, «для того, аби бути в належній досконалості», – щоб отримати також і світло Хохми. І з'єднаються тоді ВАК Зеір Анпіну. Але тільки лише у досконалості ВАК – лише в ґадлуті ВАК.

І разом з тим, за допомогою єдності «Слухай (Шма), Ісраель»⁵⁹², необхідно пов'язати з ним страх, тобто, в слові «ехад (один)» вимовляти протяжно «далет», яка є нижнім страхом. Адже довершена любов – це любов у двох сторонах: як суду, так і милосердя та удачі на шляхах його. Тому вийшло світло початку творіння, а потім зникло. І коли воно зникло, проявився суворий суд, і з'єдналися дві сторони, – милосердя і суд разом, – щоби стати досконалістю. Такою має бути любов. Але сказано, що і в цій любові треба пробудити страх.

І з'ясувалося, що є два види любові та страху: вищі любов і страх, вищі Аба ве-Іма, та нижні любов і страх, ІШСУТ. І набувається довершеність лише за допомогою цих двох властивостей разом. Тому сталося утаєння цього світла в ІШСУТі аби

---

593 Тора, Берешит, 1:9.

розкрити нижню любов. Навіть коли «забирає Він душу твою», то страх і тепер повинен бути нерозривно пов'язаний з цією нижньої любов'ю, і повинен відчувати страх перед Владикою своїм, і тоді не запечеться серце його. Тоді є в нього любов і страх у довершеності, і він зливається з вищими Аба ве-Іма та ІШСУТ, та отримує все наявне в них благо й насолоду.

Тут мовиться про єдність відозви «Шма». Бо після того, як підняв ЗОН та включив їх у шість вищих закінчень щоби притягнути велику любов до ЗОН за допомогою слова «один», – і це світло, створене в перший день реченням: «І сказав Творець: "Нехай буде світло!"» , – в той же час з єдністю «Шма Ісраель» необхідно пов'язати страх, тому що необхідно також розкрити і притягти укриття світла, яке утворилося в ІШСУТ, щоби заповнити їх також нижніми любов'ю і страхом, оскільки без цього вони не можуть називатися досконалістю.

Треба вимовляти протяжно велику «далет т» в слові «ехад (אחד один)». Оскільки великі літери знаходяться в Твуні. Тому «далет т» в слові «ехад (אחד один)» – велика, що вказує на місце приховання світла, котре сталося в НЕГІ Твуни. Тому треба вимовляти її протяжно та мати намір завдяки утаєнню в ній досягти злиття також і в нижніх любові та страсі. Як сказано: «І з'явилася суша»[593], – щоби з'явилася та зв'язалася «далет», тобто суша, з цією єдністю. Бо довершеність у вищих любові й страсі, які сходять у шість слів виголошення «Шма» за допомогою слова «один», що й означає: «Нехай буде світло»[582], проявляється лише за допомогою нижніх любові і страху, котрі розкриваються внаслідок приховання світла в НЕГІ Твуни, званих «далет». Тому сказано: «Нехай стечуть води в єдине місце»[593], що означає – сходження світла Хохми до шести ступенів Зеір Анпіну, які знаходяться «під небесами». А потім сказано: «І з'явилася суша»[593], – це вказує на «далет т» в слові «ехад (אחד один)», яку треба вимовляти протяжно, маючи на увазі, що вона стала сушею внаслідок приховання світла для того, щоб з'явилася та об'єдналася «далет», – суша, тобто Твуна, – з єдністю світла вищих Аба ве-Іми, і вони зійшли до ВАК ЗОН, щоби любов стала довершеною з двох сторін.

206) «І після того, як з'єдналася там», – Малхут, – «нагорі» – з ВАК Зеір Анпіну, «необхідно поєднати її внизу з усіма її множинами», – з шістьма іншими закінченнями, що знаходяться внизу», в Малхут, тобто з реченням «"благословенне ім'я величі царства Його вовіки"[594], в якому є шість інших слів єдності, і тоді те, що було сушею, стало землею аби продукувати плоди і породження та садити дерева».

Пояснення сказаного. Після вищої єдності, що міститься у зверненні «Шма», коли «далет т» слова «ехад (אחד один)» з'єдналася нагорі з Аба ве-Іма, необхідно поєднати «далет т» слова «ехад (אחד один)» з іншими ВАК, що знаходяться внизу, з шістьма закінченнями Нукви Зеір Анпіну, Рахель, котра стоїть від хазе Зеір Анпіну й нижче, до якої включені всі шістдесят рібо (десятків тисяч) душ Ісраеля, звані безліччю Нукви, «усіма її множинами».

А після того, як включився Зеір Анпін до світла вищих Аба ве-Іми, і також розкрилося в ньому укриття Твуни, що означає «і з'явилася суша» цієї «далет», необхідно притягнути ці дві властивості до Нукви Зеір Анпіну, від його хазе й нижче, – і це шість слів «благословенне-ім'я-величі-царства-Його-вовіки». І шість цих слів відповідають шести закінченням ХАҐАТ НЕГІ Нукви Зеір Анпіну. І це означає, що в реченні «благословенне ім'я величі царства Його вовіки» є шість інших слів єдності.

«І тоді те, що було сушею, стало землею аби продукувати плоди й породження», – тому що для розкриття довершеної любові, яка перебуває в двох сторонах, милосердя і суду, «світло початку творіння вийшло, а потім було укрите». «І коли сховалося воно, проявився суворий суд. І поєдналися разом обидві сторони, милосердя та суд аби розкрити довершеність», – оскільки в результаті одного лише укриття, любов в обох сторонах ще не стала досконалою, але тільки після суворого суду, що настав після утаєння.

---

[594] Вавилонський Талмуд, трактат Брахот, арк. 53:2.

Тому до прояву суворого суду, була «далет» слова «ехад» сушею, яка не приносить користі, бо вона вийшла за межі світла внаслідок скорочення. І також страх не був в ній досить повним, аби бути їй виправленою нижніми за допомогою любові та страху, котрі доповнюють вищі любов і страх. Адже ще не проявився суворий суд, тобто основа, яка розкриває нижні любов і страх. І місцезнаходження цього суворого суду – в «акеваїм (досл. п'ятах)» Леї, що знаходяться в місці рош Рахелі. Бо у Зеір Анпіна є дві Нукви:

1. від хазе й вище, іменована Лея;

2. від хазе і нижче, що іменується Рахель.

І виявляються «акеваїм» Леї, які закінчуються в хазе Зеір Анпіну, такими, що торкаються рош Рахелі, котра стоїть від хазе Зеір Анпіну й нижче. А місцезнаходження суворого суду – в закінченні «акеваїм» Леї, які торкаються рош Рахелі. Тому дія суворого суду проявляється лише в Рахелі, оскільки жоден екран і суд не можуть проявити вплив свій, окрім як від місцезнаходження їх та нижче. Таким чином, це укриття не заповнюється ступенем нижніх любові та страху інакше, як після сходження до місця Рахелі, де діє суворий суд.

«І тоді те, що було сушею, стало землею аби продукувати плоди і породження та садити дерева», – тому що ця «далет» слова «ехад» на своєму місці, до розкриття суворого суду, була сушею і пустельним місцем, непридатним для поселення. Однак тепер, після того як вона розповсюдилася до ВАК Рахелі, котра знаходиться від хазе Зеір Анпіну й нижче, земля стала родючою та придатною для посадки дерев, – тобто стала місцем поселення. Бо в ній розкрилися нижні любов і страх у довершеності, що доповнює вищі любов та страх аби перебувала любов у двох сторонах, оскільки лише таким шляхом розкривається все благо і насолода, що міститься у вищих Аба ве-Імі.

Як сказано: «І назвав Всесильний сушу землею»⁵⁹⁵. Тобто вона у цій нижній єдності «благословенне ім'я величі царства Його вовіки» стала землею – бажанням у належній досконалості. «Ерец (земля)» – від слова «рацон (бажання)». І це означає: «І назвав Всесильний сушу землею» – тобто простягнув «далет ד» слова «ехад (אחד один)» до Нукви Зеір Анпіну, в шість її закінчень, в яких вже проявилася дія суворого суду. І тоді «далет», що була сушею і пустищем, стала в Нукві Зеір Анпіну, внаслідок зівуґу (поєднання) з ним, властивістю «родюча земля і місце поселення». Завдяки цьому Всесильний назвав сушу землею, тобто бажанням у належній досконалості, тому що бажання в ній відкрилося в належній досконалості та називається довершеною любов'ю.

207) «І назвав Всесильний сушу землею»⁵⁹⁵, – оскільки вона в цій нижній єдності «благословенне ім'я величі царства Його вовіки» стала землею, тобто бажанням у належній досконалості. Бо «Ерец (земля)» – від слова «рацон (бажання)». І тому «і ось – добре»⁵⁹⁶ сказано двічі: один раз – про вищу єдність, другий – про нижню єдність. Адже Малхут об'єдналася в двох сторонах: у ВАК Зеір Анпіну та в її ВАК. А звідси і далі сказано: «нехай зростить земля порость»⁵⁹⁷, бо вона виправилася аби продукувати належним чином плоди і породження.

Пояснення. Вища єдність, єдність шести слів відозви «Шма», що проявляється у шести великих вищих закінченнях Аба ве-Іми, з'ясовується в сказаному: «Нехай стечуть води під небесами в єдине місце»⁵⁹³. Ця єдність притягує до ВАК Зеір Анпіну світло, створене в перший день, від шести закінчень вищих Аба ве-Іми. І це перше «і ось – добре», котре проречене в третій день початку творіння.

Нижня єдність, єдність шести слів «благословенне ім'я величі царства Його вовіки», котра є доповненням «далет ד» в слові «ехад (אחד один)», в якій досконалість проявляється лише

---

595 Тора, Берешит, 1:0.
596 Тора, Берешит , 1:10 та 1:12. «І побачив Всесильний, і ось – добре».
597 Тора, Берешит, 1:11.

за допомогою шести закінчень Нукви Зеір Анпіну, виявляється у сказаному: «І назвав Всесильний сушу землею». І мовлено: «Нехай зростить земля порость», бо у ВАК Нукви стала ця суша властивістю «земля, яка продукує плоди». І про цю єдність ВАК Нукви сказано вдруге «і ось – добре».

Таким чином, перше «і ось – добре» відноситься до вищої єдності, друге «і ось – добре» – до нижньої єдності. «Оскільки Малхут об'єдналася в двох сторонах, в ВАК Зеір Анпіну та в її ВАК», – в двох сторонах любові, завдяки вищій єдності та нижній єдності. Звідси і далі сказано: «зростила земля порость», оскільки вона виправилася аби продукувати належним чином плоди й породження. Бо нижня єдність доповнила любов з двох сторін, і сходять світла вищих Аба ве-Іми до ВАК Нукви, яка дає плоди і потомство своєму народові, тобто шістдесяти рібо (десяткам тисяч) душ Ісраеля, як личить.

Заповідь четверта

208) Четверта заповідь: знати, що Творець (АВАЯ) – Він Всесильний (Елокім), як сказано: «Пізнай же сьогодні і відроджуй в серці своєму, що Творець (АВАЯ) – Він Всесильний (Елокім)»[598]. Тобто, ім'я Елокім має стати включеним до ім'я АВАЯ, щоби пізнати, що вони – одне ціле і немає в них поділу.

Пояснення. АВАЯ – це Зеір Анпін, а Елокім – це Нуква Зеір Анпіну. І необхідно поєднати Зеір Анпіна та Нукву, щоб вони були одним цілим, без усякого поділу між ними. Щоби включилося ім'я Елокім, Нуква, в ім'я АВАЯ, Зеір Анпін, і тоді Нуква теж буде властивістю АВАЯ. І ця єдність є необхідною для сходження ҐАР до ЗОН. Єдність відозви «Шма», що з'ясована в третій заповіді, необхідна була для сходження ВАК від Аба ве-Іми до ЗОН. А єдність, яка з'ясовується тут, необхідна для сходження ҐАР від Аба ве-Іми до ЗОН. І це правило, – що сходження будь якого ступеня неможливе за один раз, бо необхідно спочатку притягнути ВАК цього ступеню, а потім ҐАР.

---

598 Тора, Дварім, 4:35. "Пізнай же сьогодні і відроджуй в серці своєму, що Творець – Він Всесильний, немає нікого, крім Нього".

209) І сказано: «Нехай будуть світила на зводі небесному, щоби світити над землею»⁵⁹⁹ – аби були два цих імені АВАЯ-Елокім одним, без усякого поділу. Тоді відбудеться включення «меорот (світил מארת)», написаних без «вав ו», – тобто Малхут, званої Елокім, – до імені «небеса», тобто Зеір Анпіну, званого АВАЯ, оскільки вони – одне ціле, і немає в них розділення. (Це включення) «чорного світла», Малхут, у «білий світ», Зеір Анпін, – немає в них поділу і все одно. І це – «біла хмара дня» та «вогняна хмара ночі». «Властивість день» – Зеір Анпін, «властивість ніч» – Малхут, які встановилися один в одному в повній єдності, щоби світити. Як сказано: «Щоби світити над землею»⁵⁹⁹.

Пояснення сказаного. Нуква називається «меорот (מארת світила)», написані без «вав ו», що вказує на ущерб місяця, – як вже вивчалося, що спочатку були два великих світила на одному рівні, і місяць поскаржився, що не можуть два повелителя користуватися однією короною. І сказав їй (місяцю, Малхут) Творець: «Іди та зменш себе». Тоді опустилися її дев'ять нижніх сфірот у світ Брія, і вона зменшилася до стану точки під Єсодом Зеір Анпіну. І потрібно включити цю Малхут після того, як вона зменшилася, до імені «небеса», Зеір Анпіну, тобто збільшити її знову, щоб вона була на однаковому ступені із Зеір Анпіним «панім бе-панім (досл. лицем до лиця)». І для цього необхідно знову підняти Нукву зі світу Брія в Ацилут і виправити розділення, що утворилося між Зеір Анпіним та Нуквою під час зменшення місяця.

Зменшення місяця сталося тому, що над Нуквою запанував суворий суд, який виходить від «акеваїм (п'ят)» Леї. І внаслідок цього вона (Нуква) зменшилася до точки, а дев'ять її нижніх сфірот впали до світу Брія. Але завдяки єдності відозви «Шма», яка встановилася у третій заповіді, Нуква вибудовується у властивості ВАК у вигляді нижньої єдності слів «благословенне ім'я величі царства Його вовіки», оскільки під впливом сили суду в ній вона виправила «далет ד» слова «ехад (אחד один)», котра

---

599 Тора, Берешит, 1:15. «Нехай будуть світила на зводі небесному, щоб світити над землею. І було так».

була сушею та пустищем, перетворивши її на землю, яка продукує плоди і породження.

І чорнота Нукви, сила суду в ній, котра зменшила її до точки, піднялася дійсно до світла. Тобто саме завдяки силі суду була вибудувана «далет ד» слова «ехад (אחד один)» аби стати «місцем поселення та родючою землею». І якби не сила суду, що діє в Нукві, залишилася б «далет ד» слова «ехад (אחד один)», тобто Твуна, «сушею і пусткою». Таким чином, сила суду в ній стала справжнім світлом. І називається «чорним світлом», оскільки чорнота викликала це світло. І воно також називається світлом ВАК, оскільки є світлом хасадім.

Тому тепер можна притягнути також і «біле світло» до ВАК Нукви, що означає світло хохма, ҐАР. Бо «білий» означає Хохма. І це відбувається за допомогою підйому ЗОН в чертог вищих Аба ве-Іми. І тепер Нуква Зеір Анпіну теж може включитися в Аба ве-Іму, як і Зеір Анпін – адже сила суду в ній змінилася, ставши справжнім світлом. І хоча вона є чорним світлом, це зовсім не є перешкодою, щоби включитися до вищих Аба ве-Іми, оскільки, коли чорне світло, Малхут, знаходиться в білому світлі, Зеір Анпіні, немає в них ніякого розділення, і все це – одне ціле.

Адже Нуква, оскільки вона є властивістю світла, може включитися до світла Аба ве-Іми, тому що світло в світлі – це «вид по виду його», і вони вважаються одним цілим. І «чорнота», котра викликає світло в ній, тепер зовсім не перешкоджає і не принижує її, адже саме вона привела Нукву до всієї піднесеності, і без неї вона не стала би властивістю світла.

І це означає – «біла хмара днем» і «вогняна хмара вночі». «Властивість день» – Зеір Анпін, «властивість ніч» – Малхут. Завдяки єдності та включенню ЗОН до Аба ве-Іми, коли Зеір Анпін включився до вищого Аби, а Нуква – до вищої Іми, став Зеір Анпін властивістю «біла хмара», тобто світлом дня, а Нуква – «вогненною хмарою», тобто світлом ночі, – властивістю дня і властивістю ночі, об'єднаними між собою, як сказано:

«І був вечір, і був ранок – день один»⁶⁰⁰. Тобто вони встановилися один в одному у повній єдності, як сказано: «Щоби світити над землею»⁵⁹⁹. Інакше кажучи, властивість дня з'єдналася із властивістю ночі, Нукви, в «день один». І вони встановлюються один в одному, «щоби світити над землею»⁵⁹⁹ – всім численним властивостям нукви, що знаходяться у трьох світах БЄА.

210) І в цьому полягає гріх первородного змія, який з'єднує внизу та роз'єднує нагорі. І в результаті цього він накликав на світ все те, що трапилося, бо необхідно навпаки, – роз'єднувати внизу, а з'єднувати нагорі. І чорне світло, Малхут, необхідно поєднати нагорі з Зеір Анпіним, у повній єдності, аби потім з'єдналася Малхут зі своїми воїнствами в єдності своїй, та відокремити її від сторони зла.

Єдність притягання ҐАР в ЗОН встановлюється лише завдяки тому, що піднімають їх в місце Аба ве-Іми, тобто вище від хазе Аріх Анпіну, де Зеір Анпін включається в Абу, а Нуква – в Іму. І тоді обидва вони об'єднуються, і Зеір Анпін передає ҐАР від Аби Нукві, яка вдягає Іму. Але нижче від хазе Аріх Анпіну, де ЗОН знаходяться постійно, не можна встановити єдність притягання ҐАР в Нукві. І це – гріх Древа пізнання, яким первородний змій накликав смерть на світ. Адже він спокусив Адама і Хаву зробити це з'єднання внизу, на місці ЗОН, які знаходяться нижче від хазе Аріх Анпіну, і тим самим завдав шкоди також і нагорі, оскільки через це припинився зівуґ і у вищих Аба ве-Іми.

«І в цьому полягає гріх первородного змія, який з'єднує внизу та роз'єднує нагорі. І в результаті цього він накликав на світ все те, що трапилося», – оскільки задля передачі ҐАР Нукві він поєднав ЗОН на їхньому місці, – внизу. І тим самим він накликав смерть на всіх мешканців світу, бо привів до розділення нагорі, що викликало припинення зівуґу в Аба ве-Імі, від яких сходить життя до жителів світу.

Адже коли сітра ахра наближається, щоби живитися від зівуґу нижче від хазе ЗОН, там утворюється місце присмоктування їх

---

600 Тора, Берешит, 1:5.

(нечистих сил), і негайно припиняється вищий зівуґ Аба ве-Іми, оскільки вони відразу ж розділюються, переставши наповнювати один одного, для того щоби наповнення не опустилося в сітру ахра. Все це було тому, що потрібно роз'єднувати внизу та об'єднувати нагорі. І необхідно стежити за розділенням ЗОН на їхньому місці внизу, щоби вони не вчинили зліття (зівуґ) там внизу, притягнувши ҐАР, та поєднувати їх лише нагорі, на місці самих Аба ве-Іми.

Тому сказано, що «чорне світло необхідно з'єднати нагорі у повній єдності», – бо чорне світло, Нукву Зеір Анпіну, потрібно підняти разом із Зеір Анпіним наверх, до білого світла, до Аба ве-Іми, та поєднати там ЗОН «у повній єдності». І тоді Зеір Анпін передає наповнення ҐАР від Аби Нукві, а потім Нуква повертається з отриманим наповненням на своє місце внизу, де НАРАН душ Ісраеля знаходяться в вигляді МАН.

І тому сказано, що вона з'єднується потім з усією безліччю її в своїй єдності. І вона з'єднується з душами синів Ісраелю, які звуться народом Нукви, у повній єдності, та передає їм наповнення, яке отримане нагорі, в Аба ве-Імі. І необхідно відокремити її від сторони зла, оскільки уникаючи з'єднання ЗОН на їхньому місці внизу, відокремлюють Нукву від сторони зла, і не може сітра ахра насолоджуватися цим наповненням. Однак, якщо викликають з'єднання у ЗОН внизу, сітра ахра може отримати це наповнення. І тому роз'єднуються Аба ве-Іма нагорі, припиняючи своє зліття (зівуґ).

211) Але разом з тим необхідно знати, що Елокім-АВАЯ – це одне неподільне ціле. «Творець (АВАЯ) – Він Всесильний (Елокім)»[598]. І коли людина пізнає, що все єдине, переставши вносити роз'єднання, – навіть інша сторона зникне зі світу та не буде притягатися вниз.

І хоча існує страх – не пробудити б зліття ЗОН на їхньому власному місці, не можна через це усуватися від встановлення єдності на місці Аба ве-Іми, як вимагається, і «необхідно знати, що Елокім-АВАЯ – це одне неподільне ціле». І притягати єдність

ЗОН потрібно лише на місці Аба ве-Іми аби Зеір Анпін з Нуквою поєдналися як одне ціле, без поділу. «І коли людина пізнає, що все єдине, переставши вносити роз'єднання, – навіть інша сторона зникне зі світу та не буде притягатися вниз» – адже якщо людина зміцниться в підйомі МАН та підйомі ЗОН для поєднання їхнього на місці Аба ве-Іми, як личить, не лише сітра ахра не буде присмоктуватися до наповнення, але тим самим вона ще призведе до знищення сітри ахра, щоб не могла вона панувати в світі.

212) Сказано: «І будуть світилами (меорот)»⁵⁹⁹, – букви «ор-мавет (світло-смерть)», бо кліпа слідує за розумом. Розум – світло, інша сторона – смерть. Слово «світло (ор אור)» утворюється з об'єднаних букв у слові «світила (меорот מאורות)», слово «смерть (мавет מות)» утворюється з роз'єднаних букв у слові «світила (меорот מאורות)». І коли світло виходить звідти, поєднуються роз'єднані літери слова «смерть (мавет מות)». Інакше кажучи, якщо прибрати букви «світло (ор אור)» зі слова «світила (меорот מאורות)», то з'єднуються букви слова «смерть (мавет מות)». І це означає сказане: «І будуть світилами (меорот)»⁵⁹⁹. Тобто кліпа піднімається і приходить слідом за розумом. Розум – світло, сітра ахра (інша сторона) – смерть. «Світло (ор אור)» утворюється з об'єднаних букв, слово «смерть (мавет מות)» утворюється з роз'єднаних літер.

Пояснення. Сила суду, що перебуває в Малхут, є коренем існування сітри ахра та кліпот, як сказано: «Царство Його над усім панує»⁶⁰¹. І завдяки єдності ЗОН в Аба ве-Імі, щоб притягнути ВАК і ҐАР, перетворюється сила суду в Малхут, стаючи чорним світлом завдяки притяганню ВАК в нижній єдності відозви «Шма». А потім її (Малхут) вдруге піднімають до Аба ве-Імі та її чорне світло з'єднується з білим світлом вищих Аба ве-Імі.

І ця єдність мається на увазі в сказаному: «І будуть світилами (меорот)»⁵⁹⁹ – літери «ор-мавет (світло-смерть)». Світло утворюється від об'єднання букв, завдяки притяганню ВАК і ҐАР до Нукви у повній єдності з Зеір Анпіним на місці Аба ве-Імі, і наскільки

---

601 Писання, Псалми, 103:19.

перетворюється сила суду в Нукві, ставши справжнім світлом, настільки анулюються всі сили сітри ахра та кліпот, які виходять під впливом цього суду. Таким чином, кліпа піднімається слідом за розумом, тобто кліпа анулюється завдяки силі мохін Нукви, і оскільки корінь сітри ахра (іншої сторони), тобто суду в Нукві, анулювався в розумі Нукви, ставши світлом, – неминуче скасовується і сила кліпи.

«Світло (ор אור)» утворюється з об'єднаних букв, слово «смерть (мавет מות)» утворюється з роз'єднаних літер. Тобто, завдяки поєднанню ЗОН, коли сила суду стає світлом, роз'єдналися літери «смерть (мавет מות)», сітра ахра, тобто анулювалися всередині цього світла, і утворилося слово «світила (меорот מאורות)». Букви «світло (ор אור)» посередині – з'єднані, а букви «смерть (мавет מות)» – роз'єднані: буква «мем מ» знаходиться на початку слова, літери «вав-тав ות» – в кінці слова.

А коли світло виходить звідти, з'єднуються розрізнені літери слова «смерть (мавет מות)». Тобто, коли створюється єдність не на місці Аба ве-Іми, а на місці ЗОН, внизу, світло виходить звідти, тому що відразу ж роз'єднуються Аба ве-Іма нагорі, перериваючи своє злиття (зівуґ), і світло припиняється. Слово «світло (ор אור)» виходить зі слова «світила (меорот מאורות)» та з'єднуються букви слова «смерть (мавет מות)», бо після виходу світла зі слова «світила (меорот מאורות)» там залишається лише «смерть (мавет מות)». Адже літери «світло (ор אור)» вже вийшли зі слова і більше не розділюють літери «смерть (мавет מות)». І це побічно вказує на гріх первородного змія, який скоїв з'єднання внизу, на місці ЗОН, і тому привів до роз'єднання нагорі, в Аба ве-Імі. Бо припинилося їхнє злиття через те, що він приніс смерть світові.

213) З цих букв розпочала Хава, породивши зло в світі. Як сказано: «І побачила жінка, що добре»[602] – повернула літери слова «світила (меорот מאורות)» назад. Тобто вона взяла звід-

---

602 Тора, Берешит, 3:6 «І побачила жінка, що добре дерево для їжі, і що воно насолода для очей, і жадане дерево для пізнання, і взяла вона від плодів його та їла, і дала вона теж чоловікові своєму при ній, і він їв».

Заповіді Тори

ти літери «вав-тав-рейш-алеф (ותרא і побачила)», і залишилися в слові «світила (меорот מאורות)» літери «мем-вав מו», а вони захопили з собою букву «тав ת», і утворилося словосполучення «смерть (мавет מות)». І викликала смерть в світі.

(Вона взяла) від єдності, що з'ясовується у буквах уривку: «Нехай будуть світила»[599], котрі являють собою притяганням ҐАР до ЗОН. Той, хто поєднує їх нагорі, в місці Аба ве-Іми, притягує цим об'єднанням світло (ор אור), яке розділяє літери слова «смерть (мавет מות)» своїм розповсюдженням в них, і утворюється словосполучення «світила (меорот מאורות)». Але якщо роблять з'єднання ЗОН внизу, на їхньому місці, то світло (ор אור) знову виходить зі сполучення «світила (меорот מאורות)», і залишається там «смерть (мавет מות)» в буквах, що об'єдналися.

«З цих букв розпочала Хава», – бо початок прогріху Хави щодо Древа пізнання пов'язаний з буквами: «І побачила (ватере ותרא) жінка, що добре»[602]. Тобто Хава взяла собі букви «ватере ותרא» зі слова «меорот (מאורות світила)», оскільки дослухалася поради змія – здійснити з'єднання ЗОН внизу, на їхньому місці, порушивши тим самим поєднання букв у слові «меорот (מאורות світила)». І тоді повернула вона літери слова «світила (меорот מאורות)» назад, бо тим, що зробила з'єднання внизу, вона привела до роз'єднання Аба ве-Іми нагорі. І тоді відокремилися літери, що утворюють словосполучення «світло (ор אור)», які роз'єднують та скасовують сполучення букв «смерть (мавет מות)» слова «меорот (מאורות світила)». І вона утворила сполучення букв «ватере ותרא (і побачила)», де букви «світло (ор אור)» знаходяться порізно у зворотному порядку через «тав ת», що уклинилася посередині між ними. І ця «тав ת» – властивість нукви сітри ахра (іншої сторони), званої «смерть (мавет מות)», яка наблизилася до світла, аби, присмоктавшись, отримати від нього.

В сітрі ахра (іншій стороні), званій «смерть», є захар і нуква, які звуться Сам та Ліліт. Буква «мем מ» – це захар (чоловіча основа) смерті, званий Сам, а буква «тав ת» – це його нуква (жіноча основа), звана Ліліт. Внаслідок того, що вона (Хава) дослухалася поради змія – здійснити з'єднання внизу, негайно наблизилася нуква (жіноча основа) смерті, щоби, присмоктавшись, наповнитися насолодою. І тоді букви слова «світло (ор אור)» розташувалися порізно у зворотному порядку, як і в поєднанні «ватере ותרא (і побачила)», оскільки «тав ת», вклинившись у світло, розділила їх.

Після того, як Хава притягнула до себе літери «ватере ותרא (і побачила)» від «меорот (מאורות світила)», залишилися літери «мем-вав מו» від слова «меорот (מאורות світила)», і це захар, званий «мем» смерті (мавет מות), та властивість єсод, «вав ו» слова смерть. І вони захопили з собою букву «тав ת», – тобто захар смерті, «мем-вав מו», що залишилися від слова «меорот (מאורות світила)», – пішли до нукви, «тав ת» слова «смерть (мавет מות)», і обидва зробили зівуґ та накликали смерть на світ, як сказано: «І побачила (ватере ותרא)».

Захар нечистої сторони, «мем-вав מו», скоїв зівуґ (злиття) з «тав ת» слова «ватере ותרא (і побачила)», яка вже була у Хави. Це сенс сказаного, що «змій з'явився до Хави і привніс в неї нечистоту», бо через те, що вона дослухалася поради змія, увійшла в неї «тав ת», яка роз'єднала і розкидала букви «світло (ор אור)» та створила в її баченні сполучення букв «і побачила (ватере ותרא)». А потім з'явився захар нечистої сторони «мем-вав מו» і зробив зівуґ з «тав ת», яка вже перебувала в Хаві. І з'явилася смерть у світі.

214) Сказав рабі Ельазар: «Батько мій, я вивчав, що коли Хава взяла букви "ватере ותרא " від "меорот (מאורות світила)", залишилися не "мем-вав מו", а тільки одна "мем מ", бо "вав ו", яка завжди була символом життя, обернулася смертю, оскільки вона взяла з собою "тав ת", як сказано: "і взяла вона (ותיקח)... і дала ([602]"ותיתן). І тоді доповнилося це слово, і з'єдналися літери "мавет (מות смерть)"». Сказав йому: «Благословенний ти, сину мій».

Пояснення. «Мем מ» залишилася одна, без «вав ו», властивості Єсод. Бо у Сама, захара (чоловічої основи) смерті, не було властивості Єсод, як сказано «інший бог оскопить себе». Але «вав ו», яка завжди була життям, тобто Єсод (основою) святості, перетворилася зі святості на кліпу і стала єсодом для захара (чоловічої основи) смерті. А потім, тобто після того, як він придбав властивість Єсод від святості, «вав ו» здійснила зівуґ з «тав ת», та з'єдналися літери «мем מ» з «тав ת» за допомогою «вав ו», яку він викрав у святості.

Доказ цьому він (рабі Ельазар) наводить з прогріху, пов'язаного з Деревом пізнання, який починається зі з'єднання «вав-тав לו», як сказано: «І взяла вона (ватіках ותקח)... і дала (ватітен ותתן)», – тому що вихід «вав ו» до сітри ахра стався через гріх, пов'язаний з самим Древом пізнання, чого не було раніше. І рабі Шимон схвалив його слова.

Заповідь п'ята

215) П'ята заповідь. Сказано: «Нехай закишіть вода кишінням істот живих». У цьому уривку є три заповіді:

1. займатися Торою;

2. плодитися й розмножуватися;

3. здійснювати обрізання після закінчення восьми днів, усуваючи звідти крайню плоть.

Треба займатися Торою, і, працюючи над нею та примножуючи її кожен день, виправити оживляючу силу (нефеш) та дух (руах).

Чотири попередні заповіді, що походять від чотирьох перших днів початку творіння, відповідають виправленню ступенів в самому світі Ацилут, і це – чотири ступені ХУБ і ЗОН світу Ацилут.

Перша заповідь, що постає від слова «берешит (спочатку)», – це страх (Творця), тобто вища Біна. Страх, ґрунтований на тому, що Він великий і править усім, – тобто тільки ҐАР Біни, яка встановилася у властивості вищих Аба ве-Іми, котрі вдягають Аріх Анпін від його пе й до хазе, і званих «йуд '» імені АВАЯ (יוה).

Друга заповідь, яка виникає з речення: «Нехай буде світло!», – виправлення ЗАТ Біни, ІШСУТ, «любов'ю великою й довершеною». У своїй постійній властивості вони вдягають Аріх Анпін від хазе і до табура його, нижче від парси, що знаходиться у внутрішніх властивостях Аріх Анпіну. Однак з реченням «нехай буде світло», котре сказано про них, вони піднялися, ставши одним парцуфом з Аба ве-Іма, що розташовані вище від хазе Аріх Анпіну. І звідти вони піднялися у рош Аріх Анпіну, і Біна знову стала Хохмою, перетворившись на «велику любов», і це – перша «гей» імені АВАЯ. І від них передається всі мохін у ЗОН.

Але від самих вищих Аба ве-Іми, ҐАР Біни, ЗОН не можуть отримати мохін, оскільки ті встановилися в стані «чисте повітря (авіра дахья)», і вони є світлом хасадім, як сказано: «Бо бажає милості (хесед) Він». І тому вони називаються властивістю «страх», оскільки «велика любов», тобто мохін світіння Хохми, передаються в ЗОН не від них, а тільки від ЗАТ Біни, ІШСУТ.

Однак «велика любов», наявна в ІШСУТ, розкривається лише вище від хазе ІШСУТ, котрі знаходяться в цьому стані вище від парси у внутрішніх властивостях Аріх Анпіну. Однак під хазе ІШСУТ, які знаходяться нижче від парси Аба ве-Іми, відбулося укриття світла Хохма, що і означає «"Нехай буде світло!" – в майбутньому світі», – ІШСУТ, котрі знаходяться вище від парси. Але в інших ІШСУТ, які знаходяться нижче від парси, світло вкрите. І Твуна в них стала властивістю «суша».

Третя заповідь випливає з двох висловів третього дня, – з вислову «нехай зберуться води під небесами в єдине місце і з'явиться суша» та вислову «нехай зростить земля порость», – які призначені для виправлення мохін ВАК де-ЗОН. Вища єдність сходить до Зеір Анпіну з вислову «нехай зберуться води», а нижня єдність сходить до ВАК нукви з вислову «нехай зростить земля поросль».

Четверта заповідь, що постає з вислову «нехай будуть світила», – для виправлення ҐАР в Зеір Анпіні й Нукві.

Таким чином, до п'ятого дня вже були проведені всі виправлення, які були необхідними для Аба ве-Іми, ІШСУТ та ЗОН Ацилуту, і тоді ЗОН отримали свій ҐАР та стали готовими до зівуґ'у (злиття) «панім бе-панім (досл. лицем до лиця)» на рівному ступені. Тому звідси й далі приходить час інших заповідей, які є виправленнями, що є необхідними для сходження зівуґ'у ЗОН «панім бе-панім».

П'ята заповідь: «Нехай закишіть вода кишінням істот живих». У цьому висловлюванні є три заповіді, оскільки тепер необхідно притягнути довершеність від зівуґ'у ЗОН «панім бе-панім»:

1. притягання звідти нешама (душі) святості, і тоді сама людина удостоюється зівуґ'у чистоти й святості; і це відбувається за допомогою занять Торою;

2. породження святих душ;

3. виправлення знака союзу за допомогою обрізання та підгортання.

Заняття Торою означає проголошення устами (слів Тори), незважаючи на те, що не збагнув їх, як сказано: «Тому що вони – життя для тих, хто знаходить їх» – для тих, хто вимовляє їх своїми устами. І завдяки цьому він набуває нефеш (оживляючої сили) святості. «І працювати в ній кожен день» – намагатися і робити все, що в його силах, для того щоб осягнути та зрозуміти її. І завдяки цьому він набуває руах (духу) святості. «І примножувати її», – тобто після того, як він удостоївся виправити свої нефеш (оживляючу силу) і руах (дух), він не повинен задовольнятися цим, а повинен примножувати її завжди, оскільки «піднімають в святості, а не опускають». І за допомогою цього він удостоюється нешама (душі) святості. Тому сказано: «Примножуйте її кожен день», – щоб виправити свої нефеш і руах, адже завдяки тому, що він примножує Тору кожен день, додаючи свої виправлення нефеш і руах, він удостоюється нешама святості. І оскільки людина займається Торою, вона встановлює іншу душу, – святості, – оскільки той, хто примножує заняття Торою, крім того, що удостоюється нефеш-руах, удостоюється також і встановлення нешама святості.

216) Оскільки людина займається Торою, вона встановлює іншу душу, – святості. Як сказано: «істот живих», що означає нефеш живої істоти святості, Малхут. Адже якщо людина не займається Торою, немає в неї нефеш (оживляючої сили) святості, – тобто вища святість не перебуває над нею. А коли вона займається Торою, вимовляючи її устами, то удостоюється живої душі, що дозволяє їй уподібнитися святим ангелам.

«Живою (хая)» називається Нуква Зеір Анпіну під час великого стану «панім бе-панім» з Зеір Анпіним, при цьому Зеір Анпін називається Древом життя, а Нуква – живою. І завдяки тому, що підйомом МАН внаслідок своїх занять Торою лішма людина викликає в ЗОН зівуґ «панім бе-панім», вона притягує від їхнього зівуґу нефеш (оживляючу силу) святості, – нефеш від «істоти святості», Нукви Зеір Анпіну. І людина досягає цього лише завдяки підйому МАН в заняттях Торою. Адже якщо людина не займається Торою, в неї немає оживляючої сили (нефеш) святості, оскільки вона не бере участі у зівузі (злитті) Творця і Шхіни – оскільки вона не підняла МАН для того, щоби з'єднати їх.

Це з'ясування сказаного: «Нехай закишить вода кишінням істот живих». Тора називається водою, і оскільки людина переповнена (букв. кишить) МАНом, вона удостоюється за допомогою Тори оживляючої сили (нефеш) святості від вищої «істоти святості». І знай, що людина не удостоюється злиття з Творцем, перш ніж осягне НАРАН від вищої «істоти святості». І тоді нефеш поєднується з руах, руах – з нешама, а нешама – з Творцем.

217) Сказано: «Благословіть Творця, ангели Його» – це ті, хто займаються Торою та називаються «ангелами на землі». Як сказано: «Нехай птах літає над землею» – в цьому світі. А в майбутньому світі Творець повинен зробити їм крила як у орлів, щоби здійснювати перельоти по всьому світу. Як сказано: «Ті, хто надіється на Творця відродяться силою, піднесуться на крилах, як орли».

Коли сказано: «Благословіть Творця, ангели Його, могутні силою, ті, що виконують слово Його аби чути голос слова Його». Сказано: «Ті, що виконують», а потім: «Аби чути», – оскільки людині властиво, що вона не може виконати ніякого доручення, перш ніж почує це від того, хто доручає. Тоді як ангели виконують свою місію перед тим, як почують та зрозуміють, що саме наказав їм Він. Адже вони підкоряються волі Творця, і у них не виникає ніяких перешкод щоби спиратися бажанню Його. І тому вони слідують за Творцем, немов тінь, яка слідує за людиною, і «виконання» у них передує «тому, що буде почуте».

А у тих, хто займається Торою і притягує нефеш (оживляючу силу) святості, їхня істота, хоча вона і від землі, все ж перетворюється, стаючи подібною до вищих ангелів. І «виконання у них передує тому, що буде почуте», – тобто вони виконують заповіді Творця у всій повноті, перш ніж осягнули, що вони роблять. Адже вони теж ідуть за Творцем, як тінь слідує за людиною. Подібно до того, як вітер часом здіймає пил в очі людині, і вона швидко прикриває повіки, перш ніж мислення усвідомлює це. Таким чином, завжди у неї дія, тобто закривання очей, передує мисленому усвідомленню пила, що наблизився.

Тому сказано, що ті, хто займається Торою, називаються ангелами на землі. І хоча вони на землі, «тіло» їхнє стає як у ангелів небесних, та їхні дії передують тому, що буде почуте. Тобто вони не сприймають своїм розумом, аби виконувати заповідь Творця у досконалості, а виконують заповідь у всій її досконалості, перш ніж встигнуть подумки усвідомити те, що вони роблять. Як в прикладі з змиканням повік, котре передує мисленому усвідомленню. Тому вони називаються ангелами на землі.

«А в майбутньому світі Творець повинен зробити їм крила як у орлів, щоби здійснювати перельоти по всьому світу», – адже поки людина не удостоїлася нефеш (оживляючої сили) святості, панує над нею сітра ахра. Як сказано: «А душі ворогів твоїх викине Він, немов з пращі», – коли душа постійно бігає по світу і не знаходить місця спокою, щоб зв'язати себе з Ним. І вони оскверняються стороною нечистоти, адже людина не увійшла до святості і не включилася в неї.

Пояснення. Злитися з Творцем та належним чином виконувати заповіді Його можна лише після того, як людина вірить в імена Творця, – що «Він добрий і несе добро всім», «милостивий та милосердний»[603]. А ті, хто ще не удостоїлися нефеш (оживляючої сили) святості, то і сітра ахра ще панує над ними, і тому вони весь час метушаться по світу, не знаходячи собі місця спокою.

І коли їхні думки метушаться по світу, і вони бачать, що управління Творця над тими, хто живе у світі, на їхню думку, не таке вже й добре, яким воно повинно бути згідно з Його святими іменами, вони виявляються такими, що порочать Його святі імена, і вони не можуть знайти місця спочинку, де змогли б повірити в імена Творця аби зв'язатися з Ним. І тому оскверняють себе в нечистій стороні, тобто приходять до невіри в Творця. І все це тому, що людина не увійшла в святість і не включилася до неї, тому що не удостоїлася нефеш (оживляючої сили) святості і не вчинювала дій, щоби включитися в святість.

Однак у тих, хто займається Торою та притягує нефеш (оживляючу силу) святості, тіло перетворюється, і вони стають подібними до ангелів, тобто теж удостоюються упередити дією те, що почують. Тому сказано про них: «Нехай птах літає над землею». Тобто, в майбутньому світі Творець повинен зробити їм крила як у орлів, щоби літати по всьому світу, адже вони літають по всьому світу в думках своїх і спостерігають за управлінням Творця.

---

603 Писання, Псалми, 86:15.

Разом з тим, вони не лише не потрапляють в тенета нечистої сторони, але ще й отримують сили підняти МАН та збільшувати свої сили завжди. Як сказано: «Ті, хто надіється на Творця, відродяться силою, піднесуться на крилах, як орли». За допомогою цього вони «підносяться на крилах, як орли», щоб окинути поглядом все, що відбувається з мешканцями світу. І вони завжди можуть, відродившись силою, підняти МАН силою своєї віри в єдність Творця, і завжди залучити дух святості згори.

218) Сказано про це: «Нехай птах літає над землею». І мовиться, що Тора, яка зветься «водою», закишить, – тобто видобуде думку, звану «істота жива», з місця всього живого, Малхут, та надішле її униз. Про це сказав Давид: «Серце чисте відтвори в мені, Творець», щоб займатися Торою, і тоді: «Дух вірний онови в мені».

З'ясовує сказане: «Нехай закишать води кишінням істот живих»[604], і мовить, що ця вода, тобто Тора, закишить, тобто видобуде істоту живу з місця (всього) живого, Малхут, та надішле цю істоту живу вниз, – від вищої Нукви, званої «жива», в цей світ. І про це сказав Давид: «Серце чисте відтвори в мені, Творець», – тобто він просив, щоби Творець дав йому «серце чисте» для заняття Торою та підйоіму МАН. І тоді: «Дух вірний онови в мені», – і він удостоїться тоді притягнути «дух вірний» та зможе злитися з Ним.

Заповідь шоста

219) Шоста заповідь: плодитися і розмножуватися. Кожен, хто виконує заповідь «плодитися та розмножуватися», перетворює те джерело, яке називається Єсод Зеір Анпіну, на потік, що не припиняється ніколи. Води його не вичерпаються, і море, Малхут, наповнюється з усіх сторін. І нові душі вийдуть з того Древа, і безліч воїнств примножаться нагорі разом з цими душами для того, щоб оберігати їх, як сказано: «Нехай закишать води кишінням істот живих»[604]. Це знак святого союзу, потік, що

---

604 Тора, Берешит, 1:20.

починається та виходить з Едену[605], і води його множаться, продукуючи живе та безліч душ для цієї живої істоти.

Пояснення. Завдяки пробудженню знизу, буде пробуджений згори і викличе злиття (зівуґ) Творця та Шхіни. І тоді потік, Єсод Зеір Анпіну, буде завжди буяти водами чоловічої основи (МАД), і води його не перестануть наповнювати Нукву. А море, Нуква Зеір Анпіну, – наповнене з усіх боків: зі сторони зівуґу відродження світів та зі сторони породження душ. І нові душі з'являються та виходять з цього Древа.

Точніше, не зовсім нові душі, але колишні душі, які вже були в Адамі Рішоні та відокремилися від нього через куштування від Древа пізнання, – вони з'являються знову завдяки цьому Древу, Зеір Анпіну, і тому називаються «новими душами». А дійсно нові душі прийдуть в світ лише після остаточного виправлення порушення заповіді Древа пізнання. І разом з цими душами нагорі утворюється безліч воїнств, оскільки разом з кожною душею виходить багато ангелів. І у зівузі відродження світів теж виходять ангели.

«Це знак святого союзу, потік, що починається та виходить з Едену». «Кишіння живих істот»[604] вказує на Єсод Зеір Анпіну, званий «знаком союзу». І це – потік, що бере свій початок та виходить із Зеір Анпіна, який вдягає Аріх Анпін, Еден, – «щоби зрошувати сад»[605], котрий є його Нуквою. Води його множаться, продукуючи живе, – тобто від зівуґів де-ВАК, званих «оживляння», і це означає «закишить кишінням». А щодо зівуґу ГАР для породження душ, сказано: «І безліч душ» для цієї істоти, званої «жива істота (нефеш)».

220) Разом з цими душами, включеними до цієї «живої істоти», тобто Малхут, з'являється кілька птахів, тобто ангелів, які, здіймаючись, літають по всьому світу. І коли душа виходить в цей світ, виходить разом з нею і той злетівший птах, який вийшов разом з цією душею з Древа. Скільки ангелів виходять з

---

[605] Тора, Берешит, 2:10. «Ріка витікає з Едену, щоби зрошувати сад, і звідти розділяється та утворює чотири головних ріки».

кожною з душ? Два. Один – справа, другий – зліва. Якщо удостоїлася людина, вони оберігають її, як сказано: «Бо ангелам своїм заповідає Він про тебе – охороняти тебе»[606]. А якщо ні, – вони звинувачують його.

Сказав рабі Пінхас: «Три ангели захищають його, коли він удостоюється. Як сказано: "Якщо є над ним ангел-заступник, – один з тисячі, щоб сповістити людину про прямоту його"[607]. "Якщо є над ним ангел" – це один, "заступник" – це другий, "один з тисячі, щоб сповістити людину про прямоту його", – разом три».

221) Сказав рабі Шимон: «Це п'ять ангелів. Адже сказано ще: "Тоді зласкавиться над ним і скаже: Відпусти його, щоб не зійти йому в могилу, знайшов я спокуту йому". "Зласкавиться над ним" – це один, "і скаже" – двоє. Разом – п'ять». Пояснив йому: «Це не так. "Зласкавиться над ним" – це один лише Творець, а не ангел, тому що ніхто інший не має права зглянутися на нього, крім Нього Самого».

Пояснення. Разом із душами народжуються та з'являються кілька ангелів, званих «птахи», які допомагають душам домогтися переваги чаші заслуг. Або вони навпаки, – звинувачують їх, підштовхуючи до чаші провини. А коли вони здійнявшись, літають по всьому світу, і бачать управління Творця над всіма, хто живе у світі, як вони управляються Ним, вони повідомляють про це душі. І якщо ця душа удостоюється, вона схиляє себе і весь світ на чашу заслуг. А якщо не удостоїлася, то схиляє і себе і весь світ на чашу провини. Тому постає запитання: «Скільки ангелів виходять з кожною з душ?»

Таким чином, рабі Пінхас не заперечує рабі Шимону, кажучи, що тільки два птахи народжуються разом з душею, а говорить, що весь той час, поки є в людини всього лише дві душі, вона не може остаточно схилити себе на чашу заслуг, а переходить від суду до милосердя і від милосердя – до суду. Однак, завдяки добрим діянням народжується у неї третій ангел, і тоді вона

---
[606] Писання, Псалми, 91:11.
[607] Писання, Йов, 33:23.

удостоюється переваги чаші заслуг. Тому він каже, що «три ангели захищають людину, коли вона удостоюється», – тобто удостоїтися вона може лише з допомогою трьох ангелів.

222) А людина, яка ухиляється від заповіді «плодіться та розмножуйтеся», применшує образ, який включає всі образи, – образ людини, – і призводить до того, що у потока, тобто Єсода Зеір Анпіну, вичерпуються води його, і вона з усіх сторін порушує знак союзу. Сказано про неї: «І вийдуть і побачать трупи людей, що поступилися Мною». Звичайно ж, «Мною» – це говориться тілу, а душа людини взагалі не включається до екрану, в межі Творця, та людина виганяється зі світу.

Малхут називається «образом, що включає всі образи». І всі образи НАРАН праведників та ангелів трьох світів БЄА сходять завдяки їй, та є її силами і воїнствами. Тому той, хто не плодиться і не розмножується, вважається таким, що применшує образ Малхут та перешкоджає виходу всіх її сил та воїнств. Оскільки пробудженням знизу, викликається відповідне йому пробудження зверху, яке призводить до зівуґу (злиття) Творця і Шхіни Його для породження НАРАН та ангелів в світах БЄА.

«А той, хто ухиляється від заповіді "плодіться та розмножуйтеся", призводить до того, що у потока», Єсода Зеір Анпіну, «вичерпуються води його», – тобто він призводить до того, що Єсод Зеір Анпіну перестає давати МАД святий Шхіни. «І він з усіх сторін порушує союз святості», – оскільки він перешкоджає двом видам зівуґу: з боку ВАК і з боку ГАР. І про нього сказано: «І вийдуть і побачать трупи людей, що поступилися Мною», – тому що заповідь «плодіться і розмножуйтеся» постійно збільшує душу його, і внаслідок цього він здобуває перемогу також і над тілом своїм навіки, щоби постати йому при відродженні з мертвих. А той, хто не слідує заповіді «плодіться та розмножуйтеся», – немов перетворює своє тіло на труп, а душа його не зможе увійти в межі Творця, і він виганяється зі світу майбутнього.

Заповідь сьома

223) Сьома заповідь: вчиняти обрізання на восьмий день та видаляти нечистоту крайньої плоті. Адже «жива істота», тобто Малхут, є восьмим ступенем на всіх рівнях, – якщо почати відлік з Біни; і та нефеш, яка здіймається від неї, повинна постати перед нею на восьмий день, оскільки вона є восьмим ступенем.

Нуква Зеір Анпіну називається «живою істотою (хая)», якщо вона піднімається та облачає Біну, котра є восьмим ступенем десяти сфірот знизу нагору. І називається також Малхут, Нуква Зеір Анпіну, іменем «восьмий», оскільки вона піднялася на вісім ступенів, що відокремлюють її від Біни, і тільки тоді вона називається «хая», як і Біна.

Тому душа (нефеш) людини, яка народилася від нукви Зеір Анпіну, званої «хая» та званої «восьма», повинна постати перед Нуквою з виправленнями обрізання та підгортання на восьмий день свого народження, і тоді виявляється та стає помітним, що вона – нефеш від цієї святої «істоти», а не від іншої сторони. Бо тоді, завдяки силі дії обрізання і підгортання, остаточно відштовхується сітра ахра (інша сторона) від нефеш людини, і тоді вона може отримати свої світла у досконалості від цієї істоти. І це означає: «Нехай закишать води». І завдяки цьому вона отримує вищі води чоловічої основи (МАД) від ЗОН та довершується завдяки цим водам.

224) І тоді чітко проявляється, що вона – нефеш хая, тобто нефеш цієї святої істоти (хая), Малхут, а не від іншої сторони. Як сказано: «Нехай закишать води», – стали відзначеними води святого сімені знаком нефеш хая. І це знак букви «йуд», що був відбитий на святій плоті сильніше, ніж всі інші враження в світі.

Пояснення. Писання з'ясовує: «Нехай закишать води кишінням істот живих» в значенні «отримають враження, відчують», тобто за допомогою обрізання та підгортання відчувають та отримують враження вищі води чоловічої основи (МАД), котрі передаються нефеш людини в запису та образі Нукви, званої «нефеш хая (живою істотою)».

І тому вищий світ, Біна, утвердився та відбився з буквою «йуд», а нижній світ, Малхут, утвердився й відбився з буквою «гей». І в той час, коли Малхут, Нуква, піднімається та вдягається на вищий світ, Біну, тоді виходить «гей» з Малхут, з МА, і замість неї входить «йуд», як у Біни, МІ. І це – знак букви «йуд», яка була відбита на святій плоті більш, ніж всі інші враження в світі, бо за допомогою обрізання та підгортання виходять всі враження цього світу, які відносяться до букви «гей», також і з людини. І знак букви «йуд» з'являється замість неї, так само як це сталося в Нукві, коли вона піднялася в Біну. І оскільки свята плоть Єсоду відзначена буквою «йуд», людина теж може отримати завершену «нефеш хая» від святої Нукви.

225) «Нехай птах літає над землею» – це Еліягу облетів світ за чотири перельоти, для того щоби бути там, в цьому святому союзі обрізання, і потрібно встановити йому трон, і згадати устами: «Це трон Еліягу». А інакше він не перебуває там.

У цьому місці з'ясовується уривок: «Нехай птах літає», сказаний про Еліягу, який облітає світ за чотири перельоти. І з'ясовується, що наступний уривок: «І всяку пташину крилату за видом її», – про ангелів, які, кружляючи по світу, облітають його у шість перельотів. Тут з'ясовується кінець уривка, де йдеться про землю, і тому не можна віднести його до вищих ангелів, бо вони не знаходяться на землі. І тому зрозуміло, що це Еліягу. «Літає над землею» – це Еліягу, який завжди знаходиться на землі. Оскільки Еліягу походить від Нукви Зеір Анпіну і знаходиться з нею завжди. Еліягу не відноситься до сторони Аба ве-Іми, адже він облітає світ за чотири перельоти, – це вказує на те, що він відноситься до Нукви, від хазе й нижче, і там лише чотири сфіри.

Ангели відносяться до сторони Аба ве-Іми. Тому вони знаходяться лише на небі, і є у них ВАК, – ХАҐАТ НЕГІ. І тому, коли вони з'являються на землі, щоби виконати свою місію, то облітають світ у шість перельотів, оскільки вдягаються на шість сфірот. Однак Еліягу не відноситься до сторони Аба ве-Іми, а тільки до сторони Малхут. І завжди знаходиться на землі. А оскільки у Малхут лише чотири сфіри Зеір Анпіну, – Тіферет-Нецах-Год-Єсод (ТАНГІ), від його хазе й нижче, – він (Еліягу) облітає всю землю за чотири перельоти, тобто – завдяки облаченню чотирьох сфірот ТАНГІ. І там сказано в Писанні: «Нехай птах літає над землею», – це відноситься не до ангелів, а до Еліягу, який знаходиться на землі. Тоді як речення: «І всяку пташину крилату за видом її», в якому немає згадки про землю, відноситься до ангелів, котрі перебувають на стороні Аба ве-Іми та облітають світ у шість перельотів.

Еліягу облітає світ за чотири перельоти, щоби перебувати там, в цьому святому союзі обрізання. Тому сказав Еліягу: «Дуже зревнував я щодо Творця, бо покинули заповіт Твій сини Ісраелю». Відповів Творець Еліягу: «У будь-якому місці, де відобразять сини Мої цей знак святості на плоті своїй – ти будеш з'являтися там. І уста, які засвідчили, що Ісраель полишили заповіт, засвідчать, що Ісраель виконують заповіт». І Еліягу був покараний перед Творцем, оскільки виступив зі словами обвинувачення проти синів Його. Як сказано: «Бо покинули заповіт Твій сини Ісраеля».

Ці слова, зрозуміло, не можна сприймати в буквальному значенні – мовляв, Еліягу зобов'язаний перебувати при вчиненні кожного обрізання синів Ісраеля, оскільки покараний за те, що виступив зі словами звинувачення на Ісраель. І крім того, чому сказано, що потрібно запросити його, згадавши устами: «Це трон Еліягу», інакше він не буде присутній там? Адже якщо він повинен знаходитися при здійсненні обрізання через покарання, – він зобов'язаний бути присутнім там?! І чому необхідне свідоцтво Еліягу перед Творцем, що сини Ісраелю виконують заповіт обрізання? Хіба не розкрито все перед Творцем?! Але велику неймовірну таємницю укрили вони тут за милозвучністю цих слів, як завжди у них прийнято.

І в чому тут справа, стає зрозумілим з того, що приведене в Зогарі. Заговорив рабі Ілай, проголосивши: "Будь непорочним в єдності з Творцем Всесильним твоїм". Чим відрізняється непорочний від сумирного? Про Авраама сказано: "Перебувай переді мною і будь непорочним". Про Яакова, котрий досягнув більшої досконалості, сказано: "А Яаков був людиною сумирною". І називається він людиною сумирною тому, що не залишилося в ньому жодної нечистоти, оскільки у нього вже було зроблене підгортання (прія). Яким чином він зробив підгортання та очистився від усього непотрібного? Справа в тому, що місце, яке дотикається з нечистотою, котра наявна всередині та знаходиться там, де є підгортання (прія), називається биком, і це форма прояву лівої лінії його престолу»[608].

Бо є в будові (мерква) цього трону лик лева справа та лик бика зліва. І бик називається «биком сумирним». Оскільки в будові (мерква) цього трону є знак союзу. Тому цей бик називається «биком сумирним». Яаков відносився до нього. І з боку цього бика він зробив підгортання та остаточно усунув нечистоту всього негодящого. Оскільки є «агресивний бик» з боку крайньої плоті та підгортання. І багато позовників в суді походять від нього, – до найнижчого ступеню, званого «втрата». І всі вони походять від цього «агресивного бика» у поєднанні з диким ослом – від суворого суду манули. «А Яаков – людина сумирна» – означає, що він володіє цим смиренням.

Пояснення сказаного. Чотири кліпи: «ураганний вітер (руах сеара)», «велика хмара (анан ґадоль)», «палаючий вогонь (еш мітлакахат)» та «сяйво (нога)» навколо Нього. Три перші кліпи – вони є повністю нечистими, але кліпа «сяйво (нога)» являє собою наполовину «добро», наполовину «зло». І в той час, коли три кліпи поєднуються з нею, вона стає повністю «злом». А в той час, коли вона відділяється від них, приліплюючись до святості, вона цілком стає «добром». І місцезнаходження цих чотирьох кліпот – у завершенні парцуфа, тобто в закінченні Єсоду, де є два види шкіри, одна на інший. Перший вид шкіри називається «крайньою плоттю», і в нього включені три нечисті кліпи: «ураганний вітер (руах сеара)», «велика хмара (анан ґадоль)», «палаючий вогонь (еш мітлакахат)». А другий вид шкіри називається

---

608 Див. Зогар, главу Шлах Леха, статтю «Чим відрізняється невинний від сумирного», п.п. 117-118.

«шкірою підгортання», кліпою «сяйво (но́га)», половина якої – добро, а половина – зло.

І Адам Рішон народився «обрізаним», оскільки три нечистих кліпи не мали ніякого відношення до нього. І була у нього тільки кліпа «сяйво (нога)», «шкіра підгортання», яка теж була цілком добром, будучи відокремленою від трьох нечистих кліпот та з'єднаною зі святістю. Однак прогрішивши щодо Древа пізнання внаслідок спокуси змія, який складається з трьох нечистих кліпот, він притягнув до себе другу шкіру, звану «крайньою плоттю». Адже відомо, що Адам Рішон пригорнув свою крайню плоть. І про це сказано: «І якщо повідомлений був господар його, але не встеріг його... то бик цей буде побитий камінням, а господар буде підданий смерті», – тобто коли ця крайня плоть кинулася до нього та з'єдналася з його Єсодом, негайно відлетіла від нього душа Ацилуту, і він, упавши в світ Асія, був засуджений до смерті.

Тому сказано, що це «агресивний бик», – зі сторони крайньої плоті та підгортання. Бо внаслідок того, що був попереджений не їсти від Древа пізнання, та не остерігшись, покуштував від нього, кинулася до нього крайня плоть. І стали нечистими відразу два види шкіри, оскільки і шкіра підгортання, кліпа «сяйво (нога)», теж стала нечистою в силу поєднання та злиття з крайньою плоттю. І це – три нечисті кліпи. Однак є відмінність між ними. І шкіра підгортання називається «бик сумирний», а не «агресивний», оскільки вона була у повній святості до гріха Древа пізнання і стала нечистою тільки через крайню плоть, що приліпилася до неї.

Тому є два окремих виправлення – обрізання та підгортання. Про агресивного бика сказано: «Бик цей буде побитий камінням», – і також крайню плоть необхідно усунути, відрізавши її від святості, та віддати її праху. Однак про сумирного бика сказано: «Розділять навпіл відшкодування шкоди», – і також «шкіру підгортання» потрібно залишити в святості, приєднаною до Єсоду, але необхідно розділити її навпіл, розрізаючи її на дві частини, і тим самим мохін знову проявляються в парцуфі та відкривається свята плоть.

«І зі сторони цього бика він зробив підгортання та остаточно усунув нечистоту всього негодящого». За допомогою того, що розділяють шкіру на дві частини навколо Єсоду, анулюється й усувається вся нечистота, котру увібрала «шкіра підгортання» в силу колишнього поєднання з крайньою плоттю. А мохін, які віддалилися через крайню плоть, можуть знову проявитися.

Однак цього ще недостатньо, щоби повернути всі мохін, які віддалилися від Адама Рішона через прогріх щодо Древа пізнання. Адже сказано: «І також господар буде відданий смерті», незважаючи на те, що «буде бик його побитий камінням». І це – через велику силу «агресивного бика», що дає можливість Саму звинувачувати тими ж словами, як і в Писанні: «І повідомлений був господар його, але не встеріг його». І щоб виправити це, взяв на себе Еліягу обвинувальне слово Сама, звинувативши синів Ісраелю замість Сама, як сказано: «Бо покинули заповіт Твій сини Ісраелю». Таким чином, він закрив рот Саму, анулювавши місію Сама, оскільки Еліягу взяв на себе його місію. І тоді є в нього сила стати згодом також і захисником – в той час, коли він бачить, що сини Ісраелю виконують заповіт.

У цьому сенс сказаного, що «Еліягу повинен бути присутнім на кожному обрізанні, оскільки уста, котрі засвідчили, що Ісраель полишили заповіт, засвідчать, що Ісраель виконують заповіт». Оскільки він узяв на себе силу звинувачення Самом синів Ісраелю, заявивши, що Ісраель полишили заповіт, як сказано: «І повідомлений був господар його, але не встеріг його», – тому є у нього сила свідчити і в разі виконання ними заповіту. І тоді остаточно усувається сила «агресивного бика». І всі мохін, які віддалилися через «агресивного бика», можуть знову проявитися.

Тому сказано: «І потрібно встановити йому трон», – тобто крім того, що необхідно встановити крісло сандака, на якому відбувається обрізання та підгортання, необхідно також встановити інше крісло, призначене для Еліягу. Чому недостатньо одного крісла для обох? Крісло (також: трон) в будь-якому місці означає початок виправлення, щоб вищий міг перебувати у нижньому. Мохін, які розкриваються внаслідок обрізання і підгортання, та свідоцтво Еліягу про виконання заповіту є двома окремими поняттями. Бо та міра мохін, яка розкривається внаслідок підгортання, відноситься до властивості «сумирний бик», – коли невідомо «що битливий бик він»[609], – що символізує повернення «ноги» до святості за допомогою того, що «розділять навпіл відшкодування шкоди».

Свідоцтво Еліягу є необхідним, аби усунути зло, котре заподіяне «агресивним биком», тобто силами безпосередньо трьох нечистих кліпот, та закрити їм роти, щоби не могли звинувачувати. Тому необхідні два крісла:

1. трон Творця, тобто крісло сандака, для встановлення самих мохін шляхом обрізання та підгортання;

2. для встановлення світіння Еліягу, який закриває роти кліпот, щоб ті не могли звинувачувати; і це – крісло Еліягу;

І необхідно зрозуміти, – в чому полягає настільки велика необхідність проголошення устами: «Це крісло Еліягу», оскільки інакше, навіть якщо підготували крісло, він не з'явиться туди. Сказано: «Що тобі потрібно тут (по פה), Еліягу?», – це вказує на вуста (пе פה) Еліягу. А союз святості – це вуста Творця. Таким чином, є відмінність між союзом святості, тобто мохін, які розкриваються за допомогою обрізання і підгортання, званими «вуста Творця», та між устами самого Еліягу.

Для того, щоб це зрозуміти, потрібно глибше пояснити поняття закривання рота «агресивному бику», щоби той не скаржився на Ізраель після повернення мохін за допомогою обрізання та підгортання. Адже крім свідоцтва Еліягу, необхідне ще й особливе виправлення, вчинюване через віддання крайньої плоті праху. Сказано в Зогарі[610]: «У той час, коли людина вико-

---

609 Тора, Шмот, 21:36.
610 Зогар, глава Пкудей, п.691.

нує обрізання на восьмий день, коли вже перебувала над нею субота, тобто Малхут, котра досягла мохін Аба ве-Іми і зветься святістю, – цю крайню плоть, яка відрізається й викидається назовні, бачить сітра ахра, якій дістається частка від принесення жертви обрізання. І завдяки цьому підношенню вона з обвинувача перетворюється на гарного заступника Ісраеля перед Творцем».

Пояснення сказаного. Оскільки тим, хто знаходиться в духовному, притаманне включення один в одного, то крайня плоть, будучи одного разу злитою з Єсодом, в той час, коли її відрізають від Єсода, забирає з собою і частину святості. А оскільки ми викидаємо крайню плоть зовнішнім, то вони, користуючись цим, отримують якесь світіння від мохін, що розкриваються внаслідок обрізання та підгортання. Тому вони більше не бажають скаржитися на Ісраель і знищувати ці мохін, адже тоді вони теж втратять свою частку, яку беруть від цих мохін. І тому вони стають «заступником Ісраеля» аби підтримувати в них мохін.

Тому Еліягу не може витерпіти цього виправлення, – адже хоча вони і припиняють звинувачувати Ісраель, але беруть на замін частину святості. І щоб це виправити, Еліягу взяв звинувачення на себе, і зовсім не збирався наділяти їх, віддаючи частину від святого приношення. Тому, хоча сітра ахра і припинила вже свої звинувачення, перейшовши на бік захисту, сам Еліягу ще продовжує звинувачувати, щоб остаточно викоренити силу сітра ахра та відокремити її від святості. Тому «вуста Еліягу» потрібні додатково до «вуст Творця», які розкриваються внаслідок обрізання і підгортання, залишаючи частину приношення сітрі ахра. Бо «вуста Еліягу» остаточно викорінюють ситру ахра. Тому сказано, що «уста, які засвідчили, що Ісраель полишили заповіт, засвідчать, що Ісраель виконують заповіт».

«Необхідно згадати, промовивши вустами: "Це крісло Еліягу"», – тобто треба, згадавши про нього, залучити «вуста Еліягу» над кріслом його, і не задовольнятися «вустами Творця», які усувають звинувачення сітра ахра та перетворюють її на захисника, – адже він залишається в боргу у ситри ахра та зобов'язаний віддати її частку. І тоді, завдяки «вустам Еліягу», він усуває обвинувача, і зовсім не повинен догоджати йому навзаєм. Але якщо людина не докладає зусиль до залучення устами своїми «вуст Еліягу» над кріслом його, той не перебуває там. Тому необхідно залучити їх. І навіть немає місця питанню: як може бути, щоб уста Еліягу могли виправити більше, ніж вуста Творця? Адже сказано, що це «створив Творець для виконання», – тобто Творець почав творіння, і таким чином, за допомогою добрих діянь людини надав їй можливість довершити його.

226) І створив Творець величезних чудовиськ. Чудовиськ двоє, і це – крайня плоть та підгортання: відсікання крайньої плоті, а потім підгортання. Тобто, захар (чоловіча особина) та некева (жіноча особина). «І всяка істота жива, що переміщається», – це відображення знака союзу святості, свята жива істота. «Якими закишіли води» – вищі води, які сходили до нього, до цього відображеного знаку.

Чудовиська – це Левіатан і його пара. Їм відповідають крайня плоть і підгортання, звані «змій, що вислизає (баріах)» та «змій, що звивається (акальтон)», чоловіча основа (захар) та жіноча основа (некева). Крайня плоть – це «змій, що вислизає», чоловіча основа, яке необхідно усунути та віддати праху. А підгортання – це виправлення: усунути зло «змія що звивається», жіночої основи.

І сказано: "І всяка істота жива, що переміщається», – натяк на відображення знака святого союзу. Бо внаслідок підгортання, коли розділяють на дві частини шкіру підгортання на Єсоді, відкривається знак «йуд», тобто закінчення вищого світу, зване хая (живе), і тому називається знаком вищої святої істоти, про яку сказано: "І всяка істота жива, що переміщається».

І сказано: «Вищі води, які сходили до нього, до цього відбитого знака», – тобто води чоловічої основи (МАД) вищого світу, вищих Аба ве-Іми, званих «хая», які сходять лише на знак «йуд». І виходить «гей» з МА і замість неї входить «йуд», і тоді називається МІ, як і Біна[611].

227) Тому Ізраель були відмічені знаком святості і чистоти внизу, який був подібний до знаків святості нагорі, котрі слугують для розрізнення між стороною святості та іншою стороною. І також Ізраель відмічені знаком для того, щоб розрізняти між святістю Ізраеля та народами-ідолопоклонниками, котрі виходять від іншої сторони. І також, як Він відзначив Ізраель, Він відзначив їхніх тварин та птахів, щоби відрізняти їх від тварин і птахів народів-ідолопоклонників. Благословенна доля Ізраеля.

І також були відзначені їхні тварини і птахи. Ставлення людини до решти створінь світу – як відношення цілого до своїх частин. Адже людина (адам) поєднує в своєму тілі (гуф) всі створіння світу в єдине ціле. І будь-яке створіння – це одна частина, яка перебуває сама по собі, яка відокремилася від образу цієї людини. Тому також, як Ізраель відділилися від народів світу у властивості «людина в них», такий же поділ має місце в їхніх частинах, тваринах і птахах. І причиною згадки тут саме тварин і птахів є те, що Писання згадує їх. І вже виходячи з цього, судять про інші створіння, які є частинами Ізраеля та народів світу.

Заповідь восьма

228) Восьма заповідь: любити прибульця, який збирається зробити обрізання та увійти під покров крил Шхіни. І вона, Малхут, вводить під свої крила тих, хто, відокремлюючи себе від іншої, нечистої сторони, наближається до неї, як сказано: «Нехай виведе земля з себе істоту живу по виду її»[612].

Вираз «крила Шхіни» є дуже великим і глибоким поняттям, але ми будемо пояснювати його в мірі необхідності зрозуміти те, про що ми будемо говорити. Малхут, Нуква Зеір Анпіну, називається Шхіною (обителлю) у відношенні до розкриття її, оскільки вона ніколи не покидає нас, навіть у той час, коли ми є

---

611 Див. вище, статтю «Мати позичає свої шати дочці», п.17.
612 Тора, Берешит, 1:24.

найбільш віддаленими від неї. Як ми вивчаємо: «У будь-якому місці, куди б не виганяли (Ісраель) – Шхіна разом з ними». І сказано: «Той, хто перебуває з ними в нечистоті їхній»[613]. У цій властивості називається Зеір Анпін «Тим, хто перебуває в обителі (Шохен)», а Нуква «Обителлю (Шхіна)». І це розкриття може бути лише тоді, коли ЗОН знаходяться в стані «панім бе-панім (досл. лицем до лиця) на рівному ступені», тому що світіння цього зівуґу (злиття) є тоді настільки великим, що проявляється єдність навіть над місцями, найбільш віддаленими і скороченими.

Відомо, що великий стан (ґадлут) ЗОН не настає відразу, але спочатку будується малий стан (катнут) ЗОН в мохін де-ВАК, і після цього відбувається ґадлут. Це відбувається на всіх ступенях ЗОН. І навіть коли ЗОН наповнюються мохін великого стану (ґадлут), мохін малого стану (катнут) не анулюються, оскільки вони теж сприяють зівуґу, що породжує мохін великого стану (ґадлут), котрі називаються «крила Шхіни».

Про це сказано: «І будуть ті херувими з простягнутими вгору крилами вкривати своїми крилами покриття (ковчегу)».[614] Головне їхнє призначення – розправляючи крила, прикривати світіння зівуґу ґадлуту таким чином, що навіть найбільш віддалені зможуть наповнитися світлом цього зівуґу і при цьому нічого не перепаде кліпот. Бо ті, хто ще не досяг остаточної чистоти, завжди відштовхуються світлом святості через побоювання, що можуть віддати його наповнення кліпот. Але зараз, завдяки прикриванню крилами, наповнення охороняється так ретельно, що навіть ті, хто знаходиться зовсім поруч з кліпот, не зможуть, оступившись, впустити це наповнення до кліпот, бо ці крила оберігають їх.

Тому для того, хто прийшов набути віри та зробити обрізання, не дивлячись на те, що тіло (гуф) його походить від властивості «крайньої плоті», бо праотці його не стояли біля гори Синай і не припинилася в них нечистота змія, все ж є у нас сили підняти

---

613 Тора, Ваікра, 16:16.
614 Тора, Шмот, 25:20.

його у вищу святість за допомогою підйому МАН для великого зівуґу ЗОН панім бе-панім, де правлять крила Шхіни, – тобто вони розправляють свої крила і прикривають світло зівуґу. Тоді ми можемо підняти туди і душу прибульця, і він освячується світлом цього зівуґу. І, незважаючи на те, що не є ще остаточно чистим, він може в цей час наповнитися світлом цього зівуґу.

Адже крила оберігають його від того, щоби наповнення не перейшло до кліпот, хоча й він є до них близьким. І сказано: «Під крилами Шхіни», – оскільки вони можуть отримувати тільки від світла Малхут, лише від крил її, зовнішньої частини Малхут, але не від самої Шхіни, та вже тим більше, – не від самого Зеір Анпін.

Малхут вводить їх під свої крила. І не повинно викликати питань те, що раніше сказано: «Щоб звести під крила Шхіни», тобто ми самі повинні підняти прибульця під крила Шхіни, а тут йдеться про те, що сама вона вводить їх під свої крила, тобто Шхіна сама піднімає їх до себе? Справа в тому, що душу прибульця можна наблизити лише за допомогою зівуґу ґадлуту, бо тільки тоді крила Шхіни вкривають світіння цього зівуґу.

Тому ми спочатку повинні підняти МАН, щоб пробудити цей зівуґ ґадлуту, викликавши світіння цього зівуґу для його душі, і тоді Шхіна розправляє крила свої, вкриваючи світло цього зівуґу, і вводить під свої крила душу цього прибульця. Таким чином, спочатку ми піднімаємо душу прибульця, а потім, коли вона піднялася, Шхіна приймає її під свої крила.

229) Не можна сказати, що ця «істота жива (нефеш хая)», що перебуває в Ісраелі, уготована для всіх, але, як сказано: «Істота жива по виду її», – тобто для Ісраеля, а не для прибульців. Скільки проходів і кімнат, що розкриваються один за одним, веде в ту землю, яка називається «живою», – під крила її.

Пояснення. Душа прибульця може піднятися лише в той час, коли ми піднімаємо МАН, що викликає зівуґ ґадлуту, і тоді ми притягуємо до себе світіння «нешама» від цього зівуґу. Саме тоді відбувається «розправлення крил Шхіни», і туди піднімається душа прибульця, наповнюючись там світлом цього зівуґу. Тому «не можна сказати, що ця "істота жива (нефеш хая)", що перебуває в Ізраелі, уготована для всіх», – адже тоді можна подумати, що і прибулець отримує від світла цього зівуґу «нефеш хая (істоти живої)», викликаної Ізраелєм для світіння їхнім душам. «Але, як сказано: "Істота жива по виду її"», – тобто прибульці отримують світіння від зівуґу, що відноситься до їхнього виду, але тільки від зовнішньої властивості цього зівуґу, а не від внутрішньої, котра відноситься виключно до Ізраеля.

«Крила» – це ВАК стану катнуту, використовувані і під час ґадлуту, щоби приховати світло цього зівуґу. У цьому ВАК є ХАҐАТ НЕГІ. ХАҐАТ – це так звані «кімнати для поселення». НЕГІ називаються «проходами», і вони – лише місце відчинення та входу в ці кімнати, але в них самих селитися не можна, оскільки вони служать лише для входу і виходу. Бо основа ХАҐАТ – це Тіферет, їхня середня лінія, що є завершеним клі і місцем отримання світла хасадім. А основа НЕГІ – це єсод, середня лінія, в якій немає місця отримання для себе, і вона служить лише шляхом, за допомогою якого піднімається відбите світло. І тому НЕГІ називаються «проходами».

І сказано: «Скільки проходів та кімнат, що розкриваються один за одним, веде в ту землю, яка називається "живою", – під крила її». Оскільки вона повинна ввести під крила свої прибульців всіх сімдесяти народів, і тому вготовані для них стільки «кімнат» – в ХАҐАТ цих крил, і стільки «проходів» – в НЕГІ цих крил. Властивість «нефеш» вони отримують від цих «проходів», а властивість «руах» – від «кімнат».

230) У правому крилі Малхут є два проходи, які відходять від цього крила до двох інших народів, що є особливо близькими до Ізраелю, для того, щоби ввести їх в ці проходи. А під лівим крилом є два інших проходи, що відходять до двох інших народів, які іменуються Амон та Моав. І всі вони називаються «нефеш хая».

Раніше говорилося про безліч проходів, а тут йдеться про те, що тільки два справа і два зліва. Справа в тому, що тут мовиться тільки про загальні проходи, тобто є два загальних проходи праворуч, для тих народів, які відносяться до правої (сторони). І також є два загальних проходи зліва, для народів, що відносяться до лівої сторони. Два народи з правої сторони включають всі народи, що існують з правої сторони, та які відносяться до двох загальних проходів у правому крилі, і Зоґар не вказує, хто вони. І також два народи з лівої сторони, що включають всі народи лівої сторони, і це – Амон та Моав, котрі відносяться до двох загальних проходів лівого крила.

І всі вони називаються «нефеш хая». Всі душі прибульців, які приходять від усіх народів, називаються по імені «нефеш хая (істота жива)», оскільки вони можуть отримувати наповнення тільки від зівуґу великого статну (ґадлут) ЗОН, коли самі ЗОН знаходяться на місці вищих Аба ве-Іми. І тоді називається Малхут «нефеш хая (істота жива)», бо виходить вона від світла Аба ве-Іми, яке є світлом «хая». І оскільки душі прибульців отримують наповнення «нефеш хая» від крил, самі вони теж називаються «нефеш хая».

231) І безліч інших прихованих кімнат та інших палат є в кожному крилі. З них виходять сили духу (рухот), якими наділяються всі, хто прийшов набути віри. І тоді вони називаються «істота жива (нефеш хая)», але – «по виду її». І всі вони входять під крила Шхіни, але не більше.

Пояснення. Кожне крило складається з ВАК, тобто ХАҐАТ (Хесед-Ґвура-Тіферет) НЕГІ (Нецах-Год-Єсод), званих «кімнати» та «проходи». І для кожного народу є особлива кімната в ХАҐАТ та особливий прохід в НЕГІ. Від проходів кожен з них отримує живильну силу (нефеш), а від кімнат кожен переймає силу духу (руах). Кімнати ці приховані, тому що ХАҐАТ де-ВАК являють собою вкриті хасадім, котрі укриті від світіння хохма.

232) «Однак душа (нешама) Ісраеля виходить зі ствола (ґуф) Древа», – Зеір Анпіну, – «і звідти відлітають душі в ту

землю», – Малхут, – «в самі заповідні надра її». Як сказано: «Бо ви станете країною жаданою»[615]. Тому Ісраель називаються «дорогий син», «і нутро моє схвилювалося за нього»[616], і називаються вони «ті, що виношені в материнській утробі»[617], а не від крил, що знаходяться поза тілом. І у прибульців немає частки у вищому дереві, Зеір Анпіні, і тим більше, – в його ґуф (стовбурі). Але їхній уділ – в крилах Малхут, не більше.

Прибулець входить під крила Шхіни, але не більше. Праведні прибульці – це ті, хто перебуваючи в цьому місці, відносяться до нього, але не належать до його внутрішньої сутності. Тому сказано: «Нехай виведе земля з себе істоту живу по виду її». Яку? «Худобу, і плазуна, і звіра земного, по виду його»[618]. Всі отримують «нефеш (живильну силу)» від цієї «хая (живої істоти)», але кожен по виду його, – належне йому.

Зеір Анпін зветься «дерево», «Древо життя», а Нуква називається «земля життя», – тобто у великому стані (ґадлут), коли вони вдягають вищі Аба ве-Іму, мохін де-хая. Душа (нешама) Ісраеля походить від стовбура (ґуф) цього дерева, від внутрішньої сутності Зеір Анпіну. «І звідти відлітають душі в ту землю», – Малхут, – «в самі заповідні надра її». Тобто завдяки зівуґу (поєднанню) «дерева», Зеір Анпіну, з «землею життя», Зеір Анпін передає душі Ісраеля Нукві, самій внутрішній сутності її. А від неї отримують свою душу Ісраель.

Але вони відрізняються від прибульців, які отримують наповнення лише від Нукви, і лише від зовнішньої сутності Нукви, – від крил її, а не від внутрішньої її сутності, яка і називається «самі заповідні надра її». Справа в тому, що у Нукви є три парцуфи, котрі вдягають один в одного, – ібур-єніка-мохін (виношування-вигодовування-розум). Парцуф мохін одягнений в парцуф єніка, а парцуф єніка вдягнений в парцуф ібур. І

---

615 Пророки, Малахі, 3:12.
616 Писання, Пісня пісень, 5:4.
617 Пророки, Єшаягу, 46:3.
618 Тора, Берешит, 1:24.

знай точно, що Ісраель походять від самої внутрішньої сутності Нукви – від парцуфа мохін.

І тому називаються Ісраель «дорогий син», «і нутро моє схвилювалося за нього», і називаються вони «ті, що виношені в материнській утробі», а не від крил, які відносяться до її зовнішнього властивості. Пояснення. НЕГІ нукви називаються утробою, оскільки там місце виношування і зростання душ Ісраеля. Однак не мовиться про НЕГІ двох зовнішніх парцуфів – ібур та еніка, що відносяться до властивості «крила», а про НЕГІ парцуфа мохін, які є властивістю «ті, що виношені в утробі». Як сказано: «Хіба не дорогий син Мені Ефраїм, хіба не улюблене дитя він? Адже кожного разу, як Я заговорю про нього, Я довго пам'ятаю про нього, тому ниє нутро Моє про нього»[619].

Душі Ісраеля відносяться до внутрішньої властивості Малхут, званої «укрите в утробі», і тому сказано: «Ниє нутро Моє про нього», і Писання називає їх «ті, що виношені в материнській утробі». І всі вони походять від НЕГІ парцуфа мохін, а не від «крил», які знаходяться поза тілом (ґуф), і не від НЕГІ двох зовнішніх парцуфів, званих «крила».

І сказано, що «у прибульців немає частки у вищому дереві, Зеір Анпіні, та, тим більше, – в ґуф (стовбурі) його. Але їхній уділ – лише в крилах Малхут, не більше», – тобто під крилами Шхіни, але не більше. Тому вони називаються «праведними прибульцями», оскільки Шхіна називається праведністю, і вони перебувають під її крилами та завдяки їй з'єднуються, і не отримують вони частки згори від Шхіни.

Тому сказано: «"Нехай виведе з себе земля істоту живу по виду її". Яку? "Худобу, і плазуна, і звіра земного, по виду його"». Кожен, у кого є нефеш «худоби, і плазуна, і звіра земного», отримує її тільки від «нефеш хая (істоти живої)», Малхут, у зівузі великого стану (ґадлут), «панім бе-панім» з Зеір Анпіним. І разом з тим, «кожен по виду його», – тобто належне йому, але

---

619 Пророки, Єрміягу, 31:19.

лише від крил, а не від внутрішньої сутності світіння цього великого зівуґу.

Заповідь дев'ята

233) Дев'ята заповідь – милосердно ставитися до бідного і давати йому їжу, як сказано: «Створімо людину за образом Нашим та подобою»[620]. «Створімо людину» – спільно, оскільки в ній міститься захар (чоловіча основа) і некева (жіноча основа). «За образом Нашим» – це багаті, «та подобою» – бідні.

234) Зі сторони захара (чоловічої основи) вони – багаті, а зі сторони некеви (жіночої основи) вони – бідні. І так само, як вони (ЗОН) знаходяться в єдиному поєднанні та є милосердними один до одного, і допомагають один одному, віддаючи йому чеснотою, таким же має бути і людина внизу, багатою й бідною в єдиному поєднанні, щоби вони давали один одному та віддавали чеснотою один одному.

235) У кожного, хто від щирого серця проявляє милосердя до бідного, образ ніколи не відрізняється від образу Адама Рішона. І оскільки відображений в ньому образ Адама, він завдяки цьому образу має владу над усіма створіннями світу. Як сказано: «І страх і трепіт перед вами буде на всякій тварині земній»[621]. Всі вони тремтять і відчувають страх перед тим образом, що відбитий в ньому. Оскільки ця заповідь, «милосердно ставитися до бідних», є самої високою з усіх заповідей, – аби піднялася людина, досягнувши образу Адама Рішона.

236) Звідки ми дізнаємося цього? Зі сказаного про Навухаднецара. Адже хоча і бачив він сновидіння, – весь той час, поки здійснював благодіяння з бідними, не втілювалося його сновидіння. Але після того, як став недоброзичливим, переставши ставитися милосердно до бідних, сказано: «Ще мова була на устах царя, як пролунав голос з неба: "Тобі кажуть, цар

---

620 Тора, Берешит, 1:26.
621 Тора, Берешит, 9: 2.

Навухаднецар, – царство відійшло від тебе!"⁶²². Негайно змінився образ його, і став далекий він від людей». Тому сказано: «Створімо людину»⁶²⁰ – тут йдеться про дію (асія). І також про Рут сказано: «Ім'я людини, з яким я працювала (асіті) сьогодні – Боаз»⁶²³. Так само, як «працювала (асіті)» означає «діяти милостиво», так само і тут – «створімо» говорить про «милость».

Тут з'ясовується союз чоловічої основи (захар) та жіночої основи (нуква), званих «багаті» й «бідні». Але не мається на увазі, що «багаті» повинні милосердно відноситись до "бідних" та давати їм заробіток. Бо каже, що цей заклик є заповіддю милостиво ставитися до бідних. Однак закладений тут дуже глибокий сенс. І це речення відрізняється від усіх попередніх, бо в усіх них вислів – окремо, і дія – окремо. Як, наприклад: «І сказав Всесильний: "Нехай буде світло!". І настало світло»⁵⁸², «І сказав Всесильний: "Нехай буде небосхил!". І створив Всесильний небосхил»⁶²⁴, І сказав Всесильний: "Нехай стечуть води!". І стало так»⁵⁸³. І у всіх них немає такого, щоб дія була змішана з реченням.

Справа в тому, що створіння вийшло за допомогою Аба ве-Іми, коли Аба сказав, а Іма створила. Аба наповнив світлом Іму, і після того, як наповнення втілилося в межах Іми, це наповнення стало діяти. Це можна порівняти з діючою силою та її дією. Оскільки під впливом лише Аби ні одне створіння не може втілитися в реальній дії, бо в ньому немає меж, що дозволяють цим діям проявиться у якомусь вигляді.

Тому з боку Аби є речення, котре являє собою передачу Імі. І оскільки воно ще в потенціалі, не може бути такого, щоби говорилося про нього як про таке, що діє, але мовиться лише у майбутньому часі. Однак у реченні про створення людини саме речення говорить про дію. Адже написано: «І сказав Творець: "Створімо людину"»⁶²⁰. І ще є тут велика відмінність, адже сказано: «Створімо» – у множині, а не сказано: «Створю людину».

---

622 Писання, Даніель, 4:28.
623 Писання, Рут, 2:19.
624 Тора, Берешит, 1:6-7.

І справа в тому, що до створення «світу виправлення» було розбиття келім в ЗАТ світу Некудім. Ми вивчаємо також, що Він створював і руйнував світи, доки не створив цей світ, і сказав: «Це Мені подобається». І ось, за допомогою розбиття келім, що сталося в семи сфірот Хесед-Ґвура-Тіферет (ХАҐАТ) Нецах-Год-Єсод-Малхут (НЕГІМ) світу Некудім, святість перемішалася з кліпот. А потім проявилося ім'я МА, і створило чотири світи АБЄА шляхом виправлення. І це означає: «Це Мені подобається», оскільки Він виявив святі іскри з кліпот. І в міру виявлення святості створювалися світи, та все, що в них.

Це ми можемо бачити в будь-якій дії початку творіння – поняття розділення та виявлення. Творець здійснює поділ «між світлом і пітьмою»[625], «між одними водами та іншими»[624], «між водою і сушею»[593], і також поняття «по виду його» у реченні: «Нехай зростить земля порость!»[597], а також між «правлінням дня і правлінням ночі»[626], а також породження істоти живої (нефеш хая) водою та землею.

І все це вказує на відділення святості від кліпот та добра від зла. І все, що було виявлене, стало втіленою реальністю згідно тому, що належить отримати йому в святості. Тому сказано, що всі дії початку творіння містяться в першому дні у вислові: «Нехай буде світло!», оскільки там був загальний поділ між світлом і темрявою, бо зазвичай святість називається світлом, а кліпот – пітьмою. Адже всі інші описи святості та кліпот – це не що інше, як окремі випадки та віти світла і тьми.

Але що стосується поділу між світлом і пітьмою, завдяки якому виявилися всі створіння на початку творення, там ще немає повного виправлення. І в цьому відношенні вся властивість зла й пітьми ще залишається тим, у чому немає необхідності. І це ніяк не відповідає довершеності Творця. І тому виправлення не завершується раніше, ніж настане стан: «І пітьма не вкриє те, що виходить від Тебе, і ніч як день буде світити – як темрява, так і світло!».

---

625 Тора, Берешит, 1:4.
626 Тора, Берешит, 1:16.

Для того, щоб виправити це, був створений Адам, який містить все, – від абсолютного зла до абсолютного добра. І завдяки йому остаточне виправлення відбудеться у бажаній довершеності, де зло перетвориться на добро, гірке – на солодке, пітьма буде як світло, «і знищить Він смерть навіки», «і буде Творець володарем на всій землі».

Тому речення про створення людини сильно відрізняється від інших речень, сказаних про всіх інших створінь початку творення. Бо тут відбувається змішання дії з самим реченням з тієї причини, що це речення виходить з боку Іми, а не Аби. І вона сказала: «Створімо людину», що вказує на спільну дію. Бо вона бере участь у створенні Адама разом з Малхут Ацилуту.

І Малхут світу Ацилут включає все. Як сказано: «І царство Його (малхут) над усім панує», – оскільки вона живить та підтримує також і всі сили зла. Адже в іншому випадку, не було б у зла жодних сил для існування. Як сказано: «І ноги її сходять до смерті». Оскільки кліпот отримують від неї слабке світіння для свого існування. І тому Малхут називається «асія (дія)», оскільки вона, поширюючись, управляє всією цією дією. І також називається пітьмою, оскільки вона світить слабким світінням, котре підтримує цю пітьму та зло.

І коли сама Іма включається до Малхут у єдиному злитті, до неї самої домішується властивість «асія (дія)» та пітьма. І це означає: «Створімо людину за образом Нашим і подобою». Світло називається «образ», а тьма – «подоба». І після того, як Іма бере участь у створенні разом з Малхут, в ній самій утворюються дві сили «образу» та «подоби», відповідно до яких вона створює людину, яка теж буде складатися з цих двох сил – «образу» і «подоби». Тому сказала вона: «За образом Нашим та подобою».

«Створімо людину» – спільно, тобто слово «створімо» свідчить про спільні дії, що включають чоловічу основу (захар) і жіночу (нуква). Це вказує на те, що Іма сама складається з чоловічої та жіночої основ. І хоча Іма є світом «захар», і немає в ній нічого від властивості «нукви», вона бере участь у створенні разом з Малхут, Нуквою. «За образом Нашим» – це багаті, «і подобою» – бідні. Бо зі сторони чоловічої основи (захар) вони – багаті, а зі сторони жіночої основи (нукви) – бідні. Оскільки «захар» – це світло й багатство, а «нуква» – пітьма та бідність.

Сказане: «За образом Нашим та подобою» означає, що і в ній самій є пітьма та бідність в результаті її участі разом з Малхут у створенні людини. І людина теж народжується такою, що включає в себе багатство та бідність, світло й темряву. І внаслідок цього довершується з її допомогою всі виправлення, і Малхут розповсюдиться у святості своїй по всій землі. «І буде Творець єдиний, та Ім'я Його – єдине» – бо пітьма, що міститься в Малхут, перетвориться тоді, ставши повністю світлом. Так само, як і «захар», АВАЯ, – і буде «Він єдиний, та Ім'я Його – єдине». І тоді здійсниться сказане: «Бо зовсім не буде в тебе нужденного».

І так само, як вони (ЗОН) знаходяться в єдиному поєднанні та є милосердними один до одного, і допомагають один одному, віддаючи йому чеснотою, такою ж має бути і людина внизу, – багатою й бідною в єдиному поєднанні, аби вони перебували у віддачі один одному і ставилися милосердно один до одного. Пояснення. «Образ» та «подоба» містяться в Імі в єдиному поєднанні, оскільки Іма милосердно ставиться до «подоби», Малхут, з тим, щоб виправити всю пітьму в ній. І вища Іма зменшує себе, даючи частину свою Малхут, бідній, та віддаючи їй чеснотою.

І так само людина, яка створена нею «за образом і подобою», повинна милосердно й милостиво ставитися до бідних, які є «подобою» в ній самій, щоб бути з ними в єдиному поєднанні та живити їх всім, у чому вони мають нестачу, та віддавати їм чеснотами. І завдяки виконанню цієї заповіді, людина притягне до себе «образ та подобу» Іми, за якими створена, – тобто всі вищі мохін, яких удостоївся Адам Рішон, коли був створений в цьому «образі і подобі». І тоді «панувати будуть вони над рибою морською». Кожен, хто милосердний до бідного від усього серця, образом своїм ніколи не відрізняється від образу Адама Рішона. І оскільки відбився в ньому образ Адама, він має владу над усіма створіннями світу завдяки цьому образові. Як сказано: «І панувати будуть вони над рибою морською».

І завдяки цій заповіді він удостоюється «образу та подоби» Адама, – всіх цих мохін та вищого сяйва світу Ацилут, яких удостоївся Адам Рішон, пануючи завдяки силі їхній над усіма створіннями світу. Тобто, не було жодної сили з сил зла, котра не схилилася б перед ним. Всі вони тремтять і відчувають страх перед тим образом, який закарбувався у ньому. Всі вони тремтять і бояться цього образу, який відбився в ньому, оскільки він усунув всі сили зла й пітьми, «і не було у них ніякої сили протистояти»[627] йому, «бо ім'я Творця наречене над тобою», – тобто образ Творця.

І наводить свідчення зі сказаного про Навухаднецара, що не було у нього ніякої заповіді, і разом з тим, після того, як доля його була визначена сновидінням і тлумаченням його Даніелєм, сказав йому Даніель: «Спокутуй гріхи свої милосердям», що той і зробив. І весь той час, поки він поводився милостиво з бідними, не приводилось до виконання те, що було провіщене сном. Але після того, як став недоброзичливим, переставши ставитися милосердно до бідних, сказано: «Ще мова була на устах царя», – але тут же змінився образ його, і став далекий він від людей. Тому заповідь ця важливіша за всі заповіді Тори, оскільки вона одна може усунути від людини все погане, що визначене їй.

Тут йдеться про дію (асія). І так само, як дія «роботи» у випадку з Боазом є «милістю», так само і тут – слово «створімо» говорить про «милість». Тобто, дія «створення», про яку йдеться при створенні Адама, вказує на заповідь «вчиняти милосердно». Адже Іма проявила милосердя по відношенню до Малхут, включившись до неї. І наводиться свідоцтво зі сказаного Рут: «Ім'я людини, з якою я працювала (асіті) сьогодні», – тому що, на перший погляд, те, що трапилося там не означає, що вона

---

627 Тора, Ваікра, 26:37.

«працювала з ним», а лише отримала їжу від нього. Однак це стає зрозумілим разом з поясненням, що «дія» означає «поєднання» багатих і бідних. «Милість» означає спільну дію з Боазом, оскільки вони разом беруть участь в єдиному поєднанні за допомогою цієї милості.

Заповідь десята

237) Десята заповідь – накладання тфілін та доповнення у вищому образі. Як сказано: «І створив Всесильний людину за образом Його»[628]. І сказано: «Голова (рош) твоя – як Кармель»[629], – це вищий рош, головні тфілін вищого святого Царя, ім'я АВАЯ, записане літерами. Кожна буква в імені АВАЯ відповідає одному розділу тфілін, і таким чином святе ім'я записане в розділах цих тфілін по порядку букв. «Бо ім'я Творця наречене буде над тобою, і устрашаться тебе»[630] – це головні тфілін, святе ім'я, згідно з порядком букв.

Пояснення сказаного. В заповіді «милосердно ставитися до бідних» було тільки започатковане притягання вищої подоби, образу Творця. При цьому Іма включилася до Малхут завдяки заповіді «милосердно ставитися до бідних», як сказано: «Створімо людину за образом Нашим та подобою»[631]. Саме це означає сказане: «Мати (іма) позичає свої шати дочці». І внаслідок включення Малхут до Іми, літери ЕЛЄ впали в місце ЗОН, а в Імі залишилися тільки букви МІ. І вважається, що букви ЕЛЄ Аба ве-Іми опустилися в ЗОН. Аба взяв Зеір Анпіна, а Іма взяла Нукву. І вони насправді стали як властивість ЗОН, оскільки «вищий, який опускається до нижнього, стає як він».

І завдяки ним ЗОН набули стану катнут від властивості «ЦЕЛЕМ Елокім (досл. образ Всесильного)», – ВАК без рош. Та оскільки Іма сама втратила свою властивість ҐАР в результаті цієї взаємодії, бо три її кли ЕЛЄ впали, – залишилися в неї тільки

---

628 Тора, Берешит, 1:27.
629 Писання, Пісня пісень, 7:6.
630 Тора, Дварім, 28:10.
631 Тора, Берешит, 1:26.

дві літери МІ, Кетер і Хохма, а трьох нижніх келім і трьох перших світел їй бракує. І в її келім залишилися МІ, світла руах-нефеш, світло руах – в клі Кетера, а світло нефеш – в клі Хохми.

Тому вона може передати ЗОН лише ВАК без рош. Таким чином, ЗОН ще не сповнилися у вищому образі, тобто в мохін де-ҐАР, званих «ЦЕЛЕМ Елокім». Тому сказано, що «десята заповідь – це накладення тфілін і доповнення у вищому образі», – тобто завдяки заповіді накладення тфілін до ЗОН сходять властивості ҐАР, які є доповненням вищого образу.

Але тут мовиться про нижню людину, а самі ЗОН вже, зрозуміло, сповнилися, бо вони не можуть породити НАРАН для нижньої людини, перш ніж самі піднімуться в місце Аба ве-Іми та виростуть у своїх мохін, як і вони. Як же ми говоримо, в такому випадку, що навіть Іма знаходиться ще в катнуті?

Але ми повинні знати, що в той час, коли ЗОН досягають мохін Аба ве-Іми, вони стають такими, що облачають Аба ве-Іму, і стають в точності як і вони, тому що «нижній, котрий піднімається до вищого, стає в точності як і він». І в такому випадкові, під всім, що ми розглядаємо зараз в Аба ве-Імі, мається на увазі ЗОН, які стали як Аба ве-Іма. Бо все, що відбувається в Аба ве-Імі для породження мохін де-ЗОН Ацилуту має абсолютно точну відповідність в ЗОН, які стали як Аба ве-Іма в момент, коли ті породжують мохін, – тобто НАРАН для нижньої людини, і немає ніякої різниці між ними. І тому немає жодної необхідності змінювати ці імена та називати зараз ЗОН іменем Аба ве-Іма, а НАРАН нижньої людини – іменем ЗОН. І далі ми повинні весь час пам'ятати про це.

Сказано: «І створив Всесильний людину за образом Його»[628]. У світел єхіда та хая немає келім, і лише у НАРАН є келім – Біна та ЗОН. І коли ми навіть говоримо про саме клі Кетеру, маються на увазі Біна і ЗОН Кетеру. І ці Біна та ЗОН завдяки виправленню ліній діляться на десять сфірот: три лінії Біни – це ХАБАД (Хохма-Біна-Даат), три лінії Зеір Анпіну – це ХАҐАТ (Хесед-Ґвура-Тіферет), а три лінії Нукви – це НЕГІМ

(Нецах-Год-Єсод-Малхут). І це число використовується для світла хасадім. Однак для передачі світла хохма Біна поділилася на дві властивості, – Аба ве-Іма та ІШСУТ, – ХАБАД ХАҐАТ, – коли разом з сімома сфірот ЗОН вони складають тринадцять сфірот, і це – числове значення слова «ехад (אחד один)», що вказує на повне ім'я.

І суть цього полягає в наступному. Кетер і Хохма були утаєні у властивості Хохма стімаа парцуфа Аріх Анпін, і тільки його Біна наповнює світлом всі мохін світу Ацилут та ділиться на Аба ве-Іму та ІШСУТ Ацилуту. Її ҐАР світять в Аба ве-Імі, а ВАК – в ІШСУТ. Аба ве-Іма звуться «мем ם» слова ЦЕЛЕМ (צלם) і називаються чистим кільцем, тому що кінцева «мем ם» нагадує замкнуте кільце, що охоплює мохін навколо. ІШСУТ називаються «ламед» слова ЦЕЛЕМ (צלם), тому що «ламед ל» піднімає вгору свій рош, що вказує на мохін де-ҐАР. Як сказано: «Незламна вежа – ім'я Творця, в ній укриється праведник та піднесеться»[632]. ІШСУТ – це вежа, а Зеір Анпін – праведник, який переховується у вежі, і дуже підноситься.

Аба ве-Іма – це кільце, яке охоплює мохін, і світло хохма не розкриється в них через велику їхню піднесеність, тому що світло хохма в них є властивістю самої вкритої Хохми (Хохма стімаа), яка є вищою за всі парцуфи Ацилуту, і тому вона не розкривається в них. І в них є лише світло хасадім, зване «чисте повітря (авіра дахья)», оскільки «повітря (авір)» означає світло руах, яке називається також «укрите повітря (авір сатум)» через те, що «йуд י» ніколи не виходить з їхнього «повітря (авір אויר)».

Однак ІШСУТ, котрі є властивістю ЗАТ (семи нижніх сфірот) Біни, тобто ЗОН, що включені в Біну, не звуться «укритим повітрям», оскільки під час передачі мохін де-ґадлут в ЗОН «йуд י» виходить з їхнього «повітря (авір אויר)», і вони стають «світлом (ор אור)», тобто Хохмою і мохін де-ҐАР. І тому називаються ІШСУТ «вежа, що парить у повітрі»[633], бо «вежа» означає – ґадлут де-ҐАР. І оскільки ці мохін в ЗОН не є постійними, ЗОН вхо-

---

632 Писання, Притчі, 18:10.
633 Вавилонський Талмуд, трактат Сангедрін, арк. 106:2.

дять в малий стан (катнут) внаслідок того, що «йуд י» входить у «світло (ор אור)», і воно стає «повітрям (авір אויר)». А у великому стані «йуд י» знову виходить з «повітря (авір אויר)», і воно стає «світлом (ор אור)». Тому вони – немов «вежа, що парить» внаслідок виправлення в ній, яке відбувається в цьому «повітрі». І Зеір Анпін називається «цаді צ» слова ЦЕЛЕМ (צלם), бо він «праведник (цадік)», що переховується у вежі та підноситься.

Таким чином, з'ясувалися три букви слова ЦЕЛЕМ (צלם): Зеір Анпін – «цаді צ», ІШСУТ – «ламед ל», Аба ве-Іма – «мем ם». І це – ХАБАД (Хохма-Біна-Даат). Аба ве-Іма – це Хохма, і вони поміщені в «чисте кільце», тому що являють собою вкриту Хохму. ІШСУТ – це Біна, однак, коли вона піднімається в рош Аріх Анпіну, виходить «йуд י» з її «повітря (авір אויר)», і вона передає Хохму, і називається тому «вежа, що парить в повітрі». А Зеір Анпін, якій переховується в цій «вежі», отримує мохін, Даат. Тому ці мохін завжди називаються іменем ЦЕЛЕМ.

І сказано, що ХАБАД – це три літери «мем ם» «ламед» «цаді צ» слова ЦЕЛЕМ (צלם). Однак, не треба їх плутати з трьома лініями, наявними в мохін, які називаються ХАБАД, тому що ці ХАБАД слова ЦЕЛЕМ не перебувають у властивості трьох ліній, а є трьома повними парцуфами, котрі вдягаються один на одного. Хохма, тобто «Мем ם» слова ЦЕЛЕМ (צלם), це Аба ве-Іма, що вдягаються від хазе й нижче в Біну, тобто ІШСУТ, – «ламед ל» слова ЦЕЛЕМ (צלם). А ІШСУТ вдягаються від хазе і нижче в Даат, тобто Зеір Анпін, званий «цаді צ» слова ЦЕЛЕМ (צלם).

І необхідно доповнити себе у вищому образі, як сказано: «І створив Всесильний людину за образом Його»[628], тобто, завдяки тфілін, притягуються мохін де-ҐАР по порядку букв «ЦЕЛЕМ (цаді-ламед-мем צלם)». Як сказано: «І створив Всесильний людину за образом Його»[628] – це вище сяйво Ацилуту, яке отримав Адам Рішон в момент свого створення, і ми притягуємо їх спочатку до ЗОН, а звідти передаються ці мохін також і нам.

Головні тфілін – це ім'я вищого святого Царя, ім'я АВАЯ, записане літерами. Ці тфілін називаються Кармель, бо Кармель означає «сите поле (кар мале) від усіх благ». Як сказано: «Голова (рош) твоя – як Кармель», – тобто вищий рош Зеір Анпіну, а також Нукви, в той час, коли вони вдягнені в головні тфілін, вищі мохін де-ЦЕЛЕМ, які, немов Кармель, «кар мале» – сите поле від усіх благ. І ці мохін називаються – ім'я святого вищого Царя, чотири літери імені АВАЯ, котрі слідують по порядку букв «йуд י» «гей ה» «вав ו» «гей ה».

Підкреслюється, що ім'я АВАЯ записано літерами, оскільки кожна буква записана як окремий парцуф, бо в кожному парцуфі є чотири літери АВАЯ по десять сфірот. Тому мовиться про «записані букви», адже кожна з них – це повний парцуф сам по собі.

Кожна буква імені АВАЯ є одним з чотирьох розділів тфілін. Святе ім'я записане в них у належному порядку букв. Розділ означає окремий, повний парцуф. І кожна буква імені АВАЯ стає при отриманні мохін повністю самостійним парцуфом, і вони розташовуються по відділеннях в послідовності букв «йуд י» «гей ה» «вав ו» «гей ה». І це – тфілін РАШІ. Бо в «тфіліні рабейну Там» вони розташовуються по відділеннях в послідовності букв «йуд י» «гей ה» «гей ה» «вав ו».

238) Перший розділ в тфілін: «Присвяти Мені кожного первістка» – це «йуд י» імені АВАЯ (היוה), яка є святістю, тобто Хохма, котра є первістком по відношенню до всіх вищих святощів, «який відкриває всяку утробу», – за допомогою тієї тонкої стежки, яка опускається з «йуд י»; і він (первісток) «відкриває утробу», щоби зробити плоди і породження як личить, і це – вища святість.

Вищі Аба ве-Іма, на які вказує буква «йуд י» імені АВАЯ (היוה): «йуд י» вказує на Абу, а наповнення «йуд ті'», – «вав-далет ті», – вказує на Іму. Парцуф Аба ве-Іма називається святістю і називається первістком. А ІШСУТ та ЗОН називаються святістю тільки коли вони отримують святість від вищих Аба ве-Іми. І тому «йуд י» імені АВАЯ (היוה) називається «первістком всіх вищих святощів», будучи первістком всіх святих парцуфів світу Ацилут. Адже святість сходить до парцуфів Ацилуту від Аба ве-Іма, оскільки світло Хохма називається святістю. Аба ве-Іма, «мем ס» слова ЦЕЛЕМ (צלם), є Хохмою світу Ацилут, оскільки вкрита Хохма вдягається та вкривається в них. І разом з тим, самі вони лише «чисте повітря (авіра дахья)», світло хасадім, оскільки ця Хохма прихована у властивості рош парцуфа Аріх Анпін.

Парцуфи можуть отримати Хохму тільки від Біни, яка знову стає Хохмою в той час, коли піднімається в рош Аріх Анпіну та з'єднується там з укритою Хохмою за допомогою Аба ве-Іми. І тоді Біна теж називається Хохмою, і ця Хохма називається Хохмою тридцяти двох шляхів. Таким чином, хоча Біна і стає знову Хохмою, званою святістю, але це – лише внаслідок отримання від укритої Хохми, яка відноситься до Аба ве-Іми, завдяки її підйому в Аріх Анпін. І, тим більше, – інші парцуфи Ацилуту, які отримують лише від тієї Біни, яка знову стала Хохмою.

«Який відкриває будь-яку утробу», – за допомогою тієї тонкої стежки, яка опускається з «йуд '», – і він «відкриває утробу», щоби зробити плоди і породження. Розрізняють три властивості: рош (вершина), ґеза (ствол) та швіль (стежка). Вищий кінчик в ній називається рош, що вказує на Аріх Анпін, прихований в Аба ве-Імі та вдягнений в них. Гуф літери «йуд '» називається ґеза (ствол), який вказує на сам парцуф Аба ве-Іма. Нижній кінчик «йуд '» називається швіль (стежка), яка вказує на Єсоди Аба ве-Іми, які знаходяться в закінченні їхніх парцуфів та звуться «тонка стежка (швіль)».

Однак назва «швіль (стежка)» вказує головним чином на Єсод Аби, тому що Єсод Іми називається «натів (шлях)». Як сказано: «Стежка Твоя – в численних водах», оскільки хасадім, коли вони знаходяться у великій кількості, називаються «численними водами». І тоді, завдяки цьому зівуґу (злиттю) «стежки (швіль)» та «шляху (натів)», який ніколи не припиняється, безперервно передаються «численні води» світам. Але, перш ніж парцуф Аба ве-Іма здійснив виправлення, поєднавши «стежки» та «шляхи», не передавалося жодне наповнення світам.

Тому сказано: «який відкриває будь-яку утробу», – за допомогою тієї тонкої стежки, яка опускається з «йуд י». «Шлях (натів)» Іми називається «рехем (утробою)», тому що звідти виходить все «милосердя (рахамім)». І перш ніж Аба ве-Іма здійснили виправлення, поєднавши «стежки» та «шляхи», вона була закрита і відкривалася тільки за допомогою тонкої стежки Аби. І тому називається ця тонка стежка «яка відкриває всяку утробу», тобто вона «відкриває утробу», щоби зробити плоди і породження. Бо «відкриває» означає «відчиняє», і з того часу, як з'єдналася з нею тонка стежка Аби, Іма продукує «плоди і породження» у великій кількості, як і личить, про що сказано: «Стежка Твоя – в численних водах».

239) Другий розділ тфілін: «І буде, коли приведе Він тебе». Це «гей ה» імені АВАЯ (הויה), Біна. І це чертог, лоно якого відкривається буквою «йуд י» в результаті відкриття п'ятдесяти входів, проходів та кімнат, прихованих в ньому. Це «відкриття», що здійснене буквою «йуд י» у чертозі, необхідне для того, щоби почути в ньому голос, який виходить з шофару, Біни, тому що цей шофар закритий з усіх боків. І приходить ця буква «йуд י» та відкриває його, щоби здобути голос з нього. І після того, як вона його відкрила, вона засурмила в нього та здобула з нього голос, аби вивести рабів на свободу.

Пояснення. «Гей ה» імені АВАЯ (הויה) вказує на парцуф ІШСУТ, «ламед ל» слова ЦЕЛЕМ (צלם), який називається «вежа, що парить у повітрі». Тому сказано: «І це чертог, лоно якого відкривається буквою" йуд י '" в результаті відкриття п'ятдесяти входів», бо Аба ве-Іма називаються «укритим повітрям», яке не відкривається, «мем ם» слова ЦЕЛЕМ (צלם), тобто кільце, що охоплює їхні мохін. І «йуд י» не вийшла з їхнього «повітря (авір איר)», щоби вони могли наповнювати світлом Хохми. І тому вони наповнюють лише «чистим повітрям (авіра дахья)», світлом хасадім. Однак ІШСУТ, «ламед ל» слова ЦЕЛЕМ (צלם), Біна, називаються чертогом, лоно якого відкривається буквою «йуд י» в результаті відкриття п'ятдесяти входів, і вони передають Хохму в ЗОН завдяки підйому їх у рош Аріх Анпіну, де Біна стає Хохмою.

І ця Біна називається «п'ятдесятьма вратами Біни», тому що вона складається з КАХАБ (Кетер-Хохма-Біна) ЗОН (Зеір Анпін і Нуква), в кожному з яких міститься десять сфірот, всього – п'ятдесят. І кожна сфіра з п'ятдесяти ділиться на «кімнати» та «проходи». ХАҐАТ (Хесед-Ґвура-Тіферет) називаються «кімнатами». НЕГІ (Нецах-Год-Єсод) називаються «проходами» – зазначення того, що вони не є келім отримання самі по собі, а лише виводять і вводять в ці «кімнати». Другий розділ у тфілін: «І буде, коли приведе Він тебе», – вказує на «гей ה» імені АВАЯ (היה), тобто чертог, лоно якого відкривається буквою «йуд י», і це парцуф ІШСУТ Ацилуту, утроба якого відкривається, щоби передати Хохму в ЗОН.

І це відкриття, здійснене буквою «йуд» у чертозі, необхідне для того, щоб почути в ньому голос, який виходить з шофару, тому що цей шофар закритий з усіх боків. Однак в той час, коли ІШСУТ, властивість Біни, взаємодіють з Малхут, опускаються три сфіри ЕЛЄ, котрі являють собою Біну та ЗОН гуф ІШСУТу, в ЗОН Ацилуту, та залишаються в ІШСУТ дві букви МІ. А потім, завдяки підйому МАН, вона знову опускає нижню «гей» зі своїх ніквей ейнаїм в пе, як і в стані до цієї взаємодії. І тоді знову піднімаються до неї три букви ЕЛЄ, і знову доповнюється ім'я Елокім.

А разом з ЕЛЄ, які знову піднялися в Біну, піднялися також і ЗОН. І хоча букви ЕЛЄ вже піднялися, з'єднавшись з Біною, та доповнилося ім'я Елокім, все ж вважається ім'я Елокім таким, що знаходиться в глибині та прихованні. Оскільки в ньому є лише світло Хохми, а світіння Хохми може бути прийнято в ЕЛЄ тільки за допомогою облачення хасадім. І тому мовиться, що букви ЕЛЄ – це властивість шофар, в який одягнені ЗОН, котрі піднялися разом з ними в Біну, та звуться «голос». Оскільки вони разом з собою піднімають ЗОН у Біну, в силу того, що ті включені в них під час малого стану (катнут). Таким чином, вони підносять до себе Зеір Анпін.

Тому сказано, що відкриття, здійснене буквою «йуд» в цьому чертозі, необхідне для того, щоб почути в ньому голос, який виходить з цього шофару. «Йуд», – це вищі Аба ве-Іма, і вони передають вище світіння для того, щоб опустити нижню «гей» з «ніквей ейнаїм» ІШСУТ назад в їхнє пе, та піднімають букви ЕЛЄ, що знаходилися в місці ЗОН, знову поєднуючи їх з Біною, як вони були до їхньої взаємодії з Малхут. Таким чином, «йуд» відкрила чертог парцуфа ІШСУТ для того, щоб передати Зеір Анпіну мохін, котрі виходять з шофару, тобто з букв ЕЛЄ, які вона підняла, оскільки ЗОН теж піднімаються разом з цими буквами ЕЛЄ в Біну та отримують там Хохму.

«Щоб почути в ньому голос, що виходить з шофару, Біни», – зародити в Зеір Анпіні мохін гадлуту, званого «голос», і зародження його називається вознесінням голосу. «Цей шофар закритий з усіх боків», – як від хасадім, так і від Хохми, тому що букви ЕЛЄ, звані «шофар», впали в місце ЗОН, і закриті там як від ҐАР, так і від світла хасадім. Тому їм потрібні два виправлення:

1. підняти їх та поєднати з Біною, щоб вони досягли своїх ҐАР, світла Хохма;

2. наповнити їх світлом хасадім, щоби було облачення у Хохми.

«І приходить ця буква "йуд" та відкриває його, щоб здобути голос з нього» – це перше виправлення, коли «йуд» притягує вище світіння до «гей», тобто чертогу парцуфа ІШСУТ, котре опускає нижню «гей» на своє місце і піднімає ЕЛЄ разом з ЗОН, що включені до них, та приєднує їх до Біни. І завдяки цьому вони досягають світіння Хохми, котре є також мохін для Зеір Анпіну, який піднявся разом з літерами ЕЛЄ. Однак це світіння поки що приховане та не світить через відсутність хасадім. Тому вважається, що цей голос ще не вийшов, – тобто Зеір Анпін ще не народився. Сказано: «І приходить ця буква "йуд" та відкриває його, щоб здобути голос з нього», – здобути з нього цей голос за допомогою другого виправлення. Але він поки що не вийшов.

«І оскільки вона його відкрила, то засурмила в нього і здобула голос з нього, щоб вивести рабів на свободу», – це друге виправлення. Бо після того, як вона відкрила чертог, тобто приєднала букви ЕЛЄ разом з ЗОН знову до Біни, і вони досягли там світла Хохма, вона «засурмила в нього», – «йуд» впустила «повітря (авір)» в шофар. Бо «повітря (авір)» – це світло хасадім. І оскільки шофар, тобто літери ЕЛЄ, отримали ще й «авір (повітря)», світло хасадім, вона здобула з нього голос. Тобто він (шофар) здобув і породив Зеір Анпіна, званого «голос», та вивів його у досконалості на своє місце.

За допомогою облачення хасадім, уведеного буквою «йуд», Хохма може вдягатися в нього і бути прийнятою Зеір Анпіним. Тому ці мохін, яких досягнув Зеір Анпін, званий «голос», «виводять рабів на свободу», – тобто Зеір Анпін наповнює світи своїм світінням, і сини Ісраелю удостоюються мохін де-ҐАР, званих «свобода».

240) Завдяки сурмлінню цього шофару вийшли сини Ісраелю з Єгипту. І також буде сурмління в шофар «в кінці днів». Все визволення приходить від цього шофару, Біни. Тому шофар згадується в главі про вихід з Єгипту, оскільки від цього шофара приходить порятунок завдяки силі «йуд», яка «відчинила її утробу, і вивела голос її для визволення рабів». І це – буква «гей», друга буква святого імені.

Всі мохін, що передаються в ЗОН, приходять від цього шофару, тобто від букв ЕЛЄ. Також і ті великі мохін, які отримав Зеір Анпін, щоб вивести Ісраель з Єгипту, були від цього шофару. І також мохін, які розкриються в кінці днів для повного визволення, будуть від цього шофару і в такому ж вигляді. І тому уривок про вихід з Єгипту: «І буде, коли виведе Він тебе», – є в цьому розділі тфілін.

Мохін, які розкрилися при виході з Єгипту, походять від цього шофару, що знаходиться в ІШСУТ, тобто завдяки Аба ве-Імі, «йуд» імені АВАЯ, «яка відчинила утробу» ІШСУТ, тобто букви ЕЛЄ, «і здобула голос», – Зеір Анпін, – завдяки досягненню цих мохін, «для звільнення рабів», – тобто вони призводять до виводу Ісраеля з рабства на свободу. І знай, що Зеір Анпін та Нуква звуться «голос і мова» лише по досягненню мохін де-хая, а не на інших ступенях, менших від ступеню хая. І від мохін де-хая приходять всі визволення.

241) Третій розділ символізує єдність «Шма Ісраель». І це «вав ו» імені АВАЯ (היוה), що включає в себе все, – тобто Зеір Анпін, в якому знаходиться єдність всього, завдяки йому всі об'єднуються, і він включає в себе все. Четвертий розділ: «І буде, якщо послухаєтесь» – це єдність двох сторін, Хеседа і Ґвури, в яких об'єднується Кнесет Ісраель, нижня Ґвура, Малхут. І це – нижня «гей ה» імені АВАЯ (היוה), яка включає їх в себе та складається з них.

Третій розділ тфілін: «Шма Ісраель» – Зеір Анпін, званий «вав ו» імені АВАЯ (היוה), який включає всі чотири розділи тфілін. І хоча два перших розділи: «Присвяти», «І буде, коли приведе Він тебе» – це Аба ве-Іма та ІШСУТ, Хохма і Біна, все ж це не означає, що вони є самими Аба ве-Іма й ІШСУТ, а лише Аба ве-Іма та ІШСУТ, які вдягаються в рош ЗОН, Хохму і Біну, наявні в мохін Зеір Анпіну, звані «мем-ламед מל» від ЦЕЛЕМ (צלם) Зеір Анпіну.

І також четвертий розділ: «І буде, якщо послухаєтесь», – Нуква Зеір Анпіну, – не означає, що це сама Нуква, а тільки Нуква, яка включена до Зеір Анпіна, котра називається в ньому «моах Ґвура Зеір Анпіну». Оскільки три мохін в Зеір Анпіні – це ХАБАД, «мем-ламед-цаді צלמ» від ЦЕЛЕМ (צלם) Зеір Анпіну. І це – ХУБ ТУМ, наявні в мохін Зеір Анпіну. Бо в Даат, «цаді צ», є Хесед і Ґвура. Хесед в Даат вважається самим Зеір Анпіним, а Ґвура в Даат вважається включенням Нукви. І це – чотири розділи тфілін.

Таким чином, Зеір Анпін, «вав ו» імені АВАЯ (היוה), включає всі чотири розділи. «І в ньому – єдність всього», – тобто всі поєднання, про які згадується в Аба ве-Імі та ІШСУТ, знаходяться лише в Зеір Анпіні і створюються тільки для самого Зеір Анпіна. Адже парцуфи, що передують Зеір Анпіну, завжди знаходяться в єдності та не потребують підйому МАН від нижніх для свого поєднання. І всі поєднання, які ми здійснюємо за допомогою

МАН у вищих парцуфах, – не для них самих, а для Зеір Анпіна, і в ньому вони об'єднуються.

Поєднання Хохми й Біни, коли Біна знову стає Хохмою заради нижніх, відбувається тільки шляхом підйому до них Зеір Анпіна в МАН. І в той час, коли Зеір Анпін піднімається в МАН до Біни, Біна піднімається в рош Аріх Анпіну та отримує Хохму, щоби передати Зеір Анпіну, але не для себе самої, бо Біна по своїй властивості в десяти сфірот прямого світла є тільки світлом хасадім, як сказано: «Бо бажає милості (хесед) Він». І їй не потрібно підніматися в рош Аріх Анпіну, щоб зробити там зівуґ з Хохмою, але Зеір Анпін, який піднімається в Біну, спонукає її віддавати Хохму заради нього.

Адже Біна об'єднується з Хохмою лише за допомогою Зеір Анпіну та заради Зеір Анпіна. Інакше кажучи, завдяки Зеір Анпіну вони об'єднуються, і саме він бере все. І також світло Хохми, яке Біна бере для Зеір Анпіна, розкривається зовсім не в місці Біни, а тільки в місці Зеір Анпіна, від хазе й нижче. Таким чином, саме Зеір Анпін бере всі ці мохін, а не ті (парцуфи), які вище від нього.

«І буде, якщо послухаєтесь» – включає дві сторони, Хесед і Ґвуру, з якими об'єднується Кнесет Ісраель, нижня Ґвура. Розділ «Шма», Зеір Анпін, «вав ו» імені АВАЯ (היה), вища єдність, в якій розкривається любов тільки зі сторони Хеседу, тобто речення: «І полюби Творця свого», – це довершена любов, і в цьому реченні взагалі немає властивості суду. Однак четвертий розділ: «І буде, якщо послухаєтесь», нижня «гей ה» імені АВАЯ (היה), Нуква Зеір Анпіну, яка включена до нього, – це Ґвура, що наявна в Даат Зеір Анпіну, і в ній розкривається любов з двох сторін, – зі сторони Хеседу та зі сторони суворого суду. І це – нижня єдність відозви: «Благословенне ім'я величі царства Його вовіки», в якій поєднується Нуква Зеір Анпіну, звана Кнесет Ісраель, нижня Ґвура. Це не сама Нуква, а нижня Ґвура, що міститься в моах Даат, і це – нижня «гей ה» імені АВАЯ (היה), яка приймає їх та складається з них. Ґвура в Даат, – нижня «гей ה» імені АВАЯ (היה), яка включає до себе всі мохін, що наявні у вищій єдності, у відозві «Шма Ісраель», та складається з них. Бо лише в ній сповнюються ці мохін, адже в ній – місце розкриття любові з двох сторін. Оскільки суворий суд, що доводить любов до довершеності, не знаходиться вище від неї. Як сказано: «Голова (рош) твоя – як Кармель», – вказує на головні тфілін, оскільки після того, як Зеір Анпін одягається в усі чотири мохін, на які вказують чотири розділи, що представляють собою три букви ЦЕЛЕМ (םלצ), вважається, що «рош (голова) його – як Кармель», букви «кар мале» – сите поле від всіх благ.

242) І тфілін – це букви святого імені, тому сказано: «Голова (рош) твоя – як Кармель», – це головні тфілін. «А пасма голови твоєї» – ручні тфілін, Малхут, і вона є бідною у порівнянні з вищим, Зеір Анпіним. І є в ній також довершеність, яка подібна до вищої довершеності.

Малхут – це «ручні тфілін», «і вона є бідною у порівнянні з вищим» – бідна порівняно з вищим світом. Іншими словами, вищий світ, Біна, бере участь в ній для того, щоби доповнити її. «І є в ній також довершеність, яка подібна до вищої довершеності», – тому що вона отримує зараз всю досконалість, наявну у вищому світі, Біні, завдяки нижній єдності відозви: «Благословенне ім'я величі царства Його вовіки», яка належить до четвертого розділу Зеір Анпіну. І оскільки вона не є Нуквою, котра відноситься до властивості гуф Зеір Анпіну, а тільки відокремленою Нуквою Зеір Анпіну, вона приймає від нього всі чотири уривки, тобто Хохму і Біну (ХУБ), Хесед та Ґвуру (ХУҐ) Зеір Анпіну, оскільки вона є парцуфом відокремленим і повним, але в неї вони знаходяться в одному відділенні, а не в чотирьох відділеннях, як у тфілін Зеір Анпіну.

І справа в тому, що уривок – це світло, а відділення, в якому він знаходиться, – це клі. І відомо, що від кожного зівуґу виходить світло і клі. І тому у Зеір Анпіна, в якого чотири уривки є його чотирма мохін, ХУБ ХУҐ, що сходять до нього в чотирьох зівуґах, є також чотири відділення, – для кожного уривка особливе відділення. Однак у Нукви, в якій не відбувається ніякого зівуґу, але вона отримує всі чотири мохін, тобто чотири уривки, в єдиному зівузі від Зеір Анпіну, – є тільки одне відділення для всіх чотирьох уривків.

243) «Цар, ув'язнюваний до ям» – він зв'язаний та знаходиться в цих відділеннях тфілін для того, щоб з'єднатися з цим святим ім'ям як личить. І тому той, хто виправляється в них, знаходиться «в образі Всесильного (бе-ЦЕЛЕМ Елокім)». Так само, як в Елокім поєднується святе ім'я, – так само і тут: з'єднується в ньому святе ім'я як личить. «Чоловіком і жінкою створив Він їх», – тобто головні тфілін і ручні тфілін. І все це – одне ціле.

«Цар, ув'язнюваний до ям» – Зеір Анпін, «зв'язаний і знаходиться в цих відділеннях», бо відділення, в яких знаходяться ці уривки, називаються «заглибленнями», подібно до ям, наповнених водою, з яких поять стада. І також мохін, які є водами Хохми та водами хасадім, пов'язані з їхніми келім та укриті в них, тобто в цих відділеннях. І тому називаються ці відділення «заглибленнями».

«Він зв'язаний і знаходиться в цих відділеннях тфілін для того, щоб з'єднатися з цим святим ім'ям як личить». Ці відділення – це ТАНГІ (Тіферет-Нецах-Год-Єсод) Твуни, званої великою буквою «далет» слова «ехад (один)», про яку сказано: «І з'явилася суша». І внаслідок того, що відкрилася в Зеір Анпіні ця суша, він може потім давати мохін Нукві. І те, що було сушею, стає землею, котра дає плоди і породження, на якій можна садити дерева. Адже якби не відділення його, що є властивістю «суша», Зеір Анпін не міг би передати мохін своїй Нукві.

І Зеір Анпін «зв'язаний та знаходиться в цих відділеннях», що є властивістю «суша», «для того, щоби з'єднатися з цим святим ім'ям як личить», – для того, щоб він міг поєднатися та передати святому імені, Нукві, «як личить», – тобто у розкритті. І те, що було сушею, стає землею, котра дає плоди і породження, на якій можна садити дерева. І це означає: «Цар, ув'язнюваний до ям». Тому в тім, хто виправлений в цих чотирьох уривках, міститься «образ Всесильного (ЦЕЛЕМ Елокім)». Нижня людина, яка накладає тфілін, притягує від ЗОН мохін ХУБ ХУҐ, звані ЦЕЛЕМ

(צלם). ХУБ (Хохма та Біна) називаються «мем-ламед מ״ל», а ХУҐ (Хесед і Ґвура) називаються «цаді». І це ЦЕЛЕМ (образ) Елокім (Всесильного). Так само, як в Елокім, Біні, в якій об'єднується святе ім'я, Нуква, – так само об'єднується це святе ім'я в людині.

«Чоловіком і жінкою (захар та некева) створив Він їх», – тобто головні тфілін і ручні тфілін. І все це – одне ціле. «І створив Всесильний (Елокім) людину за образом (ЦЕЛЕМ) Його»[628], – мохін ХУБ ХУҐ називаються ЦЕЛЕМ. І є в них захар та некева – ЦЕЛЕМ Зеір Анпіну і ЦЕЛЕМ Нукви, головні і ручні тфілін.

Заповідь одинадцята

244) Одинадцята заповідь – відокремлювати десятину від плодів землі. Тут є дві заповіді: відокремлювати десятину землі та приносити перші плоди дерев. Про десятину землі, що дозволена Адаму Рішону, сказано: «Ось даю Я вам усяку ярину сім'яносну»[634]. А про перші плоди дерев, дозволених Адаму Рішону, сказано: "І кожне дерево, що дає плоди сім'яносні»[634]. Чому сказане в цих уривках зобов'язує нас відокремлювати десятину і перші плоди, віддаючи Творцю, та не їсти від них, – адже це є протилежним їхньому призначенню?

«Їжа» – означає здобуття іскор святості з кліпот, і за допомогою їжі поєднуються святі іскри, що знаходяться в їжі, з душею (нефеш) людини, стаючи плоттю від плоті її, а покидь їжі виходить назовні з її тіла. До тих пір, доки людина не збере протягом життя всі святі іскри, що відносяться до сповнення душі, без яких їй бракує довершеності. І сказано в Зогарі[635], що Адаму Рішону не було дано м'ясо в їжу, як сказано: «Ось даю Я вам усяку ярину сім'яносну, яка на всій землі... Це вам буде в їжу»[634], – не більше того, тобто не м'ясо.

Але оскільки він прогрішив, і зла основа увійшла до його тіла, то було сказано Ноаху: «Як зелень трав'яну даю Я вам все»[636], –

---
634 Тора, Берешит, 1:29.
635 Зогар, глава Лех Леха, п.300.
636 Тора, Берешит, 9:3.

навіть м'ясо. Адже Адам Рішон був створений у досконалості, і вже було виявлена ним уся бажана досконалість у властивості «тварини». Як сказано: «І створив Творець із землі всякого звіря польового, і всіляку пташину небесну, та привів до людини, подивитися, – як назве їх; і як назве людина всяку істоту живу, – таке ім'я їй»[637].

Пояснення. Він осягнув імена всіх тварин у всіх особливостях, оскільки вони вже були виявлені для нього в усій їхній досконалості. І тому тварини не були надані йому для виявлення за допомогою їжі, оскільки вже були виявлені для нього Творцем. І лише неживого й рослинного бракувало у цьому виявленні. Тому йому залишалося за допомогою харчування та відбору від плодів землі лише зібрати з них святі іскри, яких бракує у досягненні досконалості його.

Однак після гріху щодо Древа пізнання знову зіпсувалися всі ці виявлення. І так само, як частини душі його, відокремившись, впали у кліпот, так само зіпсувалися разом з ним всі тварини, і необхідно їх виявити заново. Тому були дані Ноаху також і тварини для виявлення їх за допомогою вживання в їжу, і також усім поколінням після нього.

Адам Рішон був створений в ЦЕЛЕМ Елокім, тобто мохін чотирьох розділів тфилін. І це його душа (нешама); однак після того, як він народився з цією святою душею, удостоївся, завдяки добрим діянням, виявлення та підйому МАН і досягнення властивості хая, а потім, в день суботній, – також і єхіда. Бо вище сяйво зникло лише після суботи. І тому були дозволені йому десятина і перші плоди. І більш того, за допомогою вживання в їжу десятини й перших плодів, він удостоївся виявлення та підйому МАН, доки не удостоївся властивостей хая і єхіда.

Однак після порушення заборони Древа пізнання, коли знову були зіпсовані всі виявлення, і зла основа увійшла до тіла, десятини та перші плоди є забороненими для нас через злу основу в нас внаслідок побоювання можливості порушення

---

637 Тора, Берешит, 2:19.

вищої святості, що знаходиться в них. Тому ми повинні віддати їх коенам та левітам, і коли ми повністю виконуємо ці заповіді, – «десятину» й «перші плоди», – як наказано нам, у нас виникають сили підняти МАН та притягнути мохін де-хая в день суботній подібно до того, як притягував Адам Рішон за допомогою вживання в їжу саме десятини і перших плодів.

І це – одинадцята заповідь: відокремлювати десятину землі. Після того, як ми притягуємо світло нешама накладенням тфілін, необхідно підняти МАН шляхом виконання двох заповідей – десятини і перших плодів, щоби притягнути мохін де-хая. І вже з'ясувалося, що Адам Рішон притягнув мохін де-хая шляхом безпосереднього вживання в їжу десятини і перших плодів. Але оскільки нам не дозволено їсти їх внаслідок того, що перебуває в нашому тілі зла основа, замість цього нам заповідано віддавати їх коенам та левітам. І завдяки цьому нам теж дана сила притягувати ці мохін. І це свідчення того, що Писання спеціально вказує на десятину та на перші плоди, – і в сказаному: «Ось даю Я вам усяку ярину сім'яносну, яка на всій землі»[634], і в сказаному: «А синам Леві, ось даю Я всю десятину в Ізраелі»[638]. І так само як у другому уривку йдеться про десятину, так і в уривку, що відноситься до Адама Рішона, йдеться про десятину. І про це можна зробити висновок також зі сказаного: «Всяка десятина землі від насіння землі і також від плодів дерева – належить Творцю»[639].

Заповідь дванадцята

245) Дванадцята заповідь – принесення перших плодів дерева. Як сказано: "І кожне дерево, що дає плоди сім'яносні»[634] – все, що призначене Мені, вам заборонено їсти. Він дозволив і дав їм всю Свою десятину та перші плоди дерева. Як сказано: «І дав Я вам» – вам, а не наступним поколінням.

Це випливає зі слів, якими закінчується одинадцята заповідь: «Всяка десятина землі від насіння землі і також від плодів

---
638 Тора, Бемідбар, 18:21.
639 Тора, Ваікра, 27:30.

дерева – належить Творцю». І тут сказано: "І кожне дерево, що дає плоди сім'яносні"[634] – так само, як там перші плоди, так і тут – перші плоди. І каже: «Все, що призначене Мені, вам заборонено їсти», – тобто не лише десятину, але це також включає й перші плоди, як випливає зі слів: «І також від плодів дерева – належить Творцю». «Належить Творцю» означає: «Все, що призначене Мені», – тобто і перші плоди. І це означає, що і уривок, який приводиться тут: "І кожне дерево, що дає плоди сім'яносні"[634], – теж говорить про перші плоди. Тому сказано, що він дозволив і дав їм всю Свою десятину та перші плоди дерева. Бо в цих уривках йдеться лише про десятину і про перші плоди.

І не дивуйся тому, що уривок: «І також від плодів дерева – належить Творцю» – говорить про одинадцяту заповідь, а не про заповідь, що наводиться тут, оскільки в самому Зогарі вони змішані разом відразу ж на початку одинадцятої заповіді, і там сказано, що є дві заповіді, однак складач, який готував текст до друку, поділив їх на дві, і виявилося, що розділив їх посередині, хоча і залишив уривок про перші плоди в одинадцятій заповіді.

І там уточнюється, що цей уривок говорить про десятину і перші плоди, оскільки сказано: «І дав Я вам», що означає – вам, а не наступним поколінням. Тому не можна сказати, що в цьому уривку йдеться просто про врожай землі, дозволений також і нам в їжу. Але йдеться про те, що нам заборонено вживати в їжу від врожаю землі. І це, безумовно, десятина і перші плоди.

Заповідь тринадцята

246) Тринадцята заповідь – здійснювати викуп сина, зміцнивши його зв'язок з життям. Бо є два ангела-покровителя – один відповідає за життя, інший відповідає за смерть. І вони перебувають над людиною. І коли людина викуповує свого сина, вона викуповує його з рук покровителя, відповідального за смерть. І тоді той не має влади над ним, як сказано: «І побачив Творець все, що Він створив» – в загальному, «і ось, добре» – це ангел життя, «дуже» – це ангел смерті. І тому, завдяки цьому викупу,

зміцнюється ангел життя та послаблюється ангел смерті. Завдяки цьому викупу, він придбаває для нього життя. І сторона зла залишає його та не пристає до нього.

Можна зробити висновок зі сказаного: «І побачив Творець все, що Він створив, і ось, добре дуже». «І ось, добре» – це ангел життя, «дуже» – це ангел смерті. Оскільки тоді, в шостий день початку творіння, з появою букви «гей ה» в слові «шостий (га-шиши הששי)», світи дуже піднеслися. Зеір Анпін піднявся в місце Аріх Анпіна, а Нуква – в місце Аба ве-Іми, і тоді Адам Рішон досягнув досконалості мохін де-хая. І завдяки цьому анулювалася сила ангела смерті. І він, крім того, ще й отримав підсолодження у властивості «дуже», як це буде в кінці виправлення, коли «знищить Він смерть навіки». Саме на це вказує значення слів: «І ось, добре» – це ангел життя, «дуже» – це ангел смерті.

Тому тепер, після порушення заборони Древа пізнання, світи вже так не підносяться в п'яту годину передодня суботи з появою букви «гей ה» в слові «шостий (га-шиши הששי)». І тому там необхідна особлива заповідь, щоб викликати в собі готовність та силу будь-що одержати світло хая в день суботній. І це – заповідь викупу первістка чоловічої статі, оскільки завдяки цьому викупу зміцнюється ангел життя та послаблюється ангел смерті. І так само, як з Адамом Рішоном це було зроблено самим Творцем, коли з появою «гей ה» в слові «шостий (га-шиши הששי)» стає ангел смерті властивістю «добре дуже», так само діє і сила цієї заповіді – «викупу первістка».

Але ще не остаточно, як це було в той час, коли в ангела смерті не залишилося жодної сили. Оскільки тепер, в результаті виконання заповіді викупу первістка, можна лише послабити ангела смерті, але не усунути його остаточно. Бо завдяки цьому викупу, він (первісток) набуває життя. І сторона зла залишає його та більше не проникає в нього. Тобто після того, як він остаточно очистився завдяки цій заповіді, немає більше ніякого проникнення в нього сил зла, які входили до тіла (гуф) через прогріх Древа пізнання, і тоді він може викупити своє життя – тобто мохін де-хая суботнього дня. Адже він вже повністю очищений від сторони зла, яке було ввібране його тілом внаслідок порушення заборони Древа пізнання. І тому з'явилася в ньому готовність отримати мохін суботнього дня.

Заповідь чотирнадцята

247) Чотирнадцята заповідь: зберігати день суботній, бо він – день спокою від усіх діянь творення. Сюди включаються дві заповіді: зберігання суботнього дня та зміцнення зв'язку цього дня зі святістю, – тобто притягання мохін Хохми, званих святість, щоб зберігати день суботній. І сказано, що він – день спокою для світів, і всі діяння були виправлені в ньому та завершені раніше, ніж освятився цей день.

Пояснення. В день суботній Зеір Анпін піднімається в Аріх Анпін, Нуква – в Аба ве-Іму, а світи БЄА піднімаються в ІШСУТ та ЗОН світу Ацилут. І тоді НАРАН Адама піднімаються разом з ними в Ацилут, і вони отримують там світло хая. Тому є дві заповіді:

1. зберігання дня суботнього, щоби не порушити його виконанням роботи і перенесенням предметів з одного володіння до іншого; бо після того, як світи остаточно відокремилися від кліпот, ми повинні остерігатися, щоби не дати силу кліпот знову проникнути в цей день; коли той, хто виконує роботу в цей день, знову викликає проникнення кліпот до святості;

2. зв'язати цей день зі святістю його як личить; тобто, завдяки насолоді суботи, ми притягуємо світло Ацилуту до нашого НАРАН; світло Ацилуту – це світло Хохми, зване святістю, і ми освячуємося завдяки його впливу.

«Зберігати суботній день». Всі турботи і труди вказують на невпинну роботу та війну з силами сітри ахра, котрі відділяють нас від злиття з Творцем. І це правило: в тому місці, де є турботи, там перебуває сітра ахра, – тому що за допомогою війн і трудів ми витягуємо іскри святості, які занурені в сітру ахра, і кожне витягання вважається особливою роботою. І спочатку всі ці виявлення проводяться самим Творцем, тобто всі вони – це діяння Творця, про які згадується в шести днях початку творіння.

І коли закінчуються абсолютно всі з'ясування, вважається, що вони завершилися та досягли своєї мети. І тоді освячується субота, котра є днем спокою, – адже закінчується робота, і більше нема чого виправляти. Тому день суботній – це день спокою всіх світів, оскільки в кожну суботу знову настає та довершеність, яка була в суботі початку творіння, званій днем спокою, в котрий відділилися всі кліпот, занурившись у велику безодню. А світи піднялися в світ Ацилут, який є повною єдністю. І ми повинні притягти цю святість, і вона притягується до нас за допомогою двох заповідей: «пам'ятай» та «бережи».

248) Після того, як освятився цей день, залишилося створити духів, для яких не було створене тіло (гуф). Хіба не міг Творець почекати з освяченням цього дня, доки не будуть створені тіла для цих духів? Однак Древо пізнання добра і зла пробудило би сторону зла, яка бажала панувати в світі. І, відокремившись, вийшла безліч духів з численною зброєю для того, щоби зміцнитися та вдягтися в тіла цього світу.

«Після того, як освятився цей день, залишилося створити духів, для яких не були створені тіла». Тобто, день освятився, перш ніж Творець встиг створити тіла для цих духів. Як сказано: «Бо спочив Він від усієї Своєї роботи, яку створив Творець для виконання»[640]. Насправді Він закінчив Свою роботу в усій бажаній довершеності, і нічого не створив для нашого виконання, – адже Він вже все зробив і завершив Сам. Однак Творець здійснив усі з'ясування, закінчив всі труди таким чином, щоб у нас теж була можливість виконання їх. Тобто, щоби ми змогли їх виконати та завершити завдяки нашій роботі в Торі й заповідях. І відпочинок стосується лише роботи Творця. Інакше кажучи, Творець вже відпочивав від всієї Своєї роботи настільки, що не було навіть найменшого недоліку з Його сторони. І все те,

---

640 Тора, Берешит, 2:3.

що створив Творець та завершив, дозволяє також і нам виконати та завершити це з нашого боку.

Тому залишилися духи, яким не встиг Творець створити тіла до освячення суботнього дню, і залишилися ці духи безтілесними, позбавленими тіл. І ці духи без тіл є кліпою та шкідниками, які призводять людину до гріха. І Він спеціально залишив їх, адже завдяки цьому залишилася у нас сила вибору та місце роботи в Торі і заповідях.

«Хіба не міг Творець почекати з освяченням цього дня, поки не будуть створені тіла для цих духів? Однак Древо пізнання добра і зла пробудило би сторону зла, яка бажала панувати в світі». Малхут називається Древом пізнання добра і зла, «якщо удостоїлася людина – переважає добро, не удостоїлася – зло». І після того, як прогрішив Адам Рішон, порушивши заборону Древа пізнання, він прийшов до стану «не удостоївся». І тому пробудилося зло, наявне в Древі пізнання добра і зла. І побажало це зло опанувати світом. Тобто побажало взяти гору над добром і так зміцнитися в світі, щоби добро ніколи не змогло здолати його. І тоді вийшло безліч духів з численною зброєю, для того щоби зміцнитися в світі, одягнувшись у тіла.

Дві точки з'єдналися в Малхут:

1. підсолоджена в Біні – властивість милосердя;

2. та, що знаходиться в самій Малхут – властивість суду.

Коли Малхут виправлена святістю як личить, точка властивості суду захована й укрита, а точка властивості милосердя – розкрита. І людина приходить до стану «удостоїлася». І тоді переважає добро. Але якщо людина, вчинюючи гріх, псує її, розкривається властивість суду, що міститься в Малхут, в результаті чого шкідники й розруха отримують силу панувати над нею. І тоді переважає зло.

А якщо удостоюється, – точка милосердя править відкрито і людина удостоюється підняти в своїх діяннях Малхут до вищої Біни. І тоді милосердя та вищі мохін проявляються над людиною. А якщо «не удостоюється», оголюючи властивість суду в ній (Малхут), то мало того, що вона псує Малхут, вона ще псує точку Біни, яка з'єдналася з Малхут. Бо вона (точка Біни) перетворилася з милосердя на суд внаслідок прояву суду в Малхут. Адже яка б властивість не розкрилася – вона й панує.

Тому після прогріху Древа пізнання розкрилася сила суду в Малхут, і тоді він псує також і точку Біни в ній, яка обернулася властивістю суду. У цій точці Біни вміщена вся можливість виправлення, котру має Малхут. І зі своєї сторони вона – добро, коли точка Біни є проявленою. Але тепер, після того, як зіпсувалася також і точка Біни, перетворившись на суд, подумала сітра ахра, що це вдалий час для оволодіння світом та облачення в тіла людей – Адама Рішона і синів його. Тобто, щоб тіло (гуф) сітри ахра зайняло місце тіла (гуф) Адама Рішона, і тоді не буде більше ніякої можливості у Малхут виправитися зі сторони добра. Бо вона бачила, що точка Біни, яка є в Малхут, обернулася властивістю суду, і жодне виправлення тепер неможливе.

І безліч духів вийшло зміцнитися в світі, взявши з собою багато видів зброї, сил руйнування, щоби вдягтися в тіла людей в цьому світі та панувати тут постійно, оскільки думали, що в результаті шкоди, завданої прогріхом Адама точці милосердя в Малхут, врятуватися від них неможливо.

249) Творець, бачачи це, пробудив віяння духу (руах) від Древа життя, Зеір Анпіна, і вдарив по іншому дереву, Малхут. І пробудилася інша сторона, сторона добра, «і освятився день». Бо створення їхніх тіл та пробудження духів цієї суботньої ночі відбувається зі сторони добра, а не з іншої сторони.

Після того, як побачив Творець, що цей суд знаходиться на стороні сітри ахра, і вони мають силу вдягтися в тіла в світі, коли повністю припиниться подальше виправлення, він пробудив віяння духу життя від Древа життя, і здійснив зівуґ з іншим деревом – Малхут, тобто передав їй віяння духу життя. І знову прокинулася в Малхут друга сторона в ній – сторона добра, як це було до гріхопадіння Адама Рішона. І про це сказано: «Якщо удостоїлася людина – переважає добро», і освятився цей день, і поширилася святість суботи по всьому світу.

І хоча, внаслідок володіння судом у сітри ахра була сила вдягтися в тіла, Творець діяв на більш внутрішньому рівні, ніж сила суду, і взагалі не зважав на погіршення стану, до якого привів Адам Рішон. І тоді ЗОН, звані «Древо життя» та «Древо пізнання добра», разом здійснили зівуґ, як до гріхопадіння, і притягли у світ святість мохін суботнього дня.

І сказано[641], що світло, яке виконало роботу шести днів початку творіння, було вкрите лише після суботи. І завдяки цій дії сходження дня суботнього у світ був розладнаний задум нечистих сил – одягтися в тіла людей цього світу, і вони залишилися у властивості безтілесних духів. І тому Адам зміг зробити повернення.

«Створення тіл та пробудження духів в цю суботню ніч відбувається зі сторони добра, а не сітри ахра», – тому що діяння Творця перебуває вовік. І так само, як в суботу початку творіння Він абсолютно не зважав на те, що порушив Адам прогріхом Древа пізнання, і ЗОН здійснили зівуґ, який освятив день, – як і до прогріху, – оскільки Він скасував всю владу нечистих сил, хоча і була у них сила влади, – так само і в усі суботи шести тисяч років: хоча людина ще й переповнена скверною, бо ще не виправила гріх Древа пізнання, все ж, коли вона здійснює зівуґ в ніч суботи, нема у сил зла ніякої влади над нею. І людина притягує своїм зівуґом тіло (гуф) і дух (руах) дитини, яка народжується, ніби й не було в ній ніякої вади зі сторони Древа пізнання, немов вона вже сама виправила прогріх Древа пізнання.

І тому сказано, що «створення тіл та пробудження духів в цю суботню ніч відбувається зі сторони добра». Адже хоча сама людина ще не удостоїлася, у сітри ахра немає ніякої влади над

---

641 Зогар, глава Берешит, частина 2, п.148.

нею в цю ніч. І вона зможе притягнути тіло й дух в них за допомогою зівуґу зі сторони Древа пізнання добра, а не з іншої сторони (сітра ахра). І сила виправлення, котре здійснене в суботу початку творіння, полягає в тому, що Творець зовсім не зважає на зло, яке накликав на себе Адам Рішон.

250) Якщо б інша сторона набула переваги в цю ніч над стороною добра, випередивши її, то світ не міг би встояти перед ними (силами зла) навіть коротку мить. Але Творець упередив зцілення, зробивши освячення дня до настання часу, встигнувши з'явитися раніше іншої сторони, та відбувся світ. І задум іншої сторони влаштуватися та зміцнитися в світі призвів до встановлення в цю ніч сторони добра та зміцненню її. Тобто, були встановлені тіла і дух святості в них в цю ніч зі сторони добра. Тому час здійснення злиття у мудреців, які знають це, – від суботи до суботи.

251) І коли побачила це інша сторона – що все, що вона бажала зробити, зробила сторона святості, вона почала метатися між численними військами своїми на всі сторони, та побачила всіх тих, хто здійснює злиття на ложе оголеними при світлі свічі. І тому всі сини, що народжуються від цього, вражені падучої хворобою, оскільки перебувають над ними духи від іншої сторони. І це – безтілесні духи грішників, звані «шкідники», і Ліліт царює над ними та вбиває їх.

252) Коли освячується цей день, і правління святості воцаряється над світом, інша сторона принижує себе, і скривається в кожну суботню ніч та суботній день. Крім Асімона з усією його клікою, які крадькома наближаються на світло свічки, щоби побачити злиття, що відкривається їм. А потім вони ховаються, зникаючи в отворі великої безодні. А під кінець суботи численні воїнства і стани, злітаючи вгору, снують по всьому світові. І тому була складена пісня про біди: «Той, хто живе під покровом Всевишнього»[642], – щоб не переслідували вони святий народ.

---

642 Писання, Псалми, 91:1.

Бо, володіючи судом, сітра ахра могла вдягтися в тіла. І якби вони встигли вдягнутися в тіла, то земля була б віддана до рук беззаконня. І всі тіла й породження, які приходили б у світ, – всі виходили б від порочності сітра ахра. І не було б у них сил встати на сторону добра ніколи. Тому сказано: «Якби інша сторона набула переваги в цю ніч над стороною добра, випередивши її, то світ не міг би встояти перед ними (силами зла) навіть коротку мить», – бо їхня нечистота панувала б над усіма, хто народжується в світі. І не було б можливості утриматися на стороні добра «навіть коротку мить».

«Але Творець упередив зцілення, зробивши освячення дня до настання часу, встигнувши з'явитися раніше іншої сторони», – святість суботи настала раніше, випередивши сітру ахра, і відкрилося світло відпочинку та спокою в світах, яке втихомирює сітру ахра й кліпот та відкидає їх в отвір великої безодні. «І відбувся світ», – бо завдяки цьому з'явилася можливість породити тіла і дух в них зі сторони добра у злитті (зівузі) ночі суботи. І світ встановлюється в бажаному вигляді.

І сказано, що «звершив освячення дня до настання часу», – оскільки все, що виходить, не відповідаючи порядку всієї системи світів, називається «запобіганням». І оскільки святість суботи настає лише внаслідок пробудження згори, бо людина не скоїла ще жодного повернення та виправлення, щоби стати гідною її, а сам Творець упередив зцілення виправленням світу, то така дія називається упередженням.

«І задум іншої сторони влаштуватися та зміцнитися в світі призвів до встановлення в цю ніч сторони добра та зміцненню її», – бо ця ніч, внаслідок проступку з Древом пізнання, стала відноситись до суду будови сітра ахра у всій силі його. І на це розраховувала сітра ахра, але все вийшло навпаки. Адже місце її зайняла святість. «І були встановлені тіла і дух святості в них в цю ніч зі сторони добра», – оскільки проявилася готовність, коли кожен, хто здійснює злиття (зівуґ) цієї ночі, притягує тіла і дух їхній зі сторони добра. І немає в них ніякої опори для сітри ахра, – тобто повна протилежність тому, що задумала сітра ахра.

«Тому час здійснення злиття у мудреців, які знають це, – від суботи до суботи», – бо тоді тіла і дух їхній встановлюються зі сторони добра. «І коли побачила це інша сторона – все, що вона бажала зробити, зробила сторона святості», – адже вона розраховувала влаштуватися і зміцнитися в цю ніч, а в підсумку встановилася сторона святості, – «то почала тоді сітра ахра метатися між численними станами своїми і сторонами зла, і побачила всіх тих, хто здійснює злиття на ложе оголеними при світлі свічі», – і побачила всіх тих, хто вдається до злиття на ложе при світлі свічки, оголивши тіло (ґуф). «Всі сини, що народжуються від цього, вражені падучої хворобою». І сітра ахра наганяє на цих синів злих духів, і це духи грішників, звані «шкідники», за допомогою яких Ліліт царює над ними та вбиває їх.

Але «коли цей день освячується, і правління святості воцаряється над світом, інша сторона принижує себе, і скривається в кожну суботню ніч і суботній день». Тому це дуже вдалий час для злиття у мудреців. «Крім шкідника, званого Асімон, та усього його стану, які крадькома наближаються зі свічею, щоби побачити злиття, яке відкривається їм. А потім вони ховаються, зникаючи в отворі великої безодні», – адже хоча і є сила у цього Асімона дивитися в суботу на злиття при світлі свічки, проте немає у нього сили шкодити, і тоді він змушений відразу ж повернутися в отвір великої безодні. І тільки після суботи він може шкодити.

Пояснення сказаного. Тут у рабі Шимона виникло питання про сказане: «Час здійснення злиття у мудреців – від суботи до суботи». Адже кожен день опівночі Творець прогулюється з праведниками по Еденському саду. Таким чином, можливість злиття у праведників є не тільки в ночі суботи? Щоб відповісти на це, тут докладно з'ясовується відмінність, що існує між злиттям (зівуґом) в суботу та злиттям в будні, в питанні здійснення злиття при світлі свічки. Згідно з простим тлумаченням: відмінність в тому, що по ночах у будні є сила у сітри ахра вражати синів, які народжуються, падучої хворобою, а у Ліліт є сила погубити їх.

Тоді як в ночі суботи, хоча і є шкідник Асімон зі своєю клікою, тобто у нього є сила також і в суботу бачити їх, але немає у нього сили шкодити їм в цей час, а тільки лише після суботи. Це теж виправляється здійсненням розділення (авдали) молитвою та вчиненням поділу на чашу. І тоді остаточно скасовується сила цього шкідника. Таким чином, є велика різниця між злиттям у ніч суботи та злиттям ночами буднів опівночі.

Справа в тому, що є «світила сяючі», тобто Зеір Анпін, що символізують вищу єдність, і є «світила вогненні», Нуква Зеір Анпіну, що символізують нижню єдність. Три властивості є в полум'ї вогню:

1. біле світло (полум'я);

2. синє світло, під білим світлом;

3. груба частина, – як, наприклад, віск, масло, ґніт, – в якій утримується синє світло.

Синє світло – це суд, який є в полум'ї, і тому це «вогонь, який пожирає інший вогонь», що пожирає і знищує все, що знаходиться під ним. Бо він пожирає віск і ґніт, в яких утримується. Біле світло – це властивість милосердя в полум'ї, бо «білий» означає милосердя.

Тому у того, хто коїть злиття при світлі свічі сини вражені падучої хворобою, і також Ліліт може погубити їх, оскільки синє світло свічки, властивість суду, знаходиться там. І є сила у сітри ахра утримуватися в цьому злитті (зівузі). Адже в силу цього суду проявляється їхня плоть, тобто нечистота змія, котра міститься в тілі тих, хто здійснює злиття, і тоді вона знаходить подібне до себе й запалюється.

Таким чином, злиття дозволене лише опівночі, тобто саме в темряві, коли немає світла. І тоді сказано про Малхут: «І встане вона ще вночі», і розкривається милосердя. Але якщо присутнє там світло свічки, це призводить до розкриття нечистоти в тілах, і сітра ахра приліплюється до злиття. І бачить всіх, хто віддається злиттю оголеними при світлі свічки. Бо, користуючись світлом свічки, сітра ахра бачить нечистоту їхніх тіл, що розкрилася. І звинувачує їх, закравшись до їхнього злиття.

Однак в ніч суботи відходять усі суди, і синє світло теж перетворюється на біле світло. І в такому випадкові можливе злиття при світлі свічки. Крім того, навіть нечистота в тілі людини абсолютно зникає завдяки силі святості суботи. І немає більш страху оголення тіла при світлі свічки. Тому зазначено: «Крім Асімона з усією його клікою, які крадькома пробираються при світлі свічки, щоби побачити злиття, яке відкривається їм».

І навіть у суботу, коли синє світло стає білим, і ніде немає ніякого суду, все ж обов'язковою умовою є, щоби була груба частина, для утримання в ній, а вона, безумовно, є властивістю суду. Бо груба частина несе в собі скверну, що вказує на суди. Однак в суботу не виявляється ніякий вид суду. І це уподібнюється монеті, на якій не видрукувана жодна форма, і невідомо, якою вона має бути. І тому шкідник, що знаходиться в грубій частині, в якій утримується світло свічки, зветься Асімон (досл. жетон), тобто монета без зображення.

Тому сказано, що «крадькома пробираються при світлі свічки», бо це є грубою частиною, яка притягується у приховуванні, разом зі свічкою. Бо без неї свічка не горіла б. Тому він бачить злиття, що відкривається. І користуючись цим, може нашкодити йому після виходу суботи. І хоча вірно те, що оголення плоті не викликає побоювання в ніч суботи, бо нечистота тіла не проявляється, проте після суботи у нього є сила, розкривши форму зла в ньому, нашкодити йому.

І хоча в суботу Асімон з усією його клікою нездатні нашкодити, адже тоді не залишається в людині ніякої форми зла, але після суботи він зі своєю клікою знову набувають колишнього вигляду і, спурхнувши, піднімаються з великої безодні, прямуючи до заселених місць, і нишпорять по світу, бажаючи нашкодити. І тому була складена пісня про біди: «Той, хто живе під покровом Всевишнього», – завдяки поверненню і цій молитві, – «той, хто живе під покровом», – люди рятуються від них.

253) В яке місце вони направляються в цю ніч виходу суботи? Коли вони виходять в поспішності та хочуть панувати в світі над святим народом, і бачать їх такими, що стоять у молитві й проголошують пісню: «Той, хто сидить під покровом Всевишнього». Спочатку вони роблять розділення (авдалу) в молитві, а потім роблять поділ над чашею. І спурхнувши звідти, вони (Асімон з його клікою) невпинно блукають та приходять в пустелю. І Творець врятує нас від них і від сторони зла.

Мовиться лише про вихід суботи, а не про всі ночі буднів, оскільки під кінець суботи ще перебуває враження (решимо) від святості суботи. І куди ж вони прямують, піднявшись з великої безодні під кінець суботи? Коли вони виходять у поспішності та хочуть панувати в світі над святим народом, над Ісраелем. І бачать їх такими, що стоять в молитві та промовляють пісню: «Той, хто сидить під покровом Всевишнього», і спочатку вони проголошують розділення в молитві та поділ на вино. І тоді ті йдуть, спурхнувши від них та невпинно блукають, і досягають пустелі, – місця, де немає поселення людей, – і люди врятовані від них.

Таким чином, є три місця у сітри ахра:

1. у суботу вони знаходяться в отворі великої безодні, і у них взагалі немає сил заподіяти шкоду;

2. на виході суботи, завдяки молитві та поділу вони перебувають у пустелі, в тому місці, де немає людей, і у них є сила шкодити, але вони не можуть наблизитися до місця поселення;

3. в інші ночі вони перебувають також в місці поселення.

254) Є три види тих, хто завдає собі шкоди:

1. той, хто проклинає себе;

2. той, хто викидає хліб або крихти, в яких є міра «ке-зайт (досл. з маслину)»;

3. той, хто запалює світло на виході суботи, перш ніж Ісраель прийшли до порядку освячення, де сказано: «І Ти свят»; і саме цим вогнем він запалює вогонь пекла, вимовляючи передчасно ці слова.

255) Оскільки є одне місце в пеклі для тих, хто порушує суботу, та їх карають в пеклі, – проклинають того, хто запалює вогонь передчасно, і кажуть йому: «Тебе Творець буде кидати в усі сторони могутнім кидком», «Він зів'є тебе в клубок, (покотить) як кулю в землю простору».

Існує шкідник, що зветься недоброзичливцем. І він любить прокляття, як сказано: «І любив він прокляття – і воно прийшло до нього, і не бажав благословення»[643]. І коли людина проклинає себе, вона дає силу цьому недоброзичливцю, що любить прокляття, панувати над собою, та заподіює собі шкоду.

І є той, хто викидає хліб або крихти, в яких є міра «ке-зайт». Але ж немає нічого в цьому світі, в чому не було б важливого кореня нагорі, не кажучи вже про хліб, від якого залежить життя людини, бо у нього є дуже важливий корінь нагорі. І тому той, хто нехтує своїм хлібом, викликає ваду в корені свого життя нагорі. І це зрозуміло кожній людині лише під час трапези, яка дає їй насичення, від котрого вона отримує життя.

Однак є люди, які нехтують хлібом і крихтами, в яких є лише міра «ке-зайт», і вони викидають їх, бо немає в них насичення. Але оскільки необхідно благословити на їжу також на міру «ке-зайт», їх треба цінувати так само, як трапезу, в якій є

---

643 Писання, Псалми, 109:17. «І любив він прокляття – і воно прийшло до нього, і не бажав благословення – і воно віддалилося від нього».

насичення, і не можна нехтувати ними. А той, хто нехтує ними, заподіює собі зло.

Запитали в Творця ангели-служителі: «Сказано в Твоїй Торі, щоб не звертав лице своє і не брав хабарі. Але ж Ти ж повертаєш лице своє до Ісраеля, як сказано: "Зверне Творець лик Свій до тебе"?». Сказав Він їм: «Хіба Я можу не повернути лице Моє до Ісраеля, якому Я написав в Торі: "І поїв, і наситився, і благословив Творця твого", і вони так ретельно дотримуються цього – до міри "ке-зайт (як маслина)" та міри "ке-бейца (як яйце)"?». І тим, що ми цінуємо трапезу до міри «ке-зайт», немов у ній є насичення, хоча і немає його, удостоюємось, що Творець повертає до нас лице, хоча ми й не гідні. Таким чином, ті, хто нехтує крихтами, в яких є міра «ке-зайт», і не цінує цього як трапезу, в якій є насичення, вони не удостоюються того, щоб Творець звернув до них лик, та завдають собі зло.

А ті, хто запалює свічку на виході суботи, перш ніж Ісраель звершили освячення, призводять до того, що запалюють вогонь пекла цим вогнем. Бо до цього часу – це субота, і святість суботи перебуває над ними, і не світить поки що вогонь пекла. І той, хто запалює свічку до освячення, виходить, є таким, що порушує суботу, бо він передчасно запалив вогонь пекла, тим самим завдавши собі шкоди. І в пеклі є спеціальне місце аби карати тих, хто порушує суботу, оскільки порушення суботи є найсуворішим. І засуджені в пеклі проклинають його за те, що він заподіяв своїми діями, – запалив вогонь пекла передчасно.

256) Адже він не гідний того, щоб запалити світло на виході суботи, перш ніж Ісраель здійснюють відокремлення у молитві та відокремлення на чашу, оскільки до цього часу це субота, і святість суботи панує над нами. І в той час, коли ми промовляємо молитву розділення над чашею, всі ті воїнства і стани, які призначені над буднями, повертаються на своє місце і до своєї роботи, за яку вони відповідають. Оскільки основна заборона – це тільки та, що стосується святості. Але необхідно остерігатися, аби не запалити свічу до завершення розділення, оскільки до цього часу вважається – субота. Але звичайно ж,

можна запалювати свічку для розділення та «вогню, що створює світила».

257) Коли увійшла субота і освятився день, то пробудилася святість і панує в світі, а будні втрачають свою владу. І до того часу, коли відходить субота, вони не повертаються на своє місце. І хоча виходить субота, вони не повертаються на своє місце до того моменту, коли Ісраель промовляють в країні Ісраеля: «Той, хто відокремлює святість від буднів». Тоді відходить святість, і ті стани, які призначені над буднями, знову пробуджуються, повертаючись на своє місце, – кожен у свою зміну, яка призначена йому.

258) І разом з тим, вони не панують до тих пір, поки є світла від світіння свічки, те, що всі ми називаємо світилами вогню. Оскільки від стовпа вогню і від основи вогню всі виходять. І панують над нижнім світом. І все це – якщо людина запалила свічу раніше, ніж Ісраель завершили порядок освячення. Малхут називається вогненним стовпом. А всі сили, які в світлі свічки – це суди. І тому немає у них сили задіяти суди, перш ніж запалюють свічу.

259) Але якщо людина чекає, поки завершать порядок освячення, ті грішники виправдовують суд Творця над ними, і вони виконують з цією людиною всі благословення, які вимовляє публіка: «І дасть тобі Всесильний від роси небесної», «Благословен Ти в місті, і благословен ти в полі».

Оскільки за допомогою порядку освячення вони продовжують велике світіння, за допомогою якого рятуються від суду в пеклі. І коли грішники в пеклі бачать це, вони каються в своїх поганих діяннях та виправдовують суд Творця над ними, – що вони гідні саме свого покарання. І внаслідок того, що ця людина призвела до того, що вони виправдали свій суд і прийшли до освячення вищого, вони покладають на людину всі ті благословення, які промовляють під кінець суботи серед публіки.

260) «Щасливим є той, хто думає про бідного в день злоби, – врятує його Творець». Треба було сказати: «В день зла». Що значить: «У день злоби»? У той день, коли злість панує та забирає його душу. «Щасливим є той, хто думає про бідного». «Бідний» – це небезпечно хворий, якого він хоче виправити від його гріхів перед Творцем. «День» – це коли суд панує над світом, і він думає, як врятуватися від нього, як сказано: «В день злоби врятує його Творець». «У день» – коли переданий суд цій злобі над світом, – «врятує його Творець».

Треба було б написати: «У день зла врятує його Творець», – чому пише: «В день злоби», в жіночому роді? Писання говорить про владу кліпи, званої «злість», яка панує над душею (нешама) людини. А «той, хто думає про бідного» призводить до того, що хворий повертається до каяття. І тоді Творець рятує його від влади кліпи, званої «злість». І Зогар наводить це тут, оскільки йдеться про те, що вони завдають собі шкоди. Тому він дає пораду: щоб він «думав про бідного», – щоб говорив серцю хворого аби той повернувся в каяття, – врятує його Творець. І в цей час «врятує його Творець», – від «дня злоби», тобто злоби, яку він викликав у своїй душі.

Інше пояснення. Це день, в якому суд панує над світом. І він думає врятуватися від нього, – що навіть коли день суду знаходиться над усім світом, «врятує його Творець», – як нагорода, якої удостоївся за те, що привів хворого до повернення. Оскільки «день злоби» означає – в той день, коли вже призначений суд над ним, званий «злість», щоб він правив над усім світом. І разом з тим, якщо він думав про хворого, щоб той повернувся до каяття, «врятує його Творець» від цієї злоби. І різниця між двома поясненнями в тому, що перше пояснення відноситься тільки до одинака, який заподіяв собі зло. А друге пояснення відноситься і до злоби, до якої засуджений весь світ. Але і тоді теж «врятує його Творець» завдяки цій заповіді.

Загальне з'ясування всіх чотирнадцяти заповідей і як вони співвідносяться з сімома днями початку творіння

1) Шістсот тринадцять заповідей Тори називаються «вкладеннями», а також «порадами». Тому що в кожному понятті є підготовка до осягнення, «зворотна сторона», та осягнення цього поняття, «лицьова сторона». Подібно до цього є в Торі і заповідях поняття «зробимо»[644] й «почуємо»[644]. Коли виконують Тору і заповіді у властивості «зробимо», перш ніж удостоюються «чути», називаються ці заповіді шістсот тринадцятьма порадами, підготовкою, «зворотною стороною». А коли удостоюються «чути», шістсот тринадцять заповідей стають «вкладеннями (пкудін)», від слова «пікадон (внесок)». Бо до кожної заповіді вкладається світло ступеню, котрий відповідає певному органу з шестисот тринадцяти органів та зв'язувальних сухожилків душі й тіла. Таким чином, завдяки виконанню заповіді він притягує до органу, що їй відповідає в душі та в тілі, світло, котре відноситься до цього органу і сухожилля. І це є лицьовою стороною (панім) цих заповідей. Тому «лицьова сторона» заповіді називається «вкладеннями».

Рабі Шимон роз'яснює, що чотирнадцять заповідей включають всі шістсот тринадцять заповідей так само, як і сім днів початку творіння включають сім тисяч років. І тому він співвідносить їх з сімома днями початку творіння та пов'язує кожну із заповідей з днем, який відноситься до неї. І оскільки вони включають всі шістсот тринадцять заповідей, то слід докладати зусиль у виконанні їх кожного дня.

2) Перша заповідь – це заповідь «страху», заснованого на тому, що Він великий і править усім. Вона є спільністю всієї Тори та заповідей. Це ступінь парцуфа Аба ве-Іми світу Ацилут, який

---

[644] Тора, Шмот, 24:7.

позначається буквою «йуд י» імені АВАЯ (הויה), – властивість «чисте повітря», котра відноситься до ҐАР Біни. «Великий» – вищий Аба, в якому утаєна Хохма стімаа Аріх Анпіну, тобто «йуд י». «І править усім» – вища Іма, наповнення «вав-далет ті» слова «йуд ті'». Та оскільки в них утаєна Хохма стімаа Аріх Анпіну, яку до завершення виправлення світи недостойні отримати, вони передають лише світло хасадім, зване «чисте повітря (авіра дахья)». З цієї причини немає у них відкритого речення в Торі, адже їм відповідає речення: «Спочатку створив Творець»⁶⁴⁵ – вкрите речення, в якому не вказується, хто промовляє його.

А другий уривок: «Земля ж була пуста й хаотична, і пітьма перебувала над безоднею, і дух Творця»⁶⁴⁶ – означає покарання тому, хто не виконує заповіді страху. І це чотири види смертного вироку: «пуста» – це удушення, «хаотична» – побиття камінням, «пітьма» – спалення, «дух» – відсікання голови.

3) Друга заповідь – «проявляти любов з обох сторін»: зі сторони милосердя (хесед) та зі сторони суворого суду (дін). І також завжди привносити страх до любові, та не відокремлювати одне від іншого. Необхідно привносити страх як в любов зі сторони милосердя, так і в любов зі сторони суворого суду. Це ступінь ІШСУТ світу Ацилут, ЗАТ (сім нижніх сфірот) Біни, і вони теж діляться на ҐАР, вищі Аба ве-Іма, та ЗАТ, ІШСУТ. Ця заповідь відноситься до першого речення: «Нехай буде світло!»⁶⁴⁷. Це світло, створене в перший день шести днів початку творіння, і Адам завдяки йому бачив від краю світу і до краю його. «Побачив Творець, що світ не гідний користуватися ним, зупинився та вкрив його для праведників в майбутньому світі».

І сказано: «Нехай буде світло!»⁶⁴⁷ – в цьому світі, «і стало світло»⁶⁴⁷ – в світі майбутньому. Спочатку вплив ІШСУТу цим великим світлом досягав цього світу. А потім, для того, щоб розкрити любов з двох сторін, Він зупинився та вкрив його для

---

645 Тора, Берешит, 1:1.
646 Тора, Берешит, 1:2.
647 Тора, Берешит, 1:3.

майбутнього світу, для властивості Аба ве-Іма де-ІШСУТ, розташованих від їхнього хазе й вище, та званих «майбутній світ». І цей світ більше не світить у сфірот від хазе ІШСУТу й нижче, званих ІШСУТ де-ІШСУТ, тобто ТАНГІ (Тіферет-Нецах-Год-Єсод) в них, які вдягаються у Зеір Анпін. Бо внаслідок того, що вони вдягаються в Зеір Анпін, вони вже називаються властивістю «цей світ».

4) Коли було приховане світло для майбутнього світу, проявився суворий суд у другий день початку творіння, внаслідок речення: «Хай буде небосхил посеред вод, і буде він відокремлювати води від вод»[648]. Тому мовиться про те, що в другий день було створене пекло, тобто «суворий суд», щоби надати місце для виконання заповіді любові з двох сторін, – також і зі сторони суворого суду, навіть в той час, коли Він забирає душу його. Як сказано: «І полюби Творця свого всім серцем своїм, усією душею своєю та всім своїм єством»[649]. І в тій властивості любові, якої він удостоївся зі сторони милосердя, не буде жодного недоліку навіть в той час, коли Він забирає його душу та все його єство.

Однак цей суворий суд проявився лише нижче від небозводу, в нижніх водах, в Малхут, Нукві Зеір Анпіну Рахель, яка розташована від його хазе й нижче. І термін «від хазе і нижче» в кожному парцуфі вказує на властивості в ньому нижче від парси, званої «небосхил», котрий розділяє в ньому між вищими водами і нижніми так, що «від хазе і нижче» в кожному парцуфі – це властивість «нижні води» цього ж парцуфа.

5) Третя заповідь – «знати, що є великий Творець, який править світом», і кожен день встановлювати єдність Його належним чином, у верхніх ВАК та нижніх ВАК (шести закінченнях), званих «вища єдність» та «нижня єдність». Шість слів уривка «Шма Ісраель» є єдністю вищих ВАК, а шість слів уривка «Благословенне ім'я величі царства Його вовіки» – це єдність нижніх ВАК.

---

648 Тора, Берешит, 1:6.
649 Тора, Дварім, 6:5.

Адже після того, як розкрилася властивість «страх» реченням «спочатку створив Творець»⁶⁴⁵, і властивість любові зі сторони милосердя реченням «і стало світло»⁶⁴⁷ для майбутнього світу внаслідок укриття його для майбутнього світу в перший день початку творіння, та властивість суворого суду у другий день реченням «Нехай буде небозвід»⁶⁴⁸, і утворилося місце, щоб з'єднатися з Ним у любові з обох сторін, і це є всім, чого ми бажаємо, бо без цього не доповнюється властивість любові, – після цього у нас вже є сила встановити цю єдність у довершеності. Це і є третьою заповіддю, що встановлена в третій день початку творіння: внаслідок пробудження знизу завдяки «Торі, молитвам і добрим діянням», званим підйомом МАН, ми піднімаємо властивості парцуфа ЗОН світу Ацилут вище від хазе до властивостей Аба ве-Іма парцуфу ІШСУТ. І він отримує від їхньої властивості «Нехай буде світло!»⁶⁴⁷ мохін, що розташовані від хазе й вище ІШСУТу, тобто любов зі сторони милосердя (хесед). І властивість цього світла називається ВАК Зеір Анпіну, і це вищі ВАК, «вищі води», котрі розташовані «від хазе й вище», властивість «майбутній світ», де знаходиться світло першого дня.

І те, що називається всього лише ВАК, вказує на нестачу трьох перших сфірот ХАБАД, бо для того, щоб отримати повністю все світло, парцуф повинен бути повним в усі свої десять келім, званих ХАБАД ХАҐАТ НЕГІМ. І був піднятий не весь парцуф ЗОН в Аба ве-Іму де-ІШСУТ, а лише частина, від хазе в ньому й вище, ХАБАД ХАҐАТ, тому що не змогли підняти частину ЗОН від хазе й нижче через діючий там суворий суд, званий «нижні води».

І оскільки були підняті тільки шість келім, – від хазе Зеір Анпіну й вище, – тому вони отримують лише шість світел так, що шість світел ХАҐАТ НЕГІ вдягаються в шість келім ХАБАД ХАҐАТ Зеір Анпіну, і немає місця для отримання трьох світел ХАБАД через відсутність НЕГІ де-келім від його хазе й нижче, які не змогли піднятися в Аба ве-Іму внаслідок авіюту і суворого суду в них.

Таким чином, тепер об'єднуються лише ВАК Зеір Анпіну, і йому бракує трьох верхніх світел через відсутність трьох нижніх келім. І цим шести світлам ХАҐАТ НЕГІ відповідають шість слів уривка «Шма Ісраель». І вони (ВАК Зеір Анпіну) отримують наповнення лише «вищої єдності», – тобто від властивості «вищі води», від хазе й вище, і це – мохін «любові зі сторони тільки милосердя (хесед)».

6) Однак необхідно включити в ці мохін де-ВАК Зеір Анпіну також і «страх» за допомогою укриття світла, що сталося в місці від хазе й нижче де-ІШСУТ, котре зветься «суша» і «пустище», тому що все світло залишилося в місці від хазе й вище, а місце від хазе і нижче стало висохлим та спустошеним від світла. І це – велика буква «далет ת» в слові «ехад (אחד один)», яка вказує на НЕГІ Твуни, котрі стали «сушею» внаслідок виходу цього світла. І ця «суша» приймається до Нукви Зеір Анпіну від хазе й вище, звану Лея, яка може піднятися з ним в парцуф Аба ве-Іма, будучи його властивістю від хазе і вище. Але мала Нуква, звана Рахель, не може зараз піднятися із Зеір Анпіним у вищу єдність, будучи властивістю «нижні води», що знаходиться в місці «від хазе і нижче», в якому діє суворий суд.

Ця вища єдність встановилося внаслідок речення: «Нехай стечуть води в єдине місце та з'явиться суша»[650], котре промовлене в третій день початку творіння, коли зібралися ступені, які знаходяться під небесами, «в єдине місце», щоби бути у довершеності відносно ВАК. «І з'явиться суша», – щоб поєднати з цими ступенями Зеір Анпіну також і «далет ת» слова «ехад (אחד один)», звану «суша», яка приймається Леєю, великою Нуквою Зеір Анпіну, котра розташована від хазе і вище. І цим довершується вища єдність, і це перше «і ось – добре»[651], сказане в третій день початку творіння.

7) І після того, як з'єдналася ця «суша» з «вищою єдністю», з Леєю, Нуквою Зеір Анпіну, необхідно поєднати її внизу, тобто з ВАК (шістьма закінченнями), які знаходяться внизу: «благословенне-ім

---

650 Тора, Берешит, 1:9.
651 Тора, Берешит, 1:10.

'я-величі-царства-Його-вовіки». Бо після того, як вона простяглася, опустившись з місця від хазе і вище ЗОН разом з мохін шести слів відозви «Шма Ісраель» на її місце внизу та з'єдналася з його НЕГІ від хазе й нижче в єдиний парцуф, як і раніше, то, хоча ці НЕГІ і не можуть отримати мохін вищої єдності (які представляють собою властивість «майбутнього світу» і «вищі води»), бо відносяться до властивості «від хазе й нижче», тобто «нижні води», все ж властивість «суша», яка включилося до цих мохін, може опуститися і бути прийнятою також і нижче від хазе Зеір Анпіну. Бо основа її – від властивості «нижні води» парцуфа ІШСУТ, яка є місцем припинення світла.

І тому треба притягнути властивість Лея разом із властивістю «суша» в місце Рахелі, котра стоїть від хазе й нижче, і тоді «те, що було сушею, стає землею, аби продукувати від неї плоди і породження, та садити дерева», за допомогою нижньої єдності відозви «благословенне ім'я величі царства Його вовіки», коли «земля (арец)» стає досконалим «бажанням (рацон)».

Адже хоча Зеір Анпін отримав мохін від хазе його і вище, та опустився на своє місце, він не міг передати їх своїй Нукві Леї, бо вона прийняла властивість «суша» від Твуни, яка нездатна отримувати жодного світла. Оскільки сила укриття панує в них. Тому вважається Лея в цей час подібною до місця пустощі, яка не дає плодів. І тому в самому Зеір Анпіні теж не було довершеності, тому що досконалість захара полягає у здатності передати Нукві. І оскільки не було кому передати, йому бракувало довершеності.

І сенс сказаного полягає в тому, що все укриття (світла) сталося з метою розкрити властивість довершеної любові з обох сторін, – також і зі сторони суворого суду. І оскільки від хазе і вище Зеір Анпіну – це властивість «вищі води», в яких взагалі немає суворого суду, таке утаєння містило недолік як з однієї, так і з іншої сторони. І хоча вже панувало там укриття й суша, але немає в ній всього необхідного, – бракує завершеності, тобто суворого суду, який дає місце розкриттю довершеній любові з двох сторін та доповнює ці мохін з усіх сторін. І тоді мохін зростають ще більше, ніж в той час, коли були тільки зі сторони милосердя (хесед).

Однак, доки не відкрилася в мохін властивість суворого суду, властивість «суша», що знаходиться в Нукві, Лея містить в собі недолік з обох сторін. І завдяки тому, що ми простягаємо властивість «суша» в місце від хазе й нижче Зеір Анпіну, місце малої Нукви, Рахель, де розкривається суворий суд, яка є властивістю «нижні води», ми можемо тоді розкрити властивість довершеної любові з двох сторін, і таким чином доповнюються ці мохін у всій бажаній досконалості, і збільшилися ці мохін ще більше, ніж у стані «вищі води», тобто у властивості «любові тільки з боку милосердя (хесед)».

Тому «те, що було досі сушею» від хазе і вище Зеір Анпіну, у вищій єдності, «стало тепер» при опусканні у властивість від хазе й нижче, «нижньою єдністю» в місці суворого суду, «властивістю земля» та місцем поселення, «щоби продукувати плоди і породження, та садити дерева як личить». Оскільки любов стала єдиною з двох сторін, відтепер і далі сказано: «Нехай зростить земля зелень»[652], бо вона виправилася, «щоби продукувати плоди і породження як личить». І тому називається «нижньою єдністю», оскільки вона – єдність саме в нижніх водах. І це – друге «і ось – добре»[653] третього дня, вимовлене в реченні «Нехай зростить земля зелень»[652] в дії утворення створіння. Бо тепер Нуква отримує всі мохін ВАК, що містяться у вищій єдності, оскільки сповнитися вони могли лише на місці нижньої Нукви. А нижній, який доповнює вищого, отримує всю ту міру, яку він сповнив в ньому. І ці ВАК (шість закінчень) побічно вказані в шести словах відозви «благословенне ім'я величі царства Його вовіки».

8) Четверта заповідь – «знати, що Творець (АВАЯ) – Він Всесильний (Елокім)»[654], тобто включити ім'я Елокім, Нукву Зеір Анпіну, в ім'я АВАЯ, Зеір Анпін, – пізнати, що вони – одне ціле,

---
652 Тора, Берешит, 1:11.
653 Тора, Берешит, 1:12.
654 Тора, Дварім, 4:35.

і немає в них поділу. Вона відповідає реченню «Нехай будуть світила на зводі небесному»[655], що сказане в четвертий день початку творіння, тому що Нуква Зеір Анпіну і Зеір Анпін з'єдналися тут в єдине ім'я «світила», і це вказує на те, що немає між ними розділення, і обидва вони є рівними у достойностях.

Після того, як були притягнуті ВАК до Нукви нижньою єдністю відозви «благословенне ім'я величі царства Його вовіки» в третій день початку творіння внаслідок речення: «Нехай зростить земля зелень»[652], необхідно тепер притягти до неї ҐАР, щоб вона була «панім бе-панім (лицем до лиця)» із Зеір Анпіним на рівному ступені, без відмінності між ними в достойностях, так само, як і слово «світила» вказує на них обох разом. І це означає, що «Творець (АВАЯ) – Він Всесильний (Елокім)»[652].

Суть цієї єдності вже з'ясувалася в третій заповіді, в якій були притягнуті тільки ВАК, оскільки в Аба ве-Іму піднялися лише сфірот «від хазе й вище» Зеір Анпіна разом з Леєю, тобто тільки шість келім ХАБАД ХАҐАТ Зеір Анпіну. Бо через суворий суд, що діє у сфірот від хазе Зеір Анпіну і нижче, вони не могли піднятися в Аба ве-Іму, які є чистими, без усякого суду. І оскільки в Зеір Анпіні було тільки шість келім, він отримав лише шість світел ХАҐАТ НЕҐІ, а три світла ХАБАД залишилися зовні, оскільки не було у нього келім для їх отримання.

Порядок входження світел такий, що нижні входять спочатку. І тому три верхніх сфіри залишилися зовні. І оскільки Зеір Анпін був ВАК без ҐАР, Нуква теж не отримала більше, ніж він.

Однак зараз, після того, як вже встановилося єдність в Рахелі, котра розташована нижче від хазе Зеір Анпіну, – «те, що було сушею, стало землею, яка продукує плоди і породження», саме в силу суворого суду, що діє від хазе Зеір Анпіну й нижче, який доповнив любов з двох сторін. І ось, розкрилося, що цей суворий суд, наявний у Рахелі, є більшою достойністю, ніж велика чистота від хазе Зеір Анпіну й вище. Бо в місці від хазе і вище Зеір Анпіну мохін не можуть бути прийняті у вищу Нукву через

---

655 Тора, Берешит, 1:14.

властивість «суша». А тепер, завдяки суворому суду, стала суша землею, котра продукує плоди.

І тому суворий суд перетворився на досконале світло. Але називається воно «чорним світлом» – світлом, яке існує тільки завдяки силі «чорноти», тобто суворого суду. Таким чином, виявляється, що немає зараз ніякої відмінності між властивістю «від хазе і вище» Зеір Анпіну та «від хазе й нижче», бо вся відмінність була тільки через суворий суд, який розкрився в Рахелі, а тепер обернувся суворий суд на досконале світло.

І тому тепер в Аба ве-Іму може піднятися весь парцуф Зеір Анпін і Нуква, – також і келім НЕГІ, що розташовані нижче від хазе Зеір Анпіну та звані «чорне світло». І чорне світло в білому світлі є одним цілим без відмінності між ними. І більш того, чорний колір надав мохін силу більшу, ніж коли вони були білим світлом, що знаходяться вище від хазе. І оскільки в Аба ве-Іму піднялися всі десять келім парцуфа ЗОН, він може отримати тепер всі десять сфірот світел, – тобто також світла ХАБАД, яких бракувало йому та які називаються світлом «панім (лицьовою стороною)». І також Нуква Рахель, яка викликала все це в Зеір Анпіні, отримує від Зеір Анпіна ці мохін де-панім, і стають Зеір Анпін та Нуква «панім бе-панім (досл. лицем до лиця)», на рівному ступені. Як сказано: «Нехай будуть світила»[655]. І з'ясувався порядок встановлення єдності ҐАР де-ЗОН у четвертий день початку творіння.

І не слід запитувати: «Адже в четвертий день було зменшення місяця, – як же мовиться тут, що це єдність панім бе-панім з Зеір Анпіним?». Бо створення світів і заповіді є окремими поняттями, і не можна їх порівнювати одне з одним.

9) І тут не повинно виникати питань: «Чому розділилися мохін ЗОН на два дні: третій день – ВАК де-мохін, і четвертий день – ҐАР де-мохін? І чому обидва вони не були в один день?». Оскільки спочатку могли піднятися в Аба ве-Іму лише властивості Зеір Анпіну від хазе й вище, бо сфірот «від хазе і нижче» були властивістю «суворий суд». І завдяки притяганню мохін де-ВАК у

властивість «від хазе і вище», були притягнуті мохін де-ВАК також у властивість «від хазе й нижче» у вигляді нижньої єдності. І обернувся суворий суд чорним світлом у третій день.

А після того, як це завершилося, була можливість у четвертий день підняти також властивості Зеір Анпіну від хазе і вище, бо після того, як обернувся суворий суд чорним світлом, змогли також і келім від хазе й нижче піднятися, бо чорне світло і біле світло стали одним цілим, без будь-якої різниці. І оскільки піднялися також келім НЕГІ, що розташовані від хазе й нижче, ҐАР теж були притягнуті до них. Таким чином, неможливо було притягнути їх одночасно. Адже, перш ніж перетворився суворий суд, ставши світлом, не могли піднятися в Аба ве-Іму властивості нижче від хазе Зеір Анпіну разом з Рахель, а лише властивості вище від хазе Зеір Анпіну разом з Леєю, які отримують тільки ВАК. І після довершення ВАК необхідно вдруге підняти також і властивості Зеір Анпіну від хазе й нижче разом з Рахель. І тоді вони отримують ҐАР.

І також є відмінності між мохін де-ВАК і мохін де-ҐАР щодо підйому ЗОН в Аба ве-Іму, тому що ЗОН не можуть піднятися самі до мохін де-ВАК, але ІШСУТ піднімає їх до себе. Однак до мохін де-ҐАР ЗОН піднімаються самі і не потребують того, щоб ІШСУТ піднімали їх. Бо вищий і нижній відмінні у своїх достоїнствах, і коли нижній не настільки чистий, як вищий, він і вважається нижнім. Тому важко визначити, як нижній може піднятися до вищого, – хто може усунути відмінність між ними настільки, що нижній зрівняється з вищим та підніметься до нього. Адже необхідною умовою є, щоби нижній, який піднімається до вищого, був рівним з ним.

І це з'ясовується в питанні взаємодії властивості суду з властивістю милосердя. Коли Малхут піднялася в місце Біни, то розділилися всі ступені на дві частини: ґальґальта-ейнаїм та АХАП (озен-хотем-пе), або МІ та ЕЛЄ. Десять сфірот називаються «ґальґальта-ейнаїм-озен-хотем-пе», і це КАХАБ (Кетер-Хохма-Біна) ЗОН (Зеір Анпін і Нуква). І це – п'ять букв імені Елокім. І оскільки Малхут піднялася в місце Біни, нижня «гей ה» імені

АВАЯ (הויה) встановлюється в місці зівуґу в ніквей ейнаїм. І ця точка, нижня «гей», Малхут, піднімається, щоб стати «думкою», Біною, бо вона піднялася в її місце, і був здійснений зівуґ де-рош в ніквей ейнаїм, – там, де закінчується рош. А три сфіри АХАП (озен-хотем-пе) впали з рош на ступінь під ним, і вважається, що в рош залишилися лише двоє келім, ґальґальта-ейнаїм, звані МІ, зі світлами нефеш-руах, а три келім АХАП, звані ЕЛЄ, вийшли, впавши на ступінь під ним.

Основною відмінністю парцуфа ІШСУТ є те, що є в ньому лише ВАК світел в ґальґальта-ейнаїм келім, і тому він називається МІ. А АХАП цього ступеню, три букви ЕЛЄ, впали на ступінь під ним, в ЗОН. І також у ступеня ЗОН є лише ґальґальта-ейнаїм зі світлами ВАК, і АХАП (озен-хотем-пе) його впали на ступінь під ними, тобто в три світи БЄА.

І якщо ми хочемо притягнути мохін ґадлуту до ЗОН, коли вони є повним парцуфом в десять сфірот, які самі діляться на ҐАР і ВАК де-ҐАР, тобто на ВАК де-ґадлут і ҐАР де-ґадлут, то для цього потрібні два ібури – два підйоми МАН. Адже спочатку піднімаються МАН у ЗОН до самої вершини ступенів та сходять мохін від АБ САГ де-АК в ІШСУТ. Завдяки цим мохін знову виходить точка з думки і приходить на своє місце в Малхут. Тобто нижня «гей» опускається з ніквей ейнаїм в пе та відбувається зівуґ її в пе, як і до суміщення (властивості суду з властивістю милосердя), і завдяки цьому знову піднімаються до неї три келім АХАП, ЕЛЄ, з'єднуючись з її ступенем. І оскільки доповнилися в неї п'ять букв Елокім, п'ять келім в рош, вона осягає ҐАР світел, і сповнюються ІШСУТ десятьма сфірот світел та десятьма сфірот келім.

Однак, коли ІШСУТ піднімають до себе три букви ЕЛЄ для доповнення їхнього, піднімаються разом з ними також і ЗОН. Оскільки вищий, котрий опускається на місце нижнього, стає як він. І оскільки три букви ЕЛЄ раніше впали до ЗОН, вони стали, таким чином, немов одним ступенем із ЗОН. Тому тепер, в той час, як ІШСУТ знову піднімають три букви ЕЛЄ до себе, піднімаються разом з ними також і ЗОН в ІШСУТ, бо вони зліті один з одним на одному ступені. І оскільки ЗОН піднялися разом з ЕЛЄ в ІШСУТ, вони отримують там мохін де-ІШСУТ.

Таким чином, з'ясувалося, як парцуф ІШСУТ піднімає ЗОН в мохін де-ВАК разом зі своїми буквами ЕЛЄ. І без цього ЗОН не змогли б піднятися самі: адже кожен, хто нижче іншого, обов'язково повинен бути грубішим за нього. Як же він зможе піднятися до нього?

І завдяки цьому підйому встановилася єдність відозви «Шма» в третій день внаслідок речення: «Хай зберуться води в єдине місце»[650], і також – нижня єдність у відозві «благословенне ім'я величі царства Його вовіки». Оскільки, завдяки мохін, які отримали ІШСУТ, вони притягли до себе три свої букви ЕЛЄ, разом з якими піднялися ЗОН, отримавши там своє поєднання з ІШСУТ мохін де-ВАК, бо у них є всього лише шість келім. Таким чином, уся ця єдність є, в основному, властивістю ІШСУТ, тому що вони отримують ці мохін і вони піднімають до себе ЗОН.

Однак після того, як ЗОН досягли мохін де-ВАК і прийшли на своє місце та, завдяки нижній єдності, притягли мохін де-ВАК також і до своєї Нукви від хазе й нижче, коли суворий суд її перетворився на світло, ЗОН вже самі можуть піднятися в МАН для досягнення мохін де-ҐАР, і не потребують букв ЕЛЄ парцуфа ІШСУТ для свого підйому. І це відбувається тому, що вони зрівнялися один з іншим. І тепер усунулася вся відмінність між ІШСУТ і ЗОН. Адже відмінність ЗОН від ІШСУТ у більшій грубості та великих судах тепер повністю зникла, і навіть суворий суд стає світлом, званим "чорне світло", і це світло ЗОН таке ж важливе, як "біле світло" ІШСУТ.

І тому піднімаються ЗОН в ІШСУТ, оскільки тепер вони – одне неподільне ціле. І отримують там ҐАР де-мохін стану ґадлут. Таким чином, для отримання ҐАР ЗОН можуть піднятися самі, без допомоги ІШСУТ. Тому єдність ҐАР вважається окремим днем, оскільки в ньому існує велика відмінність від єдності ВАК: як з боку келім де-ЗОН, бо до мохін де-ВАК піднімається лише половина парцуфу від хазе й вище, так і з боку підйому, – адже до мохін де-ВАК ЗОН не можуть піднятися самостійно. І ці два види підйому називаються: перший «ібур» – підйом до ВАК, другий «ібур» – підйом до ҐАР. І вони є на всіх ступенях, тобто неможливо продовжити жодного ступеню інакше, як за два рази. І пам'ятай про це, тому що це ключовий момент.

10) П'ята заповідь включає три заповіді:

1. займатися Торою;

2. плодитися і розмножуватися;

3. вчинити обрізання на восьмий день.

Вона відноситься до речення п'ятого дня початку творіння: «Нехай закишать води кишінням істоти живої, і нехай птах літає над землею»[656]. За допомогою чотирьох заповідей, про які говорилося досі, завершується виправлення Ацилуту аж до мохін ҐАР де-ЗОН панім бе-панім. А за допомогою першої заповіді, страху величі, «бо Він великий і править усім», було здійснене виправлення вищих Аба ве-Іми першим реченням в Торі: «Спочатку створив»[645].

Покарання, пов'язані з другим уривком «і земля була сум'яттям»[657] пояснюються тим, що за допомогою другої заповіді, – любові зі сторони милосердя (хесед), – було здійснене виправлення парцуфа ІШСУТ світу Ацилут реченням першого дня початку творіння: «Нехай буде світло»[647]. І це – світло, яке було створене в шість днів початку творіння, завдяки якому Адам бачив від краю світу і до краю його. А за допомогою третьої заповіді – відозви «Шма» і відозви «благословенне ім'я величі царства Його вовіки», встановленням вищої єдності «Шма» були притягнуті мохін де-ВАК до Зеір Анпіну і Леї завдяки їхньому підйому в ІШСУТ. І це – шість слів відозви «Шма Ісраель». І сюди ми також включили укриття світла, як сказано: «І стало світло»[647] – для майбутнього світу ІШСУТ, а не для цього світу ІШСУТ, оскільки воно було утаєне від властивості

---

656 Тора, Берешит, 1:20.
657 Тора, Берешит, 1:2.

«від хазе і нижче» ІШСУТ, та утворилася там суша. І це притягання відбувається за допомогою великої літери «далет ד» в слові «ехад (אחד один)». І воно приймається Леєю, бо таке правило, що будь-які недоліки або перешкоди знаходяться не у властивості захар, а у властивості нуква цього парцуфа.

А за допомогою нижньої єдності відозви «благословенне ім'я величі царства Його вовіки» отримує підсолодження суворий суд, властивість «від хазе й нижче» Зеір Анпіну, який виходить від речення другого дня початку творіння: «Нехай буде небозвід посеред вод»[648], котрим створене пекло, тобто суворий суд, місце якого – від хазе Зеір Анпіну й нижче. Однак – це в Нукві, Рахелі, а не в захарі, Зеір Анпіні. І це підсолодження здійснюється за допомогою доповнення заповіді любові, яка встановлюється з обох сторін, – навіть якщо Він забирає душу твою. Тому ми повинні бути готові пожертвувати собою під час виголошення «далет ד» слова «ехад (אחד один)» ще до нижньої єдності, аби доповнити властивість любові з двох сторін за допомогою притягання мохін в місце Рахелі, і тоді притягуються нижні ВАК цих мохін до Рахелі шістьма словами відозви: «благословенне ім'я величі царства Його вовіки», і суворий суд перетворюється, стаючи світлом, званим «чорне світло».

Вища єдність – це речення: «Нехай зберуться води в єдине місце, і з'явиться суша»[650], тобто перше «і ось – добре»[651], яке промовлене в третій день початку творіння.

Нижня єдність – це речення: «Нехай зростить земля зелень»[652], тобто друге «і ось – добре»[653], котре вимовлене в третій день початку творіння.

А за допомогою четвертої заповіді – «знати, що "Творець (АВАЯ) – Він Всесильний (Елокім)"»[654], – повністю урівняти Нукву, Рахель, із Зеір Анпіним, без будь-якої різниці у чомусь, шляхом доповнення любові з двох сторін такою довершеністю, що суворий суд перетвориться, ставши світлом. І тоді «чорне світло» в «білому світлі» є нерозрізненим, бо відносно доповнення любові з двох сторін «чорне світло» стає навіть більш важливим. За допомогою всього цього, Рахель і Зеір Анпін по-справжньому об'єднуються в одне ціле, і тепер вони можуть обидва піднятися в ІШСУТ власними силами.

І завдяки цьому ЗОН повністю зрівнялися з ІШСУТ, – адже те, що ЗОН є грубішими за них, є не недоліком, а достойністю та перевагою над ними. Тому ЗОН отримують від ІШСУТ також мохін де-Ґ́АР, і тоді стають ЗОН на рівному ступені у повній єдності панім бе-панім. І це речення четвертого дня початку творіння: «Нехай будуть світила на зводі небесному»[655], коли Нуква Рахель та Зеір Анпін включені обидва в рівній мірі до одного імені «світила», що і означає, «що "Творець (АВАЯ) – Він Всесильний (Елокім)"»[654].

Таким чином, тепер, завдяки цим чотирьом заповідям вже довершилися всі виправлення Ацилуту до стану ЗОН панім бе-панім на рівному ступені. І тепер необхідно знову зробити зівуґ ЗОН за допомогою підйому МАН та добрих діянь, щоб нам притягнути мохін від них. І це три види мохін: НАРАН де-катнут, НАРАН першого ґадлуту і НАРАН другого ґадлуту. І вони сходять до нас завдяки іншим заповідям.

НАРАН катнуту встановився в п'ятий день початку творіння реченням: «Нехай закишать води кишінням істоти живої»[656]. Сповнення цього катнуту відбувається на шостий день. І також ВАК і Ґ́АР першого ґадлуту та ВАК другого ґадлуту встановлюються в шостий день початку творіння. А Ґ́АР другого ґадлуту – в день суботи.

11) І це три заповіді, що включені в п'яту заповідь:

1. займатися Торою, працюючи над нею кожен день, і завдяки цьому він набуває від ЗОН «нефеш» святості;

2. плодитися та розмножуватися, і за допомогою цього він набуває від зівуґу ЗОН «руах» святості;

3. здійснювати обрізання на восьмий день, усуваючи звідти крайню плоть, і завдяки цьому він набуває від зівуґу ЗОН властивість «нешама».

І всі ці НАРАН (нефеш-руах-нешама) – це тільки НАРАН катнуту. І це – речення п'ятого дня початку творіння: «Нехай закишать води кишінням істоти живої, і нехай птах літає над землею по зводу небесному»[656]. «Істота жива» – це нефеш, «і нехай птах літає» – руах, «по зводу небесному» – нешама.

І тут навіть не повинне виникнути запитання: чому, коли йдеться про ЗОН, – ані слова про притягання НАРАН катнуту, а коли йдеться про мохін, що відносяться до нас, необхідно притягнути НАРАН катнуту? Адже у ЗОН ніколи нема нестачі в катнуті, оскільки так це встановлене зі сторони самого Творця. І тому притягання починається з ВАК ґадлуту за допомогою відозви «Шма». Однак нам необхідно виправити все самостійно, адже в людині, що народилася, є лише нефеш (оживляюча сила) зі сторони «чистої тварини», і немає в неї навіть «нефеш» святості зі сторони «офанім».

І тому нам завжди необхідно починати з «нефеш» катнуту.

Отже, з'ясувалися три заповіді, що містяться в п'ятій заповіді:

– п'ята – займатися Торою для виправлення «нефеш» катнуту;

– шоста – плодитися і розмножуватися для виправлення «руах» катнуту;

– сьома – вчинити обрізання та усунути від себе крайню плоть для виправлення «нешама» катнуту.

І всі вони відносяться до п'ятого дня.

12) Восьма заповідь – «любити прибульця, що збирається зробити обрізання та увійти під покров крил Шхіни, для того, щоби притягнути звідти нефеш прибульця від святої Шхіни».

За допомогою цього ми притягуємо до себе «нешама» від стовбура (ґуф) Древа життя, і це є закінченням та завершенням нашого катнуту. І це – речення шостого дня початку творіння: «Нехай виведе земля з себе істоту живу по виду її»[658]. Кожному – належне йому.

13) Дев'ята заповідь – «милосердно ставитися до бідного та давати йому їжу за бажанням серця». За допомогою цього ми викликаємо нагорі поєднання властивості суду з властивістю милосердя. Бо при взаємодії Біни з Малхут нижня «гей» встановлюється в ніквей ейнаїм, і Біна, внаслідок цього, повертається до властивості МІ, тобто до ґальґальта-ейнаїм зі світлами нефеш-руах, а її букви ЕЛЄ опускаються в ЗОН. І також ЗОН повертаються до ґальґальта-ейнаїм зі світлами нефеш-руах, і їхні букви ЕЛЄ опускаються в БЄА, – в НАРАН, які відносяться до нас та розташовані в БЄА. І ми отримуємо від ЗОН світла ВАК ґадлуту. Це здійснюється реченням «створимо людину»[659] в шостий день початку творіння. Бо Біна сказала: «Створимо (наасе)» і поєдналася з дією (асія), тобто Малхут, щоби породити ВАК для Адама.

14) Десята заповідь – «накладання тфілін та сповнення себе у вищому образі». За допомогою цього ми викликаємо повернення величі нагорі, коли нижня «гей» знову опускається з ніквей ейнаїм в пе, і букви ЕЛЄ знову повертаються на свій ступінь. А коли ЗОН піднімають свої букви ЕЛЄ зі світів БЄА на їхній ступінь в світі Ацилут, наші НАРАН теж піднімаються разом з ними, і тоді ми отримуємо від ЗОН властивості ҐАР першого ґадлуту, що визначаються як «мохін де-нешама», котрі відносяться до першого ґадлуту.

І це – сказане в шостий день початку творіння: «І створив Всесильний (Елоким) людину за образом (ЦЕЛЕМ) Його»[660]. Бо ці мохін ҐАР ґадлуту притягуються за допомогою ЦЕЛЕМ парцуфа ІШСУТ, званого Елоким, і це ХАБАД:

---

658 Тора, Берешит, 1:24.
659 Тора, Берешит, 1:26.
660 Тора, Берешит, 1:27.

– «Мем» де-ЦЕЛЕМ – це Хохма, вищі Аба ве-Іма;

– «Ламед» де-ЦЕЛЕМ – Біна, ІШСУТ;

– «Цаді» де-ЦЕЛЕМ – Даат, ЗОН.

І це – чотири уривки, наявні у тфілін:

1. «Присвяти», – «мем» де-ЦЕЛЕМ;

2. «І буде, коли приведе Він тебе»[661], – «ламед» де-ЦЕЛЕМ;

3. «Шма», – властивість Хесед в «цаді» де-ЦЕЛЕМ;

4. «І буде, якщо послухаєтеся»[662], – властивість Ґвура в «цаді» де-ЦЕЛЕМ.

І це чотири мохін Зеір Анпіну, що містяться в чотирьох уривках головних тфілін.

Чотири уривки ручних тфілін – це чотири мохін, одержувані Нуквою Зеір Анпіну, Рахель. І тому слово ЦЕЛЕМ двічі наводиться в уривку: «І створив Всесильний (Елокім) людину за образом (ЦЕЛЕМ) Його, за образом (ЦЕЛЕМ) Всесильного створив Він їх»[660]. «За образом (ЦЕЛЕМ) Його» – вказує на головні тфілін, тобто ЦЕЛЕМ Зеір Анпіну. А «за образом (ЦЕЛЕМ) Всесильного» – вказує на ручні тфілін, тобто ЦЕЛЕМ Нукви. Таким чином у людини довершуються НАРАН першого ґадлуту: нефеш-руах першого ґадлуту – через заповідь «милосердно ставитися до бідного», а ҐАР, тобто нешама-хая-єхіда першого ґадлуту, – через заповідь накладання тфілін.

15) Одинадцята заповідь – «відокремлювати десятину від плодів землі»[663]. За допомогою цієї заповіді удостоюються отримати нефеш від світла хая, від вищих Аба ве-Іми. Адже після

---

661 Тора, Дварім, 6:10.
662 Тора, Дварім, 28:1.
663 Тора, Ваікра, 27:30.

того, як людина доповнилася НАРАНХАЙ першого ґадлуту за допомогою «тфілін», вона повинна перейти до осягнення другого ґадлуту, тобто світла хая. І він ділиться на чотири стадії: нефеш, руах, нешама, хая. Для того, щоб досягти їх, надані наступні чотири заповіді.

За допомогою заповіді «відділення десятини землі»[663] удостоюються світла нефеш, тому що «земля» означає властивість «нефеш». Як сказано в реченні: «Ось даю Я вам усяку ярину сім'яносну, яка на всій землі»[664], що промовлене в шостий день початку творіння. Сказано тут: «Ось даю Я вам», і сказано: «А синам Леві, ось даю Я всю десятину в Ісраелі»[665]. І так само, як в першому уривку йдеться про десятину, так само і тут йдеться про десятину землі.

«Яка на всій землі», – тому що той, хто удостоюється «нефеш світла хая», панує «на всій землі», бо всі кліпот схиляються перед ним. І про цю «нефеш» сказано: «Принесіть всю десятину до скарбниці Храму, і буде вона поживою в Храмі Моєму, і тим Мене випробуйте в цьому: чи не відкрию вам вікна небесні та чи не виллю на вас благословення понад міру?»[666]. Властивість нефеш називається «десятиною» по імені Малхут, котра зветься «десята». Однак «нефеш світла хая» – означає всю десятину, тобто закінчену досконалість властивості «десятина».

16) Дванадцята заповідь – «приношення перших плодів дерева». За допомогою цієї заповіді удостоюються отримати світло «руах» від властивості світла «хая», що виходить від Аба ве-Іми. «Перші плоди» – від слова «первісток». Аба ве-Іма означають «першість», «початок», як уже з'ясувалося у статті про першу заповідь. І оскільки це відноситься до дерева, тобто «перші плоди дерева», тому вони є властивістю «руах». «Дерево» відноситься до рослинного рівня, званого «руах», тому що рівні неживий-рослинний-тваринний-мовець відповідають світлам НАРАНХАЙ: неживий – світлу нефеш, рослинний – руах,

---

[664] Тора, Берешит, 1:29.
[665] Тора, Бемідбар, 18:21.
[666] Пророки, Малахі, 3:10.

тваринний – нешама, мовець – хая-єхіда. Як сказано: "І кожне дерево, що дає плоди сім'яносні"⁶⁶⁴. Сказано: «Від плодів дерева», і сказано: «Всяка десятина землі... від плодів дерева – належить Творцеві»⁶⁶⁵. Так само, як там перші плоди від всіх плодових дерев, – так само і тут йдеться про перші плоди. І слова: «Належить Творцю» пояснюються сказаним: «Все, що призначене Мені, вам заборонено їсти».

17) Тринадцята заповідь – «зробити викуп сина», зміцнюючи його зв'язок із життям та послаблюючи ангела смерті, про якого сказано: «"Дуже" – це ангел смерті». Завдяки цьому він удостоюється «нешама світла хая». Згідно з порядком, він повинен був удостоїтися через цю заповідь рівня «хая світла хая», оскільки рівень «мовець» – це світ «хая». І після того, як удостоївся за допомогою плодів землі та плодів дерева нефеш-руах, які відносяться до неживого та рослинного рівнів, він повинен був за допомогою первістка тварини удостоїтися властивості «нешама світла хая», бо він відноситься до тваринного рівня. А за допомогою первістка людини, – властивості «хая де-хая», оскільки він відноситься до рівня «мовець».

Однак «викуп первістка» ще не вгамовує остаточно ангела смерті, а лише послаблює його. Адже внаслідок дарування Тори він (первісток) став повністю вільним від ангела смерті. А потім, після прогріху «золотого тільця», ця робота була забрана у первістків Ісраеля та передана коенам. Бо нечистота змія через гріх «Древа пізнання», що призвів до появи ангела смерті в світі, знову прокинулася в Ісраелі після прогріху «золотого тільця».

І для виправлення первістків Ісраеля дана заповідь «викупу первістка» за п'ять села⁶⁶⁷, котра відповідає виправленню десяти сфірот, що представляють собою п'ять властивостей КАХАБ ЗОН. Оскільки первісток досягає сфірот Кетер-Хохма, тобто вищих Аба ве-Іми, званих «початок». І за допомогою цього виправлення «п'ять села» ми знову пов'язуємо первістків з вищим життям і послаблюємо ангела смерті, щоб він не міг панувати над ними. Однак не усуваємо його остаточно, – до

---

667 Села – монета, яка була в обігу за часів другого Храму.

тієї міри, як він (первісток) був вільним від ангела смерті до прогріху «золотого тільця»; і тому заповідь «викупу первістка» є недостатньою для того, щоб притягнути властивість «хая світла хая». Адже виправлення його і весь порядок його – для усунення ангела смерті, як це було під час дарування Тори перед гріхом «золотого тільця». А це – тільки ступінь, котрий є нижчим за неї, тобто ступень нешама, світло нешама від вищих Аба ве-Іми, і не більше.

Сказано в шостий день початку творіння: «І побачив Творець все, що Він створив, і ось – добре дуже»⁶⁶⁸. «Добре» – це ангел життя, «дуже» – ангел смерті. І в той час ангел смерті отримав підсолодження і був ще більш важливим, ніж ангел життя. Однак тепер, в період шести тисяч років, він не досягає цього великого підсолодження, і це сказано лише по відношенню до остаточного виправлення. Тоді як за допомогою викупу первістка, що призводить до ослаблення його, але не більше, він удостоюється за допомогою цього викупу тільки властивості нешама де-хая, ВАК де-хая.

18) Чотирнадцята заповідь – «зберігати день суботній» та «зміцнювати зв'язок суботнього дня зі святістю його». За допомогою цих двох заповідей удостоюються хая де-хая в день суботній. Як сказано: «Благословить Творець день суботній та освятить його»⁶⁶⁹. Внаслідок оберігання суботи, щоб не порушити її, удостоюються благословення, а внаслідок освячення суботи суботніми насолодами удостоюються святості. И світло хая є святістю, тому що вищі Аба ве-Іма звуться «святість». А під час «мінхи (передвечірньої молитви)» суботи притягується ВАК світла єхіда. Однак ҐАР де-єхіда неможливо притягнути протягом шести тисяч років, але тільки по завершенні виправлення.

---

668 Тора, Берешит, 1:31.
669 Тора, Берешит, 2:3.

З'ясування розподілу чотирнадцяти заповідей в десяти реченнях

Після того, як з'ясувалися чотирнадцять заповідей і як вони співвідносяться з сімома днями початку творіння, з'ясуємо порядок їх розподілу в десяти реченнях, якими був створений світ.

Перше речення: «Спочатку створив Творець»[645]. «Спочатку», – це як перше речення, так і перша заповідь «страху», основаного на тому, що Він великий і править усім. І це – ступінь Аба ве-Іми світу Ацилут, які позначаються буквою «йуд י» імені АВАЯ (היה), де Аба – це «йуд י», а Іма – це наповнення «вав-далет וד» слова «йуд יוד». І вони – властивість «чисте повітря (авіра дахья)», ҐАР Біни.

Друге речення: «І сказав Творець: "Нехай буде світло"»[647], – це друга заповідь, «велика любов» зі сторони милосердя (хесед), ҐАР парцуфа ІШСУТ світу Ацилут, і це – світло, яке створене в перший день шести днів початку творіння, завдяки якому Адам бачив від краю світу і до краю його. І це перша «гей ה» імені АВАЯ (היה).

Третє речення: «І сказав Творець: "Нехай буде небозвід"»[648], – це укриття світла та суворий суд, що проявився внаслідок цього. І це – доповнення другої заповіді, щоби любов стала довершеною з обох сторін, – навіть якщо Він забирає душу твою. І це властивість Нукви, яка розташована «від хазе й нижче» Зеір Анпіну.

Четверте речення: «І сказав Творець: "Нехай стечуть води"»[650], – це третя заповідь, «знати, що є великий Творець, який править усім світом, та встановлювати кожен день належним чином єдність Його», тобто єдність відозви «Шма Ісраель», яка зветься вищою єдністю, і це – притягання ВАК трьох речень, які передують Зеір Анпіну та звуться ВАК ґадлуту. І це «вав ו» імені АВАЯ (היה).

П'яте речення: «І сказав Творець: "Нехай зростить земля"»[652], – це завершення третьої заповіді. І після того, як поєдналася там суша з вищою єдністю, необхідно з'єднати її з ВАК внизу, в нижній єдності «благословенне ім'я величі царства Його вовіки». І це – притягання ВАК трьох перших речень до Нукви Зеір Анпіну, завдяки чому перетворюється суворий суд в ній, стаючи повністю світлом, званим «чорне світло», і це ВАК мохін де-ґадлут Нукви Зеір Анпіну, яка позначається нижньою «гей ה» імені АВАЯ (היה).

Шосте речення: «І сказав Творець: "Нехай будуть світила"»[655]. Це четверта заповідь, «знати, що "Творець (АВАЯ) – Він Всесильний (Елокім)"»[654], тобто пізнати, що вони – одне ціле, і немає в них розділення, – «чорне світло в білому світлі», – немає в них поділу, і все це – єдине ціле. І це – притягання мохін де-ҐАР трьох перших речень до Зеір Анпіна і Нукви. І тоді вони поєднуються, як одне ціле, на рівному ступені панім бе-панім.

Сьоме речення: «І сказав Творець: "Нехай закишать води"»[656]. У ньому є три заповіді: п'ята – «займатися Торою», шоста – «плодитися та розмножуватися» і сьома – «робити обрізання на восьмий день». Внаслідок їх виконання сходить НАРАН катнуту від ЗОН до душ праведників: за допомогою занять Торою притягується нефеш святості, виконанням заповіді «плодитися і розмножуватися» притягується руах святості, а усуненням крайньої плоті притягується нешама святості.

Восьме речення: «І сказав Творець: "Нехай виведе земля з себе"»[658]. Це восьма заповідь, «любити прибульця». За допомогою цієї заповіді притягується нефеш прибульця та здійснюється доповнення мохін НАРАН катнуту, що виходять до душ праведників.

Дев'яте речення: «І сказав Творець: "Створімо людину"»[659]. У ньому є дві заповіді: дев'ята заповідь – «милосердно ставитися до бідного». За допомогою того, що ми ставимося милосердно до бідного і даємо йому поживу, ми викликаємо нагорі поєднання властивості суду з властивістю милосердя завдяки підйому Малхут у Біну, і тоді сходять ВАК де-мохін першого ґадлуту до душ праведників. І десята заповідь – «накладення тфілін», внаслідок чого сходять ҐАР де-мохін першого ґадлуту, звані ЦЕЛЕМ, до душ праведників.

Десяте речення: «І сказав Творець: "Ось даю Я вам"»[664]. У ньому міститься три заповіді: одинадцята – «відокремлювати десятину землі», дванадцята – «приносити перші плоди дерев» і тринадцята – «здійснювати викуп сина». Після їхнього завершення сходять НАРАН другого ґадлуту до душ праведників.

А в сказаному «і завершив Творець на сьомий день роботу Свою»[670] містяться дві заповіді: зберігати день суботній – «бережи», та зміцнювати зв'язок суботнього дня зі святістю його – «пам'ятай». Ці дві заповіді є однією – «пам'ятай та бережи сказані в одному реченні»[671]. І завдяки цим двом заповідям сходить світло хая другого ґадлуту до душ праведників. І завдяки цьому довершується граничний рівень мохін, який отримують душі праведників від ЗОН Ацилуту протягом усіх шести тисяч років. Однак є також мохін ВАК де-єхіда, які сходять у мінху (передвечірню молитву) суботи. І тоді піднімається Зеір Анпін в дікну Аріх Анпіну. Але оскільки Нуква Зеір Анпіну не піднімається разом з ним, вони тут не враховуються.

Отже, ми бачимо, що основне розповсюдження мохін відбувається внаслідок трьох перших речень: «Спочатку створив Творець»[645], «І сказав Творець: "Нехай буде світло"»[647], «І сказав Творець: "Нехай буде небозвід"»[648], які представляють собою ХАБАД. Речення: «Спочатку створив Творець»[645] вказує на Аба ве-Іму, які звуться Хохма. Речення: «І сказав Творець: "Нехай буде світло"»[647] вказує на ІШСУТ, Біну. Речення: «І сказав Творець: "Нехай буде небозвід"»[648] вказує на Даат, бо там утворився суворий суд, наявний в Рахель, котрий використовується в п'яти ґурот сфіри Даат як точка «хірік».

---

670 Тора, Берешит, 2:2.
671 Вавілонський Талмуд, трактат Шавуот, арк. 20:2.

І на цьому завершується розповсюдження мохін. Бо три речення: «Нехай стечуть води»[650], «Нехай зростить земля»[652], «Нехай будуть світила»[655] – це сходження ВАК і ҐАР першого ґадлуту та сходження другого ґадлуту від трьох перших речень до ЗОН.

Сьоме речення – це сходження НАРАН катнуту від ЗОН до душ праведників.

Восьме речення – це завершення мохін катнуту.

Дев'яте речення – це ВАК і ҐАР мохін першого ґадлуту, що сходять від ЗОН до душ праведників.

Десяте речення – це сходження НАРАН другого ґадлуту від ЗОН до душ праведників.

Внаслідок зберігання і освячення суботи сходять мохін де-хая від ЗОН до душ праведників.

І ці мохін вийшли в основному в трьох перших реченнях, в Аба ве-Імі та ІШСУТ, а решта речень простяглися від них до ЗОН Ацилуту і до душ праведників.

Таким чином, ми зрозуміємо сказане в Зогарі: «Десятьма реченнями створений світ». І якщо ми вдивимося, то виявимо лише три, якими був створений світ, і це – мудрістю (Хохма), розумінням (Твуна) та знанням (Даат). Основне сходження мохін, якими був створений світ, – це три перших речення, ХАБАД. У цих десяти реченнях тільки дев'ять разів наводиться: «І сказав». І тоді пояснюється, що «Спочатку» теж відноситься до речень. Але насправді «і сказав» наводиться десять разів з наступними словами: 1. «Нехай буде світло»[647]. 2. «Нехай буде небозвід»[648]. 3. «Нехай стечуть води»[650]. 4. «Нехай зростить земля»[652]. 5. «Нехай будуть світила»[655]. 6. «Нехай закишать води»[656]. 7. «Нехай виведе земля»[658]. 8. «Створімо людину»[659]. 9. «Плодіться та розмножуйтеся»[672]. 10. «Ось даю Я вам»[664].

---

672 Тора, Берешит, 8:17.

На перший погляд, можна витлумачити, що речення «плодіться та розмножуйтеся»⁶⁷² не вважається реченням, бо немає в ньому творення, а лише благословення людині. Тому Зоґар його не враховує тут. Однак в «Тікуней Зоґар» ми знаходимо, що там враховується речення «плодіться і розмножуйтеся»⁶⁷² та включається до числа десяти речень, але серед них не враховується речення «створімо людину»⁶⁵⁹, на відміну від Зоґару, який знаходиться перед нами. Справа в тому, що ці два речення, «створімо людину»⁶⁵⁹ та «плодіться і розмножуйтеся»⁶⁷², вважаються одним реченням, оскільки обидва вони говорять лише про створення людини. І тому немає різниці – враховувати речення «створімо людину»⁶⁵⁹ серед інших речень, або ж речення «плодіться та розмножуйтеся»⁶⁷².

І мовиться, що коли побажав Творець зміцнити мир, Він сповнив Авраама мудрістю (Хохма), Іцхака – розумінням (Твуна) та Яакова – знанням (Даат). Тому до Яакова відноситься сказане: «І знанням покої наповняться»⁶⁷³. І в цей час був сповнений весь світ.

Але всюди в Зоґарі мовиться, що Авраам – це Хесед, Іцхак – Ґвура, Яаков – Тіферет, а тут сказано, що створив їх у властивостях ХАБАД для того, щоб зміцнився світ? Як же створив їх Творець у властивостях ХАБАД? І навіщо потрібно було створювати Авраама, Іцхака та Яакова у властивостях ХАБАД для зміцнення миру?

Зеір Анпін називається «світ». Зміцнення Зеір Анпіну, зміцнення миру – це притягання мохін де-ҐАР до Зеір Анпіна. Основа десяти речень – це тільки три перших речення, ХАБАД парцуфа ІШСУТ. Коли побажав Творець зміцнити мир і притягнути мохін ҐАР до Зеір Анпіна, званого світ, Він створив Авраама, Іцхака та Яакова, – ХАҐАТ Зеір Анпіну у властивостях ХАБАД.

І створення ХАҐАТ у властивостях ХАБАД відбувається за допомогою притягання світла нешама, яке вдягається в них. Адже келім завжди називаються іменами світел, одягнених в

---

673 Писання, Притчі, 24:4.

них: келім світла нефеш називаються НЕГІ, келім світла руах називаються ХАГАТ, келім світла нешама називаються ХАБАД. Тому, коли Зеір Анпін був властивістю ВАК, яка позбавлена ГАР, лише з двома світлами нефеш-руах, і бракувало йому світла нешама, у нього було тільки шість келім ХАГАТ НЕГІ, – келім світла руах – це ХАГАТ, а келім світла нефеш – НЕГІ.

А тепер, коли зійшли до нього мохін де-ВАК ґадлуту та ГАР ґадлуту внаслідок трьох речень «Нехай стечуть води»[650], «Нехай зростить земля»[652], «Нехай будуть світила»[655], і зійшло завдяки цьому світло нешама в ХАГАТ Зеір Анпіну, звані Авраам, Іцхак та Яаков, то піднялися внаслідок цього ХАГАТ і стали ХАБАД: Авраам став Хохмою, Іцхак – Твуною, Яаков – властивістю Даат. Бо келім нешама називаються ХАБАД. А світло руах опустилося в келім де-НЕГІ, і стали НЕГІ келім ХАГАТ, оскільки тепер вони – місце для світла руах. І з'ясувалися для нього нові келім НЕГІ зі світів БЄА, та приєдналися до його парцуфу, і вдягнулося в них світло нефеш. І ці три речення, що є необхідними для Зеір Анпіна, походять від трьох попередніх основних речень, які перебувають в ІШСУТ.

Сказано: «Наділив Авраама мудрістю (Хохма)»[674], – облачення світла нешама зробило клі Хеседа Зеір Анпіну Хохмою; «Іцхака – розумінням (Твуною)»[674], – це облачення зробило клі Ґвури Твуною; «Яакова – знанням (Даат)»[674], – а клі Тіферет Зеір Анпіну стало властивістю Даат, середньою лінією, яка узгоджує між двома келім, Хохмою і Твуною. Тому сказано: «І знанням покої наповняться»[673], – тобто після того, як стало клі Тіферет властивістю Даат та узгодило між Хохмою та Біною, і сповнилися знизу нагору десять сфірот світла нешама, звані рош, світло обернулося і почало світити також згори вниз, в келім де-НЕГІ Зеір Анпіну. Це світло, яке світить згори вниз, називається світлом руах, і це – Даат, що поширюється з рош в келім де-гуф та наповнює їх, як сказано: «І знанням (даат) покої наповняться»[673].

І тоді келім НЕГІ, звані «проходи», стали келім де-ХАГАТ, які називаються «кімнати». «У цей час був сповнений весь

---

674 Див. Зогар, главу Шмот, п.249.

світ», – був завершений весь світ, Зеір Анпін. Бо завдяки цим світлам виявляються в нього нові келім, що піднімаються з БЄА, щоби вдягнути світло нефеш. І тоді завершується весь парцуф Зеір Анпіну, званий світ, оскільки тепер у нього є келім ХАБАД ХАҐАТ НЕГІ.

І не слід питати: якщо Іцхак означає властивість Твуна, а не Біна, то чому мохін називаються ХАБАД? Цим нам дається зрозуміти, що маються на увазі довершені мохін світла хая, а ліва лінія світла хая виходить від Твуни, в якій знаходиться місце розкриття світла хохма, і це – «йуд», яка вийшла з властивості «повітря» і не перебуває у вищій Біні. І тому уточнюється: «А Іцхака – розумінням (Твуна)»[674]. Адже світ, Зеір Анпін, зміцнюється тільки за допомогою мохін світіння хохма.

ВІДЕОПОРТАЛ ZOAR.TV
http://www.zoar.tv/
В розпорядженні відеопорталу Зоар.ТВ унікальний контент: фільми, телевізійні і радіопередачі, статті.

КУРСИ НАВЧАННЯ
Мільйони учнів у всьому світі вивчають науку кабала. Виберіть зручний для вас спосіб навчання на сайті:
http://www.kabacademy.com/ або http://www.kabbalah.info/ua/
Медіа-архів: http://www.kabbalahmedia.info/ua
«Кабала українською»: facebook.com/kabbalaua
«Каббала в Киеве» [на російскій мові]: facebook.com/kievkabbala

Запис до груп вивчення кабали:
Україна: +380 (44) 337-38-51, kampuskiev@gmail.com, study.kabbalah.info@gmail.com
Канада: +1-866 LAITMAN

КНИЖКОВИЙ МАГАЗИН

УКРАЇНА:
http://kabbooks.in.ua
+380 (68) 854-52-97, +380 (66) 026-76-87

КАНАДА, АМЕРИКА, АВСТРАЛІЯ, АЗІЯ
info@kabbalah.info
+1-866 LAITMAN
http://www.kabbalahbooks.info

ЄВРОПА, АФРИКА, БЛИЗЬКИЙ СХІД
http://www.kab.co.il/books

РОСІЯ, КРАЇНИ СНД І БАЛТІЇ
http://kbooks.ru

Під редакцією док-ра М. Лайтмана

Керівники проекту: Г. Каплан, П. Ярославський
Переклад з івріту: Гаді Каплан, Міхаель Палатник, Олег Іцексон,
Пінхас Календарєв, Олександр Іцексон.
Переклад українською мовою: М. Полудьонний.
Редагування: М. Полудьонний.
Верстка: А. Мороз, С. Добродуб

ISBN 978-1-77228-021-0

Подяка за допомогу в роботі над книгою
Е. Вінер, Н. Винокур, І.Каплан, Л. Гойман,
І. Лупашко, Р. Марголін, Е. Агапов, А. Каган.

Висловлюємо велику подяку людям з різних країн світу за спонсорську допомогу в перекладі Книги Зогар.

Переклад українською мовою та редагування книги здійснені редакцією сайту «Зоар для всіх» (редактор М. Полудьонний).[675]

---

[675] Переклад здійснен за виданням: «Предисловие Книги Зоар с комментарием "Сулам"». Под редакцией док-ра М. Лайтмана. Laitman Kabbalah Publishers, 2014. ISBN 978-965-7577-30-1.

www.ingramcontent.com/pod-product-compliance
Lightning Source LLC
Chambersburg PA
CBHW070041120526
44589CB00035B/2017